国家出版基金项目
NATIONAL PUBLICATION FOUNDATION

U0721377

冯其庸文集

卷四 春草集

青岛出版社

图书在版编目(CIP)数据

冯其庸文集. 第4卷,春草集 / 冯其庸著. —青岛:青岛出版社,2012.12
ISBN 978 – 7 – 5436 – 8990 – 9

Ⅰ. ①冯…　Ⅱ. ①冯…　Ⅲ. ①冯其庸—文集　②戏剧评论—中国—文集
Ⅳ. ①C53　②J805. 2 – 53

中国版本图书馆 CIP 数据核字(2012)第 290928 号

责任编辑　常　红
责任校对　赵　旭　孙丽娜

春水集

图版目录

1.京剧《打渔杀家》，孟小冬饰萧恩

2.京剧《坐楼杀惜》，周信芳饰宋江，赵晓岚饰阎惜姣（一）

3.京剧《坐楼杀惜》，周信芳饰宋江，赵晓岚饰阎惜姣（二）

4.京剧《刘唐下书》，周信芳饰宋江，王正屏饰刘唐

5.京剧《打虎》，盖叫天饰武松（一）

6.京剧《打虎》，盖叫天饰武松（二）

7.京剧《狮子楼》，盖叫天饰武松

8.京剧《芦荡火种》，赵燕侠饰阿庆嫂（一）

9.京剧《芦荡火种》，赵燕侠饰阿庆嫂（二）

10.京剧《野猪林》，李少春饰林冲，袁世海饰鲁智深

11.京剧《野猪林》，李少春饰林冲

12.京剧《野猪林》，杜近芳饰林妻

13.京剧《青梅煮酒论英雄》，袁世海饰曹操

14.昆曲《十五贯》，周传瑛饰况钟，王传淞饰娄阿鼠

15.昆曲《长生殿》，俞振飞饰唐明皇，张娴饰杨贵妃

16.张娴在《长生殿》中饰杨贵妃

17.俞振飞、张娴合演昆曲《玉簪记》中之《琴挑》

18.昆曲《芦林会》，华传浩饰姜诗

19.厉慧良剧照，在电视剧《程长庚》中饰米喜子

20.京剧《长坂坡》，厉慧良饰赵云

21.京剧《拿高登》，厉慧良饰高登

22.昆曲《钟馗嫁妹》，厉慧良饰钟馗

23.厉慧良夫妇做客瓜饭楼

24.厉慧良夫妇与作者夫妇在瓜饭楼合影

25.张继青在《牡丹亭》中饰杜丽娘

26.张继青在《牡丹亭·游园》中饰杜丽娘

27.张继青在《朱买臣休妻·痴梦》中饰崔氏

28.京剧《杨门女将》，杨秋玲饰穆桂英

29.京剧《孔雀东南飞》，迟小秋饰刘兰芝

30.京剧《三娘教子》，迟小秋饰王春娥

31.京剧《荒山泪》，迟小秋饰张慧珠

32.作者与梅兰芳秘书许姬传先生

33.许姬传先生诗幅

34.作者与侯北人（左）、吴祖光先生（中）

35.作者与袁世海先生

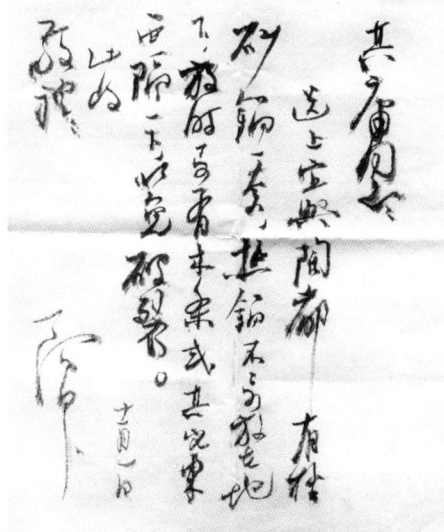

36. 阿甲先生来信

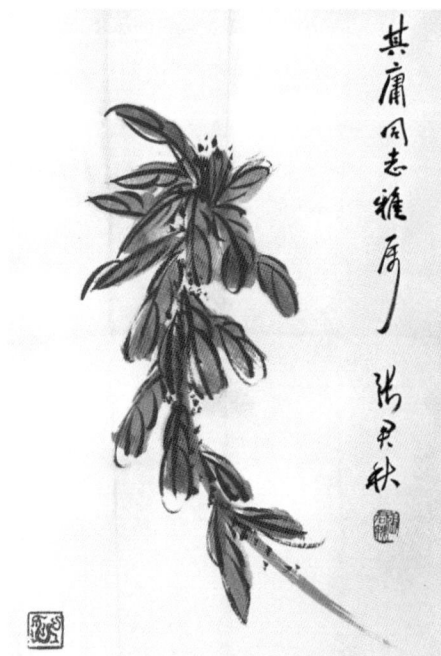

37. 张君秋先生赠画

目　录

目　录

《春草集》增订本序

本书是我原有戏曲论文集《春草集》的增订本，经此次增订，几十年来，我写的单篇戏曲论文尽在于此了。还有几篇文章，在"文革"抄家中已被抄走，因为那都是未刊稿，所以也就无从追回了。

我自 1959 年开始写剧评，第一篇文章就受到田汉老前辈的赏识，还为此请我吃饭，同席者是吴晗、翦伯赞和上海越剧团的王文娟，还有《戏剧报》的朋友，等到书出来，确是好评甚多。最令人不能忘记的是香港的程靖宇老先生，他读了我的《春草集》，竟写了一封洋洋千言的信，盛赞此书。因信太长，我这里引开头一段，一则见当时对此书的反应，二则也可以看到当时的京剧热，信说：

其庸同志吾兄道鉴：

昨（三、十一）收到挂号大作《春草集》，今（三、十二）收到《红楼学刊》第二期及手书。《春草集》弟读到一半以上，通宵乐而忘睡，盖赵燕侠海外无人不知。弟乃一九四六——四八年春，唯一捧她到三十天之北大研究院之程某也（她有子女几人，念念）。马连良、君秋、裘盛戎来港，时为1963，我与内子在台前谢幕时，与连良、君秋（他是战前拜李凌枫时好友，1949春在港相遇往还）。燕侠在"谢幕"时两见，犹如异国之人，彼此拱手。兄作有燕侠之相片，益令弟不胜沧桑之感。当63在台前燕侠谢幕见到弟时，她大惊失色，出乎意料，弟则只向君秋、连良表示同太太来看，并拍内子之肩表示"已结婚矣"。近见报刊君秋相，已花甲之年，连良八十纪念，日日在《大公》《文汇》读到报导，真如隔世。

兄之作，乃京戏之真知音也，京戏学问之大，超"红学"而过之，谈何容易哉！兄治学方面甚广，足见才不可羁，驰骋于文史之间，不拘于一，盖为学第一怕胶执不化，第二怕泛滥无归。兄不胶执，亦不无归，庶几得之矣。《春草集》弟昨夜读至今晨四时，不觉饮泣者再也。今午收到手示，须知挂号例多时日，红刊与尊函同时今天收到，京广直通车甚便，请勿忧虑。……（八〇、三、十二）

上面所引这段信里，反映了上世纪从40年代到60年代的京剧盛况，而我正是那个时代的过来人，40年代我还不到二十岁，就在镇上戏院里看到了周传瑛、王传淞、张娴等第一流的昆曲大家，之后又在无锡剧院看到刘奎官、蓝月春、孟鸿茂等大家，特别是1947年在上海看到了杜寿义演，梅兰芳、孟小冬同台演出，当时的轰动真是到了烈火烹油的狂热地步，我只记得天蟾舞台周边的大小胡同都摆满了庆祝梅兰芳、孟小冬的演出的花篮，我是买的站票去看的，剧场的情况更是感人，当孟小冬饰《搜孤救孤》里的程婴刚出场，全场就是轰雷般的掌声，掌声过后，全场顿时鸦雀无声，静听孟小冬的演唱，生怕有半个字错过，这种剧场的风气，至今令人感动。

有人很奇怪，我当时极度贫困，哪有钱看戏？殊不知当时有一种风气，场上演到压轴的一半或过半，大轴还未上演之前，戏院就全开放，不用买票就可进去看戏了，如果有空座位还可坐着看，没有座位，就站着看。而戏目的安排，总是名角在压轴戏和大轴戏，前两出往往不重要，第一出戏是开锣戏，只是开个头而已，第二出戏较为重要，但也并不是最重的戏。所以实际上最后两场才是高潮。所以我当时所有的戏都是在戏院全开放后去看的，只有看孟小冬是买的站票。

这种京剧热的盛况，上世纪50年代我到北京时，正是红极的时候，那时老一辈的名家都在，我自1954年到京后，一直到1966年"文革"前，几乎是所有的名角演出，包括地方戏的名角来京演出，我都一出不漏，也因此我写了不少剧评，每到重要演出，《戏剧报》都为我留好了票。因为我不断写剧评，不断地参加《戏剧报》编辑部组织的座谈会。所以逐渐与当时的许多名演员成为了好友，如李少春、袁世海、赵燕侠、关鹔鹴、马连良、周信芳、厉慧良、周传瑛、张娴、华传浩、王传淞、白云生、陈伯华等等，都有较多的交往。

可惜一场"文化大革命"，京剧和不少老演员遭到了严重的摧残，造成了不可弥补的损失。因为十年的停演，以致后来的年轻人都不知京剧为何物，记得"四人帮"垮台后，第一次恢复京剧上演时，剧目是《逼上梁山》，这是延安时期的演出剧目，演出是在西单政协礼堂，我去看戏时，礼堂门口竟有不少青年问我京剧是啥样子，是不是要穿官袍，要不要开花脸等等，可见他们对京剧已全然无知了。

现在可喜的是，经过这几十年来的努力，京剧不仅重现于舞台，而且出现了一大批新秀，正是令人无限欣慰。我现在因身体关系，已无力到剧场看戏，只好在电视里欣赏，每当我看到不少新秀的登场，我真庆幸我们的一项最重要的文化艺术遗产终于得到了优秀的传人。我认为京剧是我国全部传统文化最美妙的、最高度的、最完美的体现，它集唱、念、做、打、音乐、绘画、杂技、武术、舞蹈、诗、词、歌、赋、相声、口技等等于一身，而且各尽其用，各得其所。这样的高度的文化艺术的综合形式，是全世界独一无二的，是我们民族文化的骄傲。还有一点，由于它的程式规范严格，音乐曲调的精整，你想随便羼和一些时髦的杂凑的东西进去，是羼和不进去的，所以我感到京剧至今仍是一块纯净的传统艺术的净土。当然，京剧也是要与时俱进的，是要不断创新的，但这是在自己的基础上逐步吸收适合于自己发展的新因素，而不是用别种不相干的时髦东西贴上去。

我非常真诚的祝愿我们的这块艺术宝土永远青春焕发而又传承有绪！

我已经快九十岁了，再也看不动戏了，我的老一辈的演员好友，除了赵燕侠还很健康，还能和我通话，陈伯华还健康，还有南京的张继青也很健康幸福，比他们年轻一辈的叶少兰、迟小秋有联系外，其他与我相交的老人都已不在了，但是我却常常怀念他们，幸而还能从老片子和音配像里再看到他们的形象和听到他们的声音，籍以得到安慰。

我重新结集这本书，也是为了留作历史的记忆，同时更是对年青一代演员的祝福和期望，对京剧和地方戏发展的广阔前途的预期和祝福。

2010 年 9 月 17 日

自 序

　　收在本集里的文章，是我在 1959 年到 1966 年"文化大革命"以前写的一些剧评及有关戏剧方面的论文。

　　我并不是一个戏剧研究者，但却写起了剧评和研究戏剧的文章，这是我始料不及的。事情还得从我从小爱好戏剧说起。我的家乡无锡是戏剧相当盛行的地方，我小时曾经经历过鲁迅先生所描写的看社戏的那种生活，而且这段生活经历比较长。我的家在农村，在我家前面不到三里远的一个地方，有一座规模很大的"孟将庙"，有人说是"猛将庙"。这个"孟将"或"猛将"（孟、猛二字在我家乡是同音）我小时连他的名字和时代都记得很清楚的，现在却完全记不起来了。每到晚秋吃大红瓤西瓜的时候，庙前广场上照例要演社戏，一般是演两个通宵，有时也有演三个通宵的。在我家的西边约六七里地的地方，有一座庙叫"七宝堂"，究竟供的什么菩萨我当时就不清楚，也是每年秋天吃红瓤西瓜的时候，同样也照例要演社戏，也是少则演两夜，多则演三夜，有时还有演"双台"的，就是在同一个广场上搭起两个戏台并列着同时演戏。每逢到演"双台"，那情形就更热闹了。那时所有这类的社戏都是京剧，这种戏班子是流动的，本地人习惯叫它作

5

"草台班"。那时流行的戏目我还记得不少，例如《追韩信》、《斩经堂》、《借东风》、《卖马当锏》、《锁五龙》、《投军别窑》、《四郎探母》、《霸王别姬》、《斩黄袍》、《连环套》、《盘丝洞》、《金钱豹》、《拿高登》、《十字坡》、《狮子楼》、《打虎》、《夜奔》、《坐楼杀惜》、《活捉》、《走麦城》、《问樵闹府》、《打棍出箱》、《甘露寺》、《芦花荡》、《独木关》、《樊江关》、《王伯当招亲》、《铡美案》、《探阴山》、《逍遥津》、《长坂坡》、《目莲救母》等等。我们村里的人对京戏都是很喜欢的，每年演戏的时候，远到十里外的亲戚都要赶来看戏，于是我家就要热闹一番。每到太阳西沉，吃罢晚饭，凉风拂暑，远处隐隐有锣鼓声传来的时候，我们就急急忙忙赶去看戏了，所谓"锣鼓响，脚底痒"，只要开台的锣鼓一响，附近的村民就都赶去了。远道的当然不等锣鼓响早就去了，那时的开台锣鼓是要打很长时间的，这是因为在农村演戏，居民分散而且大多住得较远的缘故，所以开台锣鼓要打得时间长一点，以便召集观众。

那时的演戏形式，现在的青年是根本不知道了。在开台锣鼓以后，先是"跳加官"，有一个演员头戴平天冠，穿红袍，戴白假面具，一手持象简，一手拿"招"，舞蹈而出，不说不唱，做种种动作，然后打开"招子"，"招子"上写"加官进爵"，第二道写"福禄寿星"之类的词句，一共打开三道"招子"，然后算跳完"加官"。接着是"跳财神"，有一个穿绣金黑袍，戴冠，戴金色假面具，手捧一个大金元宝的财神，舞蹈而出，也是不说不唱，是否也要打开招子已经记不清了，好像财神菩萨只拿元宝，不带招子的。总之，要等跳完"加官"、"财神"之后才正式开戏。乡民为了讨吉利，都争着要去看这开头的"跳加官"和"跳财神"，这是迷信的习俗，自不必说。但这"加官"和"财神"戴的假面具，我想很可能还是原始戏剧兰陵王"破阵乐"的遗风。

戏演过三出以后，要休息一会，这叫做"腰台"，形式是有一位检场的，双手举起戏案，在台口使劲一放，发出"碰"的一声，这个动作就叫做"腰台"。"腰台"以前一般都是一出武戏，并且要打得火炽，这样观众才不断叫好，在这叫好声中"腰台"。大约停了一刻钟到二十分钟，就继续开演，再演三出戏，时间也就到深夜一两点了，于是演出结束。结束时也有一种说法叫"煞锣"。其形式是有一个一手拿锣，一手拿单刀的人，走到台口，用力将刀在锣旁一挥，这就算一天的演出全部结束了。

每次看戏前或看戏后，大人们就要兴致勃勃地说戏，于是我就津津有味地听讲。

我家有一位亲戚，他一辈子独身，穷得娶不起老婆，给人做散工、校役、小买卖之类的事，但却是一个十足的戏迷。每隔几个月，用做工积余的钱，只要够买一张戏票的钱了，他就步行三十华里，从我们的乡村跑到无锡城里的戏院子里看戏，过一次戏瘾。戏瘾过毕回来，总要给我大讲三天，有时碰到雨天我不能下地干活，就在家舂米，他就坐在一张小凳上，给我开讲他所看到的名角，那真是绘声绘色；有时看到的戏不满意，演员不卖力，戏演得"瘟"，他讲着讲着就要骂起来，说这几个月积的钱白掷了。

我的这段童年时期的生活，记忆里印象最深的，就是这看社戏和听讲戏的一页，所以我的戏剧教学是在农村里受的，我是在农村上的"戏剧系"，我的老师就是这些社戏演员，以及给我讲戏的村父和亲友，特别是这位戏迷亲戚。他们确实给我上了很好的一课，培养了我浓厚的戏剧兴趣，也给了我不少戏剧知识。后来我终于开始写剧评甚至也偶尔研究起戏剧来了，应该说还是这时给我播下的种子。

　　收在这个集子里的那篇评《芦荡火种》的文章，是 1964 年 5 月写的，后来这个戏改名为《沙家浜》。这次我没有改用《沙家浜》的名字，一方面是尊重当时的历史，另方面，这件事实本身，就揭露和批判了"四人帮"江青把京剧表现现代生活的成就掠为己有的罪恶行为。这个戏由北京京剧团的赵燕侠等同志于 1963 年 11 月开始排起，到 1964 年 3 月排成并开始上演。在排演过程中，赵燕侠同志为创造这个角色，是下了很大的工夫的，而且早在 1963 年底和 1964 年初，这个形象就已经成功地在舞台上树立起来了，直到后来也仍旧是这个阿庆嫂的路子。但是"文化大革命"一来，赵燕侠同志却被打成了"反革命"，戏也被公然掠夺去作为江青的功劳。与此同时，我还多次看了阿甲同志导演的《红灯记》的排演，李玉和这个角色一开始就是李少春同志创造出来的，我并且还多次在少春同志家里碰到他给钱浩亮说戏，但是转眼之间，阿甲同志也被打成了"反革命"，李玉和这个角色则成了钱浩亮的"唱而优则仕"的资本，而在戏剧界难得的文武全才的杰出演员李少春同志则被投闲置散，并加以种种迫害，最后终于与世长辞了。这是多么令人愤慨而又痛惜的事啊！

　　正在 1964 年京剧现代戏会演的前些时候，我写了一篇《戏曲表现现代生活的几个问题》的文章，在此以前，正是华东会演的时候，有人提出了所谓戏剧只能写十三年（即从全国解放到 1962 年）的问题，认为只有写十三年才能出社会主义之新，其他一切如反映民主革命时期我党领导的革命斗争的戏，用马列主义、毛泽东思想新编的历史剧等等，都不能出社会主义之新。这个极左的口号，实质上是根本否定了我党领导的民主革命的伟大历史功绩和伟大历史意义，可以说这是后来"四人帮"提出"民主派就是走资派"这个反动口号的先声，也是这个反动口号的"理论"基础。现在可以看得很清楚，这个所谓"写十三年"的口号，是一个反动口号，它把我们过去的民主主义革命同今天的社会主义革命完全对立起来，仿佛我们的社会主义是从天上掉下来的，仿佛我们的民主革命不是用马克思主义、毛泽东思想指导的，仿佛我们党的斗争目标一开始不是为了实现社会主义和最终实现共产主义。提出这样的口号，岂不是荒唐到连起码的历史和起码的常识都不顾了？然而这个口号却一时之间甚嚣尘上，仿佛真是一个马克思主义的口号。我在《戏曲表现现代生活的几个问题》一文中明确说明反映我党领导的民主革命历史的戏和用马列主义观点新编的历史剧都是可以出社会主义之新的，并且我还指出除此之外，传统剧目也要予以整理，这三者都不能偏废，而应以反映社会主义建设的生活和斗争为主要方面。我当时坚持这三点，目的就是为了表示我对这个戏剧只能写十三年、演十三年的口号的反对。

在这个集子里，我还收了《从〈绿衣人传〉到〈李慧娘〉》这篇文章。这是评论和赞扬孟超同志编的昆剧《李慧娘》的。"文化大革命"中，孟超的《李慧娘》被打成了"反党反社会主义"的"大毒草"，与此有关的所有文章，首先是繁星即廖沫沙同志的杂文《有鬼无害论》，其次就是我的这篇文章及陶君起等其他几位同志的有关文章，统统成了"大毒草"。但是，这确实是一个大冤案，现在这个冤案总算彻底平反了，但是孟超同志、陶君起同志却都已经不在人世了。这件事还有一些情况，我必须借此机会说一说它的来龙去脉。据我所知，当时在紫光阁开了一个会，那个在中央"文革"起重大作用的大人物，点了一大批由于思想内容黄色或反动而早已不演的戏，硬要剧团演出，之后他就提出来要演《红梅阁》，并指定了演员，而且一定要出鬼。接着他又让孟超改编《李慧娘》。改编演出后，得到了这位大人物的大力夸奖，又是请孟超吃烤鸭，又是亲自给孟超写信祝贺他改编成功。但是过了不多久，这个大人物把这一切都"忘"得干干净净，连他让孟超改编《李慧娘》，演出后写信祝贺，请吃烤鸭等等的事情一概都"忘"掉了，仍旧是他转过脸来，指责《李慧娘》是"反党反社会主义"的"大毒草"。江青则亲自批示要批判《李慧娘》和《有鬼无害论》。在他们的策划下，上海首先发难，发表了批判《李慧娘》及《有鬼无害论》的文章。这样，这个千古奇闻的大冤案就此造成了。

鬼戏果真是无需区别，一律都是那么可恶可怕吗？对待文艺作品里的鬼的艺术形象，不加分析地采取这种形而上学的态度和方法，难道是正确的吗？不必讲莎士比亚的《哈姆雷特》，也不必讲马克思、恩格斯是怎样看待这个问题的。我们首先从实际出发：关汉卿的名作《窦娥冤》不也是一出有名的鬼戏吗？还有在我这本集子里评论的《东窗事犯》这个剧本，不也是一个十足的鬼戏吗？剧作者让岳飞的鬼魂大骂秦桧、宋高宗的投降主义，大喊他是负屈衔冤的"忠孝鬼"。这样的鬼戏，包括前面的《窦娥冤》等，我看都有较好的思想性和艺术性，为什么就不能允许其存在呢？不仅是鬼戏不能存在，连写了鬼戏的人也被折磨成了鬼，这样的事，实在不能不令人发指！然而"四人帮"的罪恶又何止于此呢？

再说《海瑞罢官》罢。我没有评过这个戏，但对于清官问题，我是发表过意见的，收在本集里的那篇《彻底批判封建道德》的文章，中间有这样一段话：

因此也不主张把历史上的清官廉吏都一笔抹倒，因为社会的发展过程是一个漫长的历史过程，当一种社会经济形态还没有丧失它的生命力的时候，也即是说在阶级社会里，当在一定社会制度下的生产力与生产关系的矛盾还没有达到足以爆发革命，足以否定这一社会制度本身的时候，人们是无法根本摆脱这种社会制度所加于劳动人民的桎梏的，从这一观点来看，我们没有必要否定封建社会里的清官。

这篇文章发表后，当时中宣部的几位领导同志很快就告诉我，毛主席看了这篇文章，并给予了较高的评价。就是上面提到的那个大人物，还亲自详细地告诉我，主席是如何称赞和肯定这篇文章的观点和分析方法的，因为当时主席首先是对他讲的。但是，后来又是他，伙同江青、张春桥、姚文元一伙，制造了《海瑞罢官》的大冤狱，塑造了平冤狱的清官海瑞这个艺术形象的吴晗同志却在新冤狱中死去了。"四人帮"惯于打着高举毛主席的旗帜来给人民编织罪状，他们高喊毛主席的话句句是真理，但是上面毛主席当面给他讲的包括肯定清官在内的这些话，却一点也没有作用了，为了达到篡党夺权的阴谋目的，他们不顾一切，不择手段，硬把清官戏《海瑞罢官》打成大毒草，从此所有的清官戏便与鬼戏一样，一概被否定。姚文元还竟然恬不知耻地说"清官比贪官还要坏"，反过来也就是说贪官比清官好，这确实是"四人帮"的共同语言，是他们的绝妙的自我写照，因为他们就是自有历史以来最贪酷最狠毒的贪官。最近北京演出了《海瑞罢官》，我又去看了一遍，不禁感慨系之，联系起不久前看的吉剧《包公赔情》，京剧、评剧的《秦香莲》等等，我深深感到，我们实在还十分需要像海瑞、包公这样的清官。

在这本集子里，我还收了《麒派杰作乌龙院》这篇分析周信芳同志的名作《乌龙院》的文章，这涉及《水浒》问题，更涉及宋江问题。对《水浒》这部书，我在"文化大革命"前曾多次讲过，在一些文章里也曾涉及过，最近在《水浒》的座谈会上再一次地申述了我的观点，我认为《水浒》这部书，就其全书来说，它反映了农民起义的全过程，它真实地大胆地而且用卓越的艺术手段揭示了封建社会里官逼民反这一阶级压迫的事实，毛主席在他的著作里多次运用《水浒》的故事来说明问题，并肯定三打祝家庄宋江所起的作用，肯定《逼上梁山》这个戏，这都不是偶然的。可以说在中国文学史上找不出第二部像《水浒》那样全面、真实而又生动地描写农民起义的小说来。重要的是作者的主要方面，是把同情放在起义英雄的身上，而把批判的笔锋指向了贪官污吏而且包括了宋徽宗。因此，那种企图把《水浒》全部否定的观点，历史自会给予公正的评价；归根结蒂，被否定的不可能是《水浒》而只能是否定《水浒》的形形色色的观点。

宋江最后走向投降，接受招安，这当然不好，应该批判。但是就是对宋江这个艺术形象的评论，也不能形而上学，而只能依据《水浒》的具体描写作实事求是的具体的分析。宋江的上梁山和后来走向招安，是有一个历史过程的。当他往东溪村给晁盖送信的时候，宋江绝没有想借此机会讨好晁盖以便日后混入梁山来破坏这支革命队伍。白龙庙小聚义以后宋江决心上梁山，也不是决心上梁山去夺取农民起义军的领导权。所以对宋江不作实事求是的辩证的分析，采取形而上学的方法是无法分析清楚这个艺术形象的。我曾经说过对宋江的评论，可以概括为一句话："成也是他萧何，败也是他萧何。"根据《水浒》的具体描写，各路英雄如百川之归大海，离开了宋江的号召力和社会影响是不可能的，梁山成就这样的革命规模，这与宋江的领导和威望是分不开的。梁山后来的错误路线，也是宋江起的主要作用，以至于葬送了这支农民起义队伍。因此对宋江的评价，这两方面都不能偏废。当然这前后两个方面，都不是单纯的个人行为，而都是有深厚的社会历史原因的，需要作深入的历史的唯物辩证的分析，但本文不是专论宋江，不可能再申述下去了。

至于 1975 年 8、9 月间，全国人民正在根据毛主席对影片《创业》的批示强烈地声讨"四人帮"，"四人帮"正陷于完全被动的困境之中的时候，突然由姚文元批发了毛主席对《水浒》的批示，"四人帮"利用这个批示诬陷邓小平同志，掀起了一场声势浩大的批《水浒》也就是"批邓"的运动，"四人帮"利用毛主席这个批示所搞的这个政治大阴谋，必须予以彻底揭露！

这里要说明的是，我认为《乌龙院》这出戏和戏里的宋江都是可以肯定的，而且周信芳同志，还有赵晓岚、王正屏同志，把这个戏的艺术水平确实已经发展到古典戏剧中的难得的高度了，尤其是周信芳的现实主义的表演艺术，不愧称为当代的表演艺术大师。令人遗恨无穷的是这样一位卓越的表演艺术家，竟惨遭"四人帮"的迫害而死了。

与他同样遭遇的还有盖叫天同志，可惜那时我没有能写长文来分析他的艺术。他晚年在北京观摩演出的《英雄义》、《郑州庙》、《打店》、《恶虎村》等戏，实在令人难忘。记得有一次在文联礼堂演《打店》，我的前座就是梅兰芳同志，他全神贯注地看他的演出，而且不止地击节，过了一天《光明日报》就发了他连夜写的《理想的范本》这篇文章，称赞盖老的戏是后学的楷模。我在这本书里收了关于他的一篇短文，也只是表达我对他的怀念和哀思而已。

我在本书里，还收了关于批判封建道德和关于《斩经堂》的讨论的文章。这些问题，都是学术性的问题，特别是与我讨论的同志，都是在学术界有很高的成就而且是我十分尊敬的同志。我与吴晗同志讨论封建道德的时候，正是我与他一起编语文小丛书的时候，张庚同志、郭汉城同志则都是戏剧界的前辈，而且多年来我们一直在一起工作，他们无论在政治上、学问上都是值得我虚心地认真地学习的。而且我们所讨论的问题，还有待于深入研究，我个人的意见，只是我的主观的想法，这些想法，是否经得起客观实践的检验，还要由实践来鉴定，不能靠自信。我认为学术界应该造成一种良好风气，要大力提倡学术民主，要勇于争论，善于争论，要大力提倡实事求是的精神，要既尊重对方，而在理论问题上又不采取含糊其辞、模棱两可的态度。学问是要在论辩中发展的，研究学问的朋友，应该在论辩中共同前进。我自知我的这些文章里，不妥当的，值得再商讨的问题肯定不少，我怀着虚心学习的态度，诚恳地等待学术界的前辈和朋友们，以及读者们的认真的批评。

1979 年 2 月 10 日夜 2 时于昆明翠湖宾馆

元明戏曲史上的压迫与反压迫斗争

  马克思主义告诉我们，自从原始共产主义社会解体以来，人类社会的"全部历史都是阶级斗争的历史，即社会发展各个阶段上被剥削阶级和剥削阶级之间、被统治阶级和统治阶级之间斗争的历史"（《共产党宣言》，人民出版社 1964 年版，第 7 页）。马克思主义的这个阶级斗争的历史观，是我们分析所有以往纷纭复杂的历史的锐利武器。离开了这一武器，我们就无法科学地解剖以往的历史，从中发现推动历史前进的真正原因；同时，离开了这一武器，我们也无法科学地理解人类的文化发展史（包括文学、艺术、戏剧等等的发展史），因为归根结蒂，"一切文化或文学艺术都是属于一定的阶级，属于一定的政治路线的"（《毛泽东选集》第 3 卷，第 867 页）。中国的戏剧，已经有了一千多年的历史，如果仅仅从北宋时代算起，也已经有近千年的历史。要理解中国戏剧的发展，固然应该作多方面的研究，例如中国戏剧与歌舞讲唱的关系，与音乐的关系，与其他文学艺术的关系等等。但是在这多方面的关系中，对于戏剧的发展起着重要作用的，还是各个时代的社会生活和阶级斗争。在阶级社会里，文学艺术如果不能发挥帮助先进阶级进行阶级斗争的武器作用，不能适应社会的需要，它就不可能得到繁荣和发展。戏剧在某些时期的繁荣和发展正说明它有利于广大人民，适应了社会的需要。从阶级斗争的角度看，我们也可以说，各个不同时代的戏剧，反映着各个不同时代的社会矛盾和阶级斗争。前人所说的"舞台是社会的一面镜子"云云，如果我们从阶级斗争的观点去理解这句话，无疑它也是有一定的道理的。

戏剧的发展史贯串着阶级斗争的内容，不同时代的戏剧，反映着不同时代的阶级矛盾和斗争

我们知道我国的戏剧在元代第一次达到了繁荣的程度，元人杂剧在中国戏剧史上占有特殊重要的地位。我们又知道元代是民族矛盾和阶级矛盾特殊尖锐的时代，蒙古贵族勾结当时的汉族大地主对被征服的人民实行残酷的民族压迫和阶级压迫，而当时的封建官僚统治机构以及在这种封建政治势力保护下的贵族地主阶级对农民的残酷压迫和剥削，就是这种民族压迫和阶级压迫的集中表现。大家知道元代的封建政治是特别黑暗的，蒙古贵族的横行不法，封建官吏的贪赃枉法是骇人听闻的。据史载，大德七年（1303 年，元统一中国后第三十三年），一次即发觉贪污官吏一万八千四百七十三人，赃银四万五千八百六十五锭，冤狱五千一百七十六件。这当然不过是当时无数冤狱和无数贪污案件中的一桩事实，然而，仅从这一桩事实，我们就可以看出当时封建政治的黑暗和封建统治阶级对人民的阶级压迫、阶级剥削的严重程度了。这样严重的社会矛盾和阶级压迫，自然会激起人民的坚决反抗，所以元代人民反抗封建统治阶级的斗争自始至终没有停止过。这样尖锐的阶级斗争，自然不可能不在当时的文艺中反映出来，也不可能不在当时的戏剧创作中反映出来，我们从现存的元人杂剧中可以看到：

一、歌颂农民起义的水浒戏特别突出。从现存的水浒戏里，我们可以看到被统治阶级目为寇盗的那些农民起义者，却是一些剧作者所赞扬的英雄人物，这些剧作者用热情洋溢的笔墨，把他们写得虎虎有生气，相反那些统治阶级的人物却成了丑角，这些剧作者对他们进行了尖锐的揭露批判，讽刺嘲笑。同时我们还可以看到被统治阶级目为"贼巢"、"匪窟"的梁山泊，在这些剧作者的笔下却是一个真正的光明世界，而统治阶级的天下却是一个白昼行劫，官即是盗的黑暗世界。特别是当劳动人民受到了压迫欺侮时，甚至有人不想到"官府"去申诉，却"直往梁山上告宋江哥哥走一遭去"。元代的水浒戏，强烈地表现了当时人民的革命情绪，剧作者大胆地把这些革命英雄人物搬上了舞台，让他们在舞台上以正面人物的身份占主要地位，让统治阶级的人物在舞台上当丑角，还他们以本来面目。这种情况，显然是当时尖锐的阶级斗争的反映。

二、尖锐地揭露和批判了当时反动阶级的黑暗统治。如前所述，元代官吏的贪赃枉法是骇人听闻的，在这种黑暗统治下人民受尽了荼毒，但却无处申诉，因此他们通过剧作者的笔，通过戏剧舞台向广大被压迫者申诉无穷的沉冤。关汉卿的《窦娥冤》、《智斩鲁斋郎》等剧，控诉了封建官僚政治的黑暗专横，剧作者让负屈含冤的窦娥在临刑前唱：

没来由犯王法，不提防遭刑宪，叫声屈动地惊天。

为善的受贫穷更命短，造恶的享富贵又寿延；天地也做得个怕硬欺软，却原来也这般顺水推船。地也，你不分好歹何为地？天也，你错勘贤愚枉做天！哎，只落得两泪涟涟！

这都是官吏每无心正法，使百姓有口难言。

这是对反动统治者的强烈的控诉。不仅如此，剧作者更用泼辣的笔墨，勾画了反动官僚的丑态：

> 我做官人胜别人，告状来的要金银。若是上司当刷卷，在家推病不出门。下官楚州太守桃杌是也。

还不仅如此，当张驴儿拖着窦娥和她的婆婆前来告状的时候，剧作者居然大胆地让这位太守向告状人下跪，然后剧作者又写下了这样一段尖锐泼辣的对话：

> 〔祗侯云〕：相公，他是告状的，怎生跪着他？
> 〔孤云〕：你不知道，但来告状的，就是我衣食父母！

这对反动官吏的揭露是何等深刻，对他们的讽刺是何等鞭辟入里！从这里我们可以看到反映在当时戏剧舞台上的阶级斗争是十分激烈尖锐的，剧作者勇敢地运用戏剧这一武器向封建统治者进行了尖锐的斗争。

三、塑造了反对封建礼教压迫的青年男女的典型形象。我们知道元代统治者为了巩固他们的统治，曾经大力推尊孔子，提倡理学，把程、朱理学确立为唯一的官方哲学（程、朱理学的主要内容之一就是宣传封建伦理道德），并且还把《大学衍义》、《孝经》、《忠经》等书译成蒙文以示尊重；并便利元朝统治者的学习。与此同时元朝统治者还大力提倡宗教，利用宗教来麻痹人民的斗志，所以当时的佛教、道教、伊斯兰教等宗教都得到了统治者的保护，僧侣在政治上享有特权。这样，封建伦理道德和宗教迷信的残酷毒害配合元朝统治阶级统治人民的高压政策，使元朝成为封建社会中更为乌烟瘴气的时期。而这种精神统治，必然引起人民的反抗。王实甫的《西厢记》和白朴的《墙头马上》等作品，就是在这种历史背景下产生的。《西厢记》里张生、莺莺、红娘等人对以老夫人为代表的封建礼教的反抗，反映了当时受封建礼教压迫的人们对封建礼教的坚决斗争，笔锋所及，王实甫对以法本为首的僧侣们，也投以辛辣的讽刺和嘲弄，这同样反映了当时人民对僧侣的痛恨。

四、歌颂民族英雄的抗敌斗争和他们的爱国主义思想。在元人杂剧中反映民族矛盾和歌颂抵抗侵略者的爱国主义思想的主题也是比较突出的。现存元人杂剧中，歌颂岳飞抗金斗争的戏有两种，即《东窗事犯》和《岳飞精忠》；歌颂杨家将抗辽斗争的戏确认为元人作品的有两种，即《昊天塔孟良盗骨》、《谢金吾诈拆清风府》；时代难以确定，可能产生于元明之间的作品有三种，即《焦光赞活拿萧天佑》、《杨六郎调兵破天阵》、《八大王开诏救忠》。其他还有歌颂团结御侮的戏如《渑池会》等。在上述这些戏里，剧作者成功地塑造了一批爱国将领的形象，其中尤以岳飞的形象和杨家将的形象以及他们的斗争情节最为动人。这些民族英雄的斗争历史在元代登上戏剧舞台，并不是偶然的。元代的某些剧作家和广大人民所以对这些爱国将领及其斗争历史产生共鸣，产生兴趣，自然是由于当时现实生活的激发。所以尽管这些都是历史题材，却仍然反映了这一时代的人民的愿望和情绪，回荡着这一时代人民的心声。

自然，元人杂剧的内容是十分丰富的，上面只是扼要地指出它的几个主要方面。

在元代的舞台上，与上面这些戏站在对立地位的是那些维护统治阶级利益，为统治阶级教忠教孝，宣传封建道德和鬼神迷信思想的戏。例如无名氏的《小张屠焚儿救母》狂热地宣扬封建孝道。张屠为了救治母亲的重病，竟将三岁的幼子抱往东岳庙火池内活活烧死，终于孝感神明，由神灵把他的儿子送回家里。无名氏的《张公艺九世同居》，歌颂了张公艺一家的封建伦理道德，即所谓"满门忠孝"，"为男的孝于父母，做女的善侍公姑"，"自古君亲两不殊，不忠不孝天理何如"。无名氏的《盆儿鬼》，强烈地宣扬鬼神迷信和宿命论思想。在元剧中除了这类宣传封建伦理道德和鬼神迷信的戏外，再就是宣传神仙道化思想的作品。在元代前期，当关汉卿、王实甫等进步作家正在用自己的笔尖锐地批判当时的社会现实，向黑暗势力展开坚决的斗争的时候，差不多与关汉卿同时的马致远，却在大量地创作神仙道化剧，宣传道家的出世思想，宣传要与世无争、要断绝"人我是非"等等。流传下来的他的七个作品，其中倒有五个是宣传神仙道化和宿命论思想的。在他的影响下，元剧中出现了大量的宣扬神仙道化和因果报应的戏，向广大人民散布思想毒素，形成了一股戏剧创作上的反动逆流。这股宣传封建伦理道德和因果报应、神仙道化思想的逆流，一直绵延到元代后期，降及元明之际就出现了被称为五大传奇之一的《琵琶记》。《琵琶记》从它的戏剧形式的渊源来说，自然是属于南戏，但是从它的思想内容来说，无疑与元代这些宣扬封建道德和因果报应的杂剧有着密切的关系，当然，《琵琶记》的思想内容比较丰富和复杂，需要作深入的研究，上面只是说它的一个方面。

　　戏剧舞台上的这种阶级斗争，并不是元代特有的现象，而是贯串了整个戏剧发展史的。到了明代，这种斗争又在新的历史背景下展开，因而又呈现了新的面貌：明代初年，新的封建统治者一方面在政治、经济上作了一定的改革，采取了一些恢复和促进农业生产的措施，使社会逐渐趋向相对的稳定，阶级矛盾暂时趋向缓和；而另方面，又大力提倡封建礼教，推行八股取士的制度，对戏剧则更采取反动专制的政策，只准演出"神仙道扮及义夫节妇、孝子顺孙、劝人为善"的戏剧，其余则一概禁止。因此，在文学上出现了粉饰太平的"台阁体"，在戏剧方面，宣传封建伦理道德的戏便大批出现。这种情况，开始于高则诚的《琵琶记》，到明代中叶，就相继出现了《五伦全备记》、《香囊记》、《跃鲤记》、《精忠记》等大力宣传忠孝节义的传奇；在杂剧方面，以朱权、朱有燉为首的一批杂剧作家，大量创作宣传封建道德、为统治者歌功颂德、诬蔑农民起义的戏，形成了一股所谓"齐唱宪王新乐府"的反动逆流。所以在明代初期的戏剧舞台上，由南戏《琵琶记》和杂剧所汇合起来的这股宣传封建道德的反动逆流占有相当大的势力。但到了明代中期，随着政治的日趋黑暗腐败、阶级矛盾和统治阶级内部矛盾的加剧，舞台上的这种阶级斗争形势也就有了显著的改变。一方面，出现了一批优秀的批判当时黑暗现实、暴露统治阶级内部矛盾、反映阶级斗争和反权奸斗争的戏：杂剧作品如康海的《中山狼》，徐文长的《雌木兰》、《狂鼓史》，竹痴居士的《齐东绝倒》等，对当时社会的黑暗现实，讽刺批判得都比较尖锐泼辣；传奇作品中，则出现了李开先的《宝剑记》、王世贞的《鸣凤记》、梁辰鱼的《浣纱记》、孙仁孺的《东郭记》、许自昌的《水浒记》等。这些作品，或者是利用水浒的题材揭露了官逼民反、逼上梁山的黑暗现实，或者是直接描写了当时的政治斗争，对现实的批判都有一定的深度。另方面，又出现了以高濂的《玉簪记》、汤显祖的《牡丹亭》为代表的反封建礼教的戏。到了明代末年，由于当时民族矛盾的加剧，则又出现了歌颂爱国主义，反映民族矛盾的冯梦龙、李梅实的《精忠旗》、吴玉虹（？）的《如是观》等作品。其次，在戏剧的形式方面，原来在元代盛极一时的杂剧，到了明代便逐渐为传奇所代替，戏剧的新形式——传奇，在明代的舞台上取得了统治地位。

上面这样的叙述，当然是十分简略的，当时舞台上所呈现的阶级斗争的情况，当然要比这里的叙述错综复杂得多；而且其中有些作品是直接反映阶级矛盾的（如元剧中的水浒戏），有些作品则是间接反映阶级矛盾的，特别是如上面所举的那些较好的戏，也还存在着不同程度的消极因素，需要我们用批判的态度来对待它。然而，仅仅根据这样的叙述，我们就可以清楚地看到，戏剧的发展，是贯串着阶级斗争的内容的，是与各个时期的阶级斗争和社会矛盾紧密联系的；而且，也正因为这样，才使各个时期的戏剧呈现出自己的时代特色。

封建统治阶级从各方面利用戏剧作为
进行阶级斗争的手段

我们知道，戏剧的发展是与阶级斗争紧密联系的，实质上，戏剧就是阶级斗争的武器，而舞台，从某种意义上来说，则是阶级斗争的阵地。因此，历史上的统治阶级，当它未掌握政权以前，它必然要运用戏剧这一武器和舞台这一阵地来帮助它进行阶级斗争，以利于夺取政权；当它夺取了政权以后，它必然要控制戏剧舞台和严禁敌对阶级运用戏剧这一阶级斗争的武器，以利于巩固自己的统治。这样的道理是显而易见的，而且也是有大量的事实可以证明的。我们只要看一看元明两代禁毁戏曲的史料，就可以明白了。但是过去封建统治阶级控制舞台和严禁敌对阶级运用戏剧这一武器的手段是多方面的，就元明两代而论，大致可以分四个方面：

一、运用政治力量，颁发禁令，禁止不利于统治阶级的戏剧在舞台上出现，使它不能在群众中发生影响。这种禁令，在元、明两代可以说多得举不胜举，这里各举数条如下：

> 诸妄撰词曲，诬人以犯上恶言者，处死。(《元史·刑法志》三)
> 诸乱制词曲为讥议者，流。(《元史·刑法志》四)

以上是元代的禁令。

> 凡乐人搬做杂剧戏文，不许妆扮历代帝王后妃、忠臣烈士、先圣先贤神像，违者杖一百，官民之家，容令妆扮者与同

8

罪；其神仙道扮及义夫节妇、孝子顺孙、劝人为善者，不在禁限。(《大明律讲解》卷二十六《刑律杂犯》)

永乐九年七月初一日，该刑科署都给事中曹润等奏：

乞敕下法司！今后人民倡优装扮杂剧，除依律神仙道扮、义夫节妇、孝子顺孙、劝人为善及欢乐太平者不禁外，但有亵渎帝王圣贤之词曲，驾头杂剧，非律所该载者，敢有收藏、传诵、印卖，一时拿送法司究治。奉旨，但这等词曲，出榜后限他五日都要干净，将赴官烧了！敢有收藏的，全家杀了！(明顾起元《客座赘语》卷十《国初榜文》)

以上是明代的禁令。

上面这些禁令，只是当时无数禁令中的几条，但是它已经足以说明元、明两代的统治阶级对于剧本和舞台的控制是多么严密。同时，它又告诉我们，统治阶级严予禁止的主要是那些不利于统治阶级的所谓"犯上恶言"和"讥议"的戏，至于那些有利于统治阶级的"神仙道扮及义夫节妇、孝子顺孙、劝人为善者"，则"不在禁限"之内。这里，封建统治阶级对于戏曲反对什么，提倡什么，规定得很明确。

二、篡改、歪曲具有反抗性和革命性的戏曲，阉割它的革命内容，注入反动的思想或突出它的消极面，使一些不利于统治阶级的剧目经过篡改后转化为有利于统治阶级的剧目。例如前面提到在元代十分流行的水浒戏，到明代初年，朱元璋的孙子朱有燉便亲自撰写《豹子和尚自还俗》杂剧，恣意丑化水浒英雄形象，让鲁智深逃出梁山去做和尚，并让他口口声声骂梁山的英雄是做"贼"，说：

想起那昔时模样：身穿着短裙窄裤，手搭着黑油枪，风高时杀人放火，月黑时窬（音恭，穿穴）窟剜墙。想当日提着胆、惊着心、施勇力，常则是侧着身、蹑着足、暗潜藏；想当日睡时呵不曾安稳，觉来呵常是荒獐（慌张）。

有一日拿住赃，大沉枷膊项上榻，粗麻绳脊背后绑。

若是强劫杀人贼呵，不分首从都是该死。便守寨的也少不得云阳（刑场）血染衣。我将那贼心肠都改变，贼手脚尽收拾，做一个小阇黎省了些是非。

把水浒里鲁智深这个英雄形象，恶毒地歪曲成为一个农民革命队伍中的叛徒。再如元剧里的岳飞戏，无论是《东窗事犯》或《岳飞精忠》都是突出他的爱国主义思想，但到了明代成化年间的《精忠记》里，却强烈地宣扬忠、孝、节、义，特别突出岳飞的愚忠。明知统治者要杀害他，他不仅自己甘心去死，而且还恐怕儿子要造反，因此设计把他骗来一起被害。尤其是王实甫的《西厢记》，反动统治者不仅诬蔑它为"淫书"，禁止它流传，而且一些反动文人，还妄撰词曲，对张生、莺莺、红娘等破口大骂，肆意诋毁。收在《雍熙乐府》里的《西厢十咏》，就是这方面的代表作。例如它骂张生说：

张生不才，学成锦绣，丧与裙钗，嘲风咏月西厢待，眼去眉来。写封书文学似海，害场病形体如柴，险把声名坏。全不想贤贤易色，弄甚么秀才乖！

它骂莺莺说：

莺莺鬼精，麝兰半匀，花月娉婷，结丝萝不用媒和证，眼角传情。听瑶琴宵奔夜行，烧夜香胆战心惊。家不幸，枉着你齐齐整整，弄出个丑名声。

在这方面尤其突出的是《绿猗室曲话》所载的《崔莺莺旧词》，竟异想天开地让莺莺自叹，痛骂《西厢记》作者，并将《西厢记》的故事情节全部推翻，说：

> 【山坡羊】崔莺莺怨天恨啊呀地！众宾朋请坐下听奴家诉一番的情绪。咱父亲也曾在当朝为相国，也曾在翰林院内为学士，昔日有一个关汉卿他来应举，只因他才疏学浅，咱父亲不曾把他名题。谁想那奸贼将没作有把奴家编成了一本什么《西厢记》。……几曾有老夫人使红娘请君瑞来结为兄妹？几曾在太湖石畔去听琴？几曾与他暗里偷情寄柬书？几曾有送张生在十里长亭而来也？几曾为他松了金钗、减了玉肌？……
>
> 【挂枝儿】一家儿埋怨着这本《西厢记》！恨只恨关汉卿（《西厢记》旧有关作王续之说，故此处提关汉卿）狠心的贼，将没作有编成戏。张生乃是读书客，红娘怎敢乱传书？奴是相国家莺莺也，怎敢辱没了先君的体！

真是挖空心思，极尽歪曲诬蔑之能事。

总而言之，对一些具有反抗意识，不利于统治阶级的剧目，他们总是用尽心机，百般加以歪曲篡改，使之符合统治阶级的利益。所以从这些剧目的思想内容的变化或统治阶级文人对它们的毁誉上，我们可以清楚地看到不同时代阶级斗争的反映。

三、大量创作歌颂封建道德、鬼神迷信的坏戏，塑造大批反动阶级的理想人物，让他们去统治舞台，毒害人民的思想。封建统治阶级，当他们在取得政权以后，总是千方百计地用封建思想去培养本阶级的知识分子，并用这种思想去毒害人民，使他们效忠于统治阶级。就拿元明两代来说，都有一部分反动作家尽力为统治阶级歌功颂德，创作大批散布封建思想、鬼神迷信的剧目，来与进步的作家争夺舞台，争夺观众；他们把一些反动人物极力美化，把他们装扮成"英雄"，例如传奇《五伦全备记》里的五伦全、五伦备；《一捧雪》里的莫成，就是这样的人物。他们让这群反动的"英雄"和封建奴才充斥于舞台，把他们当作正面人物向人民推荐，让人们去效法。另一方面，他们又极力丑化农民起义的英雄们和那些具有反封建思想的人物，把他们诬蔑为"盗匪"，说青年男女争取婚姻自由的斗争是"私奔"，是"淫荡"等等。实质上，这些被美化了的反动人物的形象和被歪曲、被丑化了的劳动人民的形象，就是统治阶级在舞台上进行阶级斗争的一种有力的工具和武器。

四、制造反动的戏剧理论，为反动的创作活动和反动的作品制造"理论"根据，从而便于他们更加有效地控制戏剧创作和戏剧舞台。自从高则诚提出了戏曲要为宣传封建道德服务，即所谓"不关风化体，纵好也徒然"，"休论'插科打诨'也不'寻宫数调'，只看子孝共妻贤"的主张以后，明代的传奇便出现了一系列宣扬封建道德的作品，这可以说是创作上直接对《琵琶记》的继承；同时他们在"理论"上也发挥了高则诚的主张。例如，《五伦全备记》的作者丘浚说：

> 近世以来做成南北戏文，用人搬演，虽非古礼，然人人观看，皆能通晓，尤易感动人心，使人手舞足蹈，亦不自觉。但他做的，多是淫词艳曲，专说风情闺怨，非惟不足以感化人心，到反被他败坏了风俗。……这场戏文，叫做《五伦全备》。……搬演出来，使世上为子的看了便孝，为臣的看了便忠，为弟的看了敬其兄，为兄的看了友其弟，为夫妇的看了相和顺，为朋友的看了相敬信。……妻妾看了不相嫉妒，奴婢看了不相忌害。善者可以感发人之善心，恶者可以惩创人之逸志。……实万世纲常之理。

比丘浚稍后的邵璨，则又继承了丘浚的封建说教，他在《香囊记》的《家门》里说：

今即古，假为真。从教感起座间人。传奇莫作寻常看，识义由来可立身。

为臣死忠，为子死孝，死又何妨。……因续取五伦新传，标记紫香囊。

上面这些"理论"，鲜明地表现了他们的封建统治阶级的政治立场，这同样是当时阶级斗争的反映。

总而言之，封建统治阶级当它掌握政权以后，总是想尽一切办法来控制舞台，使舞台为它的反动统治服务。当然，封建统治阶级严格控制舞台是阶级斗争的一个方面，而劳动人民以及进步的戏剧家坚决反对统治阶级的控制，则又是阶级斗争的另一个方面，这种争夺舞台的斗争同样是很尖锐的。前面提到的那些较好的戏，就是这种斗争的曲折的反映。

戏剧史和戏剧遗产的研究，必须坚持阶级分析的观点和高举马克思主义的批判旗帜

上面这些情况表明，无论是戏剧创作上或戏剧理论上，都是贯串着阶级斗争的内容的，现实社会的阶级斗争，不可能不在戏剧这种意识形态上反映出来，也不可能不给予戏剧的发展以重大的影响。

由此可见，研究中国的戏剧发展史，如果离开了阶级斗争的观点，就不可能说明戏剧发展的根本原因。例如过去有些研究戏剧史的著作在论述戏剧发展的原因的时候，较多的是强调城市经济的发展。认为城市经济的发展是戏剧发展的前提，因为只有繁荣的城市经济，才能提供戏剧发展的客观条件——剧场和观众。也有的著作，强调元代杂剧作家的物质生活不太优裕，生活迫使他们去写作杂剧。还有一些著作，则强调

当时农民的经济生活有了改善，他们有钱看戏，这样就"刺激了戏剧活动的昌盛"，等等。我们认为，在研究戏剧发展的时候，应该看到戏剧的产生发展有它一定的规律性；注意到城市经济的发展，甚至注意到杂剧作家的生活状况等等，也是必要的（至于当时的农民是否真的有钱看戏，从而刺激着杂剧的发展，这就值得考虑了）。但是仅仅注意这些而不去研究当时的阶级斗争与戏剧发展的关系，不同的阶级或不同政治立场的人如何运用戏剧来进行阶级斗争，从而对戏剧的发展产生什么样的影响等等，这就无疑是忽略了戏剧发展史中的主要方面。这样，对于戏剧史的研究，自然就不可能得出符合戏剧发展的客观规律的正确结论。因为在阶级社会里的文学艺术作品，特别是在阶级斗争激烈尖锐的历史时期繁荣和发展起来的戏剧，是不可能不受阶级斗争的制约的。

也由此可见，对待戏剧遗产，我们必须坚持一分为二的阶级分析的观点，高举批判的旗帜。我们知道，阶级斗争是复杂的，它在意识形态上的反映则更为复杂。因此，除了那些完全站在反动统治阶级立场上的反动作品外（这些作品全是糟粕），在一些优秀的作品里，也往往还存在着不同程度的糟粕，需要我们加以分析批判。例如前面提到的《窦娥冤》、《西厢记》等作品，都是如此。《窦娥冤》的作者对于社会矛盾的揭露和贪官污吏的批判是尖锐而勇敢的，是具有战斗精神的；然而，对于寻求解决矛盾的出路，他就显得软弱无力了。他只能把希望寄托于死者的鬼魂告状，寄托于清官的翻案昭雪，实质上这种希望等于虚妄，而且不仅如此，它还给人民带来了对封建统治阶级的幻想，带来了鬼神迷信等思想毒素，对人民的反抗思想起了麻醉作用，从而又相对地减弱了剧本前半部的强烈的战斗精神。作品的这种消极因素，正是作家本身的思想弱点的反映，而这正是现实的阶级斗争，即统治阶级的封建迷信思想给予作者的深刻影响所致。《西厢记》的作者，思想上也同样存在着这种消极因素。当他在驱使自己作品的主人公进行反对封建礼教的束缚的斗争时，他是勇敢而大胆的。他敢于让自己的主人公冲破封建礼教的樊篱，敢于让红娘责备老夫人，就这一点来说，他的战斗精神是值得肯定的。然而，在作家世界观的限制和时代条件的限制下，他不得不让自己的主人公将经过斗争夺取得来的自主的婚姻，重新打上封建统治阶级合法的印记，不得不为自己的主人公安排一个"团圆"的结局。而这个结局无疑就是向封建统治阶级和封建礼教进行了妥协，因此，这个结局又转过来相对地减弱了作品的战斗精神。不仅如此，《西厢记》里还有不少庸俗的和色情的描写，同样也是作家美学思想上的弱点的暴露。这一切，都说明了这部具有强烈的批判精神的剧作，还存在着消极因素，存在着糟粕，而这，同样是现实的阶级斗争在作者思想上的反映。《窦娥冤》和《西厢记》，是我国古典戏剧中的精华，这样两个作品，尚且存在着糟粕，则上文所举的其余那些较好的作品，就更不必说了（这里限于篇幅，不再一一分析批判）。由此可见，对待古典戏剧，必须坚持批判的旗帜，坚持阶级分析的观点，用一分为二的方法，对它们进行分析批判。只有当我们对古代作品和古代作家具有科学的分析批判的能力，并且对它们进行了认真的分析批判以后，我们才能够掌握它、消化它，也即是批判地继承它。批判是继承的前提，不经过认真的批判，是不能够继承的。因此，我们对待古典戏剧遗产，必须继续高举批判的旗帜！

（原载 1965 年 10 月 24 日《光明日报》）

论古代岳飞剧中的爱国主义思想
及其对投降派的批判

　　岳飞，是我国历史上杰出的民族英雄，他一生的功绩，主要是对侵略者的坚决抵抗和对投降派的坚决斗争，他自身虽然遭到了投降派的毒害，造成了"风波亭"的悲剧结局，但是他的斗争史迹和斗争精神，却对后世产生了深刻的影响。岳飞的英雄形象，很早就进入了戏剧舞台，从元代以后，各个时代都有岳飞剧的产生，明代以后还出现了好多种岳飞的小说。在我们现在所能看到的几种岳飞剧中，都不同程度地贯穿着爱国主义思想，这种爱国主义思想具体表现在对岳飞的抗金事业的歌颂和对以秦桧为首的投降派的批判上。当然，不同立场或思想的作家，对岳飞的歌颂是有不同的内容的，他们所塑造的岳飞的艺术形象也是有不同的思想的，大部分的剧作家，都是正面歌颂了岳飞的抗金斗争，但也有一些剧作家却特别强调岳飞的愚忠思想以适合统治阶级的政治利益，从而掩盖了岳飞的强烈的爱国主义思想的光芒。所以从岳飞剧和岳飞的艺术形象身上，同样可以看到尖锐的阶级斗争的反映，同时也可以看到，对同一个历史人物，不同阶级立场和不同思想的作家可以得出不同的反映。也就是说，不同阶级立场或思想的剧作家，总是利用历史人物为自己的阶级利益服务的，纯然超阶级的、为历史而历史的剧作家是没有的。

本文准备对元明的几个岳飞剧作一个粗略的批判分析，以说明古代剧作家对岳飞形象的塑造以及在古代岳飞剧中反映出来的爱国主义思想和对投降主义的批判。

《东窗事犯》

现存最早的岳飞戏，是元杂剧《东窗事犯》。这是一个末本。在后来许多岳飞戏里成为重要关目的十二道金牌召岳飞回师的情节，在这个戏里，却采用了一种十分简便的办法，剧作者让岳飞在不明情况的情势下，应召班师了，因而剧作者也就避免了岳飞在这一特定情景下在和（奉召）战（违旨）问题上的矛盾。

在第一个楔子里，剧作者一方面表明岳飞正在命令岳云、张宪坚守边塞，准备进攻，同时又写出他对朝廷有所疑虑；但疑虑的结果，是相信朝廷只是宣他回去犒赏，他准备回来以后，要大展平生抗金之志。

剧作者对岳飞的形象着力描写的，主要是这个戏的第一折，这就是岳飞奉召回京后在大理寺受审的一场。审问岳飞的究竟是哪些人，剧作者虽然并未写明，但从岳飞的对话中，可以清楚地知道对方是诬害岳飞造反的投降派。剧作者在这一折里，用了十四支曲子尽情地让岳飞唱出了满腔的怨愤，这些曲子至今读起来还是那样激越动人。这十四支曲子，主要是五个内容：一，揭露宋皇朝君臣的昏庸无能，当着汴京沦陷的时候，他们除了向敌人屈膝以外，没有别的本领；二，直接批评高宗躲在临安，不肯抵抗金人；三，揭露秦桧假传圣旨调他回朝，设计陷害岳飞，勾结金国；四，用岳飞自己的抗金功绩，证实自己没有叛国，投降派强加给他的所谓"罪名"，实质上就是因为他坚持抗金。在这一折戏里，剧作者一连写了十一个"我不合"，来强烈地表达岳飞愤激之情和他忠于祖国的辉煌功绩。他说：

> "我不合扶持的帝业兴，我不合保护的山河壮，我不合整顿的地老天荒。"
>
> "我不合定存亡。"
>
> "我不合扶立一人为帝，教万民失望。我不合于家为国，无明夜将烟尘扫荡。我不合仗手策，凭英勇，占得山河雄壮，镇得四海宁，帝业昌，民心良。"
>
> "你道我将朝廷乱。不合将社稷匡，我不合降戚方揭寨施心亮，我不合捉李成贼到中军帐，我不合破金国扶立的高宗旺。"

这十一个"我不合"，有力地列举了岳飞的抗金功绩，驳斥了投降派秦桧等人对他的构陷，强烈地表达了岳飞的愤激情绪，同时也表达了剧作者通过岳飞这一形象表达出来的对投降派的愤怒批判；五，表达了岳飞对投降派的强烈怨愤，这种强烈的怨愤情绪，可以说贯穿了全折戏，甚至还贯穿了下面第三折戏，前面提到的这些"我不合"自然也是这种怨愤情绪的表露，而表现得特别强烈的是下面这些曲子：

> 【寄生草】仰面将高天问，英雄气怨上苍，问天公不曾天垂象，治居民不曾教居民荡，统三军，不曾教三军丧，只落得满身枷锁跪厅前，却甚一轮皂盖飞头上。
>
> ……
>
> 【胜葫芦】却甚烂醉佳人锦瑟傍，今日和天也顺时光，则

那逆天的天不致命亡，顺天的祸从天降，逆天的神灵不报，顺天的受灾殃。

……

【赚煞】下我在十恶死囚牢，再不坐九鼎莲花帐。则我这谋反事如何肯承当。我死呵做个负屈衔冤忠孝鬼，见有侵境界小国偏邦，秦桧结勾起刀枪，陛下则怕你坐不久龙床。俺死呵落得个盖世界居民众众讲，岳飞子父每不合舍性命生并的南服北降，出气力西除东荡。〔云〕杀了岳飞、岳云、张宪三人。〔唱〕陛下你便似砍折条擎天驾海紫金梁。

在我所见到的几个岳飞剧中，敢于这样集中而强烈地表达岳飞的这种怨愤情绪的，除了这个剧本以外，还没有见到第二个。

如果说在第一折里剧作者塑造的岳飞形象，主要是突出了他对投降派的怨愤情绪，对他们的阴谋和诬蔑进行了坚决的驳斥，甚而至于对北宋统治集团和南宋朝廷里的投降派也进行了不同程度的讽刺揭露和批判，并且表示了岳飞至死不屈的精神的话，那末，在第三折戏里，剧作者主要是突出了岳飞要求高宗为他报仇的思想。例如在〔紫花儿序〕、〔络丝娘〕、〔绵答絮〕等曲文里，一方面表现了岳飞的报仇思想和怨愤情绪，同时也表明了岳飞对高宗仍然是寄予希望的，他并没有认识到陷害他的，不仅是秦桧，而且更主要的就是高宗。在《东窗事犯》里对岳飞的描写，主要是这两折戏。这个戏的第二折是《疯僧扫秦》，剧作者借用一个虚构的地藏王化身的疯僧的形象来揭露秦桧残害岳飞的阴谋。第四折是押衙何立从"酆都"回来，向新君报告他在"酆都"见到"阴间"审判秦桧的情况，这两折戏，对岳飞形象的塑造，都没有什么密切的关系。相反，却为这个戏增添了封建迷信的成分，增加了糟粕。

从这个戏对岳飞形象的塑造上来看，我们可以归结为下列几点：

一，剧作者着重描写的是岳飞悲剧结局的情节，不像后来的杂剧《岳飞精忠》那样只写岳飞抗金过程中的一个胜利战役，也不像后来的传奇《精忠记》和《精忠旗》那样比较详尽地描写了岳飞抗金的前后过程，这就是说，剧作者在取材上只抓住了岳飞在大理寺受审的这一情节。

二，剧作者对岳飞的描写，主要是突出了他的抗金思想，突出了他反对向敌人屈膝投降，反对投降主义的"和谈"，剧作者在描写岳飞的这种思想的时候，对投降派的君臣，都作了不同程度的揭露、讽刺和批判，剧作者虽然也描写了岳飞的忠君思想，但是没有突出地强调它，没有像后来的传奇《精忠记》那样强烈地渲染他的忠君思想，从而把他写成一个愚忠的典型人物。这就是说，剧作者在对待岳飞这一历史人物的思想上，是强调了他的积极抗金的一面，因此这个戏里的岳飞形象，是一个坚决抗金的在投降派面前毫不妥协、敢于揭露、敢于斗争的英雄人物；同时在这场斗争中他又是一个被投降派阴谋陷害的悲剧人物，因此在这个形象身上，充满着强烈的悲剧气氛和怨愤情绪。当然，这个戏里的岳飞形象，比较起来，还不如后来传奇《精忠旗》的岳飞形象那样丰满。

三，剧作者在这个戏里，对投降派秦桧进行了尖锐的口诛笔伐，这种描写，一方面强烈地表达了作者，同时也是表达了人民对卖国投降分子的无比憎恨，然而，剧作者的这种批判，又是混合着阴间地狱、轮回果报等封建迷信思想和宿命论观点的，因此，伴随着这个戏的批判投降主义，宣传坚决抵抗侵略者的积极思想的同时，这个戏在相当的程度上，也起着宣传封建迷信思想的副作用。这就是说，在这个戏里，是精华与糟粕揉合在一起的，我们不应该只看到它的积极面而无视它的消极面。当然，在这个戏里积极的成分是占主要地位的。四，剧作者对投降派的批判，仅仅局限于秦桧一人，对高宗虽然也略有不满，但并没有把他作为一个投降派的代表人物来批判，这就是说，剧作者观念里的封建皇帝，还是至高无上，不可侵犯的偶像，因此不敢对他有所批判。这反映了剧作者的历史观并没有突破封建的历史观，剧作者的批判精神还是局限于封建历史观所许可的范围以内的。

《宋大将岳飞精忠》

在元代另一个杂剧，就是收在《孤本元明杂剧》里的《宋大将岳飞精忠》。它的特色：第一，在取材上，它只写了岳飞于绍兴十年（1140 年，时岳飞三十八岁，明年即被害）在河南郾城大破金兀术"铁浮图"、"拐子马"的战役，既没有写岳飞奉召班师，更没有写风波亭的悲剧，全剧是以金兀术的被困逃走，岳飞等封官赐爵结束的。第二，在岳飞的形象塑造上，一方面，作者在第一折里较多地强调了岳飞的忠君思想，同时这种忠君思想又是从抗金出发的，并不是后来《精忠记》里所强调的那种向投降派妥协的愚忠；另方面，从全剧来看，更主要的剧作者还是强调了岳飞的抗金斗争，突出了他直接与投降派秦桧的面对面的尖锐斗争以及他在军事上与金兀术的斗争，全剧用二、三两折和一个楔子来描写战争场面，其中有些曲文描写岳飞以及他所率领的士兵们的爱国主义精神是相当强烈的，例如第二折中：

【南吕一枝花】且休说在朝天子宣，试看俺阃外将军令，鸦雀不啼噪，人马岂喧惊，我领着十万精兵，一个个舍死忘其命，都待要显英雄立大功，一个个性勇跃胜涿郡张飞，一个个志慷慨似常山赵云。

【梁州】立五方旗旛飐飐，整三军金鼓冬冬，今日个安营下寨传军令，俺都待提人头厮摔噙热血相喷。鞍不离马背，甲不离人身，俺这里一个个千战千赢，都待要舍残生补报朝廷。

俺俺俺直杀的泼匈奴鬼哭神嚎，大金家人亡马蔑，契丹军丧胆
亡魂，把沙漠肃清，重将大宋江山整，雪前耻报冤恨。凭着我
敢勇当先四将，能扶持的大宋中兴。

第三，与《东窗事犯》一样，剧作者对投降派的批判，仅仅局限于秦桧
一人，而且这种批判也是十分简单的，至于对以高宗为代表的南宋统治
者，则不但没有任何批判，而且还进行了较多的颂扬。第四，剧作者对
岳飞这一历史人物的艺术形象的塑造，也是比较单薄，还缺乏《东窗事
犯》那样的深度，更不能与后来的《精忠旗》里的岳飞相比。

《精忠记》

　　岳飞的题材在明代，更引起了小说家和剧作者的注意，在明代中
叶，产生了《岳飞破虏东窗记》和无名氏（一说是姚茂良）的《精忠
记》，这两个剧本，实质上只是一个，除了一些文字上的出入外，基本
上完全一样。这个剧本从它的源流上来看，是继承元剧《东窗事犯》的
系统，在《诛心》一折里，有一部分唱词，还是袭用元剧的旧文。它的
特色：第一，扩大了这个戏的规模，全剧共有三十五折，从岳飞奉召出
征写起，举凡朱仙镇大捷，十二道金牌召岳飞班师，大理寺审问，风波
亭岳飞被害，银瓶投井，施全刺秦桧，疯僧扫秦，秦桧病死，阴审秦
桧，岳飞全家死后为神等等历史的、传说的情节和原来元剧里的情节，
都被剧作者一一容纳到这个戏里。其中十二道金牌召回岳飞的情节，在
元剧里只是极简单的一个楔子，在这个戏里却发展成为一折。总之，这
个戏在结构上，比起在这以前的两个元剧来，是空前庞大的。这就是
说，剧作者是有意识地企图更多地概括岳飞的悲剧史实和当时的社会现

实和传说的。第二，剧作者对岳飞这一历史人物的描写，一方面表现了作者对他的抗金事业的歌颂，对他的悲剧结局的同情，对投降派秦桧的愤慨和批判；但另方面，作者又突出地描写了岳飞的愚忠，甚至把岳飞几乎描写成为一个愚忠的典型，使他的愚忠思想大大超过了他的抗金斗争的思想，因而使得这个戏里的岳飞形象，与上述两个戏，特别是与《东窗事犯》里的岳飞形象来比较，成为一个鲜明的对照，与后来的《精忠旗》里的岳飞形象，也同样是一个鲜明的对照。在岳飞的愚忠思想里，同时还混合着佛教的因果报应和虚无思想，所以这个戏里岳飞身上的消极因素特别严重，其中尤其是《班师》、《说机》、《严刑》、《赴难》、《同尽》等几折里，这种思想更为突出。例如在《班师》一折里，当天使刚刚读完召回岳飞的"圣旨"以后，岳飞立即就问天使说：

〔生（岳飞）〕天使大人，朝廷准和议策了？

〔末（天使）〕准了。

〔生〕岳飞不知，大人先请，岳飞随即收拾人马回京。

〔末〕将军，朝廷宣命莫稽迟，刻日班师不可违。

〔生〕一点丹心终为国。

〔小生、小外（岳云、张宪）〕此情唯有老天知。〔末下〕

〔生〕你说传来之言，不可深信，说犹未了，旨意已到。快分付掌号，班师便了。

……

〔末〕大将军，你切莫计功多，朝廷立意和。

〔生〕心中无限事，天意竟如何！朝廷罪我，快分付张号回军。

〔小生、小外〕爹爹，想我父子三人，身冒矢石，出万死一生，得河北之地。千日得之，一日失之。且待一发收复东京，迎二圣还朝。那时叩阙谢恩，将功折罪，未为迟也。

〔生〕孩儿说那里话，朝廷之命，岂容迟得！

从上面这些描写里，我们可以看到，剧作者所着力强调的，只是岳飞的愚忠思想，在"圣旨"面前，对于自己放弃抗金事业，放弃已经收复的祖国山河，放弃大力支援自己的陷区的人民，并没有引起他强烈的矛盾，比起后来《精忠旗》里的岳飞在接到班师之召后反复矛盾，甚至竟然还领兵出战，大败金兀术的这些描写来，有着很大的不同。这种愚忠思想，尤其突出的是《严刑》、《赴难》和《同尽》三折。在《严刑》一折里，万俟卨用酷刑逼岳飞招认造反，岳飞却恐怕他的儿子起来为他报仇，竟主动提出愿意将岳云、张宪召来同归于尽，以全"父子忠孝名节"。在《赴难》一折里，当岳云、张宪被召到狱中以后，知道了事情的真相，说："爹爹，当初听了孩儿，杀到黄龙府，迎取二圣还朝，将功折罪。不听孩儿言语，故见如此。"岳飞却回答说："不要说了，我死为忠，你死为孝。"特别是在万俟卨再一次地向他们逼供时，剧作者竟让岳飞父子三人发挥了一套虚无主义的思想，在《同尽》一折里，当投降派准备来杀害他们时，岳飞还恐怕张宪、岳云要"打将出去"，竟命令他们先就缚，然后同归于尽。从上面这些描写里，我们可以看到，剧作者在岳飞这个历史人物的艺术形象身上所大力强调的，正是封建的愚忠思想和消极的虚无主义思想，剧作者为了强调这种思想，甚至不惜违背历史，将春秋时期伍奢召儿子伍尚、伍员到京同尽的事迹强安到岳飞的身上去，以便突出地宣传这种封建的忠君思想。所以在这个戏里岳飞的形象，虽然剧作者也描写了他的抗金斗争，描写了他与投降派的斗争，但是被剧作者突出地描写的，却是这种封建的愚忠思想和虚无思想。当然，这个剧本里这种思想不仅仅是这几折有，可以说剧作者将这种思想贯穿了整个戏，特别是第十三出《兆梦》、第十四出《说机》、第二十七出《应真》、第二十八出《诛心》、第三十二出《天策》、第三十四出《冥途》以及第三十五出《表忠》等数折，这种封建迷信的因果报应和封建忠君思想比较严重。从这里，可以看到，同一个历史人物，在不同立场的作家的笔下，他可以写出完全不同的艺术形象来，有的作家在塑造岳飞的艺术形象的时候，着重突出他的抗金思想和对投降派的强烈的愤怒情绪，有的作家在描写岳飞的艺术形象的时候，恰恰相反更多地是强调他的封建道德愚忠思想。由此可见，古代作家在对待岳飞的忠君思想与爱国主义思想的时候，取舍也是有所不同的。第三，这个剧本在对秦桧的描写上，比起以前的两个元剧来，有了较多的批判，尽管它的批判深度，并不一定超过《东窗事犯》，但在形象描绘上，显然是丰富得多了（当然这个艺术形象仍旧是比较简单的），因为在现存的《东窗事犯》和《岳飞精忠》里，我们只能看到剧作者对秦桧的更为简单的描写。第四，这个剧本在对待封建皇帝宋高宗的描写上，仍然与以前两个元剧一样，没有能把他作为批判对象，事实上，在剧作者大力渲染岳飞的封建愚忠思想的时候，也是不可能对封建的皇帝进行批判的。

总起来说，这个戏的思想内容，在我看来，封建性的糟粕是很多的，可以说是全部岳飞剧中糟粕最多的一个作品。

《精忠旗》

在现存传统的岳飞戏曲中，明末李梅实、冯梦龙的《精忠旗》，是一个思想和艺术都较高的戏。改定这个戏的剧作者冯梦龙，是有意识地把这个戏当作历史剧来写的，他曾说："旧有《精忠记》，俚而失实，识者恨之。从正史本传，参以《汤阴庙记》事实，编成新剧，名曰

《精忠旗》。精忠旗者，高宗所赐也。涅背誓师，岳侯慷慨大节所在。他如张宪之殉主，岳云、银瓶之殉父，蕲王诸君之殉友，施全、槐顺之殉义，生死或殊，其激于精忠则一耳。编中长舌私情，及森罗殿勘问事，微有妆点，然夫妇同席，及东窗事发等事，史传与别纪俱有可据，非杜撰不根者比，方之旧本，不径庭乎？"他又说："不忍精忠冤到底，更编纪实精忠记。"这里可见冯氏是想在这个戏里为历史人物岳飞塑造一个较为可信的艺术形象的。而这个戏的突出成就，也主要是表现在对岳飞这一历史人物的塑造上和对投降派的尖锐批判上。

这个戏在塑造岳飞这一历史人物的艺术形象上的特点：

第一，剧作者一开始就把岳飞这个历史人物放在当时尖锐的抗金斗争中来描写的，戏的第一折是《家门大意》，述说全剧的主题思想。第二折就是《岳侯涅背》，岳飞一出场，就唱：

> 【金莲子】泼天云雾，密匝的围断英雄生路。国难显忠臣，免不得后文先武。自信素晓韬钤，直前无惧。苍天佑，佑我尽扫□□。把金瓯重补。

接着，张宪来报前方的消息，得知汴京已经沦陷，徽、钦二宗已被俘北去，于是岳飞在愤激之余，即命张宪用刀在他背上刻"尽忠报国"四字，并且说："张宪，如今为臣子者，都则面前媚主，背后忘君。我今刻此四字于背上呵，（唱）唤醒那忘君背主的要他回头。（白）你快去副元帅营前打听，他若兴师勤王，我每愿效一臂之力。"上面这些描写，一方面，使我们一开始就接触到岳飞的思想和性格，那种强烈的封建的忠君和爱国思想；另方面，也使我们清楚地看到了岳飞所处的时代背景，看到了岳飞这个历史人物正处在国家和民族的生死存亡的紧急关头，这样，也就在客观上使读者了解到促使岳飞这一历史人物行动起来的主观和客观的原因。这样的写法，比起在它以前的《精忠记》来，就要合理得多。《精忠记》在岳飞出场以后，让他唱〔女冠子〕：

> 怒发冲冠，丹心贯日，仰天怀抱激烈。功成汗马，枕戈眠月，杀金酋伏首，驾长车踏破贺兰山缺。空怨绝，待把山河重整那时朝金阙。

看起来好像作者已经把人物置于时代矛盾的尖端了，然而接着却忽然让他说：

> 今日且喜天气晴明，对此春光，不免请夫人小姐，一同赏玩，多少是好。

于是岳飞就与夫人、女儿一起赏春了，这一折《赏春》的描写，不仅使岳飞与他所处的时代气氛脱节，从而不符合当时的具体情况，而且也把岳飞庸俗化了，例如"花姿柳态皆春意，歌舞留人日又西。沉醉后管弦声细"。这样的曲文，完全把岳飞写成了一个富贵庸俗的官僚。至于"国家安宁"、"欣遇国祚雍熙，时和岁稔"等描写，更是前后矛盾，把一个正在面临着尖锐的民族斗争的时代，粉饰成为一个太平无事的时代。从这里，我们可以看到《精忠旗》的作者，把岳飞这一人物放在当时尖锐的抗金斗争中来描写，对于展开岳飞的思想性格以及以后的抗金行动，有着极为重要的作用，它远远胜于《精忠记》的那种写法。

第二，剧作者是把岳飞这一历史人物放在当时重重的政治矛盾中来描写的，这许多矛盾是：高宗与金人的矛盾，高宗与徽、钦二宗之间的矛盾，高宗与岳飞之间的矛盾，高宗的投降路线与广大人民抗金斗争的矛盾，最后还有秦桧与岳飞之间的矛盾。其中高宗与徽、钦二宗之间的矛盾，是通过侧面的揭露描写出来的，在《奸党商和》一场里，秦桧要罗汝楫、万俟卨、何铸三人商量劝高宗与金人议和的说辞，万俟卨说："那些天兵不好惹，中国人脆弱，如何杀得他过？不如讲和，落得安静。况既有主上，又要二帝何用？"这几句话，虽然是剧作者用来正面刻画这些卖国贼的无耻嘴脸的话，但另一方面也暗暗地揭露了高宗安于其位，不愿徽、钦二宗回来夺去他的统治宝座的思想。关于这一点，还可以看一看《金牌伪召》这一场，当朝廷用金牌要将岳飞召回的时候，北方的老百姓与岳飞有一段对话：

〔外净扮父老上〕……自家河北父老便是，我每久陷北朝，才得岳太尉兵到，收复燕、云，复见天日，近闻朝廷唤取班师，不知是何缘故，特来挽留。〔见生——岳飞——伏地哭介〕我每情愿跟着爷爷〔指岳飞〕去杀兀术，大家求见二帝一面，切不可轻回。

〔生〕我亦不愿回朝，要在此杀贼。无奈朝廷金牌下来。

〔外净〕爷爷也管不得甚么金牌，朝廷也是主上，二帝也是主上，爷爷纵不肯救我每百姓，也看二帝面上，再住一住。

〔生哭介〕你每说起二帝，吾心折矣。

〔外净〕正宜趁此机会，杀往前去。庶可即见二帝。

〔内报〕使臣又到了！

这一段对话的正面意思，是在描写北方老百姓的爱国主义思想和他们坚决抗敌的意志，他们对于岳飞的爱戴。但同样它也从侧面揭露了高宗与徽、钦之间的矛盾，这就是说抗金对徽、钦有利（当然更有利于人民）而对高宗不利，和议对高宗有利而对徽、钦不利（当然更不利于人民），这里剧作者同样暗示了高宗所以要议和的原因。特别是在这段对话里，正当河北父老说到"正宜趁此机会，杀往前去，庶可即见二帝"的时候，立即内报"使臣又到"，这样的安排，不仅仅为了使剧情紧张，同时也是给观众以暗示：高宗不愿他们去迎回二帝。这种用侧面暗示的笔法来揭露高宗与徽、钦二帝之间的矛盾，我们还可以看到《狱中哭帝》一折里的描写。岳飞被诬入狱，常在狱中哭二帝，于是引起了两个狱卒的一段对话，一方面是用狱卒的口吻来揶揄岳飞；另方面，也是对高宗的讽刺揭露。总之，剧作者通过这许多描写，使我们看到岳飞正是处在高宗与徽、钦的矛盾之中，也就是处在和战的矛盾之中。那末剧作者为什么不明白地写出高宗与徽、钦之间的矛盾，即为什么不让高宗明白表示不愿迎徽、钦回来呢？这是因为这种矛盾，是潜伏着的矛盾，是人物的内心活动，如果把这种矛盾明白写出，就反而不符当时的情势和人物的心理，所以剧作者采用侧面描写的方法，通过当时一些人的言谈话语来加以侧面的揭露，因为当时的人是明白高宗的心理的。

关于高宗与岳飞之间的矛盾，剧作者也没有运用正面描写的方法，而是通过秦桧的嘴说出来的。在《东窗划柑》一场里，秦桧有一段独白：

自家秦桧，前在金家，首倡和议，致蒙挞懒郎君纵归，……但愁和议不成，……有等不识时务的，在皇上面前七嘴八舌，讲甚么父仇当报，国耻当雪，把皇上说得疑疑惑惑起来，我说此乃行险侥幸之计，万一不能取胜，反得罪于金人，那时仇上加仇，耻上加耻了，又有讲岳飞是一员大将，金人所惧，不宜加罪，几乎又把皇上说转。我说他曾说自己与太祖俱三十岁除节度使，他肚里便想黄袍加身了，那时陛下求为匹夫，且不可得，怎能勾象今日罢战休兵，安闲自在。皇上当时嘿（默）然不言，颇颇相信。我不趁此时下手，更待何时？……

在这一段话里，剧作者的笔锋，是对准秦桧的，但在另一方面，他同样告诉读者高宗对岳飞是不放心的，迎回徽、钦二帝，固然对他不利，就是迎不回徽、钦二帝，在抗金斗争中岳飞的实力过分强大了，人民更加爱戴他了，在高宗看来，也是对自己的一种威胁，陈桥兵变，黄袍加身，就是他自己祖宗的家法，他深怕岳飞或岳飞的部下也来这一手，这样就构成他在心理上对岳飞的疑忌。剧作者深入地描写了这一点，因而使得读者更加清楚地了解岳飞所处的种种矛盾。

高宗的投降主义路线与广大人民抗金斗争的要求之间的矛盾，是贯穿这个戏的一个根本矛盾，在前引河北父老挽留岳飞的一段话里也有明确的反映，特别是在岳飞临行以前，河北父老和两河兵民，更有强烈的反映。这里剧作者从当时人民的角度，对统治者的投降主义路线进行了十分尖锐的批判，同时也反映了岳飞正是处在这种矛盾之中。

至于秦桧与岳飞之间的矛盾，当然是贯穿全剧的一根矛盾的主线，当然秦桧与岳飞的矛盾，实质上也就是投降与抗战的矛盾，也就是高宗与徽、钦的矛盾，与岳飞的矛盾，可以说秦桧与岳飞之间的矛盾是围绕着和战问题的许多矛盾的一个集中表现。这个剧本对这一点描写得更为突出生动，这里限于篇幅就不再引述。

总之，剧作者在塑造岳飞这一形象时，使我们清楚地看到，这个人物是处在当时历史的重重矛盾之中，因而这个人物的行动，也就必然受到这许多矛盾的影响、牵制。我认为这种描写方法，是这个戏远胜于其他岳飞戏的地方。

第三，是剧作者深入地描写了岳飞思想里的矛盾：忠于高宗和抵抗金人的矛盾。有的同志认为"爱国和忠君，在岳飞思想上是一体的"，说他的爱国是通过忠君来表现的。上面的这些话，如果用来一般地指出岳飞的爱国主义终究只是封建的爱国主义，那是可以的；但如果用来说明岳飞的忠君思想就是爱国主义或他的忠君（忠于高宗）和爱国是没有矛盾的话，那就不够确切，因而也就与史实颇有出入了。我们知道，当时统治着岳飞的是宋高宗，岳飞忠于宋高宗，当然是忠君；我们又知道作为一个杰出的民族英雄岳飞，他的爱国主义的具体表现，不是别的，就是抗金斗争，如果抽去了岳飞的抗金斗争，那末也就没有了岳飞的爱国主义。然而忠于宋高宗与坚持抗金这两件事，恰恰在岳飞的时代，岳飞的身上，发生了矛盾，因为作为君的宋高宗，到后来只想保持自己偏安江南的统治宝座，而不想抗金了，不仅不想抗金而且是反对抗金而积极降金了。由于这样，岳飞的爱国，即岳飞的抗金，与岳飞的忠君，即岳飞的忠于宋高宗，就发生了尖锐的矛盾，岳飞终于在这个矛盾中，由于他坚持抗金，坚决反对向敌人屈膝投降而牺牲了生命。所以如果不对岳飞所处的具体的历史条件进行具体分析，而笼统地认为岳飞的忠君思想就是爱国主义，两者是没有区别更没有矛盾的话，是不能真正揭示出岳飞这一历史人物的思想实际和他所处的历史环境的。另外，岳飞的抗金，自然是从封建忠君的世界观出发的（只是由于岳飞的君不需要岳飞这样的忠因而发生了悲剧性的矛盾），但我们也不应该把岳飞的抗金，即岳飞的爱国与忠君完全等同起来，视为一体，看作就是一个东西。我们应该看到在岳飞的爱国思想和行动中，除了忠君这个重要的决定性的因素外，也还有民族思想和爱人民的思想，岳家军所以能够受到人民这样爱戴，坚持抗金固然是一个根本原因，而他能够爱护人民，他的军纪比较严明也是一个重要原因，如果不管这一切，把岳飞的爱国思想与忠君思想完全看作是一个东西，那末就不免把历史人物的思想和复杂的历史情况简单化了。《精忠旗》的作者，对于这方面曾作了相当深入的描写，这种描写，特别突出在《金牌伪召》这一场。在这场戏里，剧作者一方面描写岳飞屡败金人，大军直到朱仙镇（离开封只有四十五里），在这紧要关头，剧作者又写出了统治者连发十二道金牌召回岳飞，不让岳飞继续抗金。剧作者对这十二道金牌的到来，分了六次描写，一次紧迫一次，而岳飞的抗金和奉召回京、放弃抗金的思想矛盾，即忠君和爱国的思想矛盾也一次比一次尖锐，起先还违旨继续与金人作战，后来终于因为与自己协同作战的"韩世忠、刘锜等俱已班师，岳飞孤军决难独进"（"圣旨"上的话）的客观形势、终于因为统治者的强大压力和他的封建忠君思想的制约，不得不奉召班师。另方面，在这个过程中，剧作者又相当突出地描写了两河人民对岳飞的挽留、对统治者投降政策的愤慨，以及岳飞对人民的关怀爱护。正是由于剧作者比较深刻地描写了岳飞的这种思想和矛盾，比较深刻地描写了当时的历史面貌，因而使得岳飞这一历史人物的形象，显得有血有肉，真实动人。如果剧作者回避了这些具体的情节和岳飞思想中忠君和爱国的矛盾，把他的爱国和忠君完全看作一回事，从而只去强调他的忠君，忠于高宗，那末这个剧本就必然成为与在它以前的《精忠记》一样的作品。

第四，剧作者在塑造岳飞这一形象时，比较重视历史事实，戏里岳飞的许多活动以及他的某些性格特征，差不多都可以找到史实的根据，从而在一定程度上增强了岳飞这一艺术形象的历史真实感。当然，尽管剧作者十分强调忠实于历史，但不论从全剧来看或从岳飞的形象来看，终究有许多完全是出于作者虚构的情节。

第五，剧作者的历史观点，毕竟仍然是封建的历史观点，尽管剧作者对岳飞所处的历史环境和岳飞的思想，都作了比较深入的分析和描写，但剧作者毕竟不可能对岳飞及有关的人和事作阶级的分析，因而剧作者对封建统治者虽然有所批判，而同时又作了表扬，所谓"好皇帝翻案大褒封"，他只是对投降派的秦桧等人作了刻骨的讽刺。另外，封建迷信的因果报应思想，在这个戏里也仍然没有根本排除（剧作者已经排除了"疯僧扫秦"这个情节），同时通过岳飞的艺术形象，作者也仍然宣扬了封建道德，所以对于这个戏，我们也仍然必须批判地看待。

关于岳飞的戏剧，在晚明时期，除了李梅实、冯梦龙的《精忠旗》以外，还有张心其的《如是观》（一说是吴玉虹作）。到了清代，在京剧剧目中，又有《请宋灵》等。在清代的京剧和地方戏里，还有大量涉及岳飞的戏，这里暂不论及。

《如是观》

产生在晚明时期的另一个岳飞戏是《如是观》，这个戏又名《倒精忠》或《翻精忠》，《曲海总目提要》说："闻系明末时吴玉虹作。以《精忠》直叙岳飞之死，而秦桧受冥诛，未快人意，乃作此以翻案，言飞成大功，桧受显戮，两人一善一恶，当作如是观，故名《如是观》也。"这个戏的情节与其他一些岳飞戏的情节大有出入，有必要略作介绍：

宋徽宗传位给钦宗赵桓，钦宗与徽宗同样荒淫无道，正当他传旨京城大放花灯，预借元宵之时，李若水、李纲入奏边事紧急，应预作准备。钦宗不仅置之不理，反命二人把盏助他开怀畅饮。当时，适值新状元秦桧、岳飞连辔游宫，钦宗即与二人同往翠华楼观看，因选秦桧为河北行人使司，岳飞为江南游击将军。不久，金兀术命粘没喝与斡离不分道南侵，渡过黄河，围困汴京。宋朝文武大臣均纷纷逃命，不顾国事，以致徽宗、钦宗、康王及嫔妃等人均被俘。秦桧则趁机投降金人。徽、钦被俘以后，受尽种种虐待，李若水骂贼而死，徽、钦二宗则被驱至五国城囚禁。当时东京留守宗泽镇守荆、湖，得悉京城沦陷、二帝被俘的消息以后，悲愤填膺，以至旧病日重，他自知不能再起，即将兵符印钤交与岳飞，并命众将与岳飞一起同心杀贼，最后大叫数声"渡河杀贼"，呕血而亡。岳飞受命以后，即回家辞别母、妻，在忠于国事和孝养母亲这两件事上，岳飞颇有犹豫，岳母觉察以后，即对岳飞大加教训，勉以为国牺牲的大义，并在岳飞背上刺"精忠报国"四字，岳夫人亦以养母教子的重任自任，劝岳飞勿以家庭为念，一心为国杀敌。金兀术因康王逃归重建宋朝政权，李纲、赵鼎、张俊、刘锜、岳飞等正图恢复，故即命秦桧夫妇南归，"主和议，收甲兵，逐李纲，杀岳飞。"秦桧于南归途中，适为岳飞部下擒获，秦桧诈称从敌营逃回，因而得释。岳飞自领兵以后，屡败金人，秦桧倡和议不成，无计可施，王氏为此忧思成病，因即与秦桧在东窗下定计，用假诏命田思忠召回岳飞，并诬他按兵不举，虚运粮草，与金国通谋。田思忠临行前，王氏托带私书一封，觅便送与兀术。田思忠到岳飞营中宣召，岳飞拒不受诏，正在相持之时，牛皋捉得田思忠家丁，搜出王氏私书，因此奸谋败露，田思忠立即被斩。岳飞连夜发兵，进攻金人。秦桧夫妇在派出田思忠以后，又立即假传圣旨逮捕岳飞全家，岳母被捕进京，岳云则逃至岳飞处。正在这时，岳飞大军长驱北进，加紧北伐，迎接徽、钦。秦桧夫妇无可奈何，又出一计，企图诱骗岳母写信召岳飞回军，又被岳母严词拒绝。岳飞追击金兀术，终于收复汴京。岳飞进入汴京，秦桧又派家丁戚方前去行刺，岳飞将计就计，诈称被刺身死，引诱兀术前来作战，结果兀术中计大败而逃，直至北海边，宋兵不得前进而还。岳飞一路寻找徽、钦至五国城，毫无消息，黄昏时分，进入深山穷谷，即向一古庙借宿，遇见庙中两个老道，询问之下，方知正是徽、钦二宗。岳飞即迎徽、钦回朝。秦桧夫妇终于伏罪问斩，岳飞、李纲等则受封。

　　以上就是这个戏的简要的情节。这个戏的特点：第一，作者对历史人物和历史事件，作了大胆的虚构，他与冯梦龙的态度恰恰相反，冯氏力求使他所创造的岳飞这一历史人物的艺术形象有充分的历史根据，《如是观》的作者则根本不管这一点，他在最后一个曲子《山花子》里说："岳侯至此何曾殒？幸今朝已戮奸臣。愿边疆从此太平，复国仇尽扫胡尘。论传奇何拘假真？借此聊将冤愤伸。本色填词不用文，嬉笑成歌，削旧为新。"这就是说，在他看来，历史剧可以不受历史事实的拘束，为了发抒剧作者的思想，就可以大胆地虚构。第二，这个戏对岳飞形象的塑造虽然显得比较单薄，但对岳飞的爱国主义思想，即反对投降、坚持抗金的思想，却有比较鲜明突出的描写，比起以上那些岳飞的艺术形象来，有更为强烈的民主性，这特别突出地表现在岳飞拒绝接受田思忠的伪诏这一场：

〔生——岳飞〕〔引〕功业垂成，又谁知中途遭困！〔白〕此事须防假与真，人情反复似秋云。画虎未成君莫笑，安排爪牙使惊人。我，岳飞。自提兵到此，身经百战，连复数郡，金酋望风胆落。眼见两京可复，二圣还宫只在目下矣；不想昨日飞报到来，说：朝廷准了什么和议策，差田思忠赍诏前来，召我班师。我想其中未必无诈。咳，我岳飞一身既已许国，生死何惜？只是将垂成之功，弃于一旦！吓，也罢，且待诏书到来，我留心稽察便了！

〔净内白〕圣旨下。

〔生〕接旨！

〔净〕〔引〕事在心间。相见处把言词宛转。

〔读诏介〕诏曰："朕闻修德养仁，则远戎宾服；黩武穷兵，致生民涂炭，兹尔岳飞，达戎苦残，朕实悯焉；着回调养，以慰朕心。张、韩、刘三处人马俱已撤回，惟岳飞孤军，不得久驻，特将金牌十二面，速召班师，另行升赏。"谢恩。

〔生〕请过圣旨。

〔净〕元帅为何不谢恩？

〔生〕请坐。此诏，岳飞这里不敢奉命。

〔净〕将军差矣！自古道："君命召，不俟驾而行。"今将军不奉诏班师，是何意见？

〔生〕天使不知其故：前日岳飞奉旨复两京，迎二圣；今敌人已挫其锐，目下正欲决一死战以定胜负。今忽然有此班师之诏，诚恐其中有诈。

〔净〕有诈？将军，如此说来，难道下官倒与金国通谋不成？

〔生〕不是这等讲。前日圣上谆谆谕告，今又有此诏：前后不符，未免疑怪。

〔净〕将军到京，自知端的。请自三思，毋贻后悔。

〔生〕我岳飞以死报国，决心久矣，不必多言。

〔净〕将军若不回京，教小官如何复旨？岂不知"食君之禄，命悬君手"乎？

〔生〕自古"将在外，君命有所不受！"〔唱〕【夜行船序】你不见杀气横天？看人人立志，奋身血战。那金酋遁，恢复只在眼前。

〔净唱〕你休偏。但记功多，身背圣主遭愆不便。

〔生〕就有不便，我岳飞何惧！

……

〔净〕啊呀，将军莫怪小官唐突，你再三抗违，实欲反耶？〔唱〕我去朝天，倘圣怒伊家，那时有何折辩？

〔生〕这也由你！

岳飞与田思忠正在相持不下的时候，牛皋从外面闯进来报告搜获王氏致兀术的私信，终于揭露了秦桧的卖国阴谋，岳飞即下令将田思忠斩首示众。下面有一段老百姓的话：

论古代岳飞剧中的爱国主义思想及其对投降派的批判

〔外、付——老百姓〕元帅在上：如今宋天子听信奸邪，
弃我们百姓于金酋；我们也不愿作宋朝的百姓，也不愿作金邦
的百姓，只愿做元帅的百姓罢。

在这一折戏里，剧作者把岳飞的爱国思想描写得十分突出，他不仅敢于怀疑皇帝的圣旨是假的，而且还敢于根据这种怀疑就坚决拒绝接受圣旨，这就与《精忠记》的作者让岳飞明知自己是被投降派的秦桧陷害，但还要设法将岳云、张宪骗来一同就死，以免他们"造反"的愚忠思想大有不同。这个戏里大胆地写出当时的人民愿意拥戴岳飞，而不愿继续作投降派宋高宗的臣民，也表现了剧作者的民主思想，同时，它使读者和观众更加深切地了解到岳飞与人民的关系，从而也就可以进一步地了解岳飞抗金斗争的力量的来源之一。第三，这个戏虽然写了岳飞迎回徽、钦二宗等纯属虚构的情节，表现了作者对封建皇帝的拥护，但实质上剧作者却是对徽、钦进行了相当尖锐的批判。戏一开始李若水、李纲向钦宗奏报边事的时候，作者竟让钦宗即命二人为他把盏，以助他的酒兴，而置边事于不顾，这对钦宗可以说是相当辛辣的讽刺，特别是在徽、钦被俘以后，李若水随侍左右，后来终于骂贼而死，而徽、钦却甘愿脱下龙袍，穿上兀术赏赐的一领青衣，骑着驴子去见兀术，当他们去见兀术的时候，还在说："只为兵戈乱、宗庙亡，死和生凭谁主张？顾不得屈身倒着冠裳。惟愿从今以往，保全我家和国、父和儿、夫与妻团圆无恙！"尤其是后面第十一折徽、钦被囚，第十四折徽、钦被押赴五国城的描写，一方面写出了他们受尽了种种折磨，另方面，也就是对他们过去荒淫无道的生活的批判。总之，剧作者对这两个封建皇帝的描写，主要的锋芒是在批判，就是对在这个戏里表面上还在抗金的高宗，剧作者也没有给予好评，他让老百姓的嘴说："如今宋天子听信奸邪，

弃我们百姓于金酋；我们也不愿作宋朝的百姓。"这些话，实质上是剧作者对高宗的严峻的批判。这样对徽、钦二宗和高宗的尖锐的直接的批判，是上面所提到的几个岳飞戏里所少有的。第四，这个戏里对岳母、岳夫人也有颇为动人的描写。宗泽临终的一场也写得相当感人。这些人物，都贯串着一个共同的思想，这就是他们的强烈的爱国主义——抵抗侵略者的思想。岳母、岳夫人和宗泽等这些人的艺术形象的塑造，在此以前的一些岳飞剧，也是缺少较好的描写的。第五，这个戏虽然有不少值得肯定的地方，而且它还完全排除了岳飞死后的鬼魂以及阴审秦桧等等的情节，从而减少了一些封建迷信思想。然而它毕竟没有彻底排除掉这种思想，剧作者还是把这次尖锐的民族矛盾，归结为因徽宗无意中触怒了玉帝而降下的惩罚。这样，剧作者在排除了过去的岳飞剧中的鬼魂和地狱的迷信以后，又加上了神怪和上帝的迷信，因而仍然使这个戏的思想内容有着严重的糟粕。

《请宋灵》

这个戏的情节，与上述那些岳飞戏，又大有出入。《京剧汇编》里关于这出戏的提要说："金兀术南犯，掳去徽、钦二宗。岳飞奉诏北伐，大破'八卦阵'。兀术不敌，许放二圣回宋。徽、钦二宗以无颜复见百姓，自缢。岳飞哀痛之余，要搬请皇灵，命金主身穿重孝，写具降表出城迎接。金主假允，为岳飞看破，暗作准备。及献表，兀术举剑刺岳，被牛皋所败。岳飞搬皇灵南归。"这个戏的特点：第一，戏的情节绝大部分都是虚构的，并且在这个戏里丝毫没有提及秦桧，只是把张邦昌骂了一通，好像宋金矛盾中根本不存在秦桧这个人似的，这是完全违背历史的，客观上开脱了卖国贼秦桧，这是应该批判的。第二，这个戏里根本没有写投降派与抗金派的矛盾斗争，在戏里没有出场的高宗是下令岳飞抗金的，因此这个戏主要是写岳飞与金兀术的交战和后来计败金人，情节简单得出奇，所以岳飞的形象完全是一个概念化的形象。第三，剧作者让徽、钦二宗在金人释放他们回国时因为无颜"再见宗庙"，再见百姓，因而自杀，看来作者对徽、钦二宗是企图有所批判的。但在这个情节中，作者又让赵匡胤的鬼魂奉玉帝之命前来痛责徽、钦，因而在这个批判中又夹杂着浓厚的神怪迷信思想。总之，这个戏，在上述这些岳飞戏中，是思想和艺术都较差的一个。当然在这个戏里，在一定程度上仍然反映了人民要求坚决抵抗侵略者的愿望，歌颂了岳飞的抗金斗争，对岳飞的思想，剧作者仅仅描写了他的与抗金斗争一致的忠君思想，而根本没有宣扬他与抗金斗争相违背的愚忠思想，就这一点来说，这个戏又比《精忠记》对岳飞思想的描写，要好一些。

以上，我们简括地分析了六个传统的岳飞戏。从上面这些分析中，我们可以看到，历史上的剧作家塑造的岳飞形象，大体上可以分为两类。一类是强调岳飞的抗金思想，把岳飞写成一个具有强烈的爱国主义精神并坚决反对投降派的民族英雄；另一类是强调岳飞的封建忠君的愚忠思想，把岳飞写成一个愚忠的典型。由此可见，同一个历史人物，在不同思想的剧作家手里，是完全可以塑造出不同思想的艺术形象来的。进步的剧作家，总是强调历史人物的进步的一面，为现实斗争服务，而反动的剧作家，总是强调历史人物的消极面，使历史人物的艺术形象为反动阶级的利益服务。

从上面这些岳飞剧中，我们也可以看到，在不同程度上反映着广大人民的爱国主义思想和不屈不挠的斗争精神，反映着广大人民对于投降派的愤怒批判，这种爱国主义思想和对投降派的批判，就是这些岳飞剧的精华部分。当然，我们应该看到，这些爱国主义思想是带有时代的局限和阶级的局限的，是一定历史条件下的产物，这就是说，这种爱国主义思想，在一般的情况下，常常与封建的忠君思想相联系（当然也并非都是与忠君思想联系的，前面已经作了分析），所以即使对于这些精华部分，也仍然需要用阶级分析的观点，对它进行批判。不然的话，在这些精华中所包含的封建意识和封建的道德观念，就更容易发生坏影响。

另外，在这些作品中，在不同程度上都有较为浓厚的封建迷信思想和轮回果报等宿命论观点，这些观点和封建道德一样，都是这些作品的糟粕，对于这些，只有加以彻底批判扬弃。这就是说，对于这些虽然在不同程度上贯串着爱国主义思想的岳飞剧，也必须用"一分为二"的观点来看待，不能笼统地加以全部肯定。

（原载 1964 年 9 月 27 日《光明日报》）

岳飞剧的时代精神

在前面这篇文章里，我们分析了元代以来的六个岳飞剧，分别探讨了它们在塑造岳飞形象上的某些特点，它们所反映的爱国主义思想以及它们对投降派所作的批判，也指出了这些岳飞剧所存在的不同程度的糟粕。在这个基础上，准备探讨下面几个问题。

从《东窗事犯》等六个戏看岳飞剧的时代精神

前面所谈的六个戏，可以分为三种不同的情况：

第一，是产生在元代的《东窗事犯》和《宋大将岳飞精忠》。元代是一个民族矛盾十分尖锐的时代，当时广大被压迫的人民要求推翻异族统治阶级的统治。追溯历史，这种局面，正是由于南宋统治阶级实行投降主义的政策、摧残抗金斗争的力量以后逐渐造成的。所以岳飞的抗金斗争及其被投降派阴谋杀害的历史事实，在当时就特别能引起人们的怀念、追忆，也能激发人民的斗争意志，因此，这个历史人物的斗争史迹，很快地就进入了舞台。剧作者运用这个历史人物的斗争史迹，来激发人民的斗争意志，激发人民的民族感情，以反抗当时的统治阶级，所以，在元代留存下来的这两个岳飞剧的共同的主题思想，就是大力强调岳飞反抗侵略的抗金斗争，而对投降派，则一致地加以尖锐的揭露批判。我以为这一主题思想，概括了当时被压迫人民的愿望，是当时的时代精神的一种反映。

第二，是产生在明代成化以前的《岳飞破虏东窗记》和产生在成化时期的《精忠记》。这两个剧本基本上是一样的，后者是在前者的基础上作了一些文字加工。我们知道明代自开国到成化时期，已有一百多年，一方面元末混乱的局面已经经过了较长的相对的稳定时期，社会生产力有了恢复和发展；另方面，社会阶级矛盾也逐渐尖锐化了，主要表现为土地大量集中，广大劳动人民丧失了耕种的土地。明代中叶以后，当时的统治者上至皇帝、贵族，下至文武官僚，以及各地的富豪，大量地兼并土地，建立了许多皇庄和官庄，而且这些皇庄和官庄还不断地扩大占地数量。这种兼并的结果，一方面是农民丧失土地，农民生活困难，另方面是封建国家减少了赋税的收入，这样就必然把负担转加到劳动人民身上。因此随着土地兼并的剧烈进行，封建剥削也就日益加重，使得广大人民日益陷于破产和流亡的境地，终于逐渐酝酿成农民起义。成化元年（1465 年）荆襄流民在刘通、石龙领导下举行了起义。刘通称王，国号汉，建元德胜，聚众数万，成化二年起义被镇压下去；成化六年（1470 年）刘通的余部又进行了一次起义，声势颇大，一年以后也遭到统治阶级残酷的镇压。尽管这些起义的规模和时间都较小，但是它却表明明代社会的阶级矛盾日益尖锐化了，明代统治政权逐渐出现危机了。正是在这样的时代背景下，出现了传奇《精忠记》。

同样是以历史人物岳飞的抗金斗争事迹为题材的戏，元剧《东窗事犯》、《宋大将岳飞精忠》极力歌颂岳飞的抗金斗争，对于当时实质上是代表统治阶级的投降派，进行了尖锐的批判，在《东窗事犯》里，甚至对皇帝也表示了不满和讽刺。但是出现在成化时期的《精忠记》则与此相反，它极力歌颂、宣扬愚忠思想，把岳飞写成一个纯粹是愚忠的人物。剧作者为了粉饰当时的现实，完全违背了岳飞所处的尖锐的民族矛盾的历史事实，把当时的国家社会，描写得一片吉祥安宁，说什么"家国安宁，开筵正好欢会。边庭上烽火无惊，朝野内干戈橐戢。今朝里，幸喜豪杰峥嵘，际遇明时"，说什么"欣遇国祚雍熙，时和岁稔，居安岂可忘危"等等。显然，这些都是剧作者为自己时代的封建统治者歌功颂德。这就说明了剧作者是站在当时封建统治者的立场上，从封建统治者的需要出发来创作这个历史剧的。因此它所反映出来的是封建统治阶级的思想和政治要求，根本不是时代精神，而是反动阶级腐朽没落的反动精神。

第三，是产生在明代末年的《精忠旗》和《如是观》。我们知道，明代末年，又是一个民族矛盾十分尖锐的时代，当时的情势，很有点像岳飞的时代。特别是在晚明出现了熊廷弼和袁崇焕两桩"风波亭"式的大冤狱，更容易使人想起岳飞的冤狱。《精忠旗》的作者，实际上就是用岳飞的悲剧来批判当时的统治者，为抗敌的民族英雄喊冤，"为他聊出英雄气"。为此，剧作者特别强调岳飞积极的抗金思想和抗金斗争，用充满同情的笔调来描写沦陷区人民的痛苦，对投降派则是极尽批判、揭露、讽刺、揶揄的能事。《如是观》的作者虽然写法与《精忠旗》不同，作者大胆地违反了历史事实，虚构了根本不可能产生的一些情节，但是，其用意却与《精忠旗》的作者有相同之处，即强调岳飞积极的抗金斗争，用以激励人们的斗争意志，发泄人们的怨愤，批判投降派，所以他也说："借此聊将冤愤伸。"可见这两个戏，反映了这个时代劳动人民的愿望和情绪，从劳动人民或当时具有爱国思想的知识分子的角度，反映了这个时代的时代精神。

根据上面这些分析，可见我们不能抽象地去看作品的时代精神。一方面，不同的时代，有不同的时代精神，因为不同时代的人民有不同的理想愿望要求，有不同的社会和阶级的矛盾；另方面，不同的阶级对时代也有不同的看法，所以有被压迫人民心目中的时代精神或从他们身上所反映出来的时代精神，这是代表历史前进的精神，也是真正的时代精神；也有统治阶级所鼓吹的所谓"时代精神"，这实质上就是统治阶级政治利益的反映，就是统治阶级反动、腐朽、没落的精神的反映。正如我们今天对我们所处的时代的时代精神的理解，与帝国主义、各国反动派截然不同一样，真正代表我们今天的时代精神，只能是无产阶级彻底革命和彻底胜利的精神，决不是反动派的反人民的腐朽没落的反动精神。

在历史上，真正能够代表时代精神的，只有各个不同时代的被压迫人民和先进阶级的理想和斗争，因为只有劳动人民，只有历史上的先进阶级的理想和斗争，才能推动历史前进，才能反映时代的真正面貌，才能反映历史的本质。因此，只有能够充分地真实地反映历史上各个不同时期的劳动人民和先进阶级的理想和斗争的作品，才能真正反映各个时代的时代精神。

如何对待岳飞的爱国主义和忠君思想

历史人物岳飞的头脑里有封建道德忠君思想，这是历史事实，大家都一致承认。岳飞的封建道德"忠"是否可以批判地继承，我已多次表示过否定的意见，这里不再谈。这里要谈的是：我们在塑造岳飞这一历史人物的艺术形象时，应该如何对待岳飞的封建忠君思想；前述六个戏的剧作者是如何对待岳飞的封建忠君思想的。

先说后一个问题。

从剧作者对待岳飞的忠君思想加以分析，可以分为三类：

第一类是《东窗事犯》。剧作者一方面描写了岳飞忠于高宗，一方面又写他坚持抗金，终于被秦桧害死。因此剧作者就大力强调岳飞对投降派的怨气，不仅怨恨秦桧，要求杀秦桧以报仇，而且也怨及高宗（虽然他并不知道高宗与秦桧完全是一路的）。在这个戏里，剧作者实际上强调的是岳飞的抗金思想和他对投降派的愤恨，因此这个戏里的岳飞形象有着较为强烈的感人力量。

第二类是《精忠记》。剧作者一方面描写了岳飞的抗金，另方面，又大力强调岳飞的忠于宋高宗，忠于宋高宗的放弃抗金，甚至到秦桧将他逮捕入狱行将加害的时候，剧作者为了加强渲染他的封建愚忠，还不惜违反历史事实，借用春秋时伍奢的故事，让岳飞主动地写信把岳云、张宪骗来同死，以表示尽"忠"。剧作者这种对封建愚忠思想的宣扬和歌颂，充分地暴露了他的封建统治阶级的立场，因此这个戏现在读起来，就觉得岳飞这个艺术形象实在令人生厌。

第三类是《精忠旗》。剧作者对岳飞的思想，岳飞所处的具体的政治处境，作了较为深入的描写。一方面着力强调岳飞坚决抗金，坚决准备迎回徽、钦二宗和岳飞对沦陷区人民的关怀爱护，对沦陷区人民抗金力量的重视等等；另方面，又写出了以高宗、秦桧为首的南宋投降派的阻碍抗金，不准抗金，坚决命令停止抗金的投降主义路线。剧作者对岳飞的忠君思想主要是强调他积极抗金，"迎二圣归京阙，取故地上版图"的一面；对于宋高宗的取消抗金的投降主义政策，剧作者主要是强调岳飞被迫服从（"韩世忠、刘锜等俱已班师，岳飞孤军决难独进"的客观形势和十二道金牌的压力），而不是像《精忠记》的作者那样只要圣旨一到，他就不假思索地诚惶诚恐地俯首听命。所以《精忠旗》作者对岳飞忠君思想的处理，在传统的岳飞戏中，是比较好的。

可以看出，在对岳飞的忠君思想的三种不同的处理方式中，表现了剧作者两种不同的思想：一种是强调历史人物思想的积极因素，这就是《东窗事犯》和《精忠旗》的作者的态度；另一种是强调历史人物思想的消极因素，甚至不仅是强调而且是大力地渲染愚忠思想，这就是《精忠记》作者的态度。我们主张肯定前者而批判后者。

那末，我们今天在创作岳飞的历史剧的时候，应该如何对待岳飞的封建道德忠君思想呢？一种方式是只强调岳飞的爱国主义而不去用批判的态度写他的忠君思想。这种写法，用意是好的，但是，根本不写他的忠君思想，就容易失去岳飞这一历史人物的特点。另一种方式是只强调他的忠君思想，而且是只强调他忠于宋高宗的忠君思想，把岳飞以抗金为主要内容的爱国思想完全纳入忠于宋高宗的忠君思想里。《戏剧报》1960 年第 23、24 期有一篇文章的作者说："我们正是通过特定情境下的忠君思想，才更具体地看清他（指岳飞）的爱国思想。从对内、对当时劳动人民以及起义军的关系来看，赵宋无疑是统治者、剥削者、压迫者，宋高宗无疑是对立面；但是，在对外、对金人的关系上，赵宋（指宋高宗）事实上毕竟又是代表当时整个国家民族的（据《宋元通鉴》，当时北方义师一般都是奉宋高宗正朔的——原注）。"这就是说：

一，宋高宗是代表当时整个国家民族的。

这里的宋高宗当然是指宋高宗的政治，离开了他当时的政治地位，宋高宗就没有任何意义。说宋高宗是代表当时整个国家民族，究竟代表国家民族的什么？没有具体说明，但是除了国家民族的政治利益以外，还能指什么呢？这里就有一个问题，说宋高宗的政治路线是代表当时国家民族的利益的是否符合历史事实，是否合乎我们今天对宋高宗的历史评价？因为宋高宗的政治路线，尽管初期还有一些抗金的要求，但是他的根本方面是实行投降主义的路线。所以这种说法，我认为是根本错误的，客观上是为宋高宗的投降主义辩护。

二，认为岳飞忠于宋高宗，就是岳飞的爱国主义。

我们认为这样来解释岳飞的忠君思想也是不妥当的。我们知道，岳飞当时是处在一个特殊复杂的历史环境中。一方面是尖锐的民族矛盾，徽、钦的被俘，北中国的沦陷，这对于作为一个封建大臣和从劳动人民出身的爱国将领的岳飞来说，是一种奇耻大辱，所以他坚决要"报君仇"，要"取故地上版图"，总之就是要抗金；当着岳飞的忠君思想与抗金结合起来的时候，它就具有特定的历史条件之下的积极意义。另方面，岳飞的面前还有一个现实的君，这就是宋高宗，当着宋高宗还勉强主张或不坚决反对抗金的时候，岳飞的忠君思想与抗金斗争还可以不发生矛盾；当宋高宗越来越明确地实行投降政策以后，岳飞的忠君与抗金就发生矛盾了。忠于宋高宗，就不能抗金，也就不能爱国，不能"迎二圣归金阙，取故地上版图"。虽然宋高宗初期曾有过一些抗金的主张，但是后来就完全实行投降主义的政治路线了。在描写岳飞的历史剧里，究竟把宋高宗当作抗金派，当作代表国家民族的利益的人来写好呢，还是把他当作投降主义的政治的代表人物来写好呢？究竟哪一种写法符合历史真实也符合我们今天对他的历史评价呢？当然是后者。但是，按照这种主张来写，既要岳飞忠于投降主义的宋高宗，而又要表现出岳飞的爱国主义，这就十分矛盾了。这样的写法自然也曾有过，就是明传奇《精忠记》里的岳飞，然而这样的岳飞的艺术形象难道真正符合历史人物的面貌么？难道能符合我们对岳飞的评价么？难道能写出他的爱国主义么？那末，完全把宋高宗作为抗金派即代表国家民族的利益的人物来写，然后让岳飞忠于这样的宋高宗，这样，岳飞的爱国主义不是就没有问题了么？然而，这样写不仅根本不符合历史真实，不符合马克思主义对历史人物的评价，而且从戏剧的情节来说，宋高宗作为一个代表国家民族的利益的抗金派人物以后，岳飞的"风波亭"的悲剧如何演法呢？可见这样做，不仅失去了历史真实，而且根本就连这个历史人物的戏也一起失去了。

所以，我们主张对岳飞的忠君思想，应该具体分析，应该看到岳飞所处的特殊复杂的政治环境，看到高宗与徽、钦之间的矛盾，看到高宗的投降主义路线与广大人民抗金要求之间、与岳飞抗金要求之间的矛盾，从而去发扬历史人物思想的积极因素，去描写岳飞的积极抗金的思想，尽管这种思想本身与忠君思想有密切的联系，但是也要把它与忠于宋高宗的那种愚忠思想区分开来。如果笼统地把宋高宗当作当时代表国家民族利益的人，而又把岳飞忠于宋高宗的忠君思想与抗金思想完全混为一谈，看不到这两者之间存在的特殊矛盾，那末就不容易正确地处理岳飞的忠君思想。总之，岳飞的爱国主义思想里，是包含有多种思想因素的，有民族观念，有爱护沦陷区人民的思想，有爱护国家疆土的思想，当然也有封建的忠君思想，而且这种思想还是上述这许多思想的一个主导思想。由于岳飞处在特殊的政治条件下，这种封建的忠君思想，当它与抗金斗争结合起来的时候，就具有特定历史条件之下的积极意义；当他被迫不得不忠于宋高宗的放弃抗金的命令而放弃抗金的时候，这种封建的忠君思想便失去了积极意义；我们现在塑造岳飞的艺术形象的时候，应该着重表现岳飞思想的积极面，而批判他的消极面。

关于岳飞剧的史实与虚构

如何对待史实与虚构是前述岳飞剧所共同接触到的问题之一。这个问题涉及剧作者的立场观点问题，也涉及剧本的构思问题。关于作者的立场问题，前面已经谈到了，这里着重谈剧作者的构思问题。

这六个岳飞剧大致可以分为两类。第一类是剧作者企图概括描写岳飞抗金的全部过程的，如元剧《东窗事犯》，明传奇《精忠记》（包括

《岳飞破虏东窗记》）、《精忠旗》、《如是观》等都涉及岳飞的全部抗金过程，但剧作者对待岳飞的史料的态度却大不相同。其中元剧《东窗事犯》、明传奇《如是观》是以一定的历史事实为基础而又以虚构为主的；其中《如是观》的虚构，不仅是与历史事实有出入，而且是违反历史事实的。《东窗事犯》的虚构，主要是吸取了一些民间传说和受了佛教轮回报应的迷信思想的影响。除《东窗事犯》和《如是观》以外，其余两个明传奇《精忠记》和《精忠旗》则基本上是以历史事实为依据的，尤其是《精忠旗》的作者，明确地说是"依宋史分回出折"，"不等闲追欢买笑"的，这两个戏，都可以算作是历史剧。但是，就是这两个历史剧的剧作者，也没有能在塑造岳飞这个艺术形象的时候绝对排斥艺术的虚构。《精忠旗》的作者，一方面强调自己"改定"这个历史剧是严格依照历史事实的，另方面又不断声明某些情节是"微有妆点"或"点缀生情"的，而事实上这个戏里虚构的部分仍然不少，岂止"微有妆点"而已，简直是大有虚构。可见在历史剧创作中要排斥虚构，说起来尽管比较容易，做起来就有些不大好办了。冯梦龙在这个问题上自相矛盾的经验教训，我觉得仍然值得我们注意。

今天的历史剧创作是否可以像《如是观》那样的虚构呢？我以为不可以。因为它所写的是一个重要的历史人物的重要的历史事件，而它的虚构是完全违反历史事实的，是这个历史人物在当时根本不曾有也不可能有的事。因此历史剧的虚构，无可怀疑，应该有一个范围。这个范围，概括地说，就是如果写的是著名的历史人物，则应尽量依据他的历史事实，在这个基础上再进行必要的艺术虚构，而这种虚构，不应该违反对这个历史人物的正确的历史评价（过高的评价他或不适当地贬低他），当然更不应该虚构什么因果报应之类的迷信的情节。如果写的是著名的历史事件（如历史上反抗帝国主义侵略的斗争等），则虚构不应该违反这些历史事件的基本事实和它们的时代条件，不应该违反对这些历史事件的正确的历史评价。在这个范围以内，我认为今天的历史剧创作，完全有虚构的权利。我们认为历史剧创作是根本不应该也不可能排斥虚构的。这就是说，剧作者在对待历史人物或事件的史料上，应该用马克思主义毛泽东思想作为分析史料的根本观点，发扬历史人物的革命精神，使剧作有利于社会主义的事业。在这个基础上，剧作者又必须运用艺术创作的规律，发挥艺术想象和进行必要的艺术虚构，以塑造丰满的具有历史真实感的历史人物的艺术形象。

另一类则是剧作者只描写了岳飞抗金斗争的某一个片断，元剧《宋大将岳飞精忠》，京剧旧本《请宋灵》便是属于这一类。《宋大将岳飞精忠》写绍兴十年岳飞大破金兀术的"铁浮图"、"拐子马"的战役，是有历史根据的，其中也有许多的虚构的情节。京剧《请宋灵》则是写宋金的一个战役和岳飞搬回徽、钦的灵牌。情节除宋、金矛盾这个基本事实有依据以外，具体情节全是虚构的，而且是违反历史事实的虚构，不足为法。

从上面的分析中，我们还可以看到，古为今用，是这些戏的共同特点。也可以说是所有历史题材的戏的共同点。因为无目的地写戏、为写戏而写戏的情况是没有的。当然，古为今用的具体内容、具体目的是可以完全不一样的。例如有的剧作家通过岳飞的艺术形象表达了他的爱国主义思想，借用岳飞的艺术形象来激发人们的爱国主义精神和民族感情，对投降主义路线进行尖锐的批判；有的剧作家则是通过岳飞的艺术形象宣扬封建的愚忠思想，用以毒害人民，帮助巩固封建统治阶级的统治。因此对于前一种古为今用，我们可以历史地肯定，对于后一种古为今用，则必须坚决批判，坚决反对。

当然，今天的戏剧创作，应该努力反映我们的社会主义革命和社会主义建设的现实，歌颂我们时代的英雄人物，鼓舞人们的革命斗志，以推动历史前进，与此同时，我们当然也可以按照历史唯物主义的精神，按照我们时代的时代精神，来努力创作新的历史剧，以满足我们时代的需要。

（原载《光明日报》487 期《文学遗产》）

读元剧《东窗事犯》

现存最早的岳飞戏，要算《元刊杂剧三十种》里的《地藏王证东窗事犯》了。

这个戏的作者，一说是孔文卿，一说是金仁杰，也有说是杨驹儿作的，因为缺乏材料，很难作出绝对的判断。但目前，一般认为是孔文卿所作。

岳飞风波亭的冤狱，本来是一件激动人心的千古奇冤，事件本身就有着很深的历史教训的意义，经过孔文卿把它写成戏剧，搬上舞台以后，其影响自然就更为巨大了。

这个戏的题目正名的末句是"地藏王证东窗事犯"，它的重点自然在写地藏王揭露和勘证秦桧东窗密谋杀害岳飞的事件。然而，这个戏的动人之处，除了第二折疯僧扫秦揭露秦桧东窗密谋的一场外，第一、三两折岳飞大理寺对簿和托梦高宗，也是写得很有气势的。现在读来还很感人。

戏一开始是岳飞在朱仙镇奉召班师（即戏的第一个楔子）这一情节，在后来的一些岳飞戏里（如《精忠记》、《精忠旗》等），常常是被作为全剧矛盾的一个焦点来处理的；但在这个戏里，却只是事件的开始，因此写得比较简单，不过人物的思想却没有因此而模糊不清，它一方面揭示了人物内心的不安、对前途的焦虑，另方面，它又表明了岳飞奉召回朝的原因（在这个戏里，岳飞是单身回朝的，行前并嘱张宪、岳云"在意看守边塞"）。他说：

【幺篇】多敢是圣明君犒赏特宣赐，怎肯信谗言节外生枝。只不过休兵罢战还朝呵，是我暗暗地自寻思：莫不是封□□，圣恩慈，明宣赐，赏金资，添军校，复还时，将□□展，六韬□，□□府，取京师，杀猛将，血横尸，夺了四京□□须要称了俺平生志。

这就是说，这十三次宣召，都没有明确告诉岳飞朝廷已与金人议和，因此岳飞虽然对抗金前途发生过忧虑，但总以为此番回朝，只是暂时的"休兵罢战"，他还想趁此回朝的机会，扩充军队，以期彻底驱逐敌人，恢复神州。

戏的第一折是写大理寺审问岳飞，这时连岳云、张宪都已被捕了。这折戏里岳飞的那些对词，现在读起来还是虎虎有生气的。反复勘问的焦点，是要岳飞承认造反，岳飞回答道：

〔云〕非是岳飞造反，皇天可表。【油葫芦】想十三人舞袖登城临汴梁，向青城虏了上皇。〔云〕诳得禁军八百万丢盔卸甲。〔唱〕那其间无一个匣中宝剑掣秋霜。杨戬是个帮闲攒懒元戎将，蔡京是个传书献简头厅相。一个治家亡了家，一个安邦的丧了邦。虏得些金枝玉叶离了乡党。若不是泥马走康王。

【天下乐】到如今宋室江山都属四国王。生并的国破城

53

荒。那一场我与你重安日月定了四方。战沙场几个死，破敌军
几处伤、兀的是功名纸半张。

上面这段话，把靖康时期统治集团腐败没落的情况作了尖锐的讽刺和揭
露，同时也用事实证明了自己安邦定国的作用，表现了岳飞大义凛然，
不可屈服的气概。

接着岳飞又唱出了一大段震撼人心的唱词：

〔云〕既是我谋反，那里积草屯粮，谁见来？

【那吒令】恁寻思试想，向杀场战场。恁寻思试想，俺安
邦定邦。恁寻思试想，立朝纲纪纲。我不合扶持的帝业兴，我
不合保护的山河壮，我不合整顿的地老天荒。

【鹊踏枝】我不合定存亡，列刀枪，恁划的定计铺谋，损
害贤良，试打入天罗地网，待教俺九族遭殃。

【寄生草】仰面将高天问，英雄气怨上苍。问天公不曾天
垂象。治居民不曾教居民荡。统三军不曾教三军丧。只落的满
身枷锁跪厅前，却甚一轮皂盖飞头上。

【村里迓鼓】我不合扶立一人为帝。教万民失望。我不合
于家为国，无明夜，将烟尘扫荡。我不合仗手策，凭英勇，占
得山河雄壮。镇得四海宁，帝业昌，民心良，则兀的是我请官
受赏。

……

【寄生草】你道我把朝廷乱。不合将社稷匡，我不合降戚
方揭寨施心亮。我不合捉李成贼到中军帐。我不合破金国扶立
的高宗旺。待将我签头号令市曹中，却甚功劳写在凌烟上。

〔云〕皇天可表，岳飞忠孝。

读元剧《东窗事犯》

【赚煞】下我在十恶死囚牢，再不坐九鼎莲花帐。则我这谋反事如何肯当：我死呵做个负屈衔冤忠孝鬼，见有侵境界小国偏邦，秦桧勾结起刀枪，陛下则怕你坐不久龙床。俺死呵落得个盖世界居民众众讲，岳飞子父每不合舍性命生并的南服北降，出气力西除东荡。

〔云〕杀了岳飞、岳云、张宪三人。〔唱〕陛下你便似砍折条擎天驾海紫金梁。

在上述一大段唱词里，岳飞一共说了十一个"我不合"，对于这些话，目前的解释颇多分歧。有的同志说这是岳飞的"自我批判"，说这样的描写，"对于这位'保护的山河壮'、'整顿的地老天荒'的宋高宗的忠臣来说，在大理寺中被诬造反，刑杖交下的时候，在'仰面将高天问，英雄气怨上苍'的时候，终于大彻大悟，来个一百八十度的大转弯，这完全是可以令人信服的。岳飞的这种彻底的自我批判，谁曾见来！显然出于剧作家的大胆创造。但这个合情合理的创造，却把岳飞的形象升华到一个令人观感一新的比历史上的岳飞更高的境界。"有的同志则说这些"我不合"的话，不仅描写了岳飞"对自己过去忠于宋室扶保高宗的悔恨，而且也描写了他对自己毕生从事的抗金事业的动摇"。

上述两种解释，我认为都有值得商榷之处。

先说第一种，即所谓这是岳飞的"大彻大悟"、"一百八十度的大转弯"、"彻底的自我批判"的这一种解释。

这一说法本身就不够明确。所谓"一百八十度的大转弯"这句话，从岳飞与高宗的关系上来说，可以被解释为岳飞从拥护高宗到反对高宗这样的一个"转弯"；从岳飞对抗金问题的态度上来说，则又可以被解释为岳飞从坚决抗金、反对和议到放弃抗金，主张和议这样的一个"转弯"。根据作者前后的文意来看，自然作者是主前一说，那岳飞经过大理寺的被诬造反、刑杖交下以后，终于从拥护高宗的一贯态度中大彻大悟，转变为反对或不拥护高宗了。但这样的解释，也仍然是不妥的，因为就在这一折的煞尾，岳飞明白地表明："皇天可表，岳飞忠孝。"不仅如此，下文还更明确地说："见有侵境界小国偏邦，秦桧勾结起刀枪，陛下则怕你坐不久龙床。〔云〕杀了岳飞、岳云、张宪三人。〔唱〕陛下你便似砍折条擎天驾海紫金梁。"

根据这些话，可见岳飞对高宗的安危（当然也就是对国家的安危）还是十分关切的。特别是到第三折，岳飞向高宗托梦时还对高宗说：

> 我对圣主明言剐骨仇……
> 躬身叉手紧低头，又不敢把龙床扣，拜舞山呼痛偎偎，见官里猛抬头，惊回御寝把天颜奏，灯影下诚惶顿首，臣说着伤心感旧。尚古自眉锁庙堂愁。
> ……
> 陛下索趁逐，替微臣报冤仇……

根据上面这些话来看，可见说岳飞经过大理寺的刑杖以后，对高宗的认识有了"一百八十度的大转变"的说法，不免有断章取义之病。

至于第二种解释，认为这是表现了岳飞"对毕生从事的抗金事业的动摇"的说法，我认为同样不妥当。因为这种说法不仅不能解释上面已经提到的"我死呵做个负屈衔冤忠孝鬼，见有侵境界小国偏邦，秦桧勾结起刀枪，陛下则怕你坐不久龙床"等这些说话（因为对抗金事业既已动摇，那末就根本用不着再提醒高宗"见有侵境界小国偏邦，秦桧勾结起刀枪"等问题了），而且也不能解释第三折里岳飞为什么还要叹息说："想微臣志未酬。"这里的"志"，自然是指他所从事的抗金事业。既然由于抗金的壮志未酬，他死后的"鬼魂"尚且还在叹息，那末当他活着的时候，面对着一方面力主和议而另方面又在诬蔑他造反的那些敌人，他怎么反倒能够对抗金事业发生起动摇来呢？如果岳飞产生了这种思想，或者对英雄人物作了这样的描写以后，这个英雄形象还能不能站起来呢？所以我认为这一解释也是不能把岳飞前后的思想和这个艺术形象统一起来的。

既然上面的两种解释都不一定妥当，那末前面引的这一大段文字，特别是其中这十一个"我不合"应该如何解释呢？我认为这几句话，主要是强烈地表达了岳飞的怨愤，因此我们理解这些"我不合"，应该着重从"英雄气怨上苍"这句话上去理解。也就是说，岳飞过去的许多抗金的功劳，现在反成了"谋反"的罪名，岳飞是明知敌人所以陷害他是因为他坚决抗金，所以才万分愤恨地这样说。这些都是人物在特定的情况下满腔愤激的语言，人物的思想情绪与这些词句的字面意义，在一定程度上是有着距离的，我们不宜离开了岳飞前后的思想和特定的环境而单纯从字面上去理解这些话，这些话的意思，实际上就是说：你们诬蔑我造反吗？如果我要造反，那末我当初就不该"扶持的帝业兴"，"保护的山河壮"，"整顿的地老天荒"了。我这样的解释，还可从这个戏的末折何立转述岳飞所说的话——《后庭花》一曲中得到参证：

【后庭花】见一日十三次金字牌，差天臣将宣命开，宣微臣火速临金阙，以此上无明夜离了寨栅，驰驿马践尘埃度过长江一派。臣到朝中怎挣揣，想秦桧无百划，送微臣大理寺问罪责。将反朝廷名□揣，屈英雄泪满腮，臣争战了十数载，将功劳番做罪责。

前面的这些"我不合"，实际上也就是与上引《后庭花》里最后两句话同样的意思，不过前者是在事件突然爆发，人物处在极度的愤激情绪之下说出来的，后者则是在敌人的诬陷已经成为事实并且已经过了相当长的时间的情况下说出来的。所以彼时的语言主要是怨愤，而此时的语言着重在悲痛。从这一角度来理解，那末我们就会感到前面"我不合"这一大段唱词，真是写得怨气冲天，把岳飞当时满腔的愤激之情，像火山一样地尽情地喷发出来了。如果我们不从这个角度来理解，而从所谓"一百八十度的大转变"这个角度来理解，那末我们就会产生岳飞究竟会不会产生这样的转变的疑问。特别是剧作者既然让他从"一百八十度的大转变"中"转变"了过来，为什么又要叫他再从"一百八十度的大转变"中"转变"过去？这样"转变"来"转变"去的描写，能否真正称作"合情合理的创造"，把"岳飞的形象升华到一个令人观感一新的比历史上的岳飞更高的境界"的创造？如果从岳飞对抗金事业的动摇这个角度来理解，那末，我们又会产生这样的写法究竟是对这位英雄人物的歌颂还是歪曲、这样的艺术形象还能不能成立等这些疑问。归根到底，我认为这折戏是写得好的，它大胆地强烈地表达了岳飞对投降派的愤激之情，对投降派的尖锐批判，使我们今天读了，还觉得虎虎有生气。然而，按照上面的那种"一百八十度的大转变"的解释，除了使我们得到岳飞这个人的政治态度忽而"转变"过来忽而又"转变"过去的滑稽感外，是不可能得出真正的艺术感受的。至于按照第二种解释，当然这个艺术形象就不可能成立了。

如果说这个戏的上面的这些情节，基本上还是根据一定的历史事实的话，那末，从第二折起的以下三折戏，就完全是出于作者的虚构了。

第二折是写地藏王化身呆行者在灵隐寺揭露秦桧杀害岳飞的罪行。这折戏后来发展成一折独立的《疯僧扫秦》，经常在昆曲舞台和其他地方戏里流行，而且基本上还是这个元剧的原来面貌，这说明这折戏在当时的历史条件下，同样是写得成功的（当然其中有关因果报应等迷信的描写，即使从艺术上来看，也并无可取之处，今天则更应该批判）。这折戏在全剧的结构上，一方面是照应第一折，点明岳飞已经被害，并揭露卖国贼秦桧在一手制造了风波亭冤狱以后色厉内荏的心理状态，拿来与第一折中岳飞在大理寺凛然不屈，千秋忠烈的浩然正气相对照；另方面，更是为末折何立回来报告自己在"阴间"亲自看到"地藏王"（即呆行者）勘证秦桧东窗事犯一事安排为线索。所以这一折在全剧的情节结构中具有关键性的作用。

第三折写岳飞的"鬼魂"向高宗托梦，要求高宗为他报冤仇。全折的文字写得悲风凄凄，怨气弥漫。剧作者用强烈的抒情笔触，把岳飞的满腔怨愤，充分地表达了出来，实质上也就是表达了人民对投降派、卖国贼秦桧的深刻的愤怒。当然尽管这里的感情是这样强烈，但这种鬼魂形象，终究给人以一种虚无飘渺的感觉。在这一折戏里，剧作者依然让岳飞的冤魂去向高宗申诉自己的冤情，说明作者并没有想把岳飞写成一个"大彻大悟"的，对自己进行了"彻底的自我批判"的人物。

戏的最后一折，是写二十年后何立回来向新君报告自己在"酆都"亲眼看到地藏王勘证东窗事犯的经过和秦桧在"阴司"受惩罚的情况。这些描写，虽然表达了人民要求惩罚卖国贼秦桧的愿望，但却有浓厚的因果报应的迷信思想，应该加以批判。

这个剧本，虽然还存在着一些缺点，例如有些情节还不很清楚，特别是这里面的秦桧的妻子，似乎并没有参与东窗的密谋，剧本在第二折中由地藏王化身的呆行者对秦桧说："当时不给大贤妻，他虽苦苦地劝你，你岂不自知。"这与历史事实和民间的传说颇有出入。然而总的来说，剧本强烈地体现了人民对卖国贼秦桧的愤怒和批判，第一次比较成功地塑造了岳飞的英雄形象。剧本中对宋高宗也有一定程度的批判，第一折里岳飞说宋高宗"见外则荒（慌），内则相隔着汉阳江（直往内逃至了汉阳江），陛下常久雇镇苏杭"。最后一折里说"道陛下自离京兆泥马走，似高祖荥阳一跳身"。把从金营中逃出来的宋高宗比作楚汉相争时由纪信去替死以后才从荥阳之围中逃得性命的刘邦，这些描写，都反映了剧作者的批判精神，比起后来的《精忠记》里写岳飞临死前还恐儿子在外兴兵报仇，有损他父子"忠孝之名"，故而竟写信骗儿子来一起同死的这种写法，我认为要好得多。

当然，贯穿在这个戏里的封建迷信思想和因果报应等轮回观念，对读者仍然有消极作用。剧作者在塑造岳飞这一历史人物的形象时，虚构了一个岳飞的鬼魂，虽然其目的是在伸张岳飞的正义，批判卖国贼秦桧，给投降派以惩罚；但这种鬼魂形象毕竟是一定历史条件下的产物，对于今天的剧作者来说，这种方法就不一定适合了。

1965 年 10 月 16 日

读传奇《精忠旗》

一

传奇《精忠旗》的原本和它的作者李梅实的身世，我们现在已经无法知道了。现在所能见到的传奇《精忠旗》，是冯梦龙的修改本，收在他的《墨憨斋新曲十种》里。卷首题为"西陵李梅实草创，东吴龙子犹详定"。现存经过冯氏改定的十二种传奇中，大都题作"更定"或"审定"。题作"详定"的，一共只有三种。其所以题作"详定"，我揣想可能是因为经他改动得很多的缘故。关于他删改这个剧本的情况，在黄文旸的《曲海总目提要》里，还保存着一篇详细的说明。这篇文章说："梦龙云：旧有《精忠记》，俚而失实，识者恨之。从正史本传，参以汤阴庙记事实，编成新剧，名曰《精忠旗》。"以下即详细地记录了剧中每一重要情节的史实根据，对于有些虚构的情节，也说明是"微有妆点"或者"点缀生情"。从这里，我们至少可以看出以下三点：一，他对当时已经流传的传奇《精忠记》很不满意，原因是因为它"俚而失实"，失去了历史的真实性；二，他对这个剧本的改动是很大的，可以说几乎近于改写，因此，实际上他是这个剧本的作者之一；

61

三，他是有意识的企图按照岳飞的历史事实来塑造他的艺术形象和改写这个戏的，因此每一重要情节都力求有史实作根据，以便取信于人，增强它的社会作用；所以他在这个剧本的结尾说："据宋史分回出折"，"不等闲追欢买笑"。可见他大力删改这个剧本，并加以刊布，是有积极的用意的，并不是作文字游戏。

要了解冯梦龙改编这个戏的目的，我们必须了解冯梦龙的思想和时代。冯梦龙，是明末有名的俗文学家，也是一位爱国志士。他编过短篇小说集"三言"；改订过长篇小说《东周列国志》、《平妖传》；他刊行的民歌集《挂枝儿》曾风行一时，被称为"冯生挂枝曲"；他还改订过传奇十二种；当清兵入关明朝覆亡的时候，他编过好多种宣传爱国主义思想的历史著作。他的一生，经历了明代的万历、泰昌、天启、崇祯、弘光、隆武六个朝代，即经历了明代亡国的全部过程。

冯梦龙出生的时候（万历二年——1574 年），明代的政治已经十分腐败，万历后期，形成了以魏忠贤为首的"阉党"，他们把持朝政，残害忠良，并且掌握着当时国家经济和军事的实权，到处搜括民财，并可以任意任免督抚大臣。为了巩固他的政治势力，还加强了特务机关——东厂，凡是"民间偶语，或触忠贤，辄被擒僇"。在这种黑暗统治下，反对"阉党"的东林党人如杨涟、左光斗、袁化中、高攀龙等人，都惨遭他的杀害（这时冯梦龙五十二三岁），形成了一种极端黑暗的恐怖政治。当时，新兴的满洲族已崛起于东北，努尔哈赤建立了后金汗国后，随即于万历四十六年（1618 年）以"七大恨"告天誓师伐明，从此后金与明朝的民族矛盾便日益尖锐。在抗金卫国的斗争中，腐败的明朝统治阶级，一手制造了两桩"风波亭"式的千古冤狱。第一桩是熊廷弼的被杀。万历四十七年明、金两国的萨尔浒大战，明军全师溃败，接着就由熊廷弼为辽东经略，熊廷弼针对当时军队新败，防务空虚，军纪松弛的实际情况，即严肃军令，固守不战，边疆防务，因此得以逐渐充实。

但结果却遭到阉党的攻击而被罢，由袁应泰代。袁氏兵败自焚，熊廷弼再起，但又受制于阉党王化贞。由于王化贞的贪功轻信，广宁一战，王化贞全军溃败。明廷却即将熊廷弼、王化贞一起逮捕下狱，在阉党的陷害下，抗金有功的熊廷弼反被杀害并传首九边，而身负重罪的王化贞却得到了缓刑。

第二桩是袁崇焕的冤狱。熊廷弼被杀后，明朝以孙承宗经略蓟辽，袁崇焕任兵部主事。不久孙承宗罢职，由阉党高第接代。高第是个逃跑主义者，刚到任就放弃关外大批人民和土地，退守山海关。袁崇焕誓死不从，独自坚守关外的宁远孤城，并击退了努尔哈赤所率领的十三万人的进攻，致努尔哈赤负伤身死。但袁崇焕却因受阉党的攻击而罢职。崇祯元年（1628 年），袁崇焕再度督师蓟辽，大力整顿防务，杀通谋敌国的皮岛守将阉党毛文龙。皇太极十分忌恨，决意用阴谋陷害他。崇祯二年，率兵绕过袁崇焕防区，由内蒙古闯入长城并进围北京。袁崇焕闻报后，"由间道飞抵郊外，两昼夜疾行三百余里"，在高密店与敌军相遇，敌军大惊失色，以为"袁督帅之兵，自天而降"，经过整天的激战，把敌人逐退了十余里。皇太极即用反间计，扬言袁崇焕与皇太极有密约。崇祯闻报后，立即逮捕袁崇焕入狱，在魏忠贤余党的攻击下，即将他凌迟处死。

我们知道，熊廷弼是冯梦龙的故交，熊廷弼很赏识冯梦龙的才华，并曾解救过冯梦龙的困难，熊死时，冯梦龙五十二岁。同时我们又知道，冯梦龙是一个爱国志士，他到七十二岁的时候，仍然还在奔走抗清，那末他对于熊、袁两桩暗无天日的大冤狱，自然不会不知道，也自然不会无动于衷的。

除了这两桩"风波亭"式的大冤狱外，还有一种情况，即后金统治者感到一时难以灭亡明朝，因此，曾屡次用和谈的方式企图诱降明朝，明朝的统治者一则碍于广大人民的反对，二则又害怕重演南宋亡国的悲

剧，故虽然有心和谈，而又未敢明目张胆地进行。但是到崇祯十五年
（1642 年——时冯梦龙六十九岁）当松山战役洪承畴被俘降清后，明代
的统治者再也熬不住了，崇祯即授权兵部尚书陈新甲秘密与清议和，由
兵部职方员外马绍愉等面见皇太极，并带回了议和的条款。然而事机不
密，议和条款误被陈新甲的家僮付之抄传，结果秘密变成了公开，弄得
舆论哗然，崇祯不得不杀陈新甲以推卸自己的责任。这就是轰动当时的
和谈阴谋的失败过程。

　　根据上述情况来看，当时的形势，确有些类似南宋的局面，即如
明、金双方也都很明确地将当时的形势与南宋的形势作比较的。如崇祯
四年（1631 年），皇太极写信劝降祖大寿时说，"尔国君臣，惟以宋朝
故事为鉴"云云，可见当时的人，确实都是以南宋的故事为鉴戒的。了
解了上述各点，那末我们就不难理解为什么以岳飞抗金故事为题材的小
说，突然间会在嘉靖万历以后，连续出现了熊大木的《武穆演义》、于
玉华的《精忠传》、余登鳌的《岳王传演义》和邹元标的《精忠全传》
等四部书；同时，我们也就不难理解冯梦龙为什么要这样认真修改这部
传奇《精忠旗》，为什么在作品里，要对南宋的投降派首领秦桧作如此
刻骨的讽刺，又为什么要在传奇的一开头就大呼"毕竟含冤难尽洗，为
他聊出英雄气"，"不忍精忠冤到底"了。看来，冯梦龙是在利用历史
剧这一武器，对现实进行抨击，借用岳飞的故事揭露当时的投降派的罪
恶和歌颂抗敌的民族英雄。①

---

　　① 冯梦龙"详定"这个剧的年代，我们现在虽然很难具体地断定，但作者在《群奸
构诬》这一折，有一段极重要的眉批："小人见君子义合，只说趋奉，犹今之排挤正人便
说朋党。"按晚明党争，炽烈于魏忠贤专政之世，当时凡反对魏忠贤的，都加以"东林党"
的"罪名"而予以治罪甚至杀害。朱由检（崇祯）即位，虽然处死了魏忠贤，但他仍旧信
任宦官，阉党的势力仍然存在，因此党争也仍然继续，直到甲申以后的南明小朝廷里，还
是如此。根据作者的这条批语，我们可以确定：一，冯氏改定这个剧是在明末；二，冯氏
确实是有意用这个历史剧，来揭露当时的黑暗现实的。

读传奇《精忠旗》

二

　　《精忠旗》的突出成就之一，是较为成功地塑造了岳飞这个英雄人物的形象，从而十分有力地抒发了作者强烈的爱国主义思想。剧作者一开始就让自己的主人公处在民族矛盾十分尖锐紧张的历史环境中，这不仅符合于当时的历史真实而且也有利于这个艺术形象的思想性格的刻画。岳飞首次出场的时候，正当汴京失守，徽、钦被掳，整个国家民族陷于生死存亡的紧急关头。剧作者创造性地改造了"岳母刺字"这个情节，把它改造成岳飞为了立志报国，因而命张宪用刀为他在背上"深深刻尽忠报国四字"，并且说："如今为臣子者，都则面前媚主，背后忘君，我今刻此四字于背上呵，唤醒那忘君背主的要他回顾。"剧作者的这种描写，使我们一开始就接触到了这个人物的思想性格，同时也感到了作者对现实的尖锐讽刺。接着剧作者一方面描写了金兵长驱入侵，秦桧进行和议的阴谋，另方面又深刻地描写了岳飞反对和议，坚持抗战的爱国主义思想，他说："我岳飞一息尚在，决不与此贼共戴天。"终于在国家危急存亡之秋，他毅然奉召出征。这样和、战双方的冲突，便一步步地尖锐地展开了。我觉得剧作者描写岳飞的思想性格最最深刻的是《金牌伪召》这一场，同时，这也是最难处理的一场。在《精忠旗》以前的描写岳飞的剧本，对于这一场，可以说没有处理得成功的。元代孔文卿的《东窗事犯》是把这一场作为"楔子"处理的，可以存而不论。稍后的《岳飞精忠》（见《孤本元明杂剧》），干脆就只写岳飞大破金兀术，根本就没有写岳飞被召班师的事，也就是说，作者没有把它作为悲剧来处理。到明代成化年间的《精忠记》（现题为姚茂良作），在情节的丰富上，比上述几个剧本有了较大的进步，但是这个剧本有着许多糟粗，而在处理这一场时，也同样是简单化的。当召岳飞班师的"圣旨"一到，作者立即就让岳飞说："大人先请，岳飞随即收拾人马回京。"并且马上命令岳云、张宪："快分付掌号，班师便了。"虽然后来也稍稍让他稽迟了一下，但当奉召官一催，他就马上诚惶诚恐地说："朝廷罪我，快分付张号回军。"总之，在这里我们看不到有多少尖锐的冲突。然而《精忠旗》这一折的描写，就与上述这些剧本大不相同了。在金牌未来之前，作者先描写了岳飞正在作进军的安排，命令部队"谨守营垒，用心哨探，以便进兵"，并且积极地联络两河的义军，吩咐部下，对"那两河豪杰，俱要好生看待，重以金币犒赏，其他老弱妇女，各要加意安抚他，不可有疏"。剧作者在作了这些描写以后，才让十二道金牌一叠连发来，这样就十分有力地突出了岳飞的思想和军事行动与统治集团投降主义的政治路线之间的尖锐矛盾。同时，作者对这十二道金牌的到来，又分成六次描写，一次紧迫一次，使矛盾一步步尖锐，使岳飞的思想也得到了一步步深入的刻画。第一道金牌，是朝廷一方面对岳飞"加官"，一方面又召他班师回京，但岳飞接旨以后却开口就问："请问天使大人，贼势方张，下官连战俱胜，飞报朝廷去了。汴京计日可复，便当奉迎二帝还朝，如何忽有班师之说？"这里，剧作者竟大胆地让岳飞对朝廷的"圣旨"提出了尖锐的质问，接着他就对奉旨官说："且请馆驿暂住，容下官从容商议。"然后自言自语地叹息说："十年之功，废于一旦！"然而经过这一番思想矛盾以后，他却断然愤激地说出了："凭义胆报君王（指徽、钦——笔者），将热血洒疆场！"看来他的"迎二圣归京阙，取故地上版图"的主张并未动摇。接着而来的是第二、三、四道金牌，这是第二次宣召，这次的"圣旨"是说"敌势稍缓，安静为福"，并且"速催岳飞回京，勿得逗留生事！"这里，就开始有点"和"的味道（对敌），同时也有点"逼"的味道了（对岳飞）。但是，作者却立即写了探子飞报紧急军情："兀术领残兵复来交战。"这一笔描写，是对所谓"敌势稍缓，安静为福"的"圣旨"一个有力的反击和尖锐的讽刺。岳飞趁着这个机会就断然地说："列位先生少停，非是下官有违圣旨，只是贼势迫近，你看征尘满天，事系兵机要忖量！"说罢，他就愤然上马，准备"违旨"出征了。虽然奉旨官还企图强行拦阻，但愤怒的众将各各"摩拳擦掌"地说："谁敢来拦挡"，"只待二圣还朝，方显我将军境外强。"终于在众将簇拥之下，岳飞违抗了"圣旨"，上马与兀术交战，杀得兀术大败而逃。在这里，作者又插写了群众挽留岳飞的场面。岳飞说："我亦不愿回朝，要在此杀贼，无奈朝廷金牌下来……"看来，他的思想在"朝廷金牌"的压力下，开始有点动摇了，但是当他听到群众说"管不得什么金牌，朝廷也是主上，二帝也是主上"时，又使他坚定了下来，他说："你每说起二帝，吾心折矣！"请看，当群众提到了陷敌的二帝，他就没有别的话可说了，他的报国之心，又激发起来了，因为"迎二圣归京阙"正是他的素志呵！这样这第二次的宣召，又没有能把他召回。正在这时，第三次宣召又到，五、六、七、八号金牌连下，这次的"圣旨"是"速召岳飞还朝，不许停缓时刻"，岳飞还没有来得及答复，第九、第十号金牌又来，宣称"韩世忠刘锜等俱已班师，岳飞孤军，决难独进，特差……催取回京，不得少延取罪！"在这种左右夹攻的情势下，岳家军已经失去了继续抗战的有利条件，于是岳飞再也不能不作回军的安排了，他面对着正在哭挽他的父老们，不禁伤心地说："我的此身何足恤？任穹苍！只你每呵，怎下得赤子（老百姓）肉，填虎狼！"他终于不得不对奉旨官说："二位先行，下官随后回兵就是。"这里，我们可以看到剧作者一直写到第十道金牌下来，才让岳飞被迫表示回军。这样，这一场冲突就显得气势磅礴得多，而岳飞的思想性格——特是他的爱国主义思想——也就得到了丰富而深刻的刻画。但是作者并没有在这里停止他的笔触，他继续奋迅地写了第十一道金牌的到来，这是第五次的宣召了。这次奉旨官是司农少卿李若虚，"圣旨"上是说："敌方议和，留兵不便，今差司农少卿李若虚，亲到军前，守催岳飞回军，不得稍迟，有误大计。"此时岳飞除了后退以外，实在已经无路可走了，因此忍不住"英雄泪垂三两行"，他面向着北方，和父老们一起痛哭这"任幽燕沉沦北方"的悲惨局面。岳飞和父老们的这种强烈的爱国主义精神，连奉旨官也受到了很深的感动，因而说出了实话。他说："岳老先，学生此行，也出无奈！"剧作者的这种描写，十分深刻地揭露和批判了统治者的投降政策的不得人心，终于，为了保护人民，岳飞作出了"在此再住五日，等父老妇女束装随去，庶免陷于贼手"的决定，同时他又对着那些悲愤得要"伏剑先死"的两河豪杰韦铨、李通等，劝他们保存实力，"随往南朝，另图再举"。这时广大的人民哭声震天，岳飞则更是"顿足大哭"，他说："这壁厢呵！痛哭人民泪；那壁厢呵！飞来诏旨忙。我不好说得，这中间别有冤魔障。"他深愧自己没有满足人民对他的期望，他说："费你每箪食壶浆，费你每箪食壶浆。（众哭介）爷爷（指岳飞——庸）是我每的一个再生父母了。（生掩泣介）羞杀我也，休说是重生父娘，可怜他男和女天一方，妇和夫，拆道傍！"值得注意的是剧作者在这里对岳飞热爱人民的思想感情和对朝廷和议政策的不满，作了十分突出的描写，通过岳飞的嘴，深刻地揭露了朝廷飞来的诏旨和人民愿望的尖锐矛盾。然而，正当着"这壁厢痛哭人民泪"的时候，却又早已"那壁厢飞来诏旨忙"，第十二道金牌，也就是最后一道金牌飞来了，这是第六次的宣召，这回"圣旨"上是说："勒取岳飞还朝，如再迟延，即以抗违论罪！"于是岳飞不得不"分付大小三军，即刻班师"。不过，岳飞与投降派的斗争并没有终止，他临行时仍然说："待回朝面疏君王。"他还是决心继续斗争到底！

《精忠旗》后部的《万俟造招》、《狱中哭帝》和《岳侯死狱》这几场，对塑造岳飞英雄不屈的形象和他的思想发展，也是很重要的。在敌人的严刑拷打下，岳飞凛然地回答他们："我身上只有尽忠报国四字，不忠的事，怎么肯做，那得罪过来？"不仅如此，岳飞还尖锐地指出他的所谓罪名，实质上就是抗敌，他说："要把妖氛尽扫，是我真罪名！"这就十分有力地揭穿了投降派陷害的阴谋。终于弄得万俟卨无可奈何，最后不得不使出最最无耻的手段，由自己亲手假造岳飞父子的口供以定罪。《狱中哭帝》这一场，作者通过岳飞的大段独白，深刻地描写了岳飞无限悔恨的复杂感情和"欲作厉鬼杀贼"的坚决抗敌的思想。最后他说："一腔怨恨如天大，（哭介）天那，怎得孤臣速死去报官家（指徽、钦——笔者），做个厉鬼呵，也要把奸佞头函将戟耳叉！"他对投降派的怨气，已经"如天大"了，显然作者笔下的岳飞，对黑暗的现实已经有了比较清醒的认识了。特别是临死的一场，岳飞在死前唱："指望出樊笼，纾国耻，不肯死前休。我一息尚存，还望中原，却怪壮心难收。何忧？便终教名遂功成，少什么藏弓烹狗！怎教我便等不到当烹时候！"这里，岳飞对现实的认识更加清楚了，他深知即使成功了，也总归逃不了"藏弓烹狗"的下场，然而他遗憾的并不是眼前自己的悲剧结局，而是遗憾自己的这个悲剧结局来得太早，还没有等他把侵略者赶出国土，这个悲剧就马上发生了，因而使他遗恨终古！

从上面这许多描写里，我们可以清楚地看到，岳飞从违旨抗敌到奉召班师，一直到临终的思想发展过程，实质上就是和战双方尖锐的斗争过程。我觉得特别应该指出的有以下几点：一，剧作者在这个剧本中虽然也歌颂了岳飞的封建忠君思想，但是并没有强调岳飞仅仅忠于赵构个人的那种封建忠君思想，相反，他却反复地强调了岳飞不忘徽、钦，坚决要求抗击敌人，"迎二圣归京阙"的爱国主义精神（当然岳飞的这些思想也是从他的封建的世界观出发的）。客观上也就是揭露了赵构与"二圣"之间的矛盾，从而批判了赵构的投降主义政治路线。二，剧作者并没有把岳飞的爱国主义思想的全部内容仅仅局限于忠于赵宋统治集团尤其是赵构个人，相反，他却大力地强调了岳飞对陷区人民，对祖国河山的无限热爱；这种热爱，从根本上说，自然与他的封建忠君思想并不矛盾，但在岳飞被召班师的具体历史环境下，岳飞的忠君（对赵构）与岳飞的爱民是有矛盾的，作者大胆地揭露了这个矛盾，同时又大胆地强调了他对人民的关怀和热爱。三，剧作者并没有把岳飞班师的关键，完全放在金牌宣召上，相反，却是放在"韩世忠、刘锜等俱已班师，岳飞孤军，决难独进"的客观军事形势的逼迫下的，而且他虽然被迫班师了，但却仍旧在鼓励人民"另图再举"，仍旧"待回朝面疏君王"，对于抗击敌人，他始终没有灰心。

我们知道，冯梦龙是封建时代出身于地主阶级并做过封建官吏的人，他的世界观是封建主义的世界观（当然有着鲜明的爱国主义思想和民主思想），然而这个封建时代的剧作家，当他在具体地塑造这个封建时代的历史人物的艺术形象的时候，他却居然大胆地写出他敢于"违旨"抗敌，敢于和人民一起放声恸哭，非议朝廷投降政策的思想和行动，同时又敢于把岳飞回军的关键，不完全放在一心服从金牌宣召上，并且还敢于写出岳飞的忠君（忠于赵构）与爱国爱民之间的十分明显的尖锐的矛盾。这样做，他竟不怕被人指责这个艺术形象不真实，不像历史上的岳飞。这一点，我觉得实在值得我们的剧作家和评论家们去深深思考！

《精忠旗》的作者在塑造岳飞这个历史人物的艺术形象上，自然还有许多突出的成就，例如他们比较重视岳飞的历史事实，因而在塑造这个人物形象时，他们细心地选取了许多岳飞的真实事迹作为艺术创造的素材，加以融化、提炼、创造，因而《精忠旗》里岳飞的形象，比起在这以前的一些剧本里的岳飞的形象来，不仅更为丰富饱满，有血有肉，有着较高的艺术性，而且更有着较高的历史真实性。

总之，在如何塑造岳飞这个历史人物的艺术形象上，《精忠旗》是值得我们参考——批判地继承的。

三

《精忠旗》的作者在塑造以秦桧为首的一群投降派的反面形象上，大胆地准确地运用了尖锐泼辣的讽刺笔墨，其讽刺的尖刻性，有时确实能使你感到痛快淋漓、拍案叫绝。作者犀利的讽刺笔触，首先对准的是秦桧。在《奸党商和》这一场里，作者通过秦桧的独白，深刻地揭露了这个反面人物的内心世界，他一上场就说："自家秦桧，……才略过人，机谋盖世。用多少心奉承金主，遂得放回故乡。凭两个策耸动朝廷，便尔备位丞相。两只手生姜煮过，舒来拿住权纲；一条肠砒霜制成，用着摧残侪辈。试看那躁进的，谁不靠官爵为性命，附我者连升他几级，何愁不孝子顺孙？就是恬退的，谁敢以性命为儿戏，忤我者结果他几条，那怕他是铜筋铁骨。若畏旁人议论，只消门下客塞满要路，说甚四海有公评。如防后世讥弹，再将儿孙每充作史官，管取千秋无直笔。杀人不见血，又何须藏笑里之刀，动手即成坑，都认得是老秦之笔。我看温、懿、莽、操忒忠厚，枉得虚名，人言天地鬼神不可欺，却是混话。呸！成则为帝败则寇，从来有甚是非？汉恩自浅莽自深，到处何分南北？"这一段独白，几乎掏出了秦桧的心肝五脏，对这个卖国贼的思想性格和一整套的阴谋手段，刻画得真是入木三分，而且语言老辣，神气十足，与他的身份地位十分贴切。在《东窗划柑》一场里，作者继续通过他的独白，更深刻地刻画了他的阴谋手段。他说："……使天下明知和议是我，必定又来与我争论，不若将金人利害，恐谳官家（赵构——庸）使（他）胆寒于从战之难，自意协于和议之易。及至上意自决，倘或要战，这便是和官家做对头。既有圣旨可推，即使无功，也不是老秦担担子。

71

（笑介）这条计不但使宋朝倚重，尤能使金主衔恩，上可望石敬塘，次可效张邦昌，最下亦可常保相位，岂不美哉乐哉！……有等不识时务的，在皇上面前七嘴八舌，……讲岳飞这一员大将，金人所惧，不宜加罪，几乎又把皇上说转。我说他曾说自己与太祖俱三十岁除节度使，他肚里便想黄袍加身了，那时陛下求为匹夫，且不可得，怎能够像今日罢战休兵，安闲自在。皇上当时嘿然不言，颇颇相信。我不趁此时下手，更待何时？"请看，剧作者锋利的笔尖，对这个丑恶的灵魂，抉剔得多么深刻啊！他以敏锐的历史眼光，真正揭出了赵构与岳飞之间潜在的巨大的矛盾。我们知道，由于南宋赵构政权一贯奉行投降卖国政策，因此这个政权在人民心目中的威信，早已越来越低落了，而人民，尤其是陷区的人民，对一贯在前线坚持抗战的岳飞，却是无限地爱戴，当岳家军胜利挺进的时候，北方的人民都纷纷准备好"岳"字旗，等待着迎接岳飞；然而正是由于岳飞在人民群众中（甚至在敌人的营垒里）具有这样高的威信，并且掌握着当时最精锐的武装力量，而和北方的义军又取得了密切的联系，因此，这种声势，终于引起了赵构的忧虑和不安，一则害怕抗金胜利，徽、钦回来，他的帝位难保，二则生怕重演陈桥驿的一幕，所以他才假手秦桧，阴谋将他杀害。剧作者的这种分析，并不是没有根据的，早在绍兴六年（1136 年）伪齐刘豫进攻淮西时，岳飞正遭母丧，并患着严重的眼病，在驻地鄂州（武昌）休养，当时赵构火急地催取岳飞率兵东下，应援淮西。岳飞力疾从命，开赴淮西战场，事后赵构向赵鼎说："刘麟（伪齐刘豫的儿子）败北，不足喜，诸将知尊朝廷为可喜。"（《宋史·岳飞本传》）打败了敌人并不值得高兴，倒是岳飞能够听从调遣，是件值得高兴的事，这里，赵构的心事不是昭然若揭了么！（至于岳飞方面，自然不能据此即反证他确有黄袍加身的想法）这个阴险狠毒的秦桧，看透了赵构的这副心事，因而从这里下手，以达到他杀害岳飞，从根本上摧残抗战力量的阴谋，我觉得剧作者对秦桧（同时也是对高宗）的这种刻画，确实是鞭辟入里的。正是由于作者通过人物的独白以及其他一些情节，深刻地揭示了他的内心世界，因此使这个反面人物能够有血有肉地站立起来。

对投降派的讽刺，在这个剧本里，还有十分精彩的篇章，值得我们批判地借鉴。作者在《奸党商和》这一场里，刻画投降派为了推销他们的卖国政策而煞费苦心地寻找和谈的"理论"根据时，只有寥寥几笔，对这几个丑恶的诡谲的灵魂，便描绘得如闻其声，如见其人：

〔外、小净、丑——何铸、罗汝楫、万俟卨〕禀丞相，不知今日平章何事？〔净——秦桧〕今日为北朝通和事，朝廷倒肯主张，只中外臣子议论不同。列位如何见教？〔外〕还是和的为是。〔小净〕是之甚。〔丑〕极天下之是，而无一毫之不是者参于其间。〔净〕老夫鄙见，亦是如此，只是中外还没有一个本章说得透彻。〔外〕孔子云："礼之用，和为贵。"又云："和也者，天下之达道也。"这都是讲和的凭据。〔净〕虽说得是，觉腐了些。〔丑〕那些天兵不好惹，中国人脆弱，如何杀得他过，不如讲和，落得安静。况既有主上，又要二帝何用？〔净〕这样说也欠雅。〔小净〕自古兵凶战危，胜负难料，况新都甫定，战未必胜，败则可虞，不如南北通和，方保国家无事。〔净〕此论最当，便可上闻。

这一段精彩的对话，一方面揭露了群丑们为了迎合秦桧的投降卖国政策，为他的阴谋寻找"理论"根据，因而不惜断章取义地歪曲儒家经典著作《论语》和《礼记》里的话，以掩盖他们的卖国罪行的无耻伎俩，另方面深刻地刻画了秦桧的老奸巨猾，他在选择这些"理论"时，既不迂腐也不露骨，因为迂腐之论不切实际，无济于事，太露骨了，又不能欺骗别人，反而会把事情弄坏，所以最后他选用了罗汝楫的那一套冠冕堂皇的话。作者通过这些具体的描写，深刻地揭示了这个反面角色的精神世界并不简单，他的胸中是有城府的。

作者刻画这一群卖国贼刻骨地仇恨抗战派的那种思想感情，也达到了淋漓尽致的程度。在《奸臣病笃》一场里，这种讽刺，真如本书的评者所说的："曲尽无耻小人伎俩，令人绝倒。"

〔丑扮万俟卨纱帽便服同医生上〕……〔杂扮院子上〕老爷身子不快，一概谢客。太医有什么良方，写一个传进去罢。〔医〕可拿纸来开药方。〔丑〕老先不要说药字，音与岳字同，丞相不喜！可说汤方罢。〔医写介〕人参。〔丑〕原来要人心？可割开我胸前取出来。〔医〕不是，是人参。〔又写〕白术。〔丑〕这好，这个术字，与兀术的术字相同，丞相必喜。〔又写〕云苓。〔丑〕这不好，丞相也恼这个云字。老先，你老实写茯苓罢。〔又开〕甘草。〔丑〕这个和中，甚妙！〔医〕还著些槟榔下气。〔丑〕这不好。丞相嫌这个兵字。〔医〕郁金罢。〔丑〕这个金字就妙了。〔医〕要水飞过朱砂为引。〔丑〕不好、不好，朱字乃朱仙镇的朱字，飞字又是那话了。你只写研细辰砂就是。〔医〕这是加味四君子汤。〔丑〕丞相最恼他每自号君子。〔医〕改做建中汤。〔丑〕忠字也不好。〔医〕写做六和汤罢。〔丑〕和字甚妙！一剂即效了。……

〔小净扮张俊冠带同道士上〕天上书名天下传，引来齐到玉皇前。笑隔紫云金作阙，梦抛尘世铁为船。自家张俊是也。闻丞相有病，医药罔效，特请龙虎山道士来此祈福，可速通报。〔杂〕禀张爷，老爷分付，一概客不见。若有法官，就此遣将牒便了。〔道〕如今可请朗灵大王关元帅来罢。〔小净〕

读传奇《精忠旗》

不可！他是汉朝忠勇大将，第一好战的，如何请他？〔道〕如今改请东平侯张巡元帅来何如？〔小净〕也不可！他是唐朝忠臣，死守睢阳的，如何请他？〔道〕这样，和合二圣何如？〔小净〕和之一字就妙了！

这两段对话的妙处，自然不仅在于"令人绝倒"，更重要的是在于作者通过这些大胆的想象和虚构，深刻地揭发了这些投降派的丑恶灵魂，对他们进行了最有力的鞭挞。我们知道，冯梦龙在"详定"这个剧本时，是把这个剧作为严格的历史剧看待的，他企图为每一个情节找一个历史事实的注脚，然而到他进行具体的创作时，这种设想马上就露出破绽来了，他不得不在某些情节上离开了历史事实而进行大力的虚构，现在我们看这个戏，在大体上确实是有历史事实作依据的，然而又有不少地方完全是作者的虚构，即如上面所举的这节绝妙的对话，其情节也同样是出于虚构。从这里，我们可以得到一些借鉴：历史剧的创作是不应该排斥虚构的，只要在重要情节上是根据这个历史人物的基本事实的，对这个历史人物总的评价是符合于马克思主义的，也即是说是符合于历史唯物主义的精神而不是反历史主义的，在这个基础上，历史剧的作者完全有权利对这个历史人物的艺术形象进行典型化的虚构，而不应该担心这个艺术形象将不像历史上这个人物的原样了——例如不像历史上那个真正的岳飞的原样了——因为历史剧作者的任务，根本不是要去为历史人物拍摄隔世纪的传真照片，也不是在编写历史教科书（虽然他们两者在对待同一历史人物或历史事件的基本态度上应该是一致的），而是为了创造典型化的历史人物的艺术形象，以对观众进行思想的美育的教育。《精忠旗》在塑造反面人物通过对反面人物进行泼辣尖锐的讽刺，以勾画他们活生生的灵魂上，确实是有成绩的，我们不妨再看一看"审判"岳飞一场中《万俟造招》一节的描写：

75

〔丑〕问岳飞父子招不招？〔生、小生〕有的就招，没有的，叫我自家诬赖不成？〔丑〕张宪呢？〔末〕你那杀人媚人的奸贼，教我招什么来？〔丑沉吟介〕咦！只是不招，怎么好？〔作想介〕啐！我万俟卨聪明一世，懵懂一时，我替他一笔写了，锻炼停当，文致罪名，难道秦太师倒与他伸冤理枉不成？……〔丑写介〕【学士解酲】【三学士】审得岳飞父子情，不合故犯常刑。淮西不救违天诏，罢职无权谋掌兵。【解三酲】张宪因而行贿赂，〔停笔沉吟介〕行贿赂，行贿赂？〔放笔介〕这三个字不妥。秦太师独掌朝纲，行贿赂，少不得行在他身上去了。他若见怪起来，不但把我这一片孝顺的心肠，一筶帚扫个干干净净，还怕杀岳飞这些厌物的法场上，要把我来借光东席哩。〔想介〕有了。〔写介〕全不想当朝宰辅清。妙，妙，妙！只这一句就奉得他够了。如今称颂他功德的尽有，却没有说及清字，岂不新鲜脱套也乎哉！〔写介〕供招定，〔向生、小生、末介〕你每都一一招了。〔生、小生、末争嚷介〕是谁招来？〔丑〕胡说！〔写介〕供招定，律同谋不轨，拟斩施行。拿下去，与他每押字。〔生〕押甚么字？你替我招得，又替我押不得？〔丑〕说得是，就替他代笔罢。他少不得在我手里走往上天去！〔代押介〕岳飞、岳云、张宪俱拟斩！〔小生、末抱生哭介〕……〔丑〕笑骂由他笑骂，好官我自为之。手下的，他每不曾用一下刑，都一一招了。难道冤枉他不成？〔杂揉眼睁看介〕我怎么白日里站着做起梦来？〔丑〕你梦见些甚？〔杂〕我梦见老爷把他每着实的拶、着实的夹、着实的打，他每一些也不曾招。〔丑喝诨下〕

在这里，作者对这个卖国贼的滔天罪行，揭露得多么深刻，讽刺得多么尖锐！我们知道冯梦龙是把戏剧创作当作一种斗争的工具的，他说："传奇之衮钺（大斧），何减春秋笔哉。世人勿但（单）以故事阅传奇，直把作一具青铜（镜子），朝夕炤（照）自家面孔可矣！"（传奇《酒家佣》叙）冯氏生在晚明时代，他身经着国家的丧乱，目睹"风波亭"式的冤狱两度重演，眼看着统治集团在阴谋卖国，在这种历史环境下，他奋笔疾书，"详定"了《精忠旗》，为岳飞这个民族英雄大声呼冤，对以高宗、秦桧为首的投降派则进行了最最泼辣尖锐的揭露和讽刺，剧作者用这种有力的讽刺笔触，很好地（在当时的条件下）完成了这几个反面角色的艺术创造，同时又通过这些人物，对当时的黑暗现实进行了有力的鞭挞，对那些正在唱卖国戏的反面角色进行了"照镜子"，我们实在不能不肯定剧作者的这种勇敢的战斗精神！

四

《精忠旗》的另一个成就，是对当时人民的抗敌力量和爱国主义精神以及他们所遭受到的颠沛流离的痛苦，有着较为真实的反映，这一点，是过去的那些剧本如《东窗事犯》、《岳飞精忠》、《精忠记》等所都没有能做到的。《精忠旗》的作者首先让当时人民的武装力量——两河豪杰的代表人物韦铨、李通在剧本里出现，当岳飞被迫班师的时候，韦铨、李通代表着陷区数十万人民武装力量愤激地说："我每两河豪杰数十万人，俱依靠着老爷（指岳飞——庸）一齐破贼。如今一旦班师，我每不如伏剑先死！"作者通过这种描写，反映了陷区人民对南宋政府的投降政策的强烈抗议。作者一方面描写了陷区人民号啕痛哭地挽留岳飞的悲惨场面，表达了人民要求抗敌的迫切愿望，另方面又通过人民群众的嘴，直接地激烈地批判了卖国投降派的罪恶。在《北朝复地》一场里，作者让陷区的父老上场说："汉家自失李将军，万里枯沙不辨春；惆怅故园兴废事，每回回首即长颦。秦桧天杀的，你把岳爷撤回，这一方被金兵杀得好不苦楚哩！"接着唱："我若还撞着这入娘贼，食其肉，寝其皮！"作者对当时人民群众的思想情绪，反映得多么真实充沛！在《冤斩宪云》这一场里，作者又塑造了一个用死来抗议统治者谋杀抗战派的布衣（平民）刘允升的形象。当法场上正在开斩岳云和张宪时，刘允升大叫上场，伏尸痛哭。痛骂统治者是"不欲迎还两宫，是全无恢复中原志"。秦桧立即派人将他逮捕，企图送大理寺审判。他毫不畏惧地说："我刘允升若是怕死的，也不来上书讼冤了。……我怎肯死于奸贼之手，泰山一死重，鸿毛一死轻，宁为蹈东海，不处小朝廷！"说罢便大叫一声撞死。在《施全愤刺》一场里，作者根据历史事实，创造了激于义愤而去行刺秦桧的殿司小校施全的形象，他痛恨"忠良灭迹，奸佞横行"的黑暗现实，自称"我施全不曾讲过忠君爱国的套数"。他愤慨秦桧"正打和番鼓"，因此"拼一死也替天下除个祸害"，决心去刺杀秦桧，当行刺不成被秦桧逮捕后，他当着秦桧的面痛骂说："你这欺君卖国的贼，恨不找下你这颗驴头来！"秦桧当着众人之面，还想为自己的卖国投降政策辩护，他说："这和议是个休兵息民的好事，你那里晓得。"施全立即用事实驳斥他道："你还要讲什么休兵息民，是你杀了岳元帅，如今那金人将河南新复的州县，仍旧占了，百姓摧残好苦！"一句话驳得秦桧哑口无言，只好将他"拿送大理寺问成斩罪"。另外，在《若水效节》一场里，作者又集中地描写了当时人民流离之苦。值得注意的是作者在《施全愤刺》一场加了一段眉批："写施全口气，描出当时人心一段公愤，淋漓快绝。"在《若水效节》一场也有一段眉批："借李侍郎效节，备写一时流离之惨。"从上述这些具体描写和这两段批语来看，显然作者是有意识地要在作品里反映当时人民的抗战力量、抗战要求，以及他们对投降派的刻骨痛恨和人民在卖国投降政策下所受的无限痛苦的。还有一点值得注意的是作者在描写岳飞时，虽然比较明显地写了他的忠君（忠于陷敌的徽、钦二帝，坚决要迎他们回来）思想（这也是作者本身的封建思想的流露），但另方面又通过别人的嘴，对徽、钦作了十分尖锐的批判。例如《狱中哭帝》一场，作者一方面突出地描写了岳飞思念徽、钦的心情，抒发了岳飞的封建忠君思想，另方面又通过两个狱卒，讽刺和批判了徽、钦。下面就是这一段对话："（净）正是呢。他又不哭老婆，不哭孩儿，单哭甚么二帝、二帝。（丑）二帝是甚么东西？可是吃得的么？我两个斗几文钱买与他也不打紧。（净）呆娘养的，二帝是皇帝老官儿，买得的？（丑）皇帝也有个小名？（净）怎的？（丑）可不叫做二帝儿。（净）呸！呆货。二帝是两个皇帝，是那年被金家掳了去的。（丑）这等说，是哭不到手的了。他哭到那一年才是了时，也是个呆子！（净）岂不是呆子！兄弟，你听，那呆子又在那里呜呜的啼哭了。（丑）哥，不要睬他，俺每吃一壶，去睡觉。"这里，作者对徽、钦极尽了揶揄讽刺的能事，也对岳飞作了一定程度的批判，而作者讽刺的笔锋，也刺及了赵构，请试想一下，"这等说是哭不到手的了"这句话的含意，我们能作表面化的理解吗？特别是在《岳侯死狱》一场里，岳飞临死之前还说："待我拜辞二帝与主上便了。"但作者却通过狱卒的嘴说："那样东西，就不辞他也罢了！"这里的"东西"两个字，不仅用到了徽、钦的头上，而且竟毫不客气地用到赵构的头上了。请看这种讽刺是何等辛辣啊！这些笔墨，我觉得不能简单地把它看作是作者为了要使语言符合于这两个下层人物的身份而随意的点缀，实质上是作者对统治阶级的尖锐批判。

自然，我这样肯定地介绍这个剧本，并不等于说这个戏就可以全盘肯定，无需批判地继承了；事实上，正是因为这个戏有很多精华，所以我们必须批判地借鉴它：一，因为剧作者的世界观是封建主义的世界观，所以他虽然站在当时进步的爱国主义的立场上歌颂了岳飞的爱国主义精神，但同时他又比较突出地歌颂了他的封建忠君思想，这样就使得这个艺术形象的身上精华和糟粕紧紧地混在一起（当然精华是在这个艺术形象身上占着主要地位的），因而使得这个艺术形象在当时的人民群众中，在主要地起着爱国主义的思想教育的同时，也仍然会在某种程度上起着消极的作用。我们决不能把这种描写，误认为是符合于历史唯物主义的浑然一体的描写，因而无批判地不分精华和糟粕地赞扬它。二，作者对投降派的批判，虽然表现了难能可贵的成就，但归根到底，毕竟还只是站在封建爱国主义立场上的评判，因而他对高宗作了很大的保留（虽然也有几处是尖锐的但又是曲折的批判），而把主要的罪过都放在秦桧的身上了（秦桧及其爪牙自然须要作者进行这种泼辣的讽刺和批判），也就是说这个悲剧的社会的阶级的根源，还没有被彻底地揭示出来；仍然只能使观众认识到这是忠、奸的矛盾，充其量，也只能使观众认识这是高宗害怕岳飞要黄袍加身，害怕徽、钦回来要夺去他的帝位，因而假手于秦桧杀害岳飞。实质上，以高宗、秦桧为首的投降派，是当时民族矛盾和阶级矛盾的产物，他们的政治路线，是处在这两种矛盾中的大官僚大地主集团利益在政治上的反映，而岳飞所代表的抗战路线，就是当时一般地主阶级（包括大地主阶级中的少数抗战派），特别是广大劳动人民（尤其是北中国沦陷区的人民）利益的反映。这是剧作者由于时代和阶级的局限所无法认识和无法表现出来的，因而使得这个悲剧的思想性和社会意义，还远没有达到应有的高度。三，这个戏在结构上把和战双方的矛盾安排得很突出，交织得十分紧凑，这是它的优点，但也仍然还有一部分可删的情节和某些无聊笔墨（如《银瓶绣袍》一折中倩红、小碧的一小段描写），尤其是这个戏的下集，芜杂的东西比较多一些，使我们读到接近尾声的时候，有拖沓冗长之感。

目前，戏剧界正在热烈地讨论历史剧的创作问题，特别是具体地争论到了有关岳飞的历史剧的创作问题。毛主席教导我们说："应当从客观存在着的实际事物出发，从其中引出规律，作为我们行动的向导。为此目的，就要像马克思所说的详细地占有材料，加以科学的分析和综合的研究。"（《改造我们的学习》）为此，我把《精忠旗》这部前人所创作的较为成功的历史剧，择其主要的几个方面介绍给大家，从而希望有助于历史剧的讨论。区区之意，如此而已。

1961 年 9 月

（原载 1961 年《戏剧报》第 11、12 期合刊）

冯梦龙和他的戏剧思想

冯梦龙，是明代末年著名的俗文学家，他是江苏吴县人，生于明万历二年（1574 年），曾任福建寿宁知县。大约卒于顺治初年（顺治二、三年——1645 年、1646 年）。他字犹龙，别号龙子犹，又称古吴词奴、姑苏词奴、墨憨斋主人等。

他著述宏富，戏曲有《墨憨斋定本》传奇十四种，其中《双雄记》、《万事足》是他的创作，其他十二种，是他改定别人的本子。其中如《精忠旗》等几近重作。他在小说方面，还辑录编定了《喻世明言》、《警世通言》、《醒世恒言》（合称"三言"），《平妖传》、《东周列国志》等等。他还收集了民歌《挂枝儿》、《山歌》，辑录了散曲《太霞新奏》，其中有他自己的散曲数十首（我有辑本，尚未刊出），他还整理过笔记、笑话等类不为人重视的俗文学作品如《古今谭概》、《智囊补》、《情史》等，他的诗集据知有《七乐斋诗稿》，但至今尚未找到。另外还有《春秋衡库》、《中兴传略》等属于史部的著作。最近福建人民出版社还发现了他的一部《寿宁待志》，这是属于方志类的著述。总之，他确是一位著述宏富而且具有进步文艺思想的文学家。

冯梦龙的戏曲理论和对待历史剧的态度，也是值得一提的：

第一，他重视并明确指出了戏曲褒贬是非、教化社会的作用。他在《酒家佣》叙里说：

> 书成而因叹清议之可畏也。马季常经术名儒，一为不义，千载而下，讨不得一副干净面孔，而文姬、王成、郭亮、吴佑，至今凛凛有清霜烈日之色，令当场奏伎，虽妇人女子，胸中好丑，亦自了了。传奇之衮钺，何减春秋笔哉！世人勿但以故事阅传奇，直把作一具青铜，朝夕照自家面孔可矣。

他在《新灌园》叙里说：

> 自余加改窜而忠孝志节，种种具备，庶几有关风化而奇可传矣。

他在《精忠旗》的"家门大意"里说：

> 发指豪呼如海沸，舞罢龙泉，洒尽伤心泪。毕竟含冤难尽洗，为他聊出英雄气。
>
> 千古奇冤飞遇桧，浪演传奇，冤更加千倍。不忍精忠冤到底，更编记实精忠记。

上面这些话，都表明了他对戏曲的社会作用的认识和重视，他有意识地运用戏曲作为褒贬是非、鞭打坏人的武器。他把戏曲比作"春秋笔"，比作"衮钺"（大斧），比作"青铜"镜子，要人们借此"朝夕照自家面孔"，可见他对戏曲的社会作用，是有很高的认识的。

第二，对戏曲，包括其他文艺，他提倡要有真情，反对虚伪造作。

他在改编汤显祖的《牡丹亭》为《风流梦》的《小引》里说：

> 若士先生千古逸才，所著四梦，《牡丹亭》最胜。王季重
> 叙云：笑者真笑，笑即有声；啼者真啼，啼即有泪；叹者真
> 叹，叹即有气。丽娘之妖，梦梅之痴，老夫人之欺，杜安扶之
> 古执，陈最良之腐，春香之贼牢，无不从筋节窍髓以探其七情
> 生动之微。此数语直为本传点睛。

以上王季重的这段话和冯梦龙对这段话的赞赏，还必须与刊在此《小
引》前面的汤显祖自己的《题词》里的一段话对照，才能洞晓。《题
词》云：

> 天下女子有情，宁有如杜丽娘者乎？梦其人即病，病即弥
> 连，至手画形容，传于世而后死。死三年矣，复能溟莫中求得
> 其所梦者而生，如丽娘者，乃可谓之有情人耳。情不知所起，
> 一往而深，生者可以死，死可以生。生而不可与死，死而不可
> 复生者，皆非情之至也。梦中之情，何必非真，天下岂少梦中
> 之人耶？必因荐枕而成亲，待挂冠而为密者，皆形骸之论也。

这段话，是汤显祖的文艺思想的集中表现，强调文艺作品必须有真情，
有至情，才能感动人。看了这段话，再看王季重的议论，再看冯梦龙的
"此数语直为本传点睛"这句话，就通篇贯穿洞晓了。冯梦龙在《山
歌》的叙言里说：

> 桑间濮上，国风刺之，尼父录焉。以是为情真而不可废
> 也。山歌虽俚甚矣，独非郑、卫之遗欤！且今虽季世，而但有

> 假诗文，无假山歌，则以山歌不与诗文争名，故不屑假，苟其
> 不屑假，而吾藉以存真，不亦可乎？抑今人想见上古之陈于太
> 史者如彼，而近代之留于民间者如此，倘亦论世之林云尔。若
> 夫借男女之真情，发名教之伪药，其功与挂枝儿等，故录挂枝
> 词而次及山歌。

这段话，与前面汤显祖、王季重的话是一脉相承的，可以互相发明。实际上汤显祖的这种"尚情论"，还是受了比他早二十多年的李卓吾的影响，李氏的《童心说》说：

> 夫童心者，真心也，若以童心为不可，是以真心为不可
> 也。夫童心者，绝假纯真，最初一念之本心也。若失却童心，
> 便失却真心，便失却真人。人而非真，全不复有初矣。

接着李卓吾又抨击假道学，说是"以假人言假言"，"盖其人既假，则无所不假矣"，"然则虽有天下之至文，其湮灭于假人而不尽见于后世者，又岂少哉！何也？天下之至文，未有不出于童心焉者也"。李卓吾在《杂说》一文里，又大力抨击《琵琶记》，而称赞《拜月》、《西厢》，说前者只是画工之笔，后者是化工之笔。说《琵琶》"似真非真，所以入人之心者不深"，而"《西厢》、《拜月》乃不如是，意者宇宙之内，本自有如此可喜之人，如化工之于物，其工巧自不可思议尔"。李卓吾的"童心说"、"化工说"，固然还有其更值得深一步探讨的内容，但其主要的精神，是崇尚真情，反对虚伪造作。这一点，正是汤显祖、王季重、冯梦龙等人的文艺思想的一致之处，也是他们的进步之处，因为他们所反对的假，就是当时占统治地位的统治思想——封建的假道学思想，他们提倡的真，就是人民群众的心声，包括具有反封建色彩的男女

自由恋爱的真情。

第三，冯梦龙对于历史剧，也有他独创的见解，《曲海总目提要》卷九有一篇冯梦龙对《精忠旗》改作的详细说明，他说：

> 旧有《精忠记》，俚而失实，识者恨之，从正史本传，参以《汤阴精忠庙记》事实。编成新剧，名曰《精忠旗》。精忠旗者，高宗所赐也。涅背誓师，岳侯慷慨大节所在。他如张宪之殉主，岳云、银瓶之殉父。蕲王诸君之殉友，施全、隗顺之殉义，生死或殊，其激于精忠则一耳。编中长舌私情，及森罗殿勘问事，微有妆点。然夫妇同席，及东窗事发等事，史传与别纪俱有可据，非杜撰不根者比。方之旧本，不迳庭乎？

冯梦龙在这一大段说明里，详细交待了全剧许多情节的史实根据，对于偶有虚构的地方，也说明"微有妆点"，冯梦龙在"家门大意"里还声明"更编纪实精忠记"，在全剧的结尾，还标出"据宋史分回出折"，"不等闲追欢买笑"。特别是我们在笺证完全剧后，确实感到冯氏改作此剧是十分严肃认真的，几乎十之八九的重要情节都是有史料依据的，确实"非杜撰不根者比"。尤其难得的是剧中对祸国殃民的徽、钦二帝和苟安投降的宋高宗，都有所批判，这实在是十分难得的，至于对卖国贼秦桧一伙的揭露和批判，则更是痛快淋漓之极了！

当然，作为一个戏剧艺术作品，不可能没有虚构，如果要完全排斥虚构，那等于是不要文艺创作，这当然是不可能的，所以尽管冯梦龙声明"据宋史分回出折"、"更编纪实精忠记"，也只能是就主要方面而论，其虚构的情节仍不可缺少，这是文艺创作的规律决定的。然而，就上述这些言论和他的剧本创作的实际来看，他对戏剧的看法和对历史剧的观点，无疑是具有进步意义的，这一点是十分清楚的。

第四，冯梦龙戏剧理论的另一个重要方面，是重视格律和重视舞台实践。他在《新灌园》传奇小叙里说：

> 若夫律必叶，韵必严，此填词家法，即世俗论议不及，余宁奉之惟谨。

他在《风流梦》传奇的叙里说：

> 独其填词（指汤显祖——引者）不用韵，不按律，即若士亦云：吾不顾捩尽天下人嗓子。夫曲以悦性达情，其抑扬清浊，音律本于自然，若士亦岂真以捩嗓为奇，盖求其所以不捩嗓者而未遑讨，强半为才情所役耳。识者以为此系案头之书，非当场之谱。欲付当场敷演，即欲不稍加窜改而不可得也。若士见窜改者，辄失笑，其诗曰："醉汉琼筵风味殊，通仙铁笛海云孤，总饶割就时人景，却愧王维旧雪图。"若士既自护其前，而世之盲于音者，又代为若士护之，遂谓才人之笔，一字不可移动，是慕西子之极而并为讳其不洁，何如浣濯以全其国色之为逾乎？余虽不佞甚，然于此道窃闻其略，僭删改以便当场，即不敢云若士之功臣，或不堕音律中之金刚禅云尔。

上面这两段话，明确地表明了冯梦龙对传奇的格律十分重视。他批评汤显祖的《牡丹亭》说"识者以为此系案头之书，非当场之谱"，"强半为才情所役耳"。他认为戏剧不仅仅是案头读物，更重要的是要能"当场"，即能适合演出，这种重视戏剧的舞台实践的观点，无疑也是正确的，所以他改编的《牡丹亭》的一些折子，如《春香闹学》、《游园惊梦》、《拾画叫画》等，一直还能活在舞台上。

当然，冯梦龙的时代，距我们已经四百多年了，不论他的思想有多么进步，他的进步毕竟是对他自己的时代而说的，离开了那个时代，就很难对他进行评论了。也正是这个原因，我们现在来读他的剧本，除了感到他在那个时代的鲜明的进步性外，也同样能感到他的思想、他的剧本的时代局限性，因此我们也不能把他的《精忠旗》这个剧本作为完美无缺的历史剧的典范来看待。

1984 年 3 月 19 日

夜深 1 时于京华瓜饭楼

论南戏《张协状元》与《琵琶记》
的关系兼论其产生的时代

　　《琵琶记》号称南戏之祖，这个说法是不正确的。因为在高明的《琵琶记》之前，南戏至少已经有了将近两百年的历史。

　　什么叫南戏？南戏，就是从北宋末年南渡初年开始，一直到元末明初，流行于以浙江温州一带为中心的南方农村和城市（主要是江、浙两省）的地方戏。所以它又称"温州杂剧"或"永嘉杂剧"或"戏文"。

　　当时与南戏并峙于北方剧坛上的，在宋则有宋杂剧，在金则有金院本，在元则有元杂剧。南戏与宋杂剧的关系很深，它也广泛地吸收了"诸宫调"、"大曲"、"词"、"说书"等姊妹艺术，但它与当时盛行于北方的元杂剧却有很大的不同。元杂剧通常一本分为四折，前面另有一个楔子；南戏则根本不分折，可长可短，例如现存较早的南戏剧本《永乐大典戏文三种》中的《张协状元》，就比同书所收的另一种剧本《小孙屠》要长出三倍多，比同书所收的另一种剧本《宦门子弟错立身》更要长出七八倍之多。元剧每折戏只能由一人主唱，其他角色只能对白；南戏则有独唱、合唱、接合唱，甚至还可以前后台一起合唱等等。唱词方面，元剧每折唱词只许用一个韵脚，南戏则并不限制，可以换韵；特别是在曲调上，元剧用的是不用"入"声的北曲，曲调雄壮高亢，节奏短促，南戏用的是有"入"声的南曲，曲调缠绵悠扬，节奏婉转纤徐。又北曲用七声音阶，南曲用五声音阶。到后来南北曲发生交流，形成南北合套，如《小孙屠》即是。总之，当时南北并峙于中国剧坛上的南戏和元杂剧，是两种具有截然不同风格、体制的戏剧。

现存南戏较早的剧本，是前面提到的《永乐大典戏文三种》以及陆贻典抄校元刊本《琵琶记》。《永乐大典戏文三种》中的《张协状元》，南戏的研究者们都认为它是早于其他两种的，其时代有的认为是元代，有的认为是南宋末或元初，也有认为是南宋前期的，我倾向于后一种看法。总之，《张协状元》是现存南戏中最早的一种，这是不成问题的。

说《琵琶记》是南戏之祖，这完全是颠倒了历史事实，是不可靠的，这在前面已经说过了。但是，现存南戏最早的剧本《张协状元》与《琵琶记》倒有一点渊源关系，这却是事实。我们这样说，不仅因为《张协状元》从时间上来看比《琵琶记》要早出几乎一个世纪，更重要的是《琵琶记》的思想情节和描写手法，与《张协状元》有很多相类似之处。

《张协状元》是描写四川人张协到汴京赶考，途经五鸡山，遭强盗抢劫负伤，到破庙中求宿，遇见一位只身无靠的贫女，经邻居李大公说合，结为夫妇。张协伤愈要上汴京考试，没有路费，贫女剪下头发卖了，让张协赴考。张协一举中了状元，却不念患难夫妻，置贫女于不顾。贫女不得已就上京寻夫，见面后张协非但不承认反命役吏将她打出，贫女无可奈何，只得手提行乞招子一路乞食回家。另方面，张协中状元后，当朝宰相赫王相公要招张协为女婿，张协不从，宰相之女王胜花为此羞愤而死。张协就任梓州佥判，赴任时途经五鸡山又遇贫女，贫女上前责问，张协竟一剑砍伤贫女，扬长而去。恰好赫王相公也出任梓州郡（是张协的上司），路过五鸡山，见贫女面貌"活脱似胜花娘子"，因即将她救起，收为养女。赫王相公到梓州后，愤恨张协不肯招赘，拒不接见张协，张协悔惧，请同僚谭节使调停，终于"郡主依然嫁状元"，赫王相公仍招张协为婿。全剧即以这种方式的"团圆"而告终。

拿上述情节与高则诚的《琵琶记》相对照，我们可以清楚地看到其类似的地方是很多的，概括起来，大约有下面几点：

一，秀才上京赶考，一举中状元，宰相欲招状元为婿。

二，秀才中状元后，抛弃结发的妻子，状元的妻子不辞千里，上京寻夫。

三，状元终于与宰相的女儿结婚。

在上述基本情节中，《张协状元》还描写贫女剪发卖发以帮助张协上京考试，以及贫女在京被逐后手提行乞招子一路乞食回家等等。其中"剪发卖发"和手提行乞招子一路行乞等情节，在《琵琶记》里尽管具体描写有所不同，但同样是十分重要的情节。

这里应该特别指出的是，在《张协状元》里，尽管状元张协实际上最后仍旧是与自己原来的妻子团圆，但在剧作者笔下所突出地强调的，却是状元与宰相的女儿（贫女）结婚，所谓"郡主依然嫁状元"。在这个戏里，剧作者为了调和矛盾，把被砍未死的贫女与一气而死的胜花小姐这两个对立的形象有意地捏合在一起了，虽然在这个戏里最后团圆的似乎只是贫女与状元，但从思想意义上来说，这个贫女是一身而二任的，是贫女加胜花，而且后者在思想意义上所占的比重是远胜前者的。

我们在这里指出这一点，目的是为了提醒读者，尽管后来高则诚在《琵琶记》里描写的牛赵二氏与蔡伯喈的团圆即一夫二妇的团圆其具体情节与这里有所不同，但其思想意义却是有相同之处的，而且高则诚的这种处理手法，也未必没有可能从这里得到某些启示。

至于在描写手法上，这个剧本与《琵琶记》也是有很多类似之处的。大家知道《琵琶记》在描写上的最大特色，是运用了对照的手法，特别是在"丹陛陈情"以后，作者一方面写赵五娘请粮被抢，弄得她和蔡公都几乎投井自尽，另方面，却写蔡伯喈在相府中豪华的婚礼，"画堂深处风光好，别是人间一洞天"，"簇拥金钗十二，座列三千珠履"，而且让蔡伯喈自己唱："喜书中今日，有女如玉。"紧跟着作者又写了赵五娘在陈留郡赤地千里的饥荒中吃糠咽菜的悲惨场景，而另一方面，作者又马上接写蔡伯喈在洛阳相府中陪伴新婚夫人，享受着"新篁地阁，槐阴庭院"，"好清闲……向冰山雪槛开华宴"的人间天上的富贵生活，等等，等等。《琵琶记》里的这种鲜明而突出的对照描写，历来受到了评论家们的赞赏。然而，这种对照的写法，恰好在南戏《张协状元》里，同样存在着。例如：作者一方面写张协刚刚离开贫女就从思想上把贫女"一齐瞥样"（庸按：即撇漾，抛开的意思），说出了"娶她贫女是不得已，幸然脱此处"这种负心话；另方面，却写贫女依然苦念张协，"时常泪眼不曾干，只恐别郎容易见郎难"的心情。这里张协对待贫女的态度和贫女对待张协的态度，恰好成为鲜明的对照。又例如：作者一方面写赫王相公全家（还有夫人和胜花小姐），都在紧张地准备着招新科状元（张协）为女婿，而且胜花小姐满以为"奴家福分前生定"，状元似乎已是属于她的人了；而另方面却写贫女同样急切地盼望着张协"甚日挂绿袍，使奴家称心。它恁地我英俊（庸按：'我'字疑是衍文），定必占魁名"。这里宰相全家特别是胜花小姐的心理与贫女的心理同样是一种鲜明的对照。南戏《张协状元》中与《琵琶记》的情节和描写相类似之处还可举出若干，例如赫王相公在某种意义上来说，有些类似牛相。那个热心的邻居李大公，在某种意义上来说，也有些类似张广才，等等，这里不能一一列举。

　　我在这里提出南戏《张协状元》来，只是想说明在它以后的《琵琶记》无论是思想情节和描写手法上，都可能与它有某种程度的联系。我的这种看法，已故的郑振铎同志早在四十年以前就曾经表达过了，他说："《张协状元》篇幅甚长，叙张协富后弃妻事，大似《赵贞女蔡二郎》的结构，也甚似明人词话的《金玉奴棒打薄情郎》的情节。其剪发出卖上京求夫的一段，更似伯喈、五娘的故事，恐怕这戏原是很受着《赵贞女》的影响的，不过其结局却变得团圆而终，不似二郎之终于为天雷打死。至于张协的不仁不义，则较二郎尤甚。"① 究竟是《张协状元》受《赵贞女》的影响，还是《赵贞女》受《张协状元》的影响，这还须要研究；但是，指出后来高则诚的《琵琶记》与南戏《张协状元》有某种程度的渊源关系，这是有事实根据的。

南戏最早的剧目不是《赵贞女、蔡二郎》

现存有确切年代可考，最早提到赵贞女、蔡二郎的故事的，是陆游的诗《小舟游近村舍舟步归》四首之一：

> 斜阳古柳赵家庄，负鼓盲翁正作场；
> 死后是非谁管得，满村听说蔡中郎！

按：此诗作于南宋庆元元年（1195 年），时陆游七十一岁，家居山阴。从"负鼓盲翁正作场"的诗句来看，当时正在作场的，还不是演南戏赵贞女、蔡二郎，而是说唱这个故事。据近人叶德钧的研究，这种讲唱艺术，名叫"陶真"。②

稍后一些的剧作家岳伯川在他的《铁拐李》杂剧中，在第二折的

---

① 郑振铎《插图本中国文学史》，作家出版社 1957 年版，第 3 卷第 690 页。
② 见叶德钧著《宋元明清讲唱文学》第 30 页。

〔煞尾〕说："你学那守三贞赵贞女，罗裙包土将那坟茔建。"这里不仅提到了"赵贞女"，还提到了此剧的一些情节。按：岳伯川在锺嗣成的《录鬼簿》里列于"前辈已死名公才人，有所编传奇行于世者五十六人"之内。锺书完成于元至顺元年（1330年），时元统一中国已五十一年，以此推算，则岳伯川应为宋末元初人。据王国维《宋元戏曲考》的分析，《录鬼簿》中第一期的作家，是在太宗（忽必烈）取中原以后，至元一统之初。即是在元代统一中国以前（1280年以前）。则王国维也认为岳伯川应是宋末元初人。总之，说岳伯川是宋末元初人是不成问题的。

其次，是元末陶宗仪《辍耕录》卷二十五载有金院本名目《蔡伯喈》一种。按：《辍耕录》一书，前有至正丙午孙作序。至正丙午为1366年，距元亡还有两年，此书为元末著作，距金不远，所记的事应该是比较可靠的。那么依此推断，当南宋庆元元年秋天，陆游在浙江山阴农村听到盲翁说唱"蔡中郎"的故事的稍后一段时期，在北方的剧坛上，已在上演《蔡伯喈》的剧本了。①

以上材料说明，这个蔡伯喈、赵贞女的情节，从南宋中期以后，就一直在北方舞台上流行着。

---

① 庆元元年（1195年）下距至正丙午（1366年）有171年。然《辍耕录》所记当非当时发生之事，此种艺术的发生和发展，需要有一个相当长的时间，估计会大大超过《辍耕录》所记的时间，有可能接近于陆游的时代。又据南宋末年元代初年的岳伯川，在他的《铁拐李》杂剧中已提到"守三贞赵贞女，罗裙包土将坟茔建"，则更可知此剧在南宋末年已流行于北方舞台，此时距陆游之时约八十年左右。按：岳伯川将此剧的故事写到剧本里的情况，当然不会是此剧刚上舞台的时候，必然是此剧在舞台上流传已久，形成了群众喜闻乐道的剧目，其唱词也脍炙人口，如绍剧《龙虎斗》中的"手执钢鞭将你打"，如京剧《追韩信》中的"马来！听说韩信他去了"，《空城计》中的"我正在城楼观山景"一样，才有可能顺手将它写入剧本。由此可知早在岳伯川写此剧本之前很久，此剧已流行于北方的剧坛上。如此推算，则可知此剧在北方剧坛流行的时候，应大体相近于陆游的时代。

那么，当时在南方南戏的舞台上，这个剧目是何时开始流行的呢？

有一些材料，一直被用来说明南戏的一开头，就是与赵贞女、蔡二郎的故事分不开的。例如徐渭《南词叙录》说：

> 南戏始于光宗朝，永嘉人所作赵贞女、王魁二种实首之，……或云："宣和间已滥觞，其盛行则自南渡，号曰'永嘉杂剧'，又曰'鹘伶声嗽'。"

在该书的《宋元旧篇》内又说：

> 赵贞女蔡二郎
>
> 即旧伯喈弃亲背妇，为暴雷震死。里俗妄作也，实为戏文之首。

上引两段材料，都把《赵贞女、蔡二郎》列为南戏之首（引文着重点是引者所加），把它作为南戏的最早的剧目，其时间是南宋的光宗朝（1190—1194）。

现在看来，这种把赵贞女、蔡二郎的故事与南戏的起源联系起来的看法，以及把南戏开始的时间定于南宋光宗朝的看法，是否真正可靠，是值得怀疑的。

前面提到的南戏《张协状元》，是现存南戏最早的剧本，它的时代，我认为可能是在南宋前期。其理由：一，在这个剧本的开头，保留了极为古老的说唱诸宫调的形式，这是南诸宫调，南诸宫调是诸宫调传入南宋以后的产物。二，在这个剧本里，保留了大量的科诨，甚至剧中的宰相赫王相公都用丑扮，这种作法，明显的是宋杂剧的遗响。① 三，剧中所用的诗词，截至苏轼为止，都是北宋或北宋以前人的作品，而没有发现一句南宋人的诗词。剧中特别还让北宋初年著名诗人柳永丑扮出场，打诨了一番，这说明剧本的写作一定离柳永的时代还不太远，柳永的事迹在人们的心目中还觉得新鲜的时候。同样，剧中还让与柳永同时代的宋仁宗时的宰相王德用（黑王），充当了剧中的被批判性的角色，这种情况，也只有到了南宋才有可能出现。② 四，剧中所写的故事背景是在北宋，剧中称汴京为京都。根据上面这些情况来分析，说这个剧本可能是南宋前期的产物，是有一定的根据的。

值得我们注意的是，在这个剧本里，提到了"你莫学王魁薄倖种"却没有提到"蔡二郎"。我们知道，这个戏一开头就说："状元张协传，前回曾演，汝辈怎比九山书会？近目翻腾。"按：东瓯就是温州，九山书会，也是当时温州的书会。由此可知，这个戏是温州的书会才人，据旧目《状元张协传》改编的，改编后想要独步温州，"占断东瓯盛事"。既然这个戏是在温州编、温州演，而且如此郑重其事，如果当时温州的南戏中早就有了一本脍炙人口的《赵贞女、蔡二郎》，那么这些九山书会的才人们是不会只提"王魁"而不提"蔡二郎"的；为了进一步认证这个问题，我们再来看一看另一个较早的南戏剧本《宦门子弟错立身》。在这个剧本里，剧作者让旦角王金榜唱了一支用传奇名目组成的

① 宋仁宗至和元年（1054 年），史书有关黑王相公王德用的记载："至和元年，以王德用为枢密史，德用时已致仕，会乾元节上寿，立班庭中，契丹使语译者曰：'黑王相公乃复起耶……'"（见李贽《史纲评要》）。按至和元年，距宋南迁仅 73 年，《张协状元》中的"赫王"即"黑王"。

② 按：柳永卒于宋仁宗皇佑五年（1053 年），上距北宋开国 95 年，下距南宋初年 74年。值得注意的是上举"黑王"（即"赫王"）王德用的时代，正是柳永的时代，而二人都在这个戏里出现。我认为这正说明《张协状元》是南宋前期的产物，此时离南宋建炎元年（1127 年）只有 73 年，赫王相公在戏里被批判出场，也只有到了南宋才有可能。

曲子，一连串提了二十九个戏文和杂剧的名目，其中有"负心王魁"，"张协斩贫女"，却仍然没有提到《赵贞女、蔡二郎》。按《宦门子弟错立身》，一般认为是宋元之间的作品，为什么剧作者列举了这么多的戏文和杂剧名目，却偏偏不举《赵贞女、蔡二郎》，这难道是偶然的遗漏吗？我认为是不可能的。为了把问题弄得更清楚一些，我们不妨再举一个例证，在沈璟《南九宫谱》所载之"剧子序"散曲集古传奇名中，提到了"张叶身荣，将贫女顿忘初恩"，和"王魁负倡女亡身"等等，但奇怪的是同样没有提到《赵贞女、蔡二郎》。按这支曲子既然是名曰"集古传奇名"的曲子，那么，当然是集古时流行的杂剧和戏文的名目。集曲者的时代，据曲子中"前朝太师，东窗事犯，谋害忠臣"这句曲词来看，肯定是元代。因此，所集的应该是元以前的曲子，即南宋末到元初的曲子。那么，为什么这支曲子的作者也没有提到《赵贞女、蔡二郎》这个剧目呢？难道这又是偶然的遗漏吗？这当然不可能。

我认为上述这些情况，说明一个问题，即《赵贞女、蔡二郎》的南戏剧目，不是南戏开始时的剧目，而是后来的剧目，从光宗朝到元初，只有八十来年，从这些宋末元初的作者来看，离他们还比较近，算不上古传奇。从《张协状元》的作者来说，当时还没有这个剧目，故不可能提及。

当然，我们不能回避，前面所引徐渭《南词叙录》是把这个戏放在南戏开创时期的，但《南词叙录》写成于嘉靖己未六月（1559年），已是明代后期，而且他的记述还拖了一个尾巴，说南戏宣和间已滥觞，盛行则自南渡。可见他的说话活动性很大。值得注意的是比徐渭早六十一年的祝允明《猥谈》里的这一段话：

> 南戏出于宣和之后，南渡之际，谓之温州杂剧。予见旧牒，其时有赵闳夫榜禁，颇述名目，如赵贞女、蔡二郎等，亦

不甚多。

上面这段材料，有两点应该重视：一，它明确指出了南戏产生的时代，是在"宣和之后，南渡之际"，这就是北宋末年到南宋初。将祝允明的说法与上引这许多史料对照，可以相信南戏确是始于南渡之际，而现在最早的剧目是《张协状元》，它正是南宋初期的作品。二，他所看到的是旧档案"赵闳夫榜禁"。按赵闳夫是南宋光宗（1190—1194）时人，差不多算南宋中期，上距南宋初年六十三年，下距南宋亡九十年左右。此时在"榜禁"上开始有《赵贞女、蔡二郎》的名目。实际上祝允明的说法与徐渭"南戏始于宋光宗朝"的说法是矛盾的。但按徐渭下文说的"或云宣和间已滥觞"，则二者完全一致了，可见还是祝允明说得确切。但有一点可以明确，赵贞女、蔡二郎的剧目，是到光宗朝始出现的，应该说"始于光宗朝"的不是南戏，而是南戏的新剧目《赵贞女、蔡二郎》。

还有值得注意的是元末明初人叶子奇《草木子》里的这段话：

> 俳优戏文，始于《王魁》，永嘉人作之。

按：《草木子》作成于明洪武十一年（1378年），是在狱中所作，已是叶氏晚年的著作。《四库提要》说："子奇学有渊源，故其书自天文地纪人事物理，一一分析，颇多微义，其论元代故事，亦颇详核。"叶子奇的时代，早于祝、徐两人一个多世纪。而他的这一段话，与前面所引几种较早的南戏史料里的话，是一致的，即他只提《王魁负桂英》是南戏开始时的剧目，而不提《赵贞女、蔡二郎》。

根据上述这些材料，我们可以得出这样的一个结论：《赵贞女、蔡二郎》并不是南戏最早的剧目，它后于《王魁负桂英》，也后于《张协状元》和《宦门子弟错立身》。现存最早的南戏剧目应该是南宋初年的《张协状元》。陆游在庆元元年听到的盲翁的演唱，不是南戏，而是说唱文学陶真，这时离开南宋初年已有六十八年，已有半个多世纪了。这个故事成为南戏的剧目，确切地说，是在南宋光宗朝。从时间上来看，倒是与陆游听盲翁鼓词是同一时期。大概再稍后一段时间，在北方的剧坛上，也开始了岳伯川的戏词里写的"守三贞赵贞女"和《辍耕录》里记载的《蔡伯喈》的剧目（两者可能就是同一剧目）。至于南戏发生的时间，则无疑应是北宋末年到南渡之际，徐渭《南词叙录》说南戏始于光宗朝的说法是不可靠的。

《赵贞女、蔡二郎》剧情探索

如果我的上述看法可以成立的话，那么，我们要进一步研究，这个《赵贞女、蔡二郎》的情节，在元末高则诚把它改成《琵琶记》以前，它是怎样的一种面貌？

陆游说："死后是非谁管得，满村听说蔡中郎。"从这里，我们只能约略知道盲翁的鼓词，对蔡中郎其人的评论，可能有点是非颠倒，因而引起了诗人的慨叹。

《辍耕录》所载金院本名目《蔡伯喈》，我们只能知道这个名字，而无从窥见其内容。

岳伯川《铁拐李》杂剧的唱词："你学那守三贞赵贞女，罗裙包土将那坟茔建。"这对于赵贞女故事的内容稍稍有了一些梗概，但是它并没有与"蔡中郎"或"蔡伯喈"联系起来。它与《蔡伯喈》是否就是同一个剧目，我们还只能猜测。

开始把这两者联系起来的是前引祝允明的《猥谈》，但也仅有一个名目，我们并不能窥知其内容。把这个问题进一步具体化的，是徐渭的《南词叙录》。它说：南戏始于光宗朝，永嘉人所作赵贞女、王魁二种实首之。故刘后村有"死后是非谁管得，满村听唱蔡中郎"之句（按：刘后村系陆游之误——引者）。这里，同样把赵贞女和蔡中郎联系了起来，而尤其是在"宋元旧篇"里，正式列了《赵贞女、蔡二郎》的剧目，并在这下面注明了剧情："即旧伯喈弃亲背妇，为暴雷震死。"至此，我们对南戏的这个剧目的内容，联系前面岳伯川《铁拐李》剧的唱词，才有了一个比较全面的了解（即包括蔡二郎和赵贞女两方面的情节梗概）。但是，更为全面和详细地反映这个剧目的内容的，是解放前还流行的吹腔《小上坟》的一段唱词：

> 正走之间泪满腮，想起了古人蔡伯喈。他上京中去赶考，一去赶考不回来。一双爹娘都饿死，五娘子抱土筑坟台。坟台筑起三尺土，从空降下一面琵琶来。身背着琵琶描容相，一心上京找夫回。找到京中不相认，哭坏了贤妻女裙钗。贤慧的五娘遭马踹，到后来五雷轰顶是那蔡伯喈。

按：《永乐大曲》卷一三九七三，戏文九，著录有南戏《刘文龙》一本，徐渭《南词叙录》"宋元旧篇"内则作《刘文龙菱花镜》，内容叙汉朝刘文龙与妻萧氏离合悲欢的故事，又《寒山曲谱》有《萧淑贞祭坟重会姻缘记》，注云："一名《刘文龙传》，《雍熙乐府》第一种，史敬德、马致远合著。"则这个《祭坟重会姻缘记》与《永乐大典》著录的南戏《刘文龙》和《南词叙录·宋元旧篇》内著录的《刘文龙菱花镜》当是一个故事。前引吹腔《小上坟》的那段唱词，就是从《祭坟重会姻缘记》来的，① 由此可知这段唱词内容的来源是很古的。这段唱词，比较完整地概括了当时流行于南戏中的《赵贞女、蔡二郎》故事的情节。可以认为，在高则诚把它改编成《琵琶记》以前，南戏中《赵贞女、蔡二郎》的基本情节，就是这样。

值得重视的是这段唱词所表露的对当时统治阶级及其社会的批判精神。作者对五娘的同情和对蔡伯喈的批判是一个鲜明的对照。有人觉得既然作者对五娘是同情和歌颂的，为什么又要让她"遭马踹"，落得这样悲惨的结果呢？其实这是不难理解的，像《窦娥冤》一样，作者尽管对她同情，但他还是只能按照当时现实环境所许可给予他的作品的主人公的结局来描写他的作品的主人公，给予她以必然的结局；而且，惟其如此，才能完成他的作品的主题思想。设使窦娥没有被斩的结局，作品的悲剧效果就不能被充分表达出来，也就不能收到震撼人心的作用。同样，在作者看来五娘是个值得歌颂，值得同情的人，然而她的结局却是被马踹死，这个违背了群众的心理和愿望的结局，恰好是完成了这个戏的悲剧效果。更何况这里的"马踹"不一定就是普通想象的一次"交通事故"，很可能还有它的深广的社会内容。至于为什么让蔡伯喈遭到"五雷轰顶"？这就更不难理解了。

我理解作者认为这样的恶人，反而得不到当时的"王法"来治他，因而只能让老天爷来惩治他了，这实质上是表达了当时被压迫人民对统治阶级的强烈抗议。

---

① 承祝肇年兄见告《小上坟》的一段唱词来源于《刘文龙菱花镜》的确切证据是：武安落子《哭龙山》一剧，其故事即刘文龙事。其中，郭素臣唱："相公落坐（看）房来，听为妻表表蔡伯喈，蔡伯喈上京去赶考，一双爹娘没殡埋，对门有个张广才，命里没儿舍棺材，棺材给了整两口，蔡伯喈爹娘盛殓起来，家撇他妻五娘女，罗裙包土筑坟台。人有好心天不昧，从天降下玉石琵琶来，五娘女抱琵琶把京上，进京城去找蔡伯喈。蔡伯喈不认五娘女，马蹄子踏来如泥踩，马蹄子踏死五娘女，到后来五龙分尸蔡伯喈。"按：此唱词的最后几句，我还认为"马蹄五娘"的情节，很可能是蔡伯喈对五娘的残忍谋害。

　　过去有的同志认为南戏《张协状元》是受了《赵贞女、蔡二郎》的影响，"近目翻腾"，很可能就是在这种影响之下"翻腾"的。我认为这是因为把这两个戏的时代颠倒了的缘故。相反，如果这两者之间要有什么影响的话，我倒认为《赵贞女、蔡二郎》是对在它以前的《张协状元》的一个强烈抗议，它不让这个张协式的状元蔡伯喈得到像张协一样舒服的结果，而断然让他得一个"五雷轰顶"的结局。

　　同时这个贫女式的赵五娘，剧作者也不再给她勉强的贫女式的"团圆"的结果，而让他按照贫女原有的命运在悲剧中死去，从而让人们的思想上保持着这个巨大的矛盾冲突！

　　我认为高则诚《琵琶记》里的赵五娘，实质上倒是《张协状元》里的贫女的再版。

1985 年 10 月

《芦林会》的推陈出新

一

《芦林会》，是明代陈罴斋所写的传奇《跃鲤记》中的一折。陈罴斋是何许人，今不可考。据《曲海总目》说他写过两个戏，其一即《跃鲤记》，另一个是《风云会》。《风云会》已佚，所以他的作品，仅存这个《跃鲤记》了。《跃鲤记》的思想内容极为反动，它露骨地极尽一切能事地宣传封建阶级的道德——愚孝愚忠。它的故事情节是这样的。

西汉末年，广汉秀才姜诗，娶妻庞三娘。夫妻二人十分孝顺。邻妇秋娘向庞三娘借贷，三娘不允。秋娘就向三娘的婆婆姜母进谗，说三娘背地私买饮食，私做衣服，并在后花园设案咒她早死。姜母信以为真，因此深恨三娘，不久姜母生病，想喝江水，命庞三娘去江边汲水。天上的玉帝因庞三娘前生曾责打丫环，丫环投水而死，故罚庞三娘今世夫妻子母分离二年，因此就命水神掀风作浪，卷去庞三娘的水桶。庞三娘空手而归，姜母就借此逼迫姜诗休弃庞三娘。三娘不得已即投邻母张氏暂住，但她仍旧设法孝养婆婆，没有半句怨言。庞三娘的儿子安安，因想

103

念母亲，终日在家啼哭，并向父亲苦谏，又将上学所积的饭米，私自送到邻母张氏处养母。这时农民起义军（赤眉军）领袖樊崇经过广汉，听到姜诗大孝之名，就禁止士兵骚扰村庄，并赠送姜诗米肉和黄金。姜诗不得已接受了馈赠，但又想到"志士不饮盗泉之水"，故随即将米肉和黄金统统埋在地下，以表示自己决不失"节"于"贼"（后来樊崇也被姜诗的孝道所感动，归降了朝廷），最后天上玉帝因为要考验三娘的孝心，又派仙人下凡试探三娘对婆婆有没有怨恨，结果三娘孝心甚坚，因此仙人就点化姜母，姜母终于在邻母的劝解和仙人的启示下，重新命姜诗收回三娘。因为三娘孝感动天，故回家团圆之日，玉帝就命青龙引一股江泉从姜诗宅边涌出，泉中每天跃出双鲤，供给姜母烹羹煮茗。同时皇帝也颁发诏书：钦封姜诗为江陵县尹，子为邑宰，母封安人，庞三娘封为顺德夫人。安安因年幼，先取入翰林院读书，听后登庸，并着所在官属，将姜门阖家大孝的事迹，立碑于祠堂，以为法鉴。

这个剧情的素材，取自《后汉书·列女传》：

> 广汉姜诗妻者，同郡庞盛之女也。诗事母至孝，妻奉顺尤笃。母好饮江水，水去舍六七里，妻尝沂流而汲。后值风，不时得还。母渴，诗责而遣之。妻乃寄止邻舍，昼夜纺绩，市珍羞，使邻母以意自遗其姑。如是者久之，姑怪问邻母，邻母具对，姑感惭呼还，恩养愈谨。其子后因远汲溺死，妻恐姑哀伤，不敢言，而托以行学不在。姑嗜鱼鲙，又不能独食，夫妇常力作供鲙，呼邻母共之。舍侧忽有涌泉，味如江水。每旦辄出双鲤鱼，常以供二母之膳。赤眉散贼经诗里，驰兵而过曰：惊大孝，必触鬼神。时岁荒，贼乃遗诗米肉，受而埋之，比落蒙其安全。永平三年，察孝廉。显宗诏曰：大孝入朝，凡诸举者，一听平之。由是皆拜为郎中。诗寻除江阳令，卒于官。所

居治，乡人为立祀。

这段文字，虽然是出于一部有名的史书，但它捏造的成分，却一望而知是很多的。过去代表封建统治阶级利益的文人，将姜诗妻庞氏的事迹，按照统治阶级的利益，加以夸张和捏造，然后就将它作为妇女道德的标准或模范，载入"正史"的《列女传》，让人们学习。显然这些大部分属于编造出来的"事迹"，完全是代表统治阶级利益的，它是统治阶级的反动统治思想的反映。然而剧作者陈罴斋却对于上述这段故事的反动思想还感到不满足，他写的《跃鲤记》，便大大地提高了这个故事的封建反动思想，使它更露骨地为封建道德说教。在他的剧本《跃鲤记》里，封建统治阶级的代表者姜母是没有什么罪过的。庞氏的被弃，一则是她前生作孽，命里注定；二则是秋娘的谗言，而秋娘的谗言，也不过是冥冥中玉帝要她执行自己的意志而已，所以姜母听信谗言，也不是什么过错。对于庞三娘，剧作者让她受尽苦难和虐待，也就是让她经受种种"考验"，然后通过这许多"考验"，来突出她的孝，甚至连农民革命的领袖，都被他的孝心"感动"得投降朝廷。这里，剧作者的反动意图是很明显的。作者为了表彰孝道，在剧本中还动员了玉帝神仙，而在全剧的结尾，又安上了涌泉跃鲤，降诏封官等大喜事，以表明"善有善报"，用以强烈地宣传封建孝道，以麻醉人民和毒害人民。在封建社会里，统治阶级所提倡的忠和孝，虽然有时是会发生矛盾的，但在更大的程度上，它是一致的，互为表里的。中国封建社会里，提倡"齐家、治国、平天下"的道理，这就是从封建的家庭，到封建的国家政权，在原则上使它一致起来，因此形成了朝廷大家庭，家庭小朝廷的特殊情况，这样在家庭父子关系上提倡的愚孝：子女绝对服从父母，即所谓"父要子亡，不得不亡"，到了君臣关系上，就自然转为愚忠，臣子绝对服从皇帝，即所谓"君要臣死，不得不死"。所以封建的等级制从家庭到国家形成了一个严密的制度，使人民无法跳出这个牢圈，而忠孝等道德观念，就是与这种社会制度相表里的一种意识形态，用以强化这种制度，窒息人民的反抗意识，以巩固统治阶级的统治。《跃鲤记》的作者，对封建的伦理观念和道德标准"孝"进行强烈歌颂，其目的就在于宣传忠，为统治阶级效忠。作者在第一折开头，对于他的创作目的，就说得很明白。他说：

> 独对青灯，静看黄卷，忠臣孝子古来稀。感动天地，万古有名垂。

他这里忠臣和孝子是并列的，就是说这两者是互为表里的，而且忠臣居于首要的地位。我们并不一般地否定忠臣，在封建社会里，在某种特殊情况下（例如民族矛盾，统治阶级内部的忠、奸矛盾），有一些忠臣是有一定的积极意义的（当然，仍然有他们封建的阶级性），然而在我们所评论的《跃鲤记》这个剧本里，他所提出的忠臣和孝子，是与当时的农民革命对立的，所以在皇帝赐给姜诗的诏书里说：

> 朕以凉德，恢复中原。甫尔封建功臣，未及□孝子，兹尔姜诗夫妇，孝义无双①……涌泉声名，洋溢乎四海，跃鲤闻望，昭著于万邦。在赤眉，尚感服而归朝廷，于朕心，当擢用以劝天下。②

这里所说的"封建功臣，未及孝子"，是说朝廷的大臣，反不能镇压农

---

① 这里的"孝义"二字，是偏义复词，主要意思在孝字上，义字是没有意思的。
② 着重点是笔者所加的，下同。

民革命，倒不及孝子能使农民革命的领袖感化归降，效忠于统治者了。剧作者企图用忠孝来反对农民革命的反动目的，不是很清楚吗？

这个剧本的结尾，是有浓厚的浪漫主义色彩的，鱼跃泉涌，显然是浪漫主义的想象。然而这是反动的浪漫主义，这种浪漫主义的创作方法，是为这个作品反动的政治目的服务的。这个剧本里的感天动地，显然与《窦娥冤》里的感天动地，是鲜明的对照。《窦娥冤》里的感天动地，它强烈地表现出人民的怨气具有使天地风云不得不为之变色的力量，它虽然是一种虚构，然而却有无比感人的力量，因为它艺术地揭示出了历史发展的本质和生活的真实。《跃鲤记》里的感天动地，同样是一种虚构，但它是为反动的封建统治说教的，它从根本上违背历史的真实和生活的真实，因此它除了暴露出自己是虚伪的艺术以外，不可能有任何感人的力量。这就是积极浪漫主义和消极的反动的浪漫主义的区别。

封建时代那些反动的作家，[①] 他们有时也觉察到纯粹空洞的反动说教，没有任何"说服力"，对人民的思想不能起麻醉、毒害，即所谓"风化"的作用，[②] 因此他们便在自己的作品里，也稍稍接触到一些人民的生活，以便连同那些整套的反动思想，一起推销出去，以毒害人民的思想，巩固他们的阶级统治，这就是这个长达四十二折的《跃鲤记》，还有那么两三折如《芦林相会》、《安安送米》、《安安看晒稻》等描写到一些人民的生活的缘故。然而就连这些对人民生活的描写，也是不真实的，是对生活的歪曲，目的是为了更有力地散播反动思想。这里我们即以《芦林会》为例。在这折戏里庞三娘在芦林里等待姜诗的目的是：

---

① 这里是指那些在创作上反动的倾向性非常鲜明的作家，而不是指那些世界观比较复杂矛盾或作品所反映的思想有明显的进步性但也有些封建糟粕的作家。

② 这里的"风化"，是借用高则诚所说的"不关风化体，纵好也徒然"的"风化"两字的意思。

"但不知姜郎来此何干？不免立地等他，问取婆婆的病体若何？"显然庞
氏最最关切的仍旧是婆婆的病体，接着在问到自己被逐的原因时，她是
这样问的："姜郎，当日婆婆逐我出来，未审有何缘故？今日幸得相逢，
细说明白，使奴终心无怨。（唱）那一日朦胧见弃，今日里偶尔奇逢。
望姜郎倾心剖腹。（白）姜郎：去妻有七去之条。（唱）念奴家未犯七
去条目，缘何将咱做一个叱狗鲍宣？"这里她一方面要求姜诗对她倾心
剖腹地说明被逐的缘故，另方面又承认七去之条。什么是七去之条呢？
按《大戴礼记·本命》载："妇有七去：不顺父母去，无子去，淫去，
妒去，有恶疾去，多言去，盗窃去。"这样苛酷的七去之条，她都能承
认接受，那末她对婆婆当然不会有什么怨恨了。不错，在这折戏里，庞
氏确实说过她"负屈含冤，无门控诉"的话，然而这是她针对姜诗说她
"不孝亲姑"而说的，这就是说，她对婆婆是力尽孝道的，说她不孝是
冤枉的。所以当姜诗责她三不孝时，她一方面迫于夫权，同时又不愿与
姜诗破裂，所以她勉强委屈地承认了，但另方面她又立即声明"皆是冤
枉"，表明她实在是一个孝妇。因此当姜诗责她"只合偷生远遁，又何
须絮叨叨拦阻我程途"时，她依旧说："怎奈我撇不下冷清清年老的
姑。"而且她还责备姜诗不该离开母亲，说："亲在儿不远游，况且婆婆
患病，为子者药必亲尝，寝不解带，才是子道，何故擅离膝下。"又说：
"你枉读圣贤书，空在黉门里，你好狠心狠毒，既道是婆婆病卧少支吾，
姜郎你为人子怎不在家看视婆婆，为何因在此闲游？不念她身伴无人，
菽水荒疏，独自冷清清有谁看顾。"直到姜诗完全了解了她所受的冤枉，
真相大白，夫妻悲惨地分手时，她仍然是"虑只虑年老婆婆有谁抬贴"，
可见她对婆婆的孝心，是多么坚定啊！

　　根据上述这些情况来看，我们可以看出这个戏的思想倾向，是十分
反动的，它强烈地宣传封建孝道，提倡愚孝愚忠，以麻醉、毒害人民的
思想，调和阶级矛盾，显然，它是明代传奇中的一棵毒草！

二

　　然而我们的一些优秀的剧作者和演员，是善于与敌人战斗的。他们往往能夺取敌人手里的武器，把它改造成自己的武器与敌人战斗。《跃鲤记》这个极力宣扬封建孝道的戏，其中有几折，就被我们过去和现在的优秀的剧作家夺取过来，利用它的某些可以改造的因素，把它改变成揭露封建孝道的罪恶的戏，向敌人投下了致命的一击。由于这致命的一击，竟使《跃鲤记》这个戏，从此就只能流行那几折与它原本的主题思想相反的戏，而它本身便湮没无闻了。至今还活在舞台上的昆曲《芦林会》就是从敌人手里成功地夺过来的许多戏中的一折。①

　　昆曲名演员华传浩演出的《芦林会》② 是在思想和艺术上都比较完整的一个戏，从对封建社会罪恶的某一方面进行较为深刻的揭露和批判来说，它与常德高腔老艺人邱吉彩演出的《祭头巾》，有异曲同工之妙。《祭头巾》是通过石灏这个八十二岁的老举子醉心于八股取士的科举考试，来深刻地揭露鞭打科举制度的。剧中人自始至终并没有多少觉醒意识，最后一句，也不过是"中了高科又如何？"这里虽然隐含着某些觉醒意识，但仍是消极的（然而这并不妨害这个戏揭露封建科举制度罪恶的震撼人心的力量）。剧中人可以说自始至终是科举制度的拥护者，然而它却得出了相反的结论，这是通过艺术所作出的裁判。《芦林会》是通过姜诗休妻以后在芦林中责妻、收妻（在这出戏中并未成为事实）这件事来揭露和鞭挞吃人的封建孝道的，在这出戏中，姜诗和庞三娘也同

---

① 在许多地方戏里，都有《芦林会》这个剧目，但其最早的来源都是《跃鲤记》。

② 下边对这出戏的评论，是以上海戏曲学校华传浩同志的演出为根据的。

样都是封建道德的实践者，然而它却同样得出了与此相反的结论，达到了对封建孝道的比较深刻的批判。但是这种对封建孝道的揭露批判，非但不是原作《跃鲤记》的主题思想的继承，而且是对它有力的反击。这一思想和艺术上的一定的成就，应该归功于改写这个戏的无名作者、广大的观众和解放以后在党的培养下提高了自己的政治思想的优秀演员。

昆曲《芦林会》对于姜诗和庞三娘这两个性格的描写，是比较深刻的。特别是华传浩饰的姜诗，通过他卓越的表演艺术，把这个性格体现得更加完整饱满，从而达到了对封建孝道比较深刻的揭露批判。他穿黑折子，戴黑秀才巾，挂丑三，双目近视，右手拿一柄纸扇，小指上挂一个单照，走起路来先用单照仔细照一照道路，然后匆匆举步。举目看人时，两眼迷蒙，下巴微微向天，特别是背后腰间的黄丝条上，挂着一个小小的书卷——这是一笔绝妙的细节描写。这一副扮相和神态，就活画出了一个封建时代目光只能看到自己鼻梁上的书呆子。我觉得华传浩同志对姜诗这个角色的服装和道具的处理，虽然十分简单，却是经过精心设计的。无论是服装的颜色和那几件小道具，都与这个角色的性格十分谐和一致，而且有助于鲜明地突出他的性格，正如绿叶之与牡丹，互相衬托，相得益彰。尽管这个角色的形象一开始就使我们觉察到了他愚执的性格特征，然而他并不是一个逗人嬉笑的滑稽人物，而是满怀忧虑的一位秀才。

姜诗刚出场的两句唱词："母病求医，问卜求神到这里。"也是意义深长的描写。原来姜诗愁容满面地匆匆出来，是因为要到飞云洞去问卜求神，为母亲治病。在这里，作者把封建迷信与他的秀才（知识分子）身份结合了起来，这使我们看到，这个角色的思想和精神面貌，是多么迂腐愚昧啊！

戏剧，要求通过矛盾冲突来展现人物的性格，越是矛盾尖锐深刻，则人物的性格，也就展现得越深刻丰满。《芦林会》像我国其他一些优秀的传统戏曲一样，它一开始就展开了矛盾，因此立即就吸引住了观众。当庞三娘远远看到姜诗向芦林走来时，她就说："他来得正好，我要与姜郎辩是非，要与姜郎辩是非。"这句话，一方面向观众揭开了戏剧的矛盾，另方面也是对庞三娘性格的有力介绍。这里的庞三娘，已经不是《跃鲤记》里"不免立地等他，问取婆婆的病体若何"的庞三娘，而是要求"辩是非"的庞三娘了。我们不能轻视这一句台词的变更，要知道这一句话，具有规定人物的基本性格的作用。正因为如此，所以《跃鲤记》里的庞三娘，虽然也诉说了自己被弃的痛苦，但她却三番五次地以婆婆的病体为念，并且三番五次地责备姜诗不该离开母亲（见本文第一节所引），显然《跃鲤记》中庞三娘的性格，并没有处在"辩是非"的矛盾冲突中，她的向姜诗诉说自己的冤枉，不过是一种"倾心剖腹"的表白，以求重回姜家，使自己能够继续孝养婆婆而已。但是在昆曲《芦林会》里的庞三娘就不同了，她一开始就说出了"要与姜郎辩是非"，人物的性格一下就落在矛盾冲突中，正因为这样，所以在本文第一节里所引的《跃鲤记》里庞三娘所说的那些话，昆曲《芦林会》里的庞三娘，就一句也没有说。相反她却说出了："我笑姜郎你好执性痴迷，可记得一夜做夫妻，和你百夜恩情美，夜半无人私语时，枕边言语君须记取。"很明显，在这里，她已经不是专门为着回去孝养婆婆而"辩是非"，而是已经多少有些为着自己的合理生活而"辩是非"了。这一句台词的改动，不仅规定和提高了庞三娘的思想和性格，而且使这个戏有了真正的矛盾冲突。矛盾的开始，是庞三娘责问姜诗："那日婆婆为何赶奴出门？"姜诗就举出她"私置饮食不把婆婆吃"，"私做衣服不把婆婆穿"，"每夜在后花园中，高高架起三张桌子，焚香点烛，咒骂婆婆早死"的"三不孝"的罪名来。尽管庞三娘一声声哀怨动人的申辩和倾诉，再三说明这都是捏造，但"孝"迷心窍的姜诗，却蛮不讲理，一口咬定都是事实，毫不动心，而且还举出她不肯汲江水给婆婆吃的"四不孝"来。这一段哀怨动人的辩诉，比较深刻地揭露了封建社会的"孝"道的野蛮性。经过了这一场"说理斗争"，姜诗仍无动于衷，因而庞三娘又动之以情，诉说了自己无路可走的苦况：一来街坊邻里对她非议，二来父母见她因不孝之罪被弃，褴褛而回，决不肯收留她，因此要求姜郎念夫妻恩情收她回去。这一段痛苦处境的倾诉，是这个矛盾的深化。前面通过所谓"三不孝"，揭露了封建家庭、封建孝道的黑暗残暴，这里又概括地描写了在封建礼教笼罩下社会环境的野蛮黑暗、妇女命运的悲惨。这样，剧作者就用他现实主义的严峻笔锋，深刻地具体地揭露了封建家庭和社会舆论的黑暗和残暴。然而这个"孝"心甚坚的姜诗，虽然对庞三娘的这种痛苦处境，有时也情不自禁地流露了某些同情，但他却终于没有被真正感动，当庞三娘跪求带她回去时，他依旧断然说："不须跪拜，休恁心痴。可记得前朝朱买臣，马前泼水难收起。"在这里，庞三娘已经完全处于绝望的情况下了，她无法可想，最后只得长叹一声，含着无限的悲痛和眼泪，恨恨而去。

戏好像到此已经结束了，然而剧作家偏在这山穷水尽的情况下，劈空地飞来了一笔，使刚刚低落的潮头，又汹涌卷地而来。正当庞氏的背影逐渐在芦苇中消失的时候，姜诗忽然又疑心顿起，急急地把她叫了转来。他说："且住，我想这个妇人，独自一人，在芦林之中，有些差迟，有些不正路吓，不免唤她转来。"原来他怀疑她"不正路"！这一笔描写，是对姜诗这个人的思想性格入骨三分的刻画。妻子已经被休弃了，他还生怕她有什么"不正路"，会影响到他的"孝义门楣"，会影响到他自己的"面子"。这里剧作者对封建社会里野蛮专制的夫权思想，对这个满脑子封建道德观念的性格，写得多么周密而深刻啊！人们满以为这次庞三娘回来，矛盾冲突必然会发展到难以想象的地步了，哪里知道前面充分展开来的矛盾冲突，却忽然一下转化为统一。原先姜诗认定庞氏的"四不孝"，都被眼前的事实所否定，因而姜诗真正同情了庞三娘，为庞三娘的痛苦遭遇而内疚痛心。

这种根本的转变，究竟是以什么为契机的呢？是否符合于性格发展的逻辑呢？在这里我们又看到剧作家精心的构思和巧妙的情节安排。原来庞三娘听说婆婆患病想吃鲤鱼汤，就用她绩麻所得的钱买了一尾鲤鱼，因为没有柴火，所以到芦林中来拾取枯枝，准备回去做鱼汤。方才因为拾取芦柴，将手指割破了，所以芦柴上沾上了她的鲜血。事实是最有说服力的，在这事实面前，顽固的姜诗，终于也觉悟了过来，相信了庞氏的冤枉，因而否定了母亲的谎言。这个事实，是解开前边这样尖锐的矛盾的一把钥匙，也是使人物思想发生根本变化的重要条件。深通戏剧创作三昧的剧作家，对于这一个具有重大意义的情节，他没有轻易乱用（如果用在开头，便可以使这个戏毁灭，因为这个情节的出现，把矛盾一下就统一了），而是等矛盾发展到高潮，到山穷水尽的时候，他才将谜底最后揭开，这样就使剧情急转直下，像深山里经过了千回百折的两股泉水，终于汇合在一起。

优秀的表演艺术家华传浩，对于姜诗的这个思想转变过程，是表演得十分深刻和细致的。他一方面淋漓尽致地刻画了姜诗的愚孝，另方面又逐步地揭示了他内心的矛盾和隐痛。他开始听庞氏申辩和诉说时，心情显然是不耐烦的。他斜立一旁，半面朝着她，眼睛却在看着手中折扇上的字画，有时又用他的近视眼睛，凝视着扇骨上的雕刻，然而有时他的眼光又微微倾斜过去，看庞氏半眼。这种似听非听，爱理不理的神情，十分真切地传达了他这时矛盾复杂的心情，特别是他看扇子的几个小动作，十分切合于秀才一流人物的生活习惯。但是当他听到庞氏诉说自己无路可走的痛苦时，他也止不住流露出怜悯同情之意了。然而这只是他思想转变以前的感情基础，而不是促使他转变的根本条件。因为在他思想上最解不开的一个纽结，是庞氏的不孝。要不是她不孝，何至于落得如此结果？所以他一面同情庞氏的处境（同时也是同情自己的不幸遭遇），一面又转过来责怪庞氏，怨恨庞氏。所以当庞氏责备他"你好分缘亏"时，他就连连说："秃！秃！秃！阿呀，说甚么分缘亏，还是你不度己。嗳，慢劳你长吁短叹，短叹长吁，噬脐何及！"一个是怨恨丈夫不分皂白，一味听从母命，置自己的生死于不顾，一个是怨恨妻子不孝，惹动母亲的怒火，致使自己忍受这种破家的痛苦，而戏剧的矛盾，也就是从这里波澜叠起地发展着，直到高潮。但当他最后发现庞氏确实并非不孝，甚至还是大孝时，他思想上的那个解不开的纽结，终于一下解开了，于是他同情庞氏，连连埋怨母亲，说："阿呀，我个娘吓！吥（你）错怪子人哉，错怪子人哉！"事实真相弄明白了，姜诗的立场也已经站到庞氏一边来了，也就是说矛盾开始正确地转向母子婆媳之间了。然而如何进一步描写这个矛盾，却是一件难事。立即让姜诗带着庞氏回去与母亲辩理，痛快倒是痛快，但人物前后性格的统一性，却完全破坏了。但是卓越的剧作家，在这难关面前，非但没有望而却步，相反，他却继续将人物的性格引向深化。当庞三娘要求姜诗带她回去时，他说："阿呀妻吓，非是我不带，此乃母亲慈命，怎敢有违？"庞氏接着就说："教我倚靠何人？"在这个现实问题面前，姜诗踌躇半晌，终于说出了三条门路：

姜诗：第一条门路，吥（你）回到娘家去子罢。

庞氏：好马不吃回头草，我是不回去的。

姜诗：好，有志气！

庞氏：第二条门路呢？

姜诗：第二条门路，再去嫁子个人罢。

庞氏：自古道，一夫一妇，一马一鞍，我是誓不再嫁的。

姜诗：难得姜门有幸！①

庞氏：那第三条门路呢？

姜诗：这个第三条门路，阿呀，教我只软答答说勿出个哉……

庞氏：但说何妨！

姜诗：嗳，事到其间，也勿得勿说个哉，〔重句〕，阿呀妻吓！

　　　投河只消三尺水，悬梁高挂一条绳……

前边的"三不孝"，深刻地揭露了封建孝道的黑暗野蛮，刻画了姜诗这个极端愚孝和迂腐可笑的性格，现在剧作者进一步又提出了三条路，使人物双方的性格，都大大地深化了一步。从表面上来看，姜诗既已了解真相，而且同情了妻子的处境，忽然却又让他说出这三条路来——特别是第三条路——好像有点不近人情，不符合人物性格的发展规律。然而这样写，正是表明了剧作者具有洞察性格内部底蕴的卓越才能。如果说戏的前一部分是着重刻画了姜诗的愚孝和迂腐，那末通过这三条路，作者进一步地刻画了他性格深处的软弱性，刻画了他受封建思想毒害的深度：虽然他已经完全了解庞氏的冤枉和所处的困境了，但在封建孝道思想的支配下，却仍然不敢违背母亲的意志，相反却忍心让庞氏去走绝路，从这里我们可以看到封建宗法的伦理观念和夫权思想，是多么冷酷和残暴呵！华传浩在这里的表演是十分恰切的，他一方面十分真切地使我们看到他是同情庞氏的，而另方面，他又使我们十分清楚地看到他的性格的软弱性，看到在他的面前，一样也是无路可走，无法可想。至于回去向母亲争辩，则是他连想都不敢想的事。在这种思想状况下，自然他只能含着满眶的热泪，向庞氏说出那第三条路来了，通过这三条路，

---

① 姜诗的"好，有志气！"以及"难得姜门有幸！"这两句简单的台词，也是具有鲜明的思想和性格的，它有力地揭露了姜诗的封建夫权思想，值得注意。

特别是第三条路，比较深刻地揭露了封建孝道吃人的本质，宣告了在那个时代，一个被弃的女人，在她的面前，只有死路一条。

在姜诗提出了三条路以后，庞氏紧接着就提出了三撇不下。

庞氏：阿呀姜郎吓，奴家久有此心，只是我有三撇不下。

姜诗：哪三撇不下？

庞氏：一撇不下婆婆年老，无人侍奉。

姜诗：二。

庞氏：二撇不下安安幼小，无人看管。

姜诗：三。

庞氏：三撇不下，阿呀姜郎吓，你若娶个贤惠的还好。

姜诗：倘不贤惠呢？

庞氏：倘不贤惠的，把我七岁安安朝一顿，

姜诗：阿—哇！

庞氏：暮一顿，

姜诗：阿—哇！

庞氏：教他哪里当得起？①

姜诗：阿呀我好心痛吓！

庞氏：阿呀安安，我的亲儿吓！做娘的今日芦林之中，叫你几声，阿呀，永无相见之日了嚄！姜郎吓！

姜诗：〔同哭〕吓阿呵！妻吓！阿—哇，痛杀我个娇妻也！

这三撇不下，是全剧高潮的顶点，也是姜诗性格最后的转折点。这

---

① 我曾建议华传浩同志在这句下加一句："姜郎，我想你以后的日子，如何得过？"（大意）这样问题不仅在儿子身上，而且紧紧抓住了姜诗本身，使姜诗下面性格的转变，更有基础。

里名为三撇不下，实际上只有二撇不下。因为二、三两条是一个问题，显然这里撇不下的，主要是儿子安安，而最后打动姜诗的，也主要是儿子安安的问题。当庞氏说到你倘若娶个不贤惠的，"把我七岁安安，朝一顿，暮一顿"时，他真正被感动了，他的内心受到了严厉的责备，他说"阿呀我好心痛吓！"过去他一直只从卫护封建的孝道着想，但卫护封建孝道的结果，却为自己招来了家破（已成事实）和人亡（将成事实）的悲惨结局，这个活生生的悲惨的现实，迫使他不得不去考虑妻儿的生命前途问题，考虑他切身的利害问题。他是想在一定程度上离开这条封建孝道的教义而保留自己一点最起码的生活权利了，这说明封建孝道终究是与人民的利益矛盾的，然而他仍然是多么软弱啊！当庞氏哭问他："姜郎缘何不认妻"时，他还是无可奈何地说："母亲慈命，怎敢有违！"这条封建教义的锁链，依旧紧紧地束缚着他的思想，幸而身受惨重压迫的庞氏，一语提醒了他，她说："若还劝得婆心转……"已经稍稍觉醒而正苦于无路可走的姜诗，这句话立即成了他的行动的指南，在他的眼前，好像顿时出现了一条康庄大道，他激动地说：

　　阿呀妻啊！我如今回去，双膝跪在母亲面前，我定要劝得母亲回心转意，我就同安安前来接你，这几日你就在邻母家里暂且住下，你要保重身躯〔带哭〕。你回去罢！

到这里，姜诗从原来的消极顺从的性格，转变为比较积极的性格，他与庞氏的矛盾，终于得到了统一，于是戏也就戛然而止。

　　这样的结尾，是有比较深刻的思想意义的。它告诉我们封建宗法的伦理观念、封建的孝道，看似如此的尊严，如此的不可动摇，但它实质上却是空虚的，经不起现实生活的冲击的。经封建统治阶级长期熏陶培养出来的具有这样顽固的封建道德观念的姜诗，到最后，由于他所信奉的封建孝道与他自身利益的尖锐冲突，他终于倾向于庞三娘，而敢于向母亲去"跪求"了。尽管这种跪求，在我们看来是多么软弱无力的行动，然而在他却是使足了平生的气力，向前迈进的一大步，因为他不再唯母命（封建统治者的命）是从，而是敢于向母亲去说理了！

戏的结尾，对于完成一个戏的思想主题，是有重大的意义的，结尾如果处理得不好，很可能使整个戏的思想性遭到破坏，《跃鲤记》中《芦林会》的结尾，姜诗这个人物是消极的，他说："倘若（母亲）不从呵，从此后恩情两途，可怜你作飘萍飞絮他乡妇，我作个行缺名亏薄幸徒！""非是我薄恩情将伊抛别，怎奈我老萱堂不由人分说。"《跃鲤记》本身的思想性很反动，所以这折戏结尾的成败得失，不足深论。但明末古吴致和堂刻的《醉怡情》，选了《跃鲤记》的《忆母》、《换鱼》、《芦林》、《看谷》四折，其中《芦林》一折的思想内容，已经一反原作的精神，具有揭露封建孝道的罪恶的意义了，但它的结尾，仍然是消极的，人物并未处于积极行动的状态中，这段结尾说：

> 我今日回家，跪在母亲眼前劝她，若婆婆肯回心转意，我与你夫妻重会，若劝不转，这也没法了。

这里人物的性格，不是仍旧落到消极状态了么？

最令人惋惜的是《与众曲谱》卷八所收的《芦林》一折，无论是它的思想性和艺术性，都达到了相当的高度，它基本上与华传浩的演出本相同，然而它的结尾，却特别恶劣，充满着小市民的庸俗低级趣味，它的结尾是这样的：

> 且住，这样孝顺的媳妇，赶出门来，岂不可惜！吓，有了，我回去双膝跪在母亲面前，劝得母亲回心转意，若劝勿转

呢？嗳，只得罢哉，也说勿得个哉！嗳，也勿关得我舍事哉！
也勿关得我舍事体哉！

小市民的那种油腔滑调，不是把这个戏的严肃的思想意义，作者所精心
改写这折戏的目的，全部给破坏无余了么？据华传浩同志说，解放以后
在党的教育下，他的思想得到了提高，他认识到戏剧是阶级斗争的武
器，是教育人民的工具，因此当他重演这折戏时，他感到这个戏的结
尾，严重地损伤着这折戏的重大而严肃的思想内容，因此他就将这个结
尾，改成前面我们所引的那样，赋予姜诗"定要劝得母亲回心转意"的
信心和决心，这样就使姜诗这个性格，从消极转向了积极，使矛盾从夫
妇之间，转到了子母之间。因而使得这个戏获得了一个最适宜的结尾。
从这里我们也可以清楚地看到，用马克思列宁主义、毛泽东思想，不断
改造自己的世界观，对于一个艺术家，是何等迫切和重要啊！

从华传浩同志演出的昆曲《芦林会》回看《跃鲤记》，或者回看
《跃鲤记》里的《芦林会》，应该说这是一个质变，同时也是一种推陈
出新！而这正是在党对老艺人进行了政治思想教育，党贯彻了"百花齐
放，推陈出新"的正确方针以后获得的。

三

去年国庆节，广东潮剧院的同志，也给我们带来了《芦林会》这个
戏。潮剧的《芦林会》，就其情节结构的大端来说，是与昆曲的《芦林
会》相同的，例如昆曲《芦林会》中的"三不孝"，"三条路"，"三撇
不下"等重要关目，在潮剧《芦林会》里，都全部吸收了下来。因此
上文我们分析到的昆曲《芦林会》在剧情结构上的一些长处，潮剧

《芦林会》也大体上具备。然而潮剧《芦林会》是有自己的特色的，首
先，潮剧《芦林会》加重了庞三娘的戏，丰富了她的唱词，增强了她的
控诉性。我觉得这样处理，是十分正确的，因为庞三娘是被压迫的人
物，加强她的控诉性，就十分合情合理，而且必然会增强这个戏的思想
性。例如当姜诗向庞三娘说出第二条叫她改嫁的路时，庞三娘唱：

> 火海我可蹈，刀山我敢登，这再醮一途断难行！三娘若再
> 嫁，七出之妇，立成铁证，臭名万世永难洗清。妾受辱都不
> 说，还累得子子孙孙难超生。庙堂全无立足地，市井之中传臭
> 名。乡规物议如枷锁，三娘何堪受此活刑！

这一段唱词，是对封建社会里野蛮黑暗的封建礼教的最有力的控诉，她
深刻地告诉我们封建社会里妇女的命运是多么痛苦啊！她们不仅在物质
方面，而且在精神方面受到的摧残，也是如此的深重！但是，这一段答
话，《跃鲤记》里的庞三娘，却是这样说的：

> 差矣！自古道，一与之醮，终身不改。我到你家生下安安
> 七岁，还叫我嫁人，辱身丧节，夫！亏你说得出口。

显然这里的庞三娘，是自觉的守节，并不是由于社会舆论和封建礼教的
重大压力。潮剧本的这种改动，就十分有力地强调了社会的压力，封建
势力的压力，突出了妇女的悲惨命运，这对加强这个戏的思想性，是有
意义的。由于潮剧《芦林会》的改编者正确地抓住了这一环，因此使得
这个戏的思想内容，就得到了深化。潮剧《芦林会》对姜诗这个满脑子
封建礼教迂腐固执的性格，也有较为深刻的刻画。例如当庞三娘跪在姜
诗面前，托他好好照看儿子安安时，庞三娘还没有说出口，姜诗就连

《芦林会》的推陈出新

忙说：

> 三娘你休跪拜，此处乃是大路边，非比深山野谷无人来。
> 知者说我背母私妻叙离情，不知者怪我不达周公礼，芦林戏人
> 妻。到那时，我纵有百口也难分辩。你，你，你莫再痴缠抛
> 不开。

这是很好的性格化的语言，通过这一段唱词，姜诗封建迂腐的思想，被刻画得十分深刻。

潮剧《芦林会》的另一个特色，是具有浓厚的抒情味，整个戏在演出过程中，悲剧的气氛十分浓厚，感人的力量很强。应该提到的是潮剧《芦林会》是由两位年轻演员范泽华（饰庞三娘）和黄清诚（饰姜诗）演出的。他们无论是对于剧情和人物思想性格的理解还是表演艺术方面，都达到了较高的境界。他们的这种成就，说明了党培养戏剧艺术的新生力量的卓越成绩！

除此之外，我觉得潮剧《芦林会》在掌握戏剧矛盾发展的线索和人物性格发展的逻辑性这一点上，还有不够严密的地方。例如这个戏的第一个大关目"三不孝"的辩论，在昆曲《芦林会》里是姜诗强词夺理，压倒了庞氏；在潮剧《芦林会》里，第一不孝，是庞氏勉强委屈承认，第二、三不孝以及紧接着的四不孝，都是庞氏驳倒了姜诗。这样的处理，对加强庞氏的性格，是有好处的，但另一方面，它又不可避免地会削弱这个戏的矛盾冲突。因为如前所论，姜诗所以对庞氏不满，就是因为他认为庞氏不孝，而他后来之所以又同情庞氏，决定向母亲去说理，就是因为他弄清了事实真相，知道庞氏并非不孝的缘故，所以这个戏的冲突的焦点，姜诗思想性格的转变的关键，就在他是否彻底了解庞氏的受冤以及他了解以后有没有勇气去向母亲说理。所以这"三不孝"被谁

辩过去，是这个戏矛盾发展、也是人物性格发展的一大关键。一下就让庞氏辩过去了，从庞氏这边来说，似乎是增强了她的斗争性。然而从戏剧矛盾来说，已经提前把矛盾解开了，这样就削弱了姜诗的思想性格所以要到后边"捡柴见血"以后才转变的逻辑力量。

我们知道，潮剧《芦林会》这样处理"三不孝"这个关目，是有根据的。明代《醉怡情》里所收的《芦林会》，就是这样的处理。但《醉怡情》的《芦林会》与潮剧《芦林会》有很大的差别。前者情节十分简单，就是通过"三不孝"的辩论，庞氏驳倒了姜诗，弄清了事实真相，矛盾解决了，姜诗的思想性格转变了，因此决定回家与母亲说理，戏就完了。潮剧《芦林会》则在"三不孝"以后，还有"捡柴见血"、"三条路"、"三撇不下"等三个重要关目，因此如果在第一个关目就基本上把矛盾解开了，那末后面这些情节所贯串的矛盾，就会显得不够紧密，不够严丝合缝。当然我们并不认为《醉怡情》的那个本子是成功的，因为简单地解开戏剧矛盾的纽结，同时也就会把戏弄得简单化了，这样它就不可能反映出深刻的社会内容来。

潮剧《芦林会》里庞三娘中途下场，姜诗所以把她叫回来的原因是"看她神情，莫非欲去寻死？"这样的处理，与昆曲本也是不同的，但也是根据《醉怡情》的处理。《醉怡情》的本子，下面根本没有"捡柴见血"这个关目，所以它这样处理，就没有什么漏洞。但潮剧《芦林会》在叫转庞氏以后紧接着就是"捡柴见血"这个关目，叫转庞氏是因为恐怕她寻死，"捡柴见血"是怀疑她在芦林里的行为，这两件事缺乏思想逻辑上的紧密联系。昆曲《芦林会》所以叫转庞氏，就是因为怀疑她在芦林里的行为，所以叫转来以后，紧接着就是"捡柴见血"，这就使得"叫转"和"捡柴"两件事情，实际上只是一件事情的两个部分，因此就显得非常紧密，无漏洞可找，而且又突出了同时也是批判了姜诗的性格。

潮剧《芦林会》的"三条路"与昆曲本一样是放在"捡柴见血"以后的。但两者又有不同，昆曲本是把它放在"捡柴见血"以后，同时又是把它放在姜诗下决心去向母亲说理以前的。在"捡柴见血"以后，姜诗已经明白了真相而站到庞氏一边来了，但他只有同情庞氏的心，却没有为庞氏（也是为自己）而"斗争"的勇气，因为他受封建孝道的毒害实在太深了，他的性格太软弱了。"三条路"的情节，就是着重地刻画姜诗性格的软弱，同时又通过这个情节，紧迫出下面庞氏"三撇不下"的情节来，使姜诗的思想和性格不得不转变，不得不向母亲去说理。所以昆曲本的"三条路"，对深化姜诗的性格和控诉封建社会里妇女悲惨的命运，有着很深的意义。潮剧《芦林会》的"三条路"，不仅是放在"捡柴见血"以后，而且是放在姜诗决心向母亲说理以后的，这一点就是它与昆曲本不同之处。潮剧的姜诗向母亲说理的决心是很大的，他说：

> 为夫就手挽安安儿，双双跪倒尘埃地。老娘不回心，我就跪前跪后，黄昏到天晓，日出到斜西。那个慈娘不爱子，那个婆婆不疼孙儿。就算老娘心似铁，见此情景，亦当回心转意。

这里，不仅表现了姜诗的决心，而且也表示了姜诗的信心，而且这决心和信心都表现得很足。然而，说服母亲的决心和信心愈是足，就愈没有理由让他说出"三条路"来，因为这"三条路"中，有一条是劝庞氏悬梁投河。不错，在处理这第三条路上，剧本的改编者是煞费苦心的，他并没有让姜诗直接说出来，他只是让他说："这，这，这，这三条路，教为夫怎么说得出口么！"然后庞三娘就说："唉！你纵不说，你妻却也明白。待为妻与你说了罢！（唱）条条道路尽阻塞，只有那死路一条能通行，投河只须三尺水，悬梁只须一根绳。"这里"你妻却也明白"

者，心照不宣之谓也。所以庞氏就直截了当地"与你说了"出来，可见形式上虽是庞氏说出来的，但实际上仍是姜诗心里的话，因而剧本的改编者，虽然煞费苦心，但仍未能完满地解决这个矛盾。自然，潮剧《芦林会》的改编者所以这样处理，是有其深刻的用意的，他一方面为了突出姜诗的决心，更鲜明地表现出人物性格的转变，而另方面又要表现出在庞三娘的面前，实际上只有死路一条，这是封建制度和社会环境所规定的，姜诗一个人是无力改变这个现实的，从而好让庞三娘唱出最后一段激动人心的悲愤控诉来，以便更有力地揭露封建社会和封建礼教的黑暗野蛮，更有力地增强这个戏的悲剧气氛。这样的出发点，无疑是绝好的。然而这里又产生了另一个问题，即这个戏究竟是写到姜诗的性格从消极转到积极，从服从母命转到去与母亲说理就结束好呢，还是再进一步写出他终究是无能为力，最后只能与庞三娘一起跪求苍天，"愿天早洒杨枝露，枯木逢春再生枝"好呢？我的意见，觉得似乎还是前者好一些。为什么？因为戏剧是教育人的一种工具，是阶级斗争的武器，把姜诗的性格从消极发展到积极，从而让他去与母亲说理斗争，这里就有教育人民去向一切旧的反动的残余思想作斗争的意义在内（自然在姜诗的面前，还不是旧的反动的残余势力，而是还很强大的封建制度），这样的处理，就能给予人民以一种鼓舞和希望，从戏剧本身来说，使这个性格从消极转向积极，它的任务也就可以完成了，没有必要再让他从积极降落到消极，特别是让他和庞氏跪在舞台上哀求苍天，更感到没有这个必要。

以上这几点，是我感觉到潮剧《芦林会》在这些关节问题上，处理得还不够严密的地方。然而，这只是这个戏的次要的方面，这个戏的主要方面，我感到是成功的。特别是剧本改编者增强了庞氏的戏，增强了她的控诉性，因而使得这个戏的悲剧气氛显得更加浓厚强烈。这一点，正是昆曲《芦林会》的薄弱环节，而潮剧《芦林会》却给以充实了，这是可贵的发展。所以我觉得潮剧《芦林会》虽然有些地方还可以继续加工，但从总的方面来说，它在一定程度上，又发展和提高了这个戏的思想内容。

当然，不论是昆曲《芦林会》或者潮剧《芦林会》，都还有他本身难以克服的弱点，这就是这个戏在解决矛盾的时候，不是让庞氏和姜诗根本否定封建孝道，而是让他们仍旧在承认封建孝道的基础上统一起来，因此这个戏，虽然有其比较深刻地暴露封建孝道的黑暗残暴的一面，但另外还有它不彻底的妥协的一面，也就是说，它仍旧带有某些封建性的值得我们批判的东西在里面。这一个重大的缺陷，是由过去剧本改编者的世界观所决定的，同时也还受到这个戏原来的题材的限制，看来今天如果要把这一点都加以割除，是有困难的。然而即使是目前这样，它基本上已经是一个暴露封建社会的罪恶的有意义的戏了。

《芦林会》的发展过程，十分有力地证明了党的"百花齐放，推陈出新"的方针的无比正确和重大胜利。这个方针是完全符合于戏曲艺术本身的发展规律的，它是戏曲艺术发展规律的马克思、列宁主义的科学总结，因此，它有力地推动了我国戏曲事业的蓬勃发展。

当然，这个方针的内容是十分丰富的。它的根本精神，是在于戏曲艺术要在毛泽东思想的指导下，在党的具体领导下，在正确地批判地继承遗产的基础上，创造出具有民族形式的能够表现现代生活的新戏曲来，是在于推动戏曲艺术从内容到形式的不断革新，以达到更好地为阶级斗争、为社会主义建设事业服务的目的，更好地反映我们伟大时代的光辉灿烂的面貌。"推陈出新"是戏曲艺术发展的一条普遍规律，这条规律，也适用于一小部分原来思想内容不好但还可以改好的戏，当然这首先要看这个戏的内容是否具有某些可以被我们改造的因素（这里所说的《芦林会》，就是其中的一例，莆仙戏的《团圆之后》是更有代表意义的一例）。如果我们根本不管这个戏是否具有改造的客观因素，而认为一切内容反动的戏，都可以改成有积极意义的戏，这样的看法，显然是错误的。不承认这一点，就是从根本上否定了香花和毒草的本质的区别，① 它将不利于我们党对戏曲事业的"百花齐放，推陈出新"的方针的正确贯彻！

1959 年 10 月初稿　1960 年 1 月改毕

（原载 1960 年 1 月号《戏剧研究》）

---

① 当然有些思想内容反动而又具有某些可以改造的因素的戏，在其未改成好戏以前，也仍然是毒草，我们决不能因为它看来有某些可以改造的因素，因而就把它看作是香花或者不毒的草。

从《绿衣人传》到《李慧娘》

一

　　明代徐渭的《南词叙录·宋元旧篇》内著录有《贾似道木棉庵记》一本。这部宋元南戏的全貌我们已经无法看到了。现今我们能够看到的，只是它的一支残曲。这支曲子，大概是贾似道在被谪南行途中唱的。[①] 我颇疑心这本戏里包含有现在为人们所熟知的李慧娘的悲剧情节在内。这一怀疑，是由于联想起下面三个作品而产生的：

　　第一个作品是元末明初人瞿佑著的《剪灯新话》中的《绿衣人传》。《剪灯新话》著成于明洪武十一年（1378 年）六月，即明代开国以后的第十一年（这时作者刚四十岁）。因此我们可以相信《绿衣人传》这个故事至少是从元代流传下来的。在这篇小说里值得我们注意研究的有这样一些情节：一，天水赵源，住在西湖葛岭贾似道的旧宅里，与一个每晚经过其门首的绿衣女子相好，后来秘密地成为夫妇。据这个绿衣人说，她自己已是鬼魂，她的前生是贾似道的侍女，因为爱上贾似

————————

　　① 这支残曲，见钱南扬《宋元戏文辑佚》。

道的一个煎茶仆人而被贾杀害。这个仆人再世后就是她目前相好的赵源，他们成就了再世姻缘。二，据这个绿衣人说，贾似道一天与姬妾们倚楼闲望，看见西湖内二位乌巾素服的泛舟少年，似道身边的姬妾中有一位情不自禁地赞了一句"美哉二少年！"贾似道不动声色地即命人将她杀了，将她的头装在盒里让姬妾们去看，吓得诸姬皆战栗而退。三，当时的太学生们愤恨贾似道，作诗揭露和讽刺贾似道贩盐和行公田法剥削人民。其诗云："昨夜江头涌碧波，满船都载相公鹾；虽然要作调羹用，未必调羹用许多！"（其一）"襄阳累岁困孤城，豢养湖山不出征；不识咽喉形势地，公田枉自害苍生。"（其二）四，贾似道斋僧，有一个道人斋后竟将钵覆在案上而去，许多人拿不起这个钵，似道亲往举钵，却见钵内覆着两句诗云："得好休时便好休，收花结子在漳州。"后来终于死在漳州木绵庵内。

这篇小说中应该注意的情节也许还有，但我们先举出这四点就可以说明问题了。其中一、二两条情节，显然是后来合成为李慧娘与裴生生死恋爱的材料。值得注意的是这一悲剧性的浪漫主义的恋爱情节（指绿衣人与赵源的恋爱）是与太学生揭露贾似道剥削人民，不肯出征抵抗敌人，以及后来终于遭到木绵庵的惩罚这些具有明显的政治内容的情节联结在一个作品里的；虽然它们还没有成为有机的结合，但毕竟被作者作为同样重要的内容写在这个作品里了。特别应该注意的是作品里所提到的木绵庵的结局，它使我们很自然地想到宋元南戏中的《贾似道木绵庵记》。会不会这个宋元旧篇的内容与这篇《绿衣人传》有较多的相同之处呢？于是引起了我的悬想。

这个悬想，又使我联想到另一个作品，即明代前期周朝俊的传奇《红梅记》。《红梅记》共三十四出，情节虽比较复杂，但其主要的情节是两个：一是贾似道游湖，李慧娘赞裴生，贾似道杀李慧娘并监禁裴生，李慧娘鬼魂与裴生幽会，最后救出裴生并向贾似道辩冤复仇。另一个情节是裴生折红梅识卢昭容，贾似道企图强娶卢氏，卢家许婚裴生，卢家逃难扬州，贾似道谪死木绵庵，裴生应试得中与卢氏完婚。在这两个基本情节的交互穿插中，又写到了太学生作诗揭露贾似道荒淫误国，盐商和群众反对贾似道垄断盐利和强行公田法，元兵攻打襄阳，贾似道隐情不报也不发兵救援致使襄阳陷落等等。在这三十四出戏里，写到有关李慧娘和裴生的情节，只有"泛湖"、"杀妾"、"幽会"、"谋刺"、"脱难"、"鬼辩"等六出，占全部情节的六分之一。作者对这部戏所作的内容提要是："坏宋室江山贾似道，娱朱门风月李慧娘；成百岁良缘卢氏女，冒一时女婿裴家郎。"从剧本的全部内容和这个内容提要来看，李慧娘的惨死以及她与裴生的爱情故事，并没有被作者当作全剧唯一的最根本的情节来写，它不过是完成卢裴爱情悲欢离合的传奇性情节中的一个生动的插曲。剧作者的目的，主要还是为了写卢、裴二人的爱情，所以剧本的名字叫做《红梅记》。不过，作者在写这一爱情故事的时候，确实是寓有揭露批判贾似道的荒淫误国、残暴无道的罪恶的目的，而作者写李慧娘的悲剧，就是这种批判揭露的一个重要手段（自然作者对李慧娘是怀有深切的同情的）。这里，明确地说，就是周朝俊的《红梅记》并不是单写李慧娘与裴生的爱情的戏，也不是单写卢、裴爱情的戏，在这些爱情描写中，是有明显的政治内容穿插在里面的。

这里值得我们注意的是，周朝俊一方面差不多全部吸取了上述《绿衣人传》小说的故事情节，举凡我们前面提到的这篇小说的四个方面的基本情节，作者大体上都把它运用到戏里去了，不仅如此，而且还可以看到在对话中，作者采用了小说的某些原文。例如小说中写赵源与绿衣人的对话：

　　源问其故，女惨然曰："得无相难乎？儿实非今世人，亦

129

非有祸于君者，盖冥数当然，凤缘未尽耳。"①

……

（绿衣人）尝言：秋壑（贾似道）一日倚楼闲望。诸姬皆侍，适二人乌巾素服，乘小舟由湖登岸。一姬曰："美哉二少年！"秋壑曰："汝愿事之耶？当令纳聘。"姬笑而无言。逾时，令人捧一盒，呼诸姬至前曰："适为某姬纳聘。"启视之，则姬之首也，诸姬皆战栗而退。

上面这段对话，基本上被保留在剧中同一情节的李慧娘与裴生的对话中：

〔贴叹介〕：事已至此，不得不说了。奴家不是人身，亦非有祸于君者，冥数当然，凤缘未尽耳。

〔贴〕妾名慧娘，乃平章（贾似道）之侍儿，初本良家女子，为贼所算，逼为姬妾。新春佳节，载妾西湖。见君葛巾素服，立于桥上，妾不合称赞你一声"美哉少年！"贼子便回言道："汝愿事之，当为纳聘。"妾以为戏言，笑而不答。次日朝罢回来，登时唤奴，不由分辩，斩妾之头，藏于金盒中，呼众姬至前说道，适为某姬纳聘，叫你们出来一看，众妾以为实，然启盒视之，则妾之首也，人人股栗而退。

对照上面两段文字，我们显然可以看到二者的渊源关系。不仅如此，《绿衣人传》里太学生的两首诗，也被作为太学生郭槐恭揭露讽刺

---

①　着重点是我加的，下同。这里有着重点的句子，即两种作品中词句完全相同或意思相同的地方。

贾似道的诗而全部用到戏里去了；特别是小说中贾似道斋僧，一道士求斋，留诗二句，预示着后来木绵庵结局的情节和诗句，也都依然保留在戏里。这样，这个木绵庵的情节，一见之于宋元南戏的题目，二见之于元明间的小说《绿衣人传》，三见之于这部明代传奇《红梅记》，于是，我们也就不能不推想原来的南戏中，颇可能已有类似《绿衣人传》小说里的某些情节。这就是说，从南戏《贾似道木棉庵记》到小说《绿衣人传》到传奇《红梅记》，这三者很可能是一线相传的，它们都不是单写爱情的作品，而是有明显的政治内容的。自然，传奇《红梅记》的作者对这一故事是作了重大的发展的，首先他把赵源与绿衣人的故事和贾似道的某姬与湖上少年的故事两者结合了起来，成为富有浪漫主义精神的李慧娘与裴生的生死恋爱的故事；另一方面，他又凭空地创造了卢昭容与裴生的一场悲欢离合的恋爱故事。通过这一切，他揭露了贾似道，歌颂了不为强暴所屈的李慧娘、裴舜卿、卢昭容。

使我联想起的第三个作品是明末冯梦龙编的《古今小说》中的《木绵庵郑虎臣报冤》。这篇小说与上述几篇作品是有显著的不同的。其最为显著的地方是《绿衣人传》和《红梅记》里描写的贾似道，都只是他的片断生活，而在这篇小说里，却把贾似道的一生都写进去了。简直是贾似道的一部传记小说。其次，原来在《红梅记》里描写得洋洋洒洒的裴舜卿与卢昭容的爱情故事根本没有了，而贾似道片言杀妾的故事，却又回复到了它的原始形态而被保留在这个作品里。这段文字还值得引出来前后对照一下：

　　一日似道同诸姬在湖上倚楼闲玩，见有二书生，鲜衣羽扇，丰致翩翩，乘小舟游湖登岸。傍一姬低声赞道："美哉二少年！"似道听得了，便道："汝愿嫁彼二人，当使彼聘汝。"此姬惶恐谢罪。不多时，似道唤集诸姬，令一婢捧盒至前，似道说道："适间某姬爱湖上书生，我已为彼受聘矣。"众姬不信，启盒视之，乃某姬之首也。众姬无不股栗。其待姬妾惨毒，悉如此类。

　　这段文字，显然直接来自《绿衣人传》。其余情节，如太学生题诗、道士钵内留诗、木绵庵最后的惩罚等，也都完全被保留在这篇小说里。当然，这篇小说对贾似道的描写和揭露，特别是政治方面的批判，又有了很多的发展。

　　对上面这几个作品作了这样的对照以后，我觉得《木绵庵郑虎臣报冤》这篇小说，是否与《红梅记》有关，看来很难找到具体的证实；但这篇小说与《绿衣人传》有密切的关系是可以肯定的。特别应该注意的是在上述这些作品中，贾似道片言杀妾和李慧娘与裴生的死生恋爱，都未以单独的形式和单纯的爱情内容而独立地存在；它的存在，都是与其他具有政治内容的情节联系地存在于一个作品里的。于是我们大致可以得出这样一个结论：在明代以前，李慧娘与裴生的生死恋爱的故事情节，在小说和戏剧中，并未以独立的形式出现过，它的存在，是与其他具有明显的政治内容的情节联系在一起而存在于并不单纯以爱情为内容的作品中的。

二

　　明代以后在很多地方戏里，都有这个戏，它们有的叫《红梅阁》（如川剧），有的叫《游西湖》（如秦腔），有的叫《红梅记》（如滇剧）；在内容方面，它们有的保留了卢昭容、裴舜卿的恋爱情节（如川剧、滇剧），有的则删去了这一情节而单演李慧娘、裴舜卿的生死恋爱

从《绿衣人传》到《李慧娘》

（如秦腔《游西湖》）。后一种情况说明李慧娘、裴舜卿的爱情故事，在后来的地方戏里，取得了独立的表现形式。

我对这个故事在地方戏里发展的情况了解得不多，但我认为最早将李慧娘、裴舜卿的故事从原来的《红梅记》里独立出来，加以丰富提高后使它取得在艺术上独立存在的权利，这是一个创造性的发展，其成就是不应该被低估的。我们应该承认周朝俊在《红梅记》的写作上有他的成就，没有他，李慧娘的故事不会取得那样普遍的效果，他对李慧娘的艺术形象的提高是有贡献的，他在《红梅记》里对贾似道的批判，也是符合人民的愿望的；然而，他对李慧娘、裴舜卿的生死爱情的思想意义的深度和艺术上的动人力量的认识，似乎还有不足之处，因而他没有使这一情节在他的《红梅记》里占主要的地位，更没有使它获得独立的艺术表现形式。虽然如此，历史地看，周朝俊应该是李慧娘的功臣了。然而，那个赋予李慧娘、裴舜卿以艺术上的独立生命的无名作家（也许是有名的，但是现在我还不知道），对于这个戏的提高和发展，是具有更为重要的意义的；没有这一发展，那末李慧娘的艺术形象，还只能停留在大约三百多年前的《红梅记》的原有水平上，而那个李慧娘，是依附着别的情节而以次要人物的地位存在在艺术作品里的。

撇开那些还保留着卢昭容、裴舜卿的爱情故事的地方戏如川剧的《红梅阁》、滇剧的《红梅记》不谈（它们的得失应该另行评论）。李、裴的生死爱情究竟在多少种地方戏里取得了自己独立的表现形式，虽然我们还不很清楚，但是我们相信它们的存在不会是千篇一律的存在，无论是思想内容或艺术表现方面，或多或少，它们一定会呈现出各自的特色的。单从思想内容来说，就我所知，有的比较着重李、裴的爱情，把周朝俊的《红梅记》以及《绿衣人传》、《木绵庵郑虎臣报冤》等作品中对贾似道所作的明显的政治上的揭露和批判删去了，着重刻画贾似道的荒淫残暴和歌颂李、裴（尤其是李慧娘）坚贞不屈的爱情（当然，通过这种描写，从对贾似道的揭露批判来说，它同样具有一定的政治意义）；有的则在着重歌颂李、裴坚贞不屈的爱情的同时，使这一爱情在某种意义上又明显地带有一定的政治内容。这主要是在对裴生的思想性格的描写上，比之周朝俊的《红梅记》有所不同了，在周氏的《红梅记》里，裴生虽然对贾似道也是抱着对立的情绪的，但他在西湖与贾似道相遇的时候，并没有形之于言辞，因而李慧娘的赞美裴生，也仅仅是一句比较单纯地表露她内心爱慕之情的话，它并不具有政治的内容。但是在后来有些地方戏里，裴舜卿在西湖与贾似道相遇的时候，当面就对贾似道进行了政治上的批判和揭露，而在这同时，李慧娘却赞美了裴生，这样李慧娘对裴生的赞美，就很明显地有了政治内容。这种处理，可举江西传统剧《红梅阁》为例。裴舜卿面对着贾似道说："我想金兵压境，半壁江山未保，这老贼身为宰辅，不图恢复，只知一味的骄奢淫逸，全无半点心肝，不免借前人诗句，骂眼前奸贼：山外青山楼外楼，西湖歌舞几时休；暖风熏得游人醉，直把杭州作汴州。……嘿嘿！漫道朝中无宰相，果然湖上有平章。"就在这时，李慧娘赞美了裴生"真个美哉少年！"这样的处理，在艺术上是否还有可以商量的地方，这留待下面再说；这里要说明的是使李慧娘、裴舜卿的爱情具有某种程度的政治内容，并不是开始于昆曲《李慧娘》而是在昆曲《李慧娘》以前的地方戏里就已经存在过了。①

根据上述这些情况，我们似乎也可以初步得出这样的一个结论来：即李、裴的爱情悲剧，在后来的地方戏里取得了自己的独立的表现形式，并且有了多种的发展，最明显的一种是把这个故事作为爱情悲剧来处理，对裴生和李慧娘，都没有从政治上来描写他们与贾似道的对立。

————————————

① 江西传统剧《红梅阁》收入《江西传统戏曲丛书》内，扉页题有"严有元口述原本"，"江西省文化局剧目工作室整理"。上引裴舜卿骂贾似道的话，是否是整理者增加的，剧本中未加说明。但此剧早于昆曲《李慧娘》则是肯定的。

另一种是赋予了这个爱情故事以明显的政治内容，使裴舜卿从政治上对贾似道作了批判，使李慧娘对裴生的爱，不仅是由于他的外表，而且是由于他的精神世界。以上两种方式的处理，都取得了一定的成就，取得了在艺术上使自己存在的权利。

三

北方昆曲剧院演出的孟超同志新编的《李慧娘》，是上述第二种处理方法的继承和发展，比起过去同类的剧本如上面提到的江西传统剧《红梅阁》来，它取得了新的成就；比起同一剧种的明代传奇《红梅记》来，它的优点就更为显著了。如前所述，在明代传奇《红梅记》里，李慧娘是作为一个次要的人物并穿插于另一个故事情节中而存在的，而新编的《李慧娘》则以一个既有深厚的传统基础又有崭新意义的艺术形象独立于剧坛上，从这一点上说，这个剧不再叫《红梅记》、《红梅阁》、《游西湖》而断然命名为《李慧娘》，是有深意的，是作者对全剧的艺术构思的一部分，它体现了作者对这一艺术形象的思想意义和艺术力量的深刻认识。自从李慧娘、裴舜卿的生死爱情第一次被周朝俊插入《红梅记》里搬到昆曲剧坛的红氍毹上以后，三百多年来，它没有以完整的独立的情节再在昆曲剧坛上出现过。这一情况，使得故去的昆曲专家吴霜厓氏不禁感慨系之地说："此记（指《红梅记》）传唱绝少，五十年前《鬼辩》、《算命》等折，偶现歌场，然余生也晚，已不及见。"① 我生得比吴氏更晚，然而却见到了吴氏所未能见的昆曲《李慧娘》，而且是一个推陈出新以后的李慧娘，是一个具有崭新意义的李

———————————

① 见青木正儿著、王古鲁译《中国近世戏曲史》。

慧娘，这不能不认为是一件快事。从李慧娘在昆曲剧坛上的历史来说，1961 年她的重新登场，而且是以一个完整的情节，并以她的崭新的面貌重新登场，更不能不说是一件盛事。

对这一新作，郦青云同志作了深思，然后提出了怀疑，他致疑于作者让裴舜卿在船头上痛骂贾似道"劫民盐，重利盘剥；占民田，压榨抢掠；增赋税，强索豪夺；滥用刑法，排挤善类，杀人如麻……"，骂他"乞和求降"，是"卖国奸贼"等等，然后又让李慧娘情不自禁地赞美裴生"壮哉少年！美哉少年！"从而使李、裴的爱情具有政治内容，也使贾似道的杀李慧娘具有政治内容，这样的处理是否妥当？怀疑和深思以后的结论是："李慧娘在这种情况下被杀，只是重复了观众已经知道的真理。"因为"观众在没看这出戏之前，就知道在旧社会，反动的封建官僚可以杀死公然表示在政治上反对自己的人"。① 这一结论，转过来又引起了我的怀疑和思考：在古往今来的文艺作品中，有没有几种作品所表现的主题思想基本上是相同的，但却因为它们的情节也即是它们所反映的生活是各不相同的，而且它们的具体描写，也即是它们在艺术上又各有自己独特的成就，因而使它们能够并传于世的呢？在古往今来的文艺作品中，有没有同一个故事情节用不同的艺术形式表现出来，甚而至于用同一种艺术形式（如戏剧）表现出来，只是因为它们在重复表现的时候又有自己的艺术特色因而被观众所欢迎的呢？这些怀疑促使我需要寻求回答，而我也终于仍旧在郦青云同志的文章里找到了回答。文章说："在我国为数众多的艺术作品中，出现过多少永不泯灭，争取自由、争取解放、争取平等、争取幸福的妇女形象，但是，既然她们所争取的，是一种共同的东西，她们的故事所说明的，是同样的问题，那

---

① 郦青云同志的文章见《戏剧报》1962 年第 5 期，题为《谈谈李慧娘的"提高"》，以下的引文都据此，着重点是我加的。

么，为什么她们的形象却没有合而为一呢？为什么她们彼此之间，谁也不能代替谁呢？为什么人们在对白素贞的故事产生共鸣之余，又受到祝英台的悲剧的震动呢？……是因为，表现生活的真理的形式，却是千变万化、难以归一的。白素贞和祝英台的故事，说明的虽然是同一个真理，但却是通过不同的生活面来说明的。而每一个独特的生活面，都能帮助观众更深入地认识这个真理。不同的作品——真正的作品，说明的可能是同样的东西，但表现的却一定是完全不同的东西。这种不同，是由丰富的生活内容（从时间、地域的千般差别，到人的内心世界的万般不同）所决定的。"对于这一回答，我是完全同意的，不过在同意之余，却使我更加产生了新的怀疑：既然作者认为在文艺作品中，同一个真理是可以重复的，只要它具有不同的表现形式和独特的艺术成就，那末为什么又不允许剧作家用批判的态度把"反动的封建官僚可以杀死公然表示在政治上反对自己的人"这一"真理"（内容）用不同的艺术形式重复一下呢？为什么当剧作家重复了一下就要遭到"李慧娘在这种情况下被杀，只是重复了观众已经知道的真理。因而，这种教育，也就没有多大力量了"这样的评论呢？如果说，昆曲《李慧娘》在重复这一"真理"的时候，它采用的艺术形式以及它的具体描写也完全是重复已经表现过这一"真理"（内容）的别种艺术作品的艺术形式和具体描写，那末上述批评自然是不可能引起我们的怀疑的，然而事实并不如此。或曰：昆曲《李慧娘》的情节结构不是基本上略同于过去地方戏曲里的《游西湖》吗？诚然，有它相同的地方，然而我们应该注意的是昆曲《李慧娘》并没有单纯重复《游西湖》的作者所告诉观众的思想内容，旧本戏曲中李、裴的爱情悲剧所告诉观众的是贾似道思想性格的特殊残暴性，是李慧娘对爱情的强烈追求和对强暴的至死反抗。这一切，虽然都被昆曲《李慧娘》继承下来了，然而它又有了更新的东西，这就是上面所提到的政治内容（自然它在艺术上也有了自己的特色）。因此，它就不是重复别人已经用同样的艺术形式和同样的具体描写所反映过的思想内容，而是在这个戏的原有基础上的发展，也就是说这是原有的李、裴爱情悲剧这一情节的推陈出新。

难道在这种情况下让李慧娘赞美裴生是合于生活真实的吗？是的，这一情节的真实性值得我们提出疑问。但是，这是属于一个带有关键性的细节安排的问题，目前的安排之所以引起人们的怀疑，不是由于这一故事本身不容许赋予比较明显的政治内容，而是艺术家（包括导演在内）还未找到表现这一细节的最好的表现形式。不能因为一个关键性的细节安排不妥，因而推翻它的全部构思。我之所以如此看，是因为这一构思是有客观的历史基础的。我们知道从北宋末年到南宋时期，当时的学生运动是颇为高涨的（这里限于篇幅，不再引证），这样，裴舜卿骂贾似道的这种描写，并不违背当时的历史真实；从李慧娘的方面来说，使她对贾似道抱有厌恶和反感甚而至于憎恨，也是完全可以的。例如周朝俊《红梅记》里李慧娘自己就说："初本良家女子，为贼所算，逼为姬妾。"在这种情况下，她憎恨贾似道，因而情不自禁地同情当面斥责贾似道的裴生，除了在那种情况下她的内心世界的秘密应该如何地表露才符合于生活真实这一点值得我们深思外，难道我们有必要怀疑到她能否憎恨贾似道么！既然昆曲《李慧娘》里对李、裴两人的精神世界的描写都能符合历史的真实和生活的真实，那末我们为什么不能承认作者的这种构思呢？为什么不把个别细节处理得不够妥善与根本的情节和主题思想的构思有无历史根据和生活根据这两者区别开来呢？我相信这一细节处理是完全可以赢得完满的结果的，只要我们能耐心地给予作者和导演以反复思考的余地。

李慧娘的爱情具有了一定的政治内容以后，她的鬼魂还有没有权利出来与贾似道斗争？如果像目前昆曲《李慧娘》所描写的那样，李慧娘的鬼魂是否带有了代表全民斗争的意义，因而是否反而削弱了这一斗争？这是我们应该继续深思的问题。郦青云同志说："一般说来，鬼（指文艺作品中的鬼——引者）总是与个人联系在一起的，而不是与集体联系在一起的。""新的李慧娘（指昆曲李慧娘）的被杀，从表面上看好像也只是由于称赞了裴生两句。但正因为现在她称赞裴生的，并不是他的容貌，而是他的政治观点和立场，因此贾似道杀她，其性质便和以前完全不同了。现在已经是一种政治性的杀害了。（贾似道的一句"欲平学府乱，先斩萧墙根"，就已经表明了这一点。）因此，她死后大闹半闲堂，实际上便也成为一种政治性的斗争了。虽然，在形式上，她仍然是以个人面目出现的，但由于她对贾似道的痛斥，主要已不能不是着眼在他的政治立场和民族意识方面（"卖国害民"、"向元兵称臣投降，任意诛杀，苦害善良"），因而观众便不觉感到，这个斗争，实际上已带上了全民的性质。而这样的斗争，要由一个鬼来进行，就不免缺少力量了。"按照上述这种意见，那末，艺术家就没有权利运用浪漫主义的创作方法在艺术作品中让那些在政治斗争中失败的英雄人物的鬼魂继续他们生前的斗争，也没有权利让那些在政治上被压迫、被杀害的冤魂伸冤报仇，如果他们要伸冤报仇的话，除非能不谈政治，否则，据说这样的斗争，反而会使"被压迫者，倒真的永远是弱者了"。我觉得评论者在这里提出来的，已经不仅是昆曲《李慧娘》的"鬼辩"一场的得失问题，而是涉及如何正确理解古代剧作中的鬼魂的问题了。为什么不允许艺术家用浪漫主义的创作方法使古代传说中的鬼魂在艺术作品中参与政治斗争呢？为什么昆曲李慧娘的鬼魂斥骂了贾似道"卖国害民"这类的话以后她的斗争"就带上了全民的性质"了呢？我觉得上面的那种意见是很难理解的。我们知道所谓"鬼魂"，在现实生活中是根本不存在的，它不过是人们带有原始色彩的一种幻想，这种幻想常常被古代作家运用到文艺创作中去，成为某些作家的浪漫主义创作特色的一种表现。这种手法，不仅被具有进步的思想倾向的作家运用，同时也被思想落后或反动的作家所运用。在古代的小说、戏曲里，有所谓阴曹地府、十殿阎王之类的故事。自然这也是一种鬼魂，那些反动的作家根据阶级社会里阶级压迫、阶级统治的现实生活，幻想了一个阶级统治的灵魂世界，对被压迫的劳动人民进行精神方面的迫害和统治（当然我不是指所有涉及阎王和地府的作品都是反动的）。这样的作品，自然不能认为它没有政治斗争的性质，然而在过去却是确乎存在过的；再从另一方面来看，在古代戏剧中，被压迫者或在政治上被迫害的人物的"鬼魂"，也常常被古代作家写到剧本里去让他继续进行斗争。大家知道，关汉卿曾经在《窦娥冤》里让窦娥的鬼魂大呼要"为万民除害"，根据这句话看来，如果要说这个鬼魂的斗争"带上了全民的性质"似乎也未尝不可，然而数百年来，人们从未对这个"鬼魂"在剧本中能否存在表示过怀疑。再如在元剧《东窗事犯》里，岳飞的鬼魂也曾出来要求惩处卖国贼秦桧。看来，如果要说它"带有全民斗争的性质"似乎更有理由。但是这些作品的可以存在，也未被怀疑过。由此可见，在文艺作品中不能让被压迫者或政治上被迫害者的鬼魂参加政治斗争这样的清规戒律，在古代的文艺创作中是不存在的，而这样的鬼魂和这种斗争，也从未被认为是"与集体联系在一起的"，是"已带上了全民的性质"的。因为读者很清楚，剧作者通过这种描写所表现的思想，虽然是与人民的利益一致的，是表达了人民在政治上的愿望的，但不等于剧作者把这些鬼魂写成是集体的代表，把这种斗争写成是全民性的斗争。这两者完全是两回事，读者和观众是不会把它混淆的。那么，现在昆曲《李慧娘》里的李慧娘的鬼魂斥骂了贾似道"卖国害民"、"向元兵称臣投降"等等以后，这个鬼魂是否就与集体联系在一起了，她的斗争是否即是全民性的斗争了呢？我觉得观众也不见得会产生这种误解。

当然，我并不赞成在整理传统剧目的时候，不管任何题材和任何情节，都去加上一点所谓"政治内容"，这样理解作品的政治意义是简单化的，是不应该提倡的，因而，郦青云同志对这种倾向的批评是完全正确的。然而，在我看来，昆曲《李慧娘》并不是这种例子。另方面，在纠正上述这种简单化的缺点的时候，如果不管任何题材和任何情节，反过来认为在戏剧中，鬼魂的出现，只能"属于个人恩怨的范围"，不能涉及那些与人民利益相联系的政治斗争，如果涉及了，那末这个"鬼魂"就"与集体联系在一起"，它的斗争就"带上了全民的性质"，因而会使"被压迫者，倒真的永远是弱者了"，我觉得这样的看法，也许会导致另一种简单化的毛病。

那末，现在的昆曲《李慧娘》，比起明代周朝俊《红梅记》里的李慧娘来，在思想和艺术上究竟是哪一个较为好一些呢？郦青云同志的结论是"新人不如故"。这就是说，不仅不应该赋予李、裴爱情以政治内容，而且还应该让李慧娘回复到她在《红梅记》中以次要人物的地位依附于别的情节而存在的状态。显然，这一结论，不仅全部否定了昆曲《李慧娘》，而且也否定了李慧娘、裴舜卿脱离了《红梅记》以后独立存在于戏曲艺术中的这一传统。由于这样，我觉得这个结论，似还可以斟酌。

1962 年 8 月 7 日写毕于北戴河

（原载 1962 年 9 月《北京文艺》）

鬼戏纵横谈

看了这个题目，首先会使人感到好像我要大谈特谈鬼戏，或者会误以为我对鬼戏要谈出什么"大道理"来似的，其实根本不是这么回事。我之所以命题曰"纵横谈"，不过就是随便谈的意思。或者具体点说，"纵"，就是从戏剧史的角度来谈——然而，我又决不是用戏剧史家的眼光来谈"鬼剧史"，因为我没有这种专门的学问。我只是想从"史"的角度略谈一二而已，因此决非谈戏剧史或"鬼剧史"。至于"横"，我是想从一个横断面来谈，也就是从某一历史阶段来谈。具体点说，就是想粗略地谈一下三十年来我们在鬼戏问题上的多次反复，而决不是谈三十年的"鬼剧史"。归根到底，只不过是横七竖八的随便谈而已。

以上就算做题解罢。

中国的戏剧史究竟应从什么时代算起，我对此不甚了了。有的戏剧史家认为应该从唐代算起，宋杂剧则是在唐戏弄的基础上发展而来的。我查了一下有关材料，发现戏剧史家们早已指出，在北宋时的东京（今开封），就有勾栏表演《目莲救母》杂剧，从七月初七日一直演到七月十五日。这样庞大的结构，可见内容是相当复杂的，但我们已见不到这个杂剧的具体情节了。然而，我们知道，在敦煌变文里，有当时十分流行的《目莲救母变文》，而且还有多种不同的本子。故事的情节讲目莲出家为僧，以善因得证阿罗汉果，在天堂里见到了父亲，但他的母亲却打入了地狱。他最后一直寻到阿鼻地狱，才见到了他的母亲刘青提。他虽然把她救出了地狱，却无法让她出饿鬼道。因此刘青提见到了食物，食物就化为火，不能得食。最后终于借着目莲的佛力，把她救了出来。我想宋杂剧《目莲救母》的内容不会离开以上情节太远。到了后来，目莲戏就成为普遍流行的剧目了，直至解放前我小时在农村还看过这个戏，给我印象最深的就是刘青提披头散发站在"望乡台"上，嘴里衔了一架铁叉般的蜡台，铁叉的两端点燃着两支蜡烛，烛光荧荧，大概是象征她见到食物就会化火吧。她一面还发出痛苦求救的呼喊，目莲则在台下向上遥望呼唤。这个《目莲救母》的戏，不仅可以说是鬼戏，而且就其整体来说，应该说还是一个坏鬼戏，形象是带有阴森恐怖的气氛的，思想内容则是宣扬封建孝道和佛教的轮回观念，是封建与迷信的结合。

中国戏剧的成形，有的戏剧史家又认为应该从宋元南戏开始。我又去翻了一下有关宋元南戏的资料，据钱南扬《宋元戏文辑佚》一书的统计，现在可以查知的南戏名目共一百六十七本，其中有传本者十五本，全佚者三十三本，有辑本者一百十九本。在这么多的南戏剧目中，倒是颇有几出鬼戏的，例如钱书的第一出就是《三负心陈叔文》。故事见《青琐高议后集》卷四。写陈叔文于患难中接受妓女崔兰英的帮助，娶兰英同去上任做官，任满回家，恐其原配不容，竟将兰英及婢女推落水中淹死，后兰英鬼魂索命，陈叔文两手背束而死。在这么多的南戏中流行最广影响最大的，要算《王魁负桂英》了。《南词叙录》说："南戏始于光宗朝，永嘉人所作《赵贞女》、《王魁》二种实首之。"王魁的本事见《侍儿小名录拾遗》引《摭遗》。情节与上剧大体相同，此剧一直流传至今，许多地方戏里都有，尤其是川剧的《打神告庙》等剧目，尤为激动人心，结束时的《活捉王魁》也是很流行的剧目。文化大革命前，周信芳同志还新打一出《义责王魁》，虽然不是鬼戏，但它的情节是从鬼戏《王魁负桂英》里变化派生出来的。南戏里还有好多出鬼戏，反正我已声明不是谈鬼剧史，所以就没有必要一一列举。

根据以上情况来看，无论是从宋杂剧谈起也好，从宋元南戏谈起也好，好像我国的戏剧史，从一开头就与鬼戏结了不解之缘，而且坏的鬼戏和好的鬼戏都是一开始就存在了，这是不可否认的事实。

元代是我国戏剧相当发达和发展的时代，出现了许多优秀的剧作家，其中关汉卿尤为突出，而在他的许多作品中，《窦娥冤》更是脍炙人口妇孺皆知的名著。然而，它却是一出鬼戏；或者说，先是人戏，后来由鬼魂出来伸冤报仇以结束全剧的戏。还有一个值得提出来的是《秦太师东窗事犯》。这是一个末本，第一折是写岳飞受冤下在死囚牢里，作者通过岳飞大段的唱，强烈地揭露了秦桧所代表的投降派的面目，批判性非常强。第二折是疯僧扫秦，通过地藏王化身的疯僧，揭露了秦桧的投降阴谋和罪行。第三折就是岳飞的鬼魂出场。剧作者通过岳飞的鬼魂，进一步揭露批判了秦桧的卖国投降政策，这里有必要稍微引几段岳飞鬼魂的唱词：

【络丝娘】臣舍命出气力，请粗粮将边庭镇守，秦桧没功劳请俸干吃了堂食御酒，他待将咱宋室江山一笔勾，好金帛和大金家结勾。

【绵答絮】臣趁着悲风淅淅，怨气哀哀，天公不管，地府难收。相伴着野草闲花满地愁，不能够敕赐官封万户侯，想世事悠悠，叹英雄逐水流。

【拙鲁速】臣将抽头不抽头，向杀人处便攒头，秦桧安排钓钩，正着他机彀，怎生收救，臣当初只见食不见钩。

【么】想微臣志未酬，除秦桧一命休。陛下逼逐记在心

头，将缘由苦苦遗留，明明说透。把那禽兽剐割肌肉，号令签
头，豁不尽心上忧。

【收尾】忠臣难出贼臣觳，陛下宣的文武公卿讲究，用刀
斧将秦桧市曹中诛，唤俺这屈死冤魂莫盏酒。

这样强烈地批判投降派的罪行，指出他"待将咱宋室江山一笔勾，
好金帛和大金家结勾"，强烈地要求"把那禽兽剐割肌肉，号令签头"。
尽管这样的思想是通过鬼魂的形象说出来的，而且全剧还有地藏王证东
窗事犯，借用地狱之神来平反这个"风波亭"的大冤狱等等，但是我看
对这出戏很难简单地因为它有鬼魂的形象而加以全盘否定。

元人杂剧里的鬼戏当然不止这几个，其中当然有完全是宣传封建迷
信属于糟粕性的剧目。不仅鬼戏中有这类剧目，元剧中还有不少神仙道
化戏，同样是糟粕的东西很多。但是不管怎样，在元人杂剧里，存在着
思想内容比较好的鬼戏，这是无法否认的历史事实。

由此可见，不论是我们的戏剧还处于初级阶段的情况也好，还是发
展到了相当成熟，相当发达的阶段也好，可以说在戏剧史的发展过程
中，鬼戏始终没有间断过，同时也从来是存在着两类不同性质的鬼戏
的，通俗一点说，就是好鬼戏和坏鬼戏。抹杀这一事实，就不是实事求
是的态度，也就不容易把事物发展的过程看清楚。

解放以后的三十年中，对待鬼戏是有过多次反复的。1953 年改编
《红梅记》的时候，去掉了鬼魂形象，李慧娘没有以鬼的形象出现，由
此引起了讨论。到 1954 年，讨论趋向于主张恢复鬼的形象，这样李慧
娘的鬼魂形象又重现于舞台。1956 年 6 月，文化部召开第一次全国戏曲
剧目工作会议，提出挖掘传统剧目的问题，报刊上又开始讨论鬼戏问
题。有人统计，当时发表的文章，绝大部分都是赞成可以演出鬼戏的，
只有极少数的文章，认为演出鬼戏会有副作用。那时对鬼戏既未一律禁

止，也没有大力提倡。到了 1961 年左右，后来成了中央文革的顾问的那个人，他到处讲话，多次提出要演鬼戏，他既要看《伐子都》，又要指定演员给他演《游西湖》，而且一定要有鬼的形象；不仅如此，他还让孟超同志动手改编《李慧娘》，而且还提出了一大批坏戏的剧目，要求演出，造成了当时上演剧目上的混乱，倒是广大演员，自觉地抵制了他提出的开放坏戏的主张，有一批坏戏，始终没有再演出。但孟超同志改编的《李慧娘》一剧，演出以后，得到了广大观众的欣赏，《人民日报》还发表了长篇的评论，热情肯定这出戏改编的成功。不料到 1963 年 5 月 6、7 日的《文汇报》，就发表了梁璧辉的《"有鬼无害"论》，对孟超同志改编的《李慧娘》以及廖沫沙同志的《有鬼无害论》大张挞伐，开始了一场空前的骇人听闻的"文字狱"，一直延续到 1966 年文化大革命开始，横扫一切牛鬼蛇神，《李慧娘》这个鬼魂形象以及其他鬼戏；扩而充之，所有的传统剧目；再扩而充之，所有的十七年来的一切文学艺术作品便统统被"横扫"了。从此《李慧娘》这个戏便被定为反党反社会主义的大毒草，李慧娘这个鬼魂形象便被打入了"阿鼻地狱"，而孟超这个《李慧娘》一剧的改编者，也惨遭迫害致死，株而连之，凡赞扬过这个戏的，演过鬼戏的，统统遭到了不同程度的批判和打击。

然而，关于鬼戏的问题，是否即以此为结束了呢？没有，也不可能这样结束。历史是无情的，"四人帮"的封建法西斯专政终于垮台了，"四人帮"所制造的种种冤狱次第得到了平反，孟超同志及其《李慧娘》的冤狱，廖沫沙同志及其《有鬼无害论》的冤狱也彻底平反了。正当我在写这篇文章的时候，北京的舞台上，又重新上演了北昆的《李慧娘》，我再度看到了这个戏的新生，兴奋之余，不禁感慨系之：李慧娘几乎变成死而复生的杜丽娘了！

这就是三十年来鬼戏问题上的几次反复。但是，这里一定要划清界线，不能含糊。这就是从解放以后一直到文化大革命前关于鬼戏的讨论，无论是赞成上演鬼戏也好，无论是反对上演鬼戏也好，都是学术性的讨论，特别是当时反对上演鬼戏（包括后来直至现在）的同志，与"四人帮"的所谓反对上演鬼戏是根本不同的，绝不能混为一谈。"四人帮"对《李慧娘》和《有鬼无害论》的批判，则是他们阴谋制造《李慧娘》冤狱的一个组成部分，这两者必须严格区分，不能混淆。因此，对他们的种种强加于《李慧娘》、《有鬼无害论》以及鬼戏的罪名，必须予以清算，彻底批判，肃清其流毒。

孟超同志和他的剧作《李慧娘》、廖沫沙同志和他的杂文《有鬼无害论》的冤狱都已经平反，那末事情也就可算了结了。然而，还有未了结的一面，这就是把这些作品打成毒草的那些"理论"，还未得到清算，人们的认识在有关的这些问题上还很混乱，因此我们在理论上还必须予以澄清。

一、"有鬼无害论"这个提法究竟是错误的还是正确的？这个问题必须彻底弄清楚，不能含糊。判断这个提法是正确抑或谬误，关键在于作者对于"鬼"这个概念的解释。如果作者站在唯心论的有神论的立场上，认为世界上真是存在着"鬼"，这个"鬼"就是人死后变成的；认为世界上除人的世界以外，还真实地存在一个"鬼"的世界，即所谓"阴间"。在这个"阴间"，还有所谓"十殿阎王"之类的东西，等等，等等。如果作者是在宣扬这样的思想，那么，毫无疑问这是完全错误的，我们决不能赞同它。但是，如果作者所指的"鬼"的概念，并不是上面这种封建迷信思想，而是一种比喻，实质上是说另一种思想，是有一种特定的含义的，并不是泛指一切"鬼"。如果是这样，我们就不能不问这个问题的实质，而粗暴地把它当作是在宣扬封建迷信因而否定它。那末，《有鬼无害论》这篇文章里的"鬼"的概念，究竟是属于前者还是属于后者呢？还是让我们引几段原文吧：

　　依照唯物论的说法，世界上是没有超物质的鬼神存在的。相信有鬼神，是一种迷信，是人们的错觉、幻想。

　　戏台上的鬼魂李慧娘，我们不能单把她看作鬼，同时还应当看到她是一个至死不屈服的妇女形象。

　　是不是迷信思想，不在戏台上出不出鬼神，而在鬼神所代表的是压迫者，还是被压迫者，是屈服于压迫势力，还是与压迫势力作斗争，敢于战胜压迫者。前者才是教人屈服于压迫势力的迷信思想，而后者不但不是宣传迷信，恰恰相反，正是对反抗压迫的一种鼓舞。

　　我们对文学遗产所要继承的，当然不是它的迷信思想，而是它的反抗压迫的斗争精神。戏台上的鬼魂，不过是一种反抗思想的形象。

　　……

　　好了，不必再引许多了，上面这几段已足够说明问题了。第一，作者说明唯物论不承认鬼神的存在，相信鬼神是一种迷信；第二，作者说戏台上的鬼魂李慧娘，应当看到她是一个至死不屈服的妇女形象；第三，我们要继承的，不是迷信思想而是它的反抗压迫的斗争精神，戏台上的鬼魂，不过是一种反抗思想的形象。请看，作者的思想表达得多么清楚明确啊，这里难道有一丝一毫的宣扬封建迷信思想的意思吗？有人说，"鬼"这个形象本身就是迷信的产物，因此只要你借用"鬼"的形象，那末你就首先承认并宣传了这种迷信思想。我认为这是一种对具体事物不作具体分析的形而上学观点，按照这种观点一切文艺作品里的鬼、神的形象都应当取消它的存在。然而这是荒唐的。马克思说："在科学的入口处，正像在地狱的入口处一样。"① 按照上面这种说法，那末，马克思在建立他的科学的共产主义思想体系的同时，还承认并宣传了有神论的宗教迷信的地狱世界。毛主席的诗说："千村薛荔人遗矢，万户萧疏鬼唱歌。"② 按照上述说法，那末毛主席的这句诗岂不也是同样地成了问题？特别是毛主席说明诗是要形象思维的，这里的"鬼唱歌"难道说没有形象吗？陈毅同志的诗说："此去泉台招旧部，旌旗十万斩阎罗。"③ 按照上面这种说法，这两句诗里简直是宣扬了一个"阴间"世界，那还了得！然而任何一个人在读上面这些诗句时，都没有被"鬼"迷住，都没有中"毒"，倒是被他们的革命斗争精神，革命者的勇气和胸襟所鼓励、策勉和熏陶。由此可见，那种有"鬼"就有害的思想看起来很"左"，实质上却是一种真正的怕"鬼"思想，真正的对"鬼"迷信，对"鬼"盲目恐惧的思想，是怕"鬼"思想的一种"左"的形式的表现。那种敢于面对鬼戏的现实，实事求是地分析，区别其思想内容的优劣而以不同方式对待之，这倒是切切实实的不怕鬼的思想，是一个实实在在的革命者应有的切实态度。廖沫沙同志的这篇《有鬼无害论》尽管是一篇短短的杂文，但我还是不能在这篇文章里全引，我建议不妨将这篇文章重登一次，让大家来读读，不是《李慧娘》已重演了吗，重登此文又有何不可呢？

二、有人认为不论戏中所写的是"好鬼"还是"坏鬼"，在承认有鬼，宣扬有鬼这一点上，都是一样的。这种看法实质上与上面的这种看法是一回事。这就是说只要一写到"鬼"，就不必作具体分析，就一概是有鬼论，就一概是宣扬有鬼论。这种看法是经不起事实的考验的。第一，马克思主义的文艺理论，并没有把古典作品里的鬼魂形象一概否

---

① 马克思：《政治经济学批判导言》。
② 毛泽东七律《送瘟神》第一首。
③ 《梅岭三章》，见《陈毅诗词选集》，人民文学出版社，1977 年版。

定，一律给它戴上承认有鬼，宣扬有鬼的这顶帽子。马克思对于写了《地狱篇》的但丁，写了《浮士德》的歌德，写了《哈姆莱特》的莎士比亚都作了极高的评价，恩格斯甚至说："封建中世纪的终结和现代资本主义纪元的开端，是以一位大人物为标志的。这位人物就是意大利人但丁，他是中世纪的最后一位诗人，同时又是新时代的最初一位诗人。"① 第二，唯物主义者，马克思主义者，在他的文艺创作中，也是借用了鬼魂的形象的，上面所举的毛主席和陈毅同志的诗句，就是最现实的例子；不仅如此，毛主席在《蝶恋花》这首词里，还创造了"忠魂"这个形象，这个"忠魂"就算是"神魂"不算是"鬼魂"吧，但是难道"神魂"就是唯物的，只有"鬼魂"才是唯心的？归根到底，在毛主席的诗里，不论是"忠魂舞"也罢，不论是"鬼唱歌"也罢，都只是一种艺术的表现手法，他根本不是"承认有鬼，宣扬有鬼"。对于毛主席、陈毅同志的这样的光辉诗篇，说它"有鬼无害"是一点也没有错的。相反如果给它戴上"承认有鬼，宣扬有鬼"的帽子，那倒是真正大错特错了。第三，不能忘记，就在《李慧娘》这出戏和《有鬼无害论》这篇文章问世以前不久，毛主席提倡不怕鬼的精神，并且由文研所编了一本《不怕鬼的故事》的书，选了六十六则不怕鬼的故事，由何其芳同志写了序言，这篇序言还由毛主席修改过。序言里反复强调，选这些不怕鬼的故事，是为了"破除迷信，解放思想"。按照上述这种观点来看，那末用不怕鬼的故事来宣传"破除迷信"的思想，岂不是越宣传越迷信了吗？老实说，1961 年以后出现的一批宣传不怕鬼的思想的杂文，包括廖沫沙同志的《有鬼无害论》和孟超同志的《李慧娘》，都是受了这本书的一定的影响的。《不怕鬼的故事》这本书里的形形色色的"鬼"的形象以及这本书的编者在序言里阐明的这些鬼的形象所代表的

---

① 恩格斯：《共产党宣言》意大利文版的序言。

概念，与廖沫沙同志的《有鬼无害论》一文中的"鬼"的形象的概念，甚而至于与孟超同志的《李慧娘》这出戏里的鬼的形象的概念，我认为实质上没有任何区别，都是一种文学或艺术的表现手法，而不是在宣传迷信，承认有鬼。① 只要不忘记上面这个历史事实，或者不故意"忘记"这个历史事实，这样简单明了的道理，并没有什么奥妙存在，我想应该是极为明白易晓的。

三、还有人认为文学作品里的鬼魂形象，如《聊斋志异》等，可以用马列主义观点进行批注，解释等等，而戏剧演出则不能这样做。我认为这也是一种片面的观点。按照这种观点，那末戏剧评论工作就没有任何意义了。难道不能写几篇分析鬼戏的文章，指出它的意义，说明世界上并不存在"鬼"，这些"鬼魂"形象都不过是象征某种思想吗？难道作这样的分析评论，对指导观众去正确欣赏理解一些好的鬼戏没有任何意义吗？难道廖沫沙同志的《有鬼无害论》不就是为了说明这个问题吗?! 我们知道，我们的敦煌莫高窟，大同云岗石窟，洛阳龙门石窟，甘肃麦积山，炳灵寺石窟的宗教壁画和石刻佛像，以及昆明筇竹寺等五百罗汉像，都照样在对外开放，这些都是栩栩如生的艺术形象，但我们并没有看到这些地方的有关部门去到每座石像或塑像身上或旁边写上批注和解释。为什么莫高窟、云岗、龙门石窟这样大规模的佛教故事的绘画和塑像、雕像可以大胆地公开展览，无须批注，不怕观众中毒，受迷信的影响，而对舞台上的鬼戏却如此忧心忡忡呢？

四、还有人说，《李慧娘》这类鬼戏，作者不鼓励人们在活着时作斗争而却去歌颂死的解放。我认为这个理论更为离奇。第一，无论是写《东窗事犯》的作者孔文卿也好，写《窦娥冤》的作者关汉卿也好，当

---

① 《不怕鬼的故事》一书里许多不怕鬼的故事的原作者是否都是无神论思想，这需要另作研究，这里是就何其芳同志根据毛主席思想阐明这些"鬼"的形象的意义这一点来说的。

他们在进行写作的时候，他们正是在冒着生命的危险进行斗争。关汉卿写感天动地的《窦娥冤》，敢于这样大胆地怨天骂地，这难道不是勇敢的战斗吗？至于他们写鬼魂死后复仇，那是在宣扬要与反动封建势力斗争到底，宣扬誓不屈服的斗争精神。是说纵然死了还要进行斗争，而不是叫人们活着就不要斗争，到死后才去斗争。第二，《李慧娘》这出戏里的李慧娘，生前确实是没有能作什么斗争，但按这个戏的原始情节《绿衣人传》里的描写，李慧娘根本是在赞扬了少年以后弹指之间就被贾似道杀死的，即使要想斗争也来不及，何况一个贾似道身边的姜妓，叫她生前如何斗争呢？上面这种说法，好听确实是好听的，但距离历史实际太远了。老实说在文化大革命中，我们不少在对敌斗争的战场上叱咤风云，使敌人闻风丧胆的老帅老将，竟然活活地被"四人帮"陷害折磨而死了。按照上述这种逻辑，岂不是更可以说为什么不活着起来斗争呢?! 如果有人发出这样的责问，难道不会受到广大群众的责备吗？难道不会受到自己的良心的责备吗？第三，孟超同志的《李慧娘》这一类戏，在当时是否都是为戏剧而戏剧，没有任何现实意义呢？当然不是。要是这些戏"不关风化体"，与任何人都无干涉，任何人看了都觉得如饮美酒，如聆仙乐一样的舒坦轻松，那末，它就无论如何也不会被打成反党反社会主义的大毒草，而这些优秀的作家也不会为此而献出生命了：显然，他们之所以遭到这样惨重的打击，就是因为他们的剧作刺痛了某些人的疮疤，说穿了就是刺痛了当时隐藏在党内的"四人帮"的疮疤，因此就非把他们置之死地而后快。从这一点来说，他们是活着的时候就用生命来进行斗争的，他们是为人民喊出了心声的。在这样的情况下，反倒责备他们不鼓励人们活着斗争而叫人们死后才去斗争，这岂不冤哉枉也！现在再来看看这些"理论"，能不发人深思吗？

"大江东去，浪淘尽，千古风流人物。"历史就像大海的波涛，永远奔腾不息地前进，它的不可阻挡的浪涛，将把一切蒙盖在历史的真面貌上的污泥浊沙都无情地冲刷干净，哪怕像"四人帮"那样风流一时的人物，也终将被历史的巨浪，人民的巨浪席卷而去，能够永久留存下来的，只有是属于人民的东西。田汉同志的《谢瑶环》，吴晗同志的《海瑞罢官》，孟超同志的《李慧娘》，还有其他许多同样性质的作品，就是这一场汹涌的波涛冲刷过后留给人民的珍品。让我们在每次看到这些作品的时候，毋忘其人，更不要忘记这场惊涛骇浪所提供给我们的足资认识的东西！

1979 年 4 月 26 日凌晨写毕于瓜饭楼

（原载《戏剧艺术论丛》1979 年第一辑）

漫论《斩经堂》

绍剧《斩经堂》的演出，引起了首都戏剧界的争论。这一事实本身，说明《斩经堂》这个戏的思想内容是比较复杂的，需要我们加以仔细探讨。读了郭汉城同志的文章以后，得到很多启发，从而加深了我对这个戏的认识。不过在对于这个戏的思想意义的评价上，我的认识，与汉城同志的看法不大一致，为此，我单就这方面提出几点意见，与汉城同志商量并就正于广大读者和专家。

任何一个剧作家，当他从现实生活或历史生活中取材来进行创作的时候，他必然要对生活或历史进行评价，从而表现出自己的观点。《斩经堂》的作者自然也不能例外。但是，汉城同志认为《斩经堂》的作者仅仅对于剧中人物的"行为进行评判"，而对于"这个戏所反映的事件的时代背景，包括王莽篡汉与刘秀反莽的一段历史"，"作者仅仅把它当作背景，并不对这段历史进行评论"。我认为这个看法不仅不符合这个戏的实际情况，同时也无助于我们全面地评价剧作者和这个戏的思想倾向。既然剧作者已经对历史人物的"行为进行评判"（当然是指在历史事件中的行为），那末就不可能不涉及到对历史的评判，何况戏里吴汉和吴母的行为，并不是穿衣吃饭等琐屑行动，而恰恰是表示自己对

154

漫论《斩经堂》

"王莽篡汉"这个历史事变的具体态度的行为，应该说剧作者对剧中人的这种行为的褒与贬，也就是对历史的褒与贬，这种褒与贬，虽然不是采取"太史公曰"或"臣光曰"的方式，然而其为对历史的评论则是一样的，对于这一方面，如果置而不论，我们就不可能看清楚这个戏的思想内容。

《斩经堂》的作者究竟是用"一种朴素的进步的民主思想"来对"吴汉杀妻"这个历史题材进行艺术评价的，还是用封建正统思想和封建道德观点来对这个历史题材进行艺术评价的？这正是值得我们首先加以仔细研讨的一个根本问题。为了避免抽象的争论，有必要具体地分析一下这个作品。

这个戏里的吴母、吴汉和王玉英都是作者所肯定的正面人物，其中王玉英是被杀者，吴汉则是被逼奉命杀人者，而吴母则是命令杀人者。他们三人虽然在戏剧冲突上构成了对立面的冲突，但在他们的思想上，在他们的历史观点和道德观点上，却并没有强烈的冲突，换句话说，在被杀者王玉英的思想里，并没有因为自己的死，而对吴母和吴汉产生强烈的仇恨情绪，更没有对封建正统的历史观和封建的道德观表示强烈的反抗。相反，她在临死前还对吴汉说："既然如此，驸马请上，受妾身一拜。""奴三尺青锋拿在手，哎呀驸马啊，但愿你兴刘灭莽保汉后。哎吓，婆婆，驸马，我那夫……"然后自刎而死。在这里，王玉英却实践了这种观点，可见他们三个人的思想观点和政治立场是一致的，这就是拥刘反莽。剧作者没有让王玉英同情自己的父亲反而让她"愿你兴刘灭莽保汉后"，这不能不是剧作者的一种封建正统思想的表露。如果说，全剧的基本倾向是对封建正统的历史观和封建道德进行尖锐的批判，而忽然在王玉英的唱词里出现了这几句话，那末或许还可以如汉城同志所说剧作者"有一种朴素的进步的民主思想"，但"从作品中也可以看出作者还有某些封建思想"。无奈这个戏的基本思想倾向恰恰不是对封建正统观点和封建道德观点的批判而是对它们的宣扬。我之所以对这个作品得出这样的认识，是不是因为"把作品的题材与作品的思想混淆"了，是不是因为"剧中写了封建阶级的人物和他们内部的问题，说了肯定封建道德的词句，因而简单地被认为它是宣扬了封建思想"呢？我想并不是如此。

首先应该看一看剧作者用同情和肯定的态度所描写的这三个主要人物，究竟是怎样的人，他们有些什么样的思想和行动，剧作者对他们究竟是进行了歌颂还是批判？

先说吴母。吴母首次上场，自述身世："后汉无故冷悠悠，夫君冤仇挂心头。可恨王莽太不良，谋了汉室锦家邦。吾夫冤仇不能报，时时刻刻挂胸膛。（白）……那年闰腊月初八日，平帝大寿，可恨王莽这厮，连夜造成鸳鸯壶一把，内藏毒酒，药死平帝，谋了汉室，登基大宝，要合朝两班文武，斗金斗银助饷。我夫乃是保国忠良，岂肯助贼，上殿辱骂王莽，或者有之，王莽恼羞成怒，将我夫宣上金殿，立斩午门。如今冤仇不能消报，……"在这一大段自述里，她表明：一，她是拥汉反莽的，她骂王莽是贼，认为他"太不良"。二，她与王莽有杀夫之仇，时时刻刻想为夫报仇。接着是吴汉捉住了刘秀来向她禀报，她随即命令吴汉将刘秀放走，吴汉遵命释放刘秀后，她称赞吴汉"才是吴门孝子"，随即她又命令吴汉去杀王玉英，当吴汉为妻求情时，她大骂吴汉说"畜生哪！天大地大父母大，你不孝名儿天下扬"。第四场中，当吴汉从经堂退回来再想为王氏求情时，吴母即将王莽篡汉杀死吴汉父亲的冤仇向吴汉说明，这一段台词，基本上就是开头那段自述，不过加上了"如今刘小主有了着落，你父仇不报，何为孝者？畜生呀！"这几句话。到第六场吴汉杀妻回来，她看了王氏首级以后，就说："哎吓！王氏，媳妇，我那贤德的媳妇儿呀！""非是为婆害了你，哎呀媳妇儿呀，只因你父起毒心。"最后她打发吴汉去埋王氏的尸首，自己就说："……有了，想吾夫怨仇已报，还要我老命何用！倒不如自刎中堂，我儿好保刘小主去罢。"（唱）"媳妇儿你在黄泉路上等候我，啊呀，媳妇儿呀！为婆与你同路行。哎吓，媳妇，吴汉，儿呀！……"说罢即碰死中堂。我对于这个人物，有如下几点看法：一，她是全剧中地位最高的人物，对剧情起着推动作用；二，她的历史观点，就是封建正统观点，她拥汉反莽，忠于刘氏，她虽然时时刻刻想为夫报仇，但她却把夫仇与"国仇"联系在一起，并且还与她儿子政治上的出路联系在一起，所以她一直等到刘秀有了下落才让儿子"复仇"，杀死王氏。三，她的道德观点，完全是一套封建道德观点，忠（对汉）、孝（她对吴汉的教训）、节（为夫守节，替夫报仇，仇报身死）这三种封建道德观念在她的思想和行动中体现得很鲜明突出。四，她是一个剧作者的理想人物，作者对她是肯定和歌颂的，没有对她作任何批判，相反，剧作者通过她对王莽的批判，表现了自己的历史观点和对历史的评判。

其次，再谈吴汉。吴汉是唯一贯串全剧的人物，同时也是满脑子封建伦理道德观念的人物，然而他却是剧作者笔下的正面人物，剧作者把自己的理想同样也倾注于他的身上，通过他的行动具体表现出来。他的政治立场，是前后发生了根本变化的，在第一场里，他是王莽的封疆大臣又是王莽的东床驸马，他一心拥护王莽，要灭汉室后裔。就在这一场里，他果然捉住了刘秀，他满以为可以因此而官上加官，哪知却引起了一系列的变化，首先是使他从政治上的拥莽反汉转变到拥汉反莽；其次是使他的母亲和妻子在这个转变中都成了牺牲者。值得我们注意的是他在这个事变过程中的思想和行动。我们评价这个人物的思想意义，是不能离开这一点的。他的思想和行动，概括说来，就是一切服从母亲的意志。母亲要他释放刘秀，他立即"是、是、是，儿遵母命"，把刘秀释放了。母亲要他杀妻子王玉英，他虽然经过几番剧烈的内心冲突，也为妻子向母亲求过情，但当母亲骂他"不孝名儿天下扬"时，他终于又说

"做儿的那有不依娘，三尺青锋拿在手，去到经堂问玉英"了。在经堂里经过了几番矛盾冲突，他终于连"劝"带逼地让王玉英自刎了。在剧本里，对吴汉的政治态度的转变描写得最突出的共有两处，一处是吴汉头次到经堂回来再向母亲求情，吴母将杀父之仇告诉他以后，他勃然大怒要点动人马杀奔长安报仇，这里他与王莽已经从君臣的关系转变到仇敌的关系了。再有一次，就是杀王玉英，他虽然完全是出于被逼，但这个行动本身，毕竟强烈地显示出他与王莽的关系的彻底破裂（释放刘秀，自然也是一个重大的政治原则问题，但这时他还未意识到自己将走向反莽保汉的一面）。总之，吴汉的全部行动——释刘、反莽、杀妻都是在母亲的命令下行动的，他十足是一个"孝子"。重要的是吴汉的这些思想和行动，作者都是以肯定的态度来描写的，作者在任何地方都没有加以批判。

最后，谈谈王玉英（京剧里叫王兰英）。她虽是王莽的女儿，但她的政治态度却没有坚定地站在王莽的一边而是跟着丈夫和婆婆的态度而转变的。她终日绣佛长斋，对婆婆和丈夫百依百顺。开始的时候，她一会儿说"父王无道挂胸怀"，一会儿又说"第一柱香，保佑父王王莽，新登九五，风调雨顺，国泰民安"。她对父亲虽然有些不满，但基本倾向还是站在王莽一边的。但接下去她在捉放刘秀的问题上，却一忽儿说"拿得好"，一忽儿又说"放得好"，完全以婆婆和丈夫的意见为准。总之，她完全是封建社会里一个三从四德的理想化的妇女。她之与婆婆和丈夫终于发生了矛盾，是在婆婆和丈夫逼着要她的性命这件大事上。在这个问题上，她"勇敢"地说了几句心里话，这就是有些同志认为这个戏具有"朴素的进步的民主思想"的根据之一。为了弄清问题，不嫌辞费，把这一段文字照抄在下边：

吴汉：听公主说罢了伤心话，

就是那铁打心肠也泪汪；

只为你父斩了我的父，

我不报父仇难违命。

王氏：驸马啊！既（虽）然我父斩了你的父，

妻子年幼不知情。

吴汉：你婆婆言语如山重，

本藩哪有不遵命。

王氏：望空哭一声我的父，

冤仇之家结什么亲？

驸马呀！你钢刀虽快妻无罪，

你叫妻子怎投生！①

〔白〕你何不去到婆婆跟前，苦苦哀求，饶恕妻子首级
才是！

吴汉：公主！你且站起身来，听本藩一言相劝。常言道君要臣
死，臣不死，就为不忠，父要子亡，子不亡，就为不
孝。依本藩相劝，喏喏喏，有宝剑一口，你自刎经堂，
做个忠孝双全去罢！

王氏：听驸马之言，一定要斩？

吴汉：一定要斩。

王氏：驸马，你赦也不赦？

吴汉：却也难赦。

王氏：既然如此，驸马请上，受妾身一拜。

〔唱〕……

---

① 郭汉城同志在分析王玉英时，从吴汉说"听公主说罢了伤心话"一句起只引到此
处为止，下面这一大段文字全未引析，我觉得颇有全引的必要。

奴三尺青锋拿在手，

哎呀驸马呀，

但愿你兴刘灭莽保汉后。

哎呀，婆婆，驸马，我那夫……

〔自刎介〕

在这一大段对话里，王氏那句"驸马呀！你钢刀虽快妻无罪，你叫妻子怎投生！"确实是比较尖锐的，甚而至于可以说她对吴汉的行为提出了有力的控诉，如果剧作者把自己的笔力充分地用在这方面，从这里深刻地揭露封建伦理道德的野蛮性，让王氏在这种有力的控诉声中被逼死去，那末，尽管前面吴母、吴汉正面地宣扬了许多封建的道德观和历史观，也无妨这个戏还具有较明显甚至较多的民主性，无奈这个戏里这样的话并不多，而更重要的是剧作者的笔锋忽然一转，他不让王氏更强烈地控诉下去，而却让她接受了吴汉对她的劝告（做个忠孝双全），拜谢吴汉，并愿他"兴刘灭莽保汉后"，让她一面恋恋不舍地叫着"婆婆，驸马，我那夫"一面拔剑自刎。这样，剧作者就把刚刚爆发出来的一星星民主性的火花、将会激起人们的激情、给人们以悲剧的震撼人心的艺术力量的火花，一下就给扑灭了。汉城同志在标举我上面所引的一大段唱词的时候，却偏偏略去了引文下面一段十分重要的话，仅仅在另一处叙述中引出了"驸马呀，但愿你兴刘灭莽保汉后"这句话，说这句话"与人物整个思想行为不符，显然是作者封建正统观点的反映"。这种把艺术形象前后的思想和行动分割开来分别加以注解的办法，我觉得不见得是分析艺术形象的正确方法，因而恐怕未必能完整而确切地分析艺术形象的思想意义，只要追问一下，剧作家为什么对这个艺术形象的最后一部分（不是一句）的描写，忽然强烈地表现出封建正统的观点来了呢？难道作者写下这段文字，不是为了按照自己的美学观点最后完成这个艺术形象吗？按照我的理解，我认为剧作者是按照封建道德的标准来塑造这个艺术形象的，所以她一开始就是一个体现着封建的伦理道德的妇女形象，她的绣佛长斋，她的对婆婆和丈夫的百依百顺，都是封建伦理观念的体现，直到经堂杀妻的时候，她才说出了几句怨言。我同意汉城同志的话：剧作者"认为王氏无罪，对她的死表示同情"。然而，却应该进一步指出，剧作者对她的同情是有限度的，这个限度，就是不超过他对封建道德的肯定，因此，他在对这个人物的最后一部分也是最为重要的一部分的描写上，让她完全按照封建正统的历史观点和封建伦理观点来行动，而没有让她按照"钢刀虽快妻无罪"这种对封建伦理道德观念表示反抗的思想去行动。当然，还必须指出，剧作者不仅同情王氏，而且还同情吴母和吴汉，如果仅仅看到剧作者同情王氏而忽略了吴母和吴汉同样是剧作者的肯定人物，那末就不容易对这个戏的思想倾向作出合乎实际的全面的评价。

根据上面的分析，我得出如下的认识：

剧作者的世界观的基本方面，是封建正统的历史观和道德观，而不是"朴素的进步的民主思想"。剧作者是用封建正统的历史观和道德观来反映、评价这一段历史生活和历史人物的行动的，剧作者通过剧中人，肯定了封建道德，歌颂了三个以身殉道（封建道德）、以身殉封建阶级利益的人，剧作者是用封建道德对封建社会的人们进行"劝"而不是对封建道德进行"讽"，因此，决不能认为剧中人仅仅"说了肯定封建道德的词句"。

郭汉城同志又认为这剧中的"三个人物，都是封建教义的笃信者，笃信的结果，却是这样的一幕大悲剧，就不能不使人在被封建统治阶级粉饰得庞大、沉重、庄严的封建制度上，投下怀疑的暗影"，认为剧作者从"朴素的进步的民主思想"出发，"他肯定地认为王氏无罪，对她的死表示同情"，因此"有可能把题材规定范围内的生活，在一定程度上真实地反映出来，这就是提供我们分析的作品的客观基础"。这里，汉城同志提出的问题是有实际意义的。这就是说，这个戏在今天，它在客观上对我们的认识意义怎样？

关于这一点，我与汉城同志的认识，也不一致。汉城同志认为剧作者的世界观，剧本的思想倾向，与它的社会作用是进步性的一致，我则认为在过去，它的主要方面是反动性的一致，而在今天，它的思想倾向与社会作用，既有反动性的一致的一面（这就是说作品本身的思想倾向并未改变，它对于缺乏批判能力的观众在不同程度上，会起着消极的影响），同时，在一定的条件下，它的社会作用，也可能与作品本身的思想倾向，发生不一致，甚至适得其反。这一点，须要作一些分析。古典作品的社会作用，随着历史的进展，它常常会发生变化的，有一些在历史上起过进步作用的东西，它到后来，也可能起反动的作用，例如在资产阶级革命时期，有一些起过进步作用的作品，由于它是用资产阶级的世界观作为思想武器来反对封建主义的，因此这些作品，对今天的读者，如果不加以分析批判，就可能起反动的作用。但是，也有一些作品，在历史上是反动的东西，是封建阶级和资产阶级的统治思想的反映，是为过去的统治阶级的利益服务的，然而，由于历史的进展，由于封建阶级和资产阶级的思想已经不再占据统治人们思想的地位，有的（如封建思想）则基本上已经逐渐地退出了历史舞台；由于人们对于这种思想已经逐渐地不同程度地具有批判的能力，因此，这些原来思想倾向反动的作品，对于那些具有批判能力的读者和观众，它不再能起反动的教化作用，相反，它却为这样的一些观众提供了批判封建阶级和资产阶级的思想的艺术资料（当然我们承认这些作品有的是有很高的艺术性的），有助于我们形象地认识资产阶级或封建阶级的意识形态的阶级实质和它对人民的毒害作用。我认为绍剧《斩经堂》就是属于这种性质的作品。然而，它能否起这种"反面教材"的作用，主要不决定于它本身，而是决定于观众是否具有批判能力。① 不错，这个戏确实是比较真实地反映了吴汉一家尽忠于封建阶级和封建道德的"悲剧"，然而，我们对于艺术作品的真实性也要作具体的分析，这个戏的"真实性"，不同于《水浒》的真实性，那是具有鲜明的阶级对立的真实性，作者的同情是完全倾注于革命的人民而把封建统治阶级的代表人物作为反面人物来尖锐地批判的，作者的是非观与劳动人民的是非观完全是一致的，因而读者读这个作品以后的爱憎也是分明的；这个戏的"真实性"也不同于湘剧《祭头巾》的真实性，虽然《祭头巾》里并没有两个不同阶级的鲜明对立的人物，然而由于剧作者具有较高的美学理想，他没有把石灏这个人当作正面人物来描写，他是用了辛辣的嘲讽和批判的笔调来写的，因此，尽管石灏的全部行动，是沉浸在功名利禄的思想里的，但他对于观众却起了相反的作用；这个戏的"真实性"，也不同于《贵妃醉酒》的真实性，虽然它纯粹是写的封建贵族阶级的一个特殊人物的生活，但剧作者没有让她说歌颂封建道德的话，而是揭露了她在花团锦簇的富贵生活中的内心苦闷，因而观众并不怀疑剧作者对这种生活是歌颂还是批判。总之，在古典作品的内容中，有各种各样的真实性，须要加以具体分析，而《斩经堂》的"真实性"，与上面这几种作品的真实性，都是有区别的。它所描写的是三个封建统治阶级中的上层人物在封建正统思想指导下毁家尽忠的事实，而剧作者的思想立场与剧中人的思

---

① 我的意思是说，作品本身是毒草而不是香花，这是肯定的不容怀疑的了，然而毒草能否变成为肥料，关键不在于毒草本身，因为毒草不能自动变为肥料。要把毒草变为肥料，就必须靠读者用马列主义来对它进行批判，如果不能批判，则毒草非但不能变为肥料，而且还会被误认为是香花而继续任其散布毒素。例如电影《武训传》，在未经毛主席指出以前，大家都是把它作为香花来看的，不少教育组织还组织教师观看后进行座谈，以此作为学习内容（不是作为批判对象）。但经毛主席指出后，大家才认识到它的反历史主义的反动思想倾向，才开始对它进行批判，从而逐步提高了观众对它的认识，使它起到了"反面教材"的作用。

想立场是一致的（这一点是决定这个作品的思想倾向的关键），这三个人都是他理想化的正面人物，他并没有因为对王氏的某种程度的同情因而对吴氏母子的思想和行动有所批判，因此对具有这种类型的"真实性"的作品，它能否起到与它本身的思想内容相反的作用，完全要根据观众的批判能力而决定。《斩经堂》这个作品，今天是否只会起着暴露封建正统观点和封建道德观点的罪恶的作用了，我觉得很难作这种绝对的判断。所以，就这个戏的客观意义来说，也不宜过多地估计它的"积极"作用。当然，我不是说，这个戏对今天的观众还能普遍地起着很强烈的消极作用，还会有很多人欣赏和接受剧作者的道德观点，这种绝对化的看法，自然也是不切实际的。然而，决不能因此而模糊了对事物的本质的认识，把本来是歌颂封建道德的东西，说成本来是批判封建道德的；也不能不估计具体情况而把它的"反面教材"的作用绝对化起来，因而无批判地接受它。

（原载 1962 年第 1 期《戏剧报》）

再论绍剧《斩经堂》

读了刘颂、王世德同志的文章，使我感到对于如何认识绍剧《斩经堂》这个戏的思想内容以及对于如何评价古典剧目的思想意义这两方面，还有一些值得商讨的问题，因此不嫌浅陋，提出来与刘、王两同志商量。

一

刘颂同志在评价绍剧《斩经堂》这个戏的思想内容的时候，首先分析和评论了刘秀和王莽在历史上的作用，肯定了刘秀和批判了王莽，他认为王莽新政的施行，并没有解决西汉遗留下来的社会矛盾，相反却进一步加深了社会危机，因此就促进了人民的暴动和起义的发展。而刘秀所施行的一些政策，一定程度地符合于当时人民的利益，有利于社会经济的发展。这一看法，作为对这一段历史的分析，我觉得可能是一种比较正确的看法。① 但是，我们必须明确，现在争论的是戏，是绍剧《斩经堂》而不是历史，在这个戏里，虽然写了刘秀、王莽、吴汉等历史人物，并对他们作了评判，然而，上述刘颂同志所说的历史内容有未被剧作家表现在这个戏里，剧作家究竟是从哪一角度去肯定刘秀的，这终究还是要看戏本身的描写，而不能抛开了戏而去单看历史，更不能不顾作品的具体描写而把上述历史内容强加到这个剧本上去。

　　王世德同志对这个戏的肯定，立足点基本上与刘颂同志是一致的（指对历史背景的分析，其他方面也有若干重要分歧）。他说："事实上，王莽末年，政策失败，社会混乱，各地农民起义反抗。刘秀是地主阶级的代表，但他却顺应当时已酝酿成熟的反莽灭莽的客观要求，应运而起。他的反莽方向，正是符合当时群众迫切要求的。当时群众要反莽，同时也要找到刘姓之后来做反莽的旗帜。"他又说："戏里把刘秀设定为正义方面，设定了王莽阴谋篡位不义，凶暴残杀忠良，已失尽人心，是群伐众讨的对象，在这前提下展开了吴汉一家面临的戏剧冲突。"

　　要研究绍剧《斩经堂》是否反映了上述这许多内容，自然最好是让大家读读绍剧《斩经堂》的全文，但是限于篇幅，我只能概括地介绍一下这个戏的内容，并抄录该剧第二场吴汉捉住刘秀又奉母命释放刘秀并第一次去经堂杀妻这一段具有关键性的情节来与王世德同志的许多论点相对证。

　　绍剧《斩经堂》共六场戏，第一场是吴汉坐关，捉住刘秀、马成。情节很简单。第二场是吴汉回家见母，现将全文抄录如下：

---

　　① 目前史学界对刘秀的评价，并不一致，上述刘颂同志的看法，是史学界较多的同志的看法。又刘颂同志对刘秀的出身和经历的叙述是与历史不符的，而他对刘秀与农民起义军的关系的分析也是片面的，他强调了刘秀依靠农民起义军的一面（正确地说是掠夺了农民起义军的胜利果实），而根本没有提到刘秀屠杀农民起义军、与农民起义军对立的事实。

吴母：后汉无故冷悠悠，夫君冤仇挂心头。可恨王莽太不良，谋了汉室锦家邦。吾夫冤仇不能报，时时刻刻挂胸膛。老身窦氏，先夫吴成裕，我儿吴汉。那年闰腊月初八日，平帝大寿，可恨王莽这厮，连夜造成鸳鸯壶一把，内藏毒酒药死平帝，谋了汉室，登基大宝，要合朝两班文武，斗金斗银助饷。我夫乃保国忠良，岂肯助贼，上殿辱骂王莽，或者有之。王莽恼羞成怒，将我夫宣上金殿，立斩午门。如今冤仇不能消报，这也不言。我儿把守金斗潼关，此刻还未回来，好生挂念。

吴汉：母亲，孩儿拜揖。

吴母：儿呀罢了，一旁坐下。

吴汉：多谢母亲。〔三笑〕

吴母：儿啊，你往日回来，愁容满面，今日坐关回来，为何这等欢悦？

吴汉：母亲有所未知，今日孩儿坐关日期，来了义弟马成，邀同妖人刘秀，想混出潼关，被儿瞧破机关，儿将刘秀拿下了！

吴母：怎说，将刘秀拿下了？

吴汉：拿下了。

吴母：哼哼！拿得好，拿得好！

吴汉：母亲，儿将刘秀拿下，献于莽主，封官非小，母亲不加其喜，反加愁闷，却是为何？

吴母：你要为娘说明此事，要依为娘三件大事。

吴汉：母亲说哪里话来！娘亲乃是一大，孩儿乃是一小，慢说三件，就是那三十件！儿谨遵母命。

吴母：我儿孝哉！

吴汉：请问娘亲那头一件？

吴母：头一件将刘秀放出潼关！

吴汉：〔一惊，思介〕是，是，是。儿遵母命。校子手！〔内应〕将刘秀放出潼关！〔内应，校子手放刘秀出关，吴汉踢其一脚，刘逃下。〕刘秀啊刘秀，你可比脱笼之鸟，漏网之鱼。本藩为遵母命，饶你去吧！吓，母亲，孩儿将刘秀已放出潼关去了。

吴母：才是吴门孝子。

吴汉：请问娘亲第二件？

吴母：这第二件么？唉！为娘不讲倒也是了。

吴汉：母亲说哪里话来，第一件已讲了，第二件还望娘亲说明才是。

吴母：怎说？你要为娘讲？喏喏喏，为娘有宝剑一口，去到经堂，斩你妻子首级回话！

吴汉：啊，母亲，亲娘，啊呀，娘吓！〔唱二凡〕听娘言来吃一惊，双膝跪地拜不停。娘呀，王氏在经堂身犯何条罪？说与孩儿得知情。

吴母：畜生哪！〔唱二凡〕天大地大父母大，你不孝名儿天下扬。父仇不报非君子，枉为朝中一栋梁。

吴汉：啊，母亲……。

吴母：畜生，还不走！

吴汉：亲娘！〔膝步跪拜，吴母退入房内关门〕〔唱二凡〕见亲娘怒腾腾进房去，哗哦，做儿的哪有不依娘。三尺青锋拿在手，去到经堂问玉英。哗夏啊……〔下〕

再论绍剧《斩经堂》

　　第三场是王氏在经堂祷告，保佑王莽新登九五、婆婆福体康宁、丈夫官高爵显。吴汉在门外听到后，连说"斩不得，斩不得"，退了回去。第四场是吴汉将王氏的情况回报母亲，吴母责他"宠妻灭母"，吴汉要求说明王氏之罪，吴母即将王莽篡位和杀父之仇告诉了吴汉，这一段台词，就是第二场里吴母所说的那段原话，不过在这里又加上了"如今刘小主有了着落，你父仇不报，何为孝者？畜生呀"这几句话。接着吴汉就说："听娘言来怒气生，大胆奸贼乱胡行，回头就把三军叫，爷爷言来你自听。与我整顿人和马，随爷杀进长安城。拿住王莽这贼，杀父之仇报得成。"第五场是吴汉再到经堂，告诉王氏捉、放刘秀的经过和奉母命要来杀她，王氏惊得昏倒在地，醒后即问自己"身犯何罪"，吴汉即将上述情节重复叙述一遍，台词与前一样，不过又加上了"如今刘小主有了着落，奉你婆婆之命，来到经堂取你首级，以报昔年杀父之仇"。接着是王氏恳求饶命，吴汉说："只为你父斩了我的父，我不报父仇难违命。"王氏说："既然我父斩了你的父，妻子年幼不知情。"吴汉说："你婆婆言语如山重，本藩哪有不遵命。"王氏就说："驸马呀！你钢刀虽快妻无罪，你叫妻子怎投生？"接着王氏还是恳求饶命，吴汉就说："公主！你且站起身来，听本藩一言相劝。常言道君要臣死，臣不死，就为不忠，父要子亡，子不亡，就为不孝。依本藩相劝，喏喏喏，有宝剑一口，你自刎经堂，做个忠孝双全去罢！"王氏经过再一次恳求后，吴汉还是说"一定要斩"，"却也难赦"；因此王氏就说："既然如此，驸马请上，受妾身一拜。……奴三尺青锋拿在手，哎呀驸马呀，但愿你兴刘灭莽保汉后。哎吓，婆婆，驸马，我那夫！"随即自刎。吴汉惊叫："哎呀，公主，我那妻，我和你恩爱来拆散，并头莲打开不成双。哗夏……刘秀，刘秀！你可比三尺龙泉剑，斩断我夫妻对面不相逢。手执宝剑将头砍，拿了头首见娘亲。"第六场是吴汉持王氏头回报母亲，吴母见王氏头痛哭，说："我那贤德的媳妇儿呀！"为了要使吴汉"保刘

169

小主"，她即碰死中堂。吴汉见状痛哭，叫："哎吓！母亲，亲娘！"全剧即到此结束。

为了便于读者了解绍剧《斩经堂》的内容，也为了不把这个戏与周信芳同志的及其他的《斩经堂》混为一谈，因此我不嫌辞费，对它作了较多的介绍，在这个基础上，我们可以衡量一下王世德同志和刘颂同志对这个戏所作的分析和评价了。

王世德同志说这个戏"设定了王莽阴谋篡位不义，凶暴残杀忠良，已失尽人心，是群伐众讨的对象"，刘秀"顺应当时已酝酿成熟的反莽灭莽的客观要求，应运而起。他的反莽方向，正是符合当时群众迫切要求的"。请问，在绍剧《斩经堂》里，究竟从哪些地方表现了当时客观的形势和群众反莽的迫切要求呢？在哪些地方表现了王莽"已失尽人心，是群伐众讨的对象"呢？在哪些地方又是表现了刘秀"是符合当时群众迫切要求的"呢？莫非吴母就是代表当时群众的要求的么？

王世德同志说"吴汉归刘反莽，则是在政治上正义的正确的行为"，"作品的冲突的中心枢纽是为了国家大局和军事斗争的政治需要"，然而我们读到的剧本却并不如此描写。从吴汉对刘秀的关系来说，吴汉释放刘秀的原因，是吴汉自己声明的："本藩为遵母命，饶你去罢！"可见他的释放刘秀，完全是为了"孝道"，所以吴母立即称赞他"才是吴门孝子"，而到后来吴汉逼死王氏以后，他还说："刘秀、刘秀，你好比三尺龙泉剑，斩断我夫妻对面不相逢。"请问吴汉如果真是认定刘秀是正义方面而去投向他时，怎么竟能用如此的口吻和态度对待刘秀呢？再从吴母、吴汉反莽的一面来看，吴母的反莽，她自己说得很清楚，一是王莽篡位；二是杀死了她的丈夫。吴汉反莽的原因，是在第四场听了他母亲讲述王莽篡位和杀父之仇以后决定的，他究竟为什么反莽，他自己说："拿住王莽这贼，杀父之仇报得成。"这不是交待得很清楚么？可见王世德同志的说法，是根本不符合这个作品的实际情况的。

再论绍剧《斩经堂》

关于吴汉杀王玉英的原因，王世德同志说："试想，当时吴汉如果带了妻子同奔刘秀，声称妻子虽是王莽女儿，但政治立场与父不同，这样做是否能取信于刘秀和自己的部下？""所以，我认为，在当时情况下，王氏不得不死，这不仅是按照封建道德教义来说必须如此，而主要还是政治斗争形势的客观要求所使然。"吴汉究竟为什么要杀王氏？是为了政治斗争的需要、为了取信于刘秀和自己的部下呢，究竟还是为了报父仇？我觉得我们还是首先要看看剧本是怎么写的，剧中人是怎么说的。当第五场中吴汉进经堂杀妻时，吴汉说："奉你婆婆之命，来到经堂取你首级，以报昔年杀父之仇！""只为你父斩了我的父，我不报父仇难违命。""你婆婆言语重如山，本藩哪有不遵命。"我们再听听王氏的说话，因为她是被杀者，她是深知吴汉为什么要杀她的。她说："望空哭一声我的父，冤仇之家结什么亲？"这里，不论是吴汉还是王玉英，他们反复强调的，不都是"冤仇"两个字么？读了剧本中规定的这些角色的语言，吴汉杀妻的原因难道还不清楚么？我们不禁要问，分析一个剧本，究竟是光凭我们自己的头脑来驰骋想象呢，还是应该根据剧本的具体描写呢？当然，吴汉杀妻这件事情本身，是具有政治意义的，同时也说明他与王莽的关系是彻底破裂了；而他的政治上的出路，我们也是完全可以了解的，但这与王世德同志说吴汉是为着取信于刘秀、取信于自己的部下（按照王世德同志的想法，吴汉部下那些原来属于王莽政府的军队，全都是反莽拥刘的）这个明确的政治目的而行动的说法是有区别的，我们难道不必把这两者区分开来么？

王世德同志说，戏里"设定了王莽篡位不义"。自然王莽是完全可以批判的，然而，我们认为王莽之所以可以批判，主要并不在于他夺取了汉家的皇位，而是在于他夺取以后并没有缓和当时的社会矛盾，相反，却使人民仍旧生活在水深火热之中。但是这个戏里所再三批判的并不是王莽篡汉以后对人民的无道，在这方面，戏里没有任何具体的描

171

写，而仅仅是因为他篡汉，难道戏里的这种批判，能够把它理解为就是当时群众迫切的要求么？难道当时群众反莽的要求与戏里反复强调的王莽篡位之罪，杀吴汉父亲之罪完全是一回事么？王世德同志说：当时群众"反莽的同时，要姓刘的来领导，要扯起光复汉室的旗号，当然是封建正统观点；但当时群众只有这样的水平"。我们认为封建时代的农民是会有封建的正统观点的，但是我们必须注意，封建时代的农民在农民起义的斗争中，并不是任何时候都必须以封建的正统观点来号召的，历史上第一次农民起义——秦末陈胜、吴广的起义，就没有以正统观点相号召，就是王莽末年各地的农民起义，也并不是一律都以正统观点相号召，一律"都扯起光复汉室的旗号"的，而东汉末年的黄巾起义，则更没有以正统观点来号召，他们所宣布的是"苍天已死，黄天当立"，所谓"苍天"，就是指刘汉的正统。特别应该注意的是，即使农民群众在革命斗争中曾经以正统观点相号召，也应该看到他们的出发点，他们的实际要求，与封建统治阶级为了恢复或巩固自己的统治而宣扬的封建正统观点，是有重大的区别的，由于这个原因，我们在分析绍剧《斩经堂》里反复强调的王莽篡位之罪时，就不能笼统地认为这种正统观点就是反映了当时人民客观的要求，因为历史的情况有未被剧本具体地反映出来，这我们仍旧不能不加以仔细地研究。我觉得，王世德同志一方面似乎把历史的内容与戏剧的内容完全等同了起来；另方面，似乎把封建统治阶级的正统的历史观点与劳动人民在一定的历史条件下所可能有的正统的历史观点，在实质上也混为一谈了，这似乎是不大妥当的。

从历史上刘秀比王莽先进这一角度出发，不管具体的绍剧《斩经堂》里有无表现这个内容，就认定绍剧《斩经堂》里的吴汉杀妻投刘秀就是政治上的"正确的转变"，是"走向了政治的新生"，这是刘颂同志的结论。然而，我们认真地读一读绍剧《斩经堂》，却觉得剧本实在没有为这个结论提供什么根据，相反，除了上面所分析的这些情况以外，我们还可看到吴汉在释放刘秀时，剧本规定"校子手放刘秀出关，吴汉踢其一脚，刘逃下"。这一笔描写，对于刘颂同志的论点来说，我觉得也是很不利的，自然，同样也不利于王世德同志的论点。

归根结蒂，我认为刘颂、王世德同志对王莽、刘秀等人的分析，从历史的角度来看，也许不失为一种可取的见解，然而我们难道能够认为绍剧《斩经堂》这个戏就是历史吗？对历史的分析能够代替对绍剧《斩经堂》的具体分析吗？不必说这个戏所写的吴汉杀妻的故事纯属是虚构的，即使是像《精忠旗》、《长生殿》、《桃花扇》这类有着较多的历史根据的戏，我们虽然应该分析历史，但也不能简单地不看作品的具体描写就以对历史的分析来代替对戏剧的具体分析，把历史的内容简单地当作戏剧的内容。因为戏剧与历史究竟是两个不同范畴的东西啊！

王世德同志认为"各种曲艺和地方戏"里的《斩经堂》的情节"都大致相同"，因而它们的思想内容也是一样的，于是他根据这个所谓"大致相同"的情节，就来批评我对具体的绍剧《斩经堂》的分析了。我怀疑王世德同志的这个结论是否真是建立在实事求是地进行了认真的全面的调查研究的基础上的，全国"各种曲艺和地方戏"里的《斩经堂》是否真的"只是细节上有些差别"而没有思想内容上的差别？[①] 决定一个戏的思想内容的是否只是戏的"情节"或"故事轮廓"？剧本的具体描写是否对剧本的思想内容不起作用？戏剧的情节是否可以脱离了

---

① 据我目前所看到的几种《斩经堂》的本子，不论在情节和思想内容上，都是有着显著的差别的，例如楚剧《斩经堂》在杀王兰英的这个关键问题上，它是这样处理的：当吴汉听了王兰英的申诉以后，吴汉就说："公主哭得如酒醉，铁石人闻也泪淋。你将宝剑交与我，我自刎人头见娘亲。"说罢吴汉就从王兰英手中夺剑，将她推倒在地。王兰英急中生"智"，骗吴汉说母亲来了，吴汉以为母亲已回心转意，随即出门迎接，王兰英即自刎而死。周信芳同志的本子也是同样的处理。这种处理，与绍剧的处理，难道能说是一样的吗？难道能说它没有思想内容上的不同吗？上面只是略举一例，其他方面的不同当然还多，当于另文申论。

剧本的具体描写而抽象地孤立地存在？这些问题，我觉得是值得弄清的。同时，还必须指出，我在分析具体的绍剧《斩经堂》，而王世德同志却用"各种曲艺和地方戏"里所谓大致相同的那个抽象的《斩经堂》的情节来与我争论，这是违反论辩的逻辑的，因为所谓"各种曲艺和地方戏"里的《斩经堂》的"大致相同"的"情节"，它只是一种抽象的存在，而具体的存在，却只有各种曲艺和地方戏里带有自己的特色的具体的《斩经堂》，它的情节，虽然与别种《斩经堂》有所谓"大致相同"的一面，但却又因为它们各自的具体描写而各不相同，因而它们的思想内容和艺术成就，也就各有其不同之处，不能混为一谈。所以王世德同志用那个抽象的《斩经堂》的情节来批评我对具体的绍剧《斩经堂》的分析，实质上是一种"转移论题"或"混淆问题"的做法，对于辨明绍剧《斩经堂》的思想内容，是没有好处的。

　　总而言之，我认为刘、王两同志对王莽、刘秀、吴汉的分析，离开绍剧《斩经堂》这个具体作品未免太远了，在我看来，绍剧《斩经堂》并没有反映刘、王两同志所阐述的那些历史内容。

　　刘、王两同志为什么会产生上述这种看法，我觉得这里存在着一个分析研究古典文学作品的方法问题，分析研究一个古典文学作品，究竟应该以作品本身为依据，从对作品本身的具体分析中（自然要研究、参阅有关的材料，包括历史在内）引导出必然的结论呢，还是应该离开了对作品的具体分析先从历史分析中找出一个"结论"，然后再将这个"结论"硬套到这个作品上去呢？我想，后一种方法不见得是正确的方法，因为这种方法可以使人们离开了具体地分析具体问题而流于索隐猜测的主观幻想中去，最后将使我们无法科学地认识一个作品真正的思想内容，从而也无法对一个作品作出正确的评论来。刘、王两同志在探索绍剧《斩经堂》所表现的思想意义时，是否可以注意及此，不妨顺便一提。

再论绍剧《斩经堂》

二

绍剧《斩经堂》这个戏，究竟是歌颂封建伦理道德和宣扬封建正统的历史观还是对它进行揭露批判，这也是刘颂同志和我争论的一个重要问题。刘颂同志从这个戏的悲剧结局的效果着眼，认为这个戏是对封建伦理道德的批判。他说：

"《斩经堂》围绕着莽汉之争这条线索，表现了封建伦理道德的巨大力量，由于这个力量的冲击，造成了《斩经堂》中几个人物的悲剧结局，而这个悲剧结局，又否定了封建伦理道德自身。这就是《斩经堂》的思想意义所在。……

王玉英是个深刻的悲剧形象。她也是个封建伦理道德的笃信者，她吃斋奉佛，每日为父亲王莽、婆婆、丈夫和自己的幸福祈祷，这个完全合乎封建伦理道德要求的人，其结果却是自己的毁灭。这就最大地揭露了封建伦理道德的虚伪性。……

我们不必去争论作者是否具有'民主主义思想'，但是却不妨说作者的创作态度是现实主义的，他从现实出发，就能够比较真实地反映了历史的典型环境，塑造了典型环境中的典型性格。"①

上述意见归纳起来，就是说：不必问作者有没有民主的思想，只要他写了这个悲剧的结局，那末就是"最大地揭露了封建伦理道德的虚伪性"。我觉得这种不管作者的主观意图怎样，也不管整个作品的思想倾

---

① 郭汉城同志只说作者"有一种朴素的进步的民主思想"，刘颂同志却说："我们不必去争论作者是否具有'民主主义思想'。"按："民主思想"与"民主主义思想"是有区别的，这里似乎不宜混淆。又刘颂同志这段话里对现实主义的看法，我也是不同意的，限于篇幅，暂不论及。

向怎样，片面地绝对地强调这个作品的悲剧结局的客观效果的看法，是不妥当的。一方面，我们应该注意有一些作品，剧作者的主观意图和作品的客观效果是不完全一致的，因此研究一个作品的思想倾向，不能光看作品的客观效果，尤其是不能孤立地、片面地来看作品的客观效果，必须把剧作者的主观意图和作品的客观效果联系起来考察，因此那种认为对作者通过作品所表现出来的思想可以根本不必研究的看法不是科学的认真的态度。另方面，我们即使退一步论，姑且从绍剧《斩经堂》的悲剧结局的客观效果来观察一下，也不能绝对地得出刘颂同志上述的那种结论来。因为目前之所以引起对这个戏的热烈的争论，就是因为它的悲剧结局的客观效果在观众中并不一致，并不是像刘颂同志所说的只有批判封建道德的作用的一面的缘故。我们必须注意，这个戏的悲剧的结局，一方面使吴汉得到了毁家的结局（这就是刘颂同志片面地强调的一面），但另方面，由于这个毁家的悲剧结局，又使得吴母和吴汉甚而至于包括王玉英，成了毁家殉道的"正面"人物，不是王世德同志还说他们"是可歌可泣的、崇高的"，是"坚毅、英勇、伟大、崇高"的吗？而这三个人的思想是代表封建伦理道德观念的，这是刘颂同志早就承认过的，刘颂同志说"封建伦理道德观念就是三个人物的贯串行动"，"他们的具有进步倾向的政治态度，是借助于封建伦理道德的力量来完成的"。那末，这样看来，这个悲剧结局，不是又强烈地歌颂了几个代表封建伦理道德的人物，使这几个人物上升到"伟大、崇高"（借用王世德同志的话）的地位，从而不是又恰好肯定了封建伦理道德吗？由此可见，刘颂同志片面地夸大这个戏的悲剧结局的批判作用，而根本忽视这个悲剧结局在完成人物塑造上的重要作用的这种分析，并不能自圆其说，相反却使自己陷于矛盾之中。

刘颂同志认为绍剧《斩经堂》是批判了封建伦理道德的这个结论之所以不见得正确，还因为这样的结论，无法用来分析剧作者既然是在批判封建伦理道德，为什么又要把代表封建伦理道德的吴母和吴汉写成正面人物而对他们进行歌颂。我们认为剧作者如果旨在批判封建伦理道德因而寄同情于王玉英并把代表封建伦理道德的吴母、吴汉作为反面人物来进行批判，这是合乎生活也是合乎逻辑的，然而现在剧作者非但没有批判吴母、吴汉及他们所代表的封建伦理道德，相反还对他们进行了歌颂，把他们写成了正面人物。面对着剧本的这种描写，硬要说这就是在批判封建伦理道德，这就使人实在无法理解了。我们知道，所谓封建伦理道德，并不是一个抽象的东西，任何封建朝代的封建伦理道德，都有代表它自己的物质力量，因而我们说在文学艺术中批判封建伦理道德，总不会离开了代表封建伦理道德的具体形象而去批判抽象的属于概念的封建伦理道德。比如我们说《红楼梦》的作者曹雪芹批判了封建思想，那是因为曹雪芹通过贾宝玉、林黛玉等艺术形象，通过人物之间的思想冲突，具体地批判了贾政、薛宝钗等艺术形象所代表的封建思想；又比如我们说《西厢记》的作者批判了封建思想，那是因为王实甫通过红娘、莺莺、张生等艺术形象，通过了人物的具体行动以及他们与老夫人的冲突，具体地批判了代表封建思想的老夫人这个艺术形象。在绍剧《斩经堂》里，吴母、吴汉是代表封建伦理道德的物质力量，他们是杀人者，然而，剧作者却把他们写成了正面人物，对他们的思想和行动进行了歌颂，试问，这样的情节结构，这样的描写，如何能得出剧作者或剧本是在批判封建伦理道德的结论呢？将这个结论强安在剧作者以及这个剧本身上，怎么能不使剧本本身以及剧作者陷于自相矛盾的绝境呢？

　　然而，我们如果不拘执成见，暂且放弃这个使自己陷于自相矛盾的结论，我们就可以对剧作者的思想和剧本的思想豁然贯通，而不致陷于自相矛盾的境地。这就是我所分析过的剧作者是在歌颂封建正统的历史观和封建的伦理道德，因为剧作者把封建伦理道德作为最高的准则，而这三个人都是封建伦理道德的笃信者和实践者，吴母之所以要使吴汉杀王玉英，是因为要使自己做一个贤妻良母、做一个汉室的忠良，同时也是要使吴汉做一个为父报仇的孝子和不忘故主（请注意剧本中口口声声称刘秀为"刘小主"）的忠臣，而吴汉之所以要杀王玉英，他自己在劝王玉英死时就已经说明了，简而言之，自然是为了做一个忠臣和孝子，王玉英之所以终于顺从地死去，在死前还要拜谢置自己于死地的丈夫，愿他"兴刘灭莽保汉后"，自然是为了使自己做一个名副其实的"既嫁从夫"的"贤妻"。这样，虽然有杀人者和被杀者之分，但他们的行为都是符合于封建伦理道德的标准的，是一种"卓立特行"，也可以说，他们三人，都是为着同一个目标——实践封建的伦理道德，于是他们就在这个"崇高"的目标下互相谅解而毫无芥蒂怨愆了。请看被逼自杀的王玉英，在临死前还要拜谢逼她自杀的丈夫，呼唤着命令吴汉杀死她的婆婆；而为了坚定儿子拥汉反莽的意志而自我牺牲悬梁自尽的吴母，临死前还要喊着："媳妇儿你在黄泉路上等候我，为婆与你同路行。哎吓，媳妇，吴汉，儿呀！"请看，他们的思想和行为，多么符合于封建伦理道德的准则啊！而正是这一道德准则，才可以使他们成为封建社会里的也是这个剧本里的"正面"人物，才可以使他们的行为"垂范"于来世。

我们从剧本的具体分析中，不是很自然地就得出这个结论吗？反过来我们用这个结论去检验剧本和作者的思想，不是毫无窒碍吗？与其窒而不通，自相矛盾，何不捐弃初见，自臻通利呢？

或曰：我从这个戏里确实看到了封建伦理道德的罪恶，难道不能说它是揭露封建伦理道德的罪恶吗？答曰：不能。因为你的结论，是剧本的反效果，而这个反效果，是经过你自己对这个戏的批判而得出的。是观众对它自觉的批判的结果。因此，这一功绩，是断断不能"慷慨"地让给剧作者的。

这里特别应该指出，刘颂同志对绍剧《斩经堂》的分析是前后自相矛盾的。他一方面肯定吴母、吴汉的转向刘秀是政治上正确的转变，是"走向政治的新生"，而"他们的具有进步倾向的政治态度，是借助于封建伦理道德的力量来完成的"，这也就是说封建伦理道德的力量，对他们起了政治上的进步作用，因而这里的吴母、吴汉，当然就都是正面人物；然而，另方面，刘颂同志又认为剧本是在"最大地揭露了封建伦理道德的虚伪性"，"是深刻揭示并批判了封建伦理道德的残酷性"，然而代表这种封建的伦理道德的，仍然是吴母、吴汉，因此，他们在这里又成为了被批判的反面人物。请问，这前后两种观点，怎么能统一起来呢？这里，刘颂同志不知不觉地犯了一个逻辑上的"自相矛盾"的错误，所以我认为刘颂同志恰恰是用自己的话，否定了自己的看法，使前后的论点，互相起了否定的作用。

三

在文艺作品中，有这样一类作品，即它的思想内容是落后的或者反动的，但它的艺术性却比较高，这就是毛泽东同志所指出的："处于没落时期的一切剥削阶级的文艺的共同特点，就是其反动的政治内容和其艺术的形式之间所存在的矛盾。"① 我认为绍剧《斩经堂》就是这样的作品。这就是说，它的思想内容是在歌颂封建伦理道德和宣扬封建正统的历史观点，但就其艺术方面来说，却又有一定的艺术性，而到了今天，它原来的思想内容，由于历史的进展，由于人们对封建的伦理道德观念已经在不同程度上具有批判能力，因而它不再能起"教化"我们的作用了（对于具有批判能力的人来说），但是，它通过一定的艺术手段

---

① 见《毛泽东选集》第 3 卷第 890—891 页，1953 年第 1 版。

所反映出来的历史生活——一个上层封建统治集团的家庭，在封建道德的支配下自觉地毁家殉道——却反转来使我们批判地、形象地认识到封建道德的阶级本质，认识到封建时代的历史生活的一个侧面。应该承认，绍剧《斩经堂》的作者，是具有一定的艺术技巧的，他不像那些思想同样反动而艺术技巧也相当拙劣的作者，他们只会概念化地宣扬封建思想，而绍剧《斩经堂》的作者，却能用比较生动的情节和简练集中的戏剧冲突来宣扬忠、孝、节、义的封建伦理思想；然而，正由于此，它往往比上述那种作品更易迷惑封建时代的观众。自然，我们今天的时代不同了，这种已经基本上失去了它原来的思想力量但却可以使我们从与剧作者相反的思想立场来获得某种启发的戏，这种还保留着一定的艺术技巧的戏，我们并不要简单地抛弃它，重要的是用正确的分析，来帮助观众认识它。因此，我们在研究这个古代剧作的时候，对剧作者的艺术目的和艺术手段，对于作品本身的思想倾向和我们从它所获得的与作品本身的思想倾向相反的认识，是不能不加以区别清楚的。而且我们也只有首先分清了这一点，才能正确地对待它的思想内容以及它的某些对我们仍然有用的艺术技巧。

我要声明，我所评论的，只是绍剧《斩经堂》，至于其他剧种的《斩经堂》，我认为未必都与绍剧《斩经堂》一样，就我所读过的一些来说，其思想内容，可以肯定，有些本子是比绍剧《斩经堂》好的。因此，我认为对各个不同的本子的《斩经堂》，要作具体的分析，笼统地一概否定和像王世德同志那样笼统地全部肯定，都不是实事求是的态度，而且，我相信只要坚持批判继承的原则，只要细心地去研究各种不同剧种的《斩经堂》的长短，做一番细心的去粗取精、取长补短的工作，这个戏是可以整理得比较好的。

（原载 1962 年第 7 期《戏剧报》）

不应当把糟粕当作精华

一

关于忠、孝、节、义等封建道德有没有人民性的问题，戏剧界曾经展开过讨论，有一部分同志认为封建道德忠、孝、节、义是具有人民性的。他们说：

忠、孝、节、义这类的思想，固然有封建性的一面，但也不是没有人民性的一面。我们必须注意到这样的事实：在封建时代，虽然统治阶级利用这些东西来进行统治，但人民也利用这些来进行反抗。秦香莲在《闯宫》那场戏中骂陈世美，仍是骂他"不忠不孝不仁不义"；《琵琶记》中张太公骂蔡伯喈也是骂他"三不孝"；《三上轿》所以感人的也还是那有人民性的"节"。至于《杨家将》、《精忠记》这类戏的人民性，正是表现在那与"奸"尖锐对比起来的"忠"。他们说：

我同意说《斩经堂》剧中宣传了忠孝，宣传了正统思想，但是我也建议对待这些封建伦理道德，应该作具体分析，分别对待，可能由于时间、地点、条件的不同，虽然同样是封建正统思想，同样是忠君孝亲思想，而有比较积极的或消极的，正义的或非正义的，反动的或带有人

181

民性的等种种区别（着重点是引者所加，下同）。

二十四孝是提倡愚孝的，但斑衣娱亲的老莱子，总比郭巨埋儿和丁香割肉的形象要稍好一些。《别母乱箭》（《宁武关》）在情节、结构、人物关系上与《斩经堂》颇有相似之处，周遇吉及其母亲与吴汉和吴母都标榜的是正统思想和忠君孝亲思想，但由于他们所忠的君、孝的亲、反对的敌有所不同，在思想内容上也有本质的区别。（安西：《〈斩经堂〉不是一般的家庭悲剧》，1962 年第 3 期《戏剧报》）

因此，他们认为："有同志说，毒草总是毒草，最多只能用作肥料。依我看有些貌似毒草的，也许并非真的是毒草，经过细致的甄别，有可能得出显然不同的评价的。"（安西：《〈斩经堂〉不是一般的家庭悲剧》）

二

封建道德忠、孝、节、义有人民性吗？要弄清这个问题，先要弄清：一，什么是人民性的内容；二，什么是忠、孝、节、义等封建道德的内容 。

什么是人民性的内容呢？概括地说，文学中的人民性，就是从文学作品中表现出来的被压迫阶级的思想、感情、愿望、要求，就是对封建统治阶级的反抗和斗争，对统治阶级的揭露和讽刺，对劳动人民痛苦生活的充满同情的描写，或者对统治阶级荒淫无耻的剥削生活的真实而严峻的刻画。总之，文学中的人民性，是阶级社会里被压迫阶级利益的反映，是阶级斗争中被压迫阶级的观点、思想、感情、愿望等等的表现。扼要点说，它是为人民的利益而辩护的，不是为统治阶级的利益而辩护的。

那末，什么是封建道德忠、孝、节、义等的内容呢？适得其反，它们恰恰是统治阶级利益的反映，它们是为统治阶级利益辩护的，它们是统治阶级用来毒害人民的一种工具，它们是统治阶级加在劳动人民心灵上的一条牢固的锁链。

大家知道，忠、孝、节、义等这些道德观念，早在奴隶制时代就产生了，到了封建制时代，就有了更多的发展，它是封建制度的一种上层建筑。这些道德，都有它具体的内容，封建时代的一些人们，就是按照这些道德的具体内容来实践的。孔子是大力提倡忠、孝的，他把忠、孝作为他所提倡的"仁"这种道德的核心，他说："孝弟也者，其为仁之本与！"他又说："其为人也孝弟，而好犯上者，鲜矣！不好犯上，而好作乱者，未之有也！"（《论语·学而》）归根结蒂，教人"孝"，教人"悌"（服从长兄）的目的，就是要人们不要"犯上作乱"，就是要人们规规矩矩地服从统治，因此孔子在提倡"孝"的同时又提倡"忠"，他说："孝慈，则忠。"忠于谁？当然是忠于统治阶级。这种"忠、孝"的道德观念，发展到后来，则成为"君要臣死，臣不死即为不忠；父要子亡，子不亡即为不孝"。这是极端反动的一种专制思想，这种思想，在传统戏曲里并不少见，例如在《斩经堂》里就有上面这几句话。我们知道，封建社会，是一个封建等级制的社会，最高统治者是封建皇帝，所有的人都要服从他一人的统治，因此忠、孝等道德观念，一方面是互相贯通的，但另方面，又不是并列的，其中忠是所有这些道德中的最高的形式，所以又有"孝子出忠臣"，"求忠臣于孝子之门"，"移孝作忠"等等的说法，这就是说，"孝"这种道德是从属于"忠"的。虽然有时候会发生所谓"忠孝不能两全"等等的矛盾，但在解决这一矛盾时，一般总是强调"忠"。从这里我们可以看清楚这些道德的阶级实质，同时也可以看清楚它是为封建统治阶级的政治服务的。

至于封建统治阶级所提倡的"节"、"义"这种道德，也同样具有这种阶级内容。"节"的这种道德在人类社会从母系制转入父系制，按父系确立了财产继承权，社会逐渐划分成阶级以后就产生了。因为血统问题牵涉到财产的继承问题，所以对妇女就提出了贞节的要求。这实质上是阶级社会里男女社会经济地位不平等的反映。这种思想，在封建社会里，更加有所发展，成为男子的特权思想的一种表现。宋代的理学家程颐就说过"饿死事小，失节事大"的话。这是封建社会里残酷迫害妇女的一种反动"理论"，在这种"理论"的影响下，不知迫死了多少妇女。例如清代吴敬梓的《儒林外史》里，描写王玉辉的女儿死了丈夫，她准备"殉节"，王玉辉非但不加劝阻，反而还大加赞扬，说："这是青史上留名的事，我难道反拦阻你？你竟是这样做罢。"他的女儿整整绝食了八天饿死以后，他非但不觉得痛心，反而"仰天大笑道：'死的好！死的好！'"再如莆仙戏《团圆之后》里施佾生全家惨死的悲剧，也同样是这种封建道德的罪恶的反映。上面这些，就是"节"这种道德思想的具体内容，鲁迅说封建统治阶级所以提倡"节"是"想借女人守节的话，来鞭策男子"（见《鲁迅全集》卷一 240 页），使男子尽忠于统治阶级，从这里我们也可以清楚地看到"节"这种道德的阶级实质。

"义"这种道德，孟子是大力提倡的，他说："义，人之正路也！"（《孟子·离娄》）又说："未有义而后其君者也。"（《孟子·梁惠王》）（没有讲"义"的人而会不尊重君主的）又说："无礼义，则上下乱。"所以孟子提倡的"义"，就是要被统治阶级服从统治阶级的统治，不要使"上下乱"。孟子的"义"，孔子的"忠孝"，程颐所提倡的"节"，都是封建社会里统治阶级所反复提倡的占统治地位的道德。这四种道德，都是互相贯通而又共同服从于统治阶级的政治的，所以"忠"这种道德，就成为其中的核心。

根据上面这些分析，我们可以看到，这些道德概念的具体内容，都是为统治阶级的政治利益服务的，它是剥削压迫人民的一种精神武器，它与人民的利益是直接对立的，我们怎么能说这种道德具有什么"人民性"呢？认为这种道德有人民性的这种观点，实质上是抛弃了阶级分析的一种形而上学的超阶级观点。我们可以清楚地看到，这种道德完全是封建性的糟粕，是毒草，那种鼓励人们到毒草里去找香花，到糟粕里去拣精华的"理论"，除了让人们去接受这种封建道德的思想毒素以外，难道真的能够从毒草里找到什么"香花"，从糟粕里拣出什么"精华"来么？

三

在阶级社会里，劳动人民往往也讲忠、孝、节、义等道德，这如何解释呢？是不是说明这种道德有人民性的一面呢？

在封建社会里，劳动人民也讲忠、孝、节、义等道德，这是事实。这里，我们要分清几种情况：一种是劳动人民受统治阶级道德的影响，这是普遍存在的一种现象，因为在阶级社会里统治阶级占统治地位，他们千方百计用各种方式来宣传这些道德观念，以毒害人民，巩固他们的统治。不承认这种事实是不对的，但承认这种事实，不等于承认封建统治阶级提倡的忠、孝、节、义有人民性。因为人民受这些封建道德的毒害，只能说明这些道德的剥削阶级的阶级性，而不能说明这些道德已经改变了它的阶级实质，变成维护劳动人民利益的一种道德了。秦香莲骂陈世美"不仁不义不忠不孝"，这是秦香莲本身反抗性的表现，而不是这些封建道德具有什么反封建的人民性的表现；同时由于封建道德对秦香莲的影响，使得她在反抗的时候，也只能用这些道德概念来批判陈世美，而不能用更锐利的思想武器来批判他，这里，只能说明这种封建道德对被压迫人们的思想束缚，而没有任何理由可以说明这种道德具有什么人民性！那末，为什么用封建道德可以批判封建阶级的人物呢？这不是说明这种道德终究还有点"人民性"么？这是一种糊涂的看法，不懂得事物辩证关系的一种形而上学的看法。秦香莲之所以能用封建道德来批判陈世美，是因为陈世美的思想和行为坏到连封建道德表面上所宣传的一套行为准则都不符合了，这里恰好说明了封建阶级的一些人，嘴里说的是仁义道德，而实际的行动却是相反，因此它恰好说明了封建道德的虚伪性，而不是说明它有什么"人民性"。在阶级社会里，劳动人民受封建道德的影响，有时候，在他们进行反抗的时候，也仍然没有摆脱这种影响，这是极为普通的事，我们只能用阶级分析的方法，从中看出封建道德的毒害性，决不能从这种事实中得出封建道德有人民性的这种错误论断。

另一种情况是劳动人民虽然也讲忠、孝、节、义等道德观念，但它的实际内容是与统治阶级的忠、孝、节、义不一样的。例如《水浒》里的人物也讲忠、义，虽然他们所讲的忠、义并没有超出封建时代的历史范畴（即他们的"忠"与无产阶级所说的忠于党、忠于无产阶级的事业是有本质的区别的），而且其中有一些人如宋江、卢俊义等所讲的忠、义，基本上也仍然属于封建统治阶级的忠、义，然而，从水浒英雄们的总的倾向来看，从他们具体的行动来看，很明显，他们讲忠、义不是要去忠于赵宋统治，恰恰相反，是以忠、义相号召去反抗赵宋统治。这里我们可以看到，在被压迫阶级的斗争生活中，忠、义这种道德概念的实质，它的具体内容是与统治阶级所宣传的忠、义的道德相对立的，根本不是一个东西。它们的"共同性"，只是道德名词上的共同性，形式上的共同性，而它们的内容是不同的甚至是对抗的。这就是说，阶级社会里，两种不同阶级的道德，在某些道德概念上，在道德名词上有其共同性，而在具体的内容上却存在着对抗性。因此不同阶级共同使用一种道德概念、道德名词，在上述这种情况下，实质上只是共同使用一个"词"，它们根据各阶级本身的利益，赋予了它具体的思想内容，这样不同阶级尽管使用着同一种道德名词，但它们所表达的道德的内容，却有了鲜明的不同的阶级性。马克思主义教导我们看问题要看本质，不能光看现象，不能光从形式着眼就对事物的本质作出判断，所以我们在分析阶级社会里道德的阶级性的时候，也不能光从现象上来看，看到了劳动人民有时也用这种道德名词来号召反抗统治阶级，因而就认为统治阶级的道德忠孝节义本身也具有反封建的人民性的一面。要知道，人民性恰切一点说也即是民主性，而这种民主性是与封建性相对立的，这种民主性和封建性，有时可以同时存在于一部作品中，即这部作品既有民主性的精华也有封建性的糟粕；但决不能说在封建性中又有民主性，糟粕里面又有精华，这是一种混淆是非的诡辩论。① 封建道德的忠、孝、节、义等本身就是反民主的，就是糟粕，在这里面，怎么能存在民主性，存在精华呢？所以阶级社会里劳动人民有时也用忠孝节义等道德概念来反抗统治阶级这一事实，只能说明不同阶级虽然用着同一种道德名词，但仍然有它不同的道德观念，不能说明封建道德有什么人民性。

---

① 在明清时代的一些传奇或结构庞大的戏里，往往就其整体来说，它总的思想倾向是宣传封建迷信的，但其中有些单折戏，却反映了一定的生活真实，对封建社会具有某种揭露意义，因而它后来脱离了原作而单独流行，并且经过改编，逐渐成为与它的原剧（指原来的大本的戏）的主题思想相反的戏，这种情况是颇不少见的，本书前面论到的《芦林会》就是属于这种情况。还有《琵琶记》的"吃糠"、"描容上路"、"扫松下书"，《孽海记》的"思凡"、"僧尼会"等等，都是属于这种情况。本文此处所批评的不是以上这种情况，而是指像《斩经堂》、《杀子报》这类整出戏是宣扬封建道德或封建迷信的戏。硬要到这类戏里去找精华，我认为这种倾向是错误的。

四

在阶级社会里，道德领域里的阶级斗争是极其复杂的，我们在上面虽然作了一些扼要的分析，但还远不能全部反映出这种复杂性。这种复杂情况存在于社会生活中，同样它也在传统戏曲中得到反映，因此我们对传统戏曲中所反映出来的封建道德，应该看到它的复杂性，应该对它作认真的批判分析。恩格斯说："宣布这个哲学是错误的，还不等于制服了这一哲学。"① 因此我们不能满足于简单地宣布封建道德"是错误的"这样一种方法，相反，我们应该承认这种复杂性，对这种复杂现象用马克思列宁主义的阶级分析观点和方法，对它作认真的分析，揭示出它的阶级实质。但是，现在有的同志却借着这种复杂性，企图掩盖封建道德的阶级实质。例如他们说："可能由于时间、地点、条件的不同，虽然同样是封建正统思想，同样是忠君孝亲思想，而有比较积极的或消极的，正义的或非正义的，反动的或带有人民性的等种种区别。"他们认为由于时间、地点、条件的不同，由于《斩经堂》里"所忠的君、孝的亲、反对的敌"与《别母乱箭》里"所忠的君、孝的亲、反对的敌"有所不同，因此这两个戏里所宣扬的封建道德观念忠、孝，"在思想内容上也有本质的区别"，因此，他们认为《斩经堂》里的忠、孝等封建道德观念，就是有"人民性"的封建道德。然而《斩经堂》里吴汉所忠的君和所孝的亲以及这种道德观念怎么就与《别母乱箭》里周遇吉所忠的君和孝的亲以及这种道德观念有了"本质的区别"了呢？不错，《别母乱箭》里周遇吉所忠的君是镇压农民起义的君，但是《斩经堂》里吴汉所忠的君，难道就不是与劳动人民站在对立地位的君吗？他

---

① 恩格斯：《费尔巴哈与德国古典哲学的终结》，第 12 页，人民出版社 1959 年版。

所孝的亲，难道不是一个以全力来支持封建政权的亲而倒是以全力来反对封建政权的亲吗？那种认为由于时间、地点、条件的不同，因而封建的道德观念忠孝节义也会发生本质的不同，也会改变它的阶级性的"理论"，显然是站不住脚的。

因此，我们所说的阶级社会里道德领域的阶级斗争的复杂情况，与上述这种认为可以复杂到改变封建道德的阶级本性的说法，是根本不同的。

在传统剧目里反映的封建道德，情况确实是很复杂的，需要我们作仔细的分析，这里大致说一说几种不同的情况：

一，剧作者的目的、剧本的思想内容完全是宣扬封建道德的。例如上面提到的《别母乱箭》、《斩经堂》等，就是这样的作品。这类作品，是传统戏曲中的糟粕，我们应该批判它，抛弃它。有人说：这些作品，往往有很强的艺术性，弃之未免有点可惜。有这种想法的人应该想到，这种作品，"食"之就要中毒。愿意中毒呢，还是愿意舍弃它呢？当然，这个问题，不是个人愿意不愿意的问题，而是为广大人民群众着想的问题。难道我们能够让人民群众去中毒吗？

二，剧作者在剧本中一方面固然宣扬了封建道德，但另方面因为剧中所写的人物和事件，在特定的历史条件下有积极意义，剧作者对剧中人的积极的行动同时也作了歌颂。对于这类剧作，我们就要认真加以批判分析，在改编的时候，要"剔除其封建性的糟粕，吸收其民主性的精华"，当然这样做的时候，不应该违反历史，这是不言而喻的。这类剧目，我们可以提出明代传奇《精忠记》，这是描写岳飞抗金的故事。岳飞在历史上是应该批判地肯定的人物，他的抗金事业也是有功绩的，剧作者在这方面都作了描写，对以秦桧为首的投降派也作了批判；但是剧作者又在这个戏里，大力宣扬了封建的忠君孝亲思想，他让岳飞亲自写信把岳云、张宪骗到狱中同归于尽，以免他们在岳飞死后"领兵前来报冤，那时难全父子忠孝之名"。剧中还写了"善恶到头终有报，只争来早与来迟"等因果报应思想，显然对于这些方面，我们应该加以批判扬弃。这就是说，这类剧本，往往是精华和糟粕杂陈的，我们固然不应当把它与第一类作品一样处理；但如果原封不动地加以全部接受，也不妥当；所以我们就应该加以批判分析，取其精华，去其糟粕。有的同志说：岳飞的爱国主义与忠君思想是分不开的，要写他的爱国主义就必须写他的忠君思想，否则就不成其为岳飞；有的同志则说岳飞的忠，终究还是有它精华的一面的，不能加以一笔抹煞。当然，在改编这类戏的时候，我们不能把古人现代化，在这个意义上说，上面第一种意见是值得参考的，但是这个意见也未必完全合适。因为在岳飞的思想里，忠君思想与爱国主义固然分不开，但在我们剧作者的思想里，对岳飞的爱国主义和忠君思想还是可以分别来对待的。我们写他的爱国主义，写他具体的抗金斗争的行动的时候，虽然不应该把他写成根本没有忠君思想的人物，但也没有必要去渲染、去强调他的忠君思想，把它作为岳飞整个行动的动力。总之，我们既要符合历史人物基本的历史面貌，基本的历史评价，又要善于从历史人物身上发掘积极的因素，发掘促使他行动起来的真正的历史的原因，并且还要善于发现他身上的消极因素，批判他身上的消极因素。对于历史人物来说，重要的不是他的某些观念，而是他的实际行动。恩格斯批评旧唯物主义时说："它认为在历史领域中起作用的观念的冲动力是事变的最终原因，而不去研究隐藏在这些冲动力后面的是什么，这些冲动力的冲动力又是什么。不彻底处并不在于承认有观念的冲动力存在，而是在于停止在这种冲动力上面，不再进一步去探讨这些观念的冲动力的动因。"① 如果我们把岳飞的抗金斗争仅仅看作是由于他的忠君思想，把这种思想作为他全部行动的"冲动力"，而不去着重探索隐藏在这种冲动力后面的促使历史人物行动起来的真正的历史动力，那末我们充其量也只能停留在旧唯物主义的理论上面，而不能

---

① 恩格斯：《费尔巴哈与德国古典哲学的终结》第 39 页，人民出版社 1959 年版。

算作马克思主义的历史唯物主义。至于认为岳飞的"忠"有精华的一面的这种看法，是不妥当的。第一，我们应该看到岳飞的"忠"这种道德观念，并没有超越封建道德的范畴，因而也没有改变它的阶级实质；第二，推动岳飞进行抗金斗争的真正的动力，还是当时的民族矛盾，当时广大人民坚决抵抗侵略者的轰轰烈烈的斗争，这是促使历史人物行动起来的真正的历史动力，而忠君思想只是他的全部行动中的一种因素，而且这种思想又在相当程度上限制了他的抗金活动，我们今天来评价岳飞，恰恰是应该批判他的这种思想，因此在剧本里，我们虽然可以适当地表现他的这种思想，却不能美化这种思想，把它当作"精华"来描写。

总而言之，我们在对待这类剧本的时候，应该注意正确地批判它的糟粕，吸取它的精华，而不能把精华和糟粕混淆起来。

三，剧作者的立场基本上不是在宣扬封建道德，剧本的思想总的倾向是积极的，但剧本中也反映着某些封建思想的影响，有些不适当的细节或词句。这就是说剧本的主要方面不是糟粕。对于这类戏，当然我们就应该实事求是地修改其某些情节或词句，而没有必要加以全盘否定。

还有一类剧本，剧中人物虽然有封建道德观念，但剧作者是把他作为批判对象来描写的，或者剧作者是为了表现某些人物受封建道德的影响，剧本的思想并不是在宣扬封建道德。对于这类剧本，我们当然不能把它当作宣扬封建道德的剧本来否定。

总而言之，封建道德在传统剧目里的反映，是多种多样的，是一个复杂的存在，我们应该仔细地加以鉴别。在鉴别的时候，最主要的是首先要认清楚封建道德的本质，认识它是糟粕，它既没有人民性，也不是精华。当然我们对具体的剧目，应该作具体的分析，应该区别剧本是宣扬封建道德还是批判封建道德，或者只是表现了剧中人受封建道德的影响，其主题思想并不是在宣扬封建道德。在具体地分析剧目的时候，我们一定要坚持历史主义和阶级分析的观点，同时要注意对剧本作全面的分析，那种只抓住剧中的某一情节片断就把它当作剧本的全部思想的分析方法是不正确的。例如看到《斩经堂》里王兰英的无辜被杀就认为剧本是在批判封建道德，看到《一捧雪》里莫成替死时的某些痛苦心情的表现就认为这个戏不是在宣扬奴才道德，看到《恶虎村》里某些演员表现了黄天霸的狠毒，就说剧本是在批判黄天霸等等，这些都是只见树木不见森林，以部分代替全体的主观片面的分析方法。这种分析方法，不可能对传统剧目作出全面的正确的估价。我们应该注意剧本的人民性或民主性，是从剧本的总的思想倾向中表现出来的，不是从个别字句中表现出来的。当然，某些结构庞大的戏，可能从全体看，主题思想不好，而它的某些片断却具有较好的内容，可以成为一出好的独立的折子戏，我们当然应该区别对待。但是，即使如此，这些从某些结构庞大的戏里逐渐游离出来而成为单折的戏，它的好也不会是仅仅由于某些词句的好，我们分析的时候，仍然要注意这单折戏的整体。那种只从秦香莲骂陈世美的一些话中去找人民性，从而把封建道德忠孝节义也看成具有人民性的方法，是错误的。

　　总之，我们应该认识到我国大量的传统剧目，都是封建时代的产物，它们在不同程度上，不可避免地带有封建思想的烙印，我们应当善于区别什么是其中的封建性的糟粕，什么是其中的民主性的精华。而那些封建糟粕，对今天的人民群众仍然会起思想上的毒害作用，我们不能熟视无睹，任它去毒害人民，更不能把它当作精华去向人民推荐。我们一定要坚持党对戏曲事业的推陈出新的正确方针，继续对戏曲的改造工作，使它适应我们伟大的社会主义时代的人民群众的需要，并且使戏曲本身在改造中得到新的发展和提高！

（原载 1963 年 9 月 14 日《光明日报》）

谈京剧《青梅煮酒论英雄》

京剧《青梅煮酒论英雄》，是根据《三国演义》第二十一回《曹操煮酒论英雄》改编的。

这个戏的特点，是通过青梅煮酒这一情节，刻画了两个不同的英雄人物之间的尖锐斗争，而这种紧张、尖锐的斗争，又是通过很文雅的浅斟低酌的形式表现出来的。这一特殊的情节，给演员带来了许多困难，同时又促成了他们许多表演上的特色。我看袁世海（饰曹操）、李世霖（饰刘备）同志的表演，得到了一次很好的艺术享受。

这一场尖锐的戏剧冲突是在这样的典型环境中展开的：四分五裂的汉末社会，形成了群雄割据的局面，袁绍、袁术、孙策、刘表等各拥重兵，独霸一方；当时的曹操，挟天子以令诸侯，在政治上独占优势；刘备则正当徐州新败，连陶谦让给他的一小块根据地都丢掉了，弄得无处栖身，不得不暂时投奔曹操；而曹操也要借刘备作为自己的一种政治号召，以吸引天下英雄归附自己。另方面，曹操又要加紧防范刘备，待机除掉他，以减少与自己逐鹿中原的敌手。这就是当时群雄纷争，四海鼎沸的一个大势。再从当时刘备与曹操之间斗争的具体情况来看，傀儡皇帝汉献帝为了保存自己的地位和实权，急丁想找到政治军事上的依靠，力谋除掉这个日甚一日地威胁着自己安全的曹操，因此秘密发下了衣带诏；而刘备为了找到自己所迫切需要的政治资本，因此也就应诏参预了这个企图消灭曹操的政治阴谋集团。也就是说，这时期的刘备，正处在秘密活动的特定情况下，所以他的内心就格外紧张，时刻担心着机密的泄露，担心着一旦有突然事变的爆发。这前后两种情况，都深刻地规定了这两个角色之间特定的斗争形式（采取什么方式来进行斗争）和复杂的心理内容。前一种情况，规定了双方特殊的依存关系，即互相依存而又互相排斥的关系；后一种情况，规定了角色心理上各自的特征：曹操对刘备的怀疑和刘备对曹操的高度警惕。由于曹操很早就对刘备这个英雄人物有相当敏锐的观察和认识，因此他感觉到刘备的归附自己不可能是真心，他一定另有雄图，所以他要用一切办法来试探这个人的内心世界，看看他究竟是不是英雄，有没有别的企图；而刘备则又深知曹操对自己是有足够的认识的，根据目前的处境，最重要的一点是让自己尽量地装得十分平庸，以麻痹曹操，改变曹操对自己的认识，从而争取时机，摆脱曹操的控制。所以概括说来，就是一方面（曹操）要求正确地认识刘备，看清他的真相，以便自己对他采取正确的措施；而另方面（刘备），则极力伪装种种假象，造成曹操对自己的错误认识，以促使他对自己采取错误的措施。

上述这种复杂的内容，看来很难找到一根贯串全剧的主线，很难做到情节的高度集中、人物性格刻画的步步深化。然而不然，剧作者却正确地抓住了这个戏的情节的核心——"煮酒论英雄"，并由此出发，将情节延伸出来，以贯串全剧。例如：许褚、张辽突然到刘备寓所后园相邀，是因为曹操要与刘备"煮酒论英雄"，因而造成了刘备一连串的紧张的内心冲突，使观众不断地欣赏到剧作者的惊人之笔和演员的精彩表演；再如关、张二人手提宝剑，直闯曹操后园，突至亭前，是因为刘备被许褚、张辽（注意这是两员武将）强邀去见曹操，间接地也是由于曹操"煮酒论英雄",因而又造成曹操、刘备两人紧张的但又各自不同的内心冲突,使观众再次地欣赏到剧作者的惊人之笔和演员的精彩表演。最后,刘备之所以能够捞到五万人马的军事实力而逃脱这个龙潭虎穴,重新获得逐鹿中原的机会,仍然还是由于这次曹操的"煮酒论英雄"。请看,这样复杂的戏剧矛盾,却被剧作者有条不紊地抓住了这个戏的情节核心——戏剧矛盾的枢纽而全部贯串起来了。

这个戏的矛盾的发展,是波澜重重的。剧作者在技巧上表现得舒卷自如,毫不勉强,真正做到了"行于所当行,止于不可不止"的境界。

刘备后园种菜是伪装,是假象,为的是掩饰自己的秘密活动,隐藏自己的英雄本色,然而却意外地闯来了许、张二将,要他立刻去见曹操,但又不说明为什么。这对刘备来说,真是个晴天霹雳,是一惊。但是机智的刘备在略加踌躇以后,却毅然应邀而去,因为不去,就等于自我暴露;不过,去虽然去,内心的疑团并未解开,内心的紧张冲突也并未缓和,一路上正在忐忑不安,狐疑未决之际,哪知道一见曹操劈头一句就是:"使君,你做的好大事啊!"这句话对刘备来说,真有泰山压顶之势!这又是一惊。袁世海同志在念这句台词时,一方面使观众感到仿佛这是一句戏言,但另方面又分明使观众感到这句话对刘备的心理,却是一种沉重的压力。在这种突然袭击下,台下的观众都不由自主地为刘备捏着一把汗,生怕他把真情说了出来。从这里,我们开始看到这两个英雄人物,在进行一场面对面的尖锐紧张的攻心战了。在这样严重的威胁和考验面前,富于斗争经验的刘备,依旧运用他一贯的伪装的战术,好像完全不领会这句话的深意似的回答说:"备……不曾做什么大事啊?"这句话表面上说得很平静,然而内心却很紧张。直等到曹操说出"公在后园浇水种菜,岂不是大事!"以后,刘备心上的一块千斤重石才落下去。

从许、张邀请到这里,一连出现了两次惊人之笔,刘备的内心也经受了两番极度的紧张，这些复杂的心理活动，是有现实根据的，这就是前面提到的他参加了反曹的秘密活动。然而，这一重矛盾，此时刘备心里最大的一重顾虑，却因为曹操刚才的那句话而掩盖下去了，刘备接着哈哈大笑地说："备不过无事，消遣而已。"这里，饰刘备的李世霖同志笑得十分爽朗，尤其听他说到"不过无事"时，我们一方面感觉到了这四个字的复杂的含意，同时又仿佛捉摸到了这个角色在内心极度紧张之后的轻松、释然的心情。不过这里暂时掩盖过去的，只是矛盾的一个方面，而且还只是偏重于刘备这方面的，那矛盾的另一方面，也就是曹、刘之间的根本矛盾，则不但依然存在，而且正在迅速地发展着，成为这个戏的主要内容。

当曹操说明"看这梅子青青，结蕾成实，芳华可爱。又值煮酒正熟，醇醪适口，故邀使君前来，小亭一会"的用意后，接着两人就同往花亭。在这里，导演和演员创造性地处理了一个精彩的细节，他们没有让曹操与刘备并肩前进、挽手同行——如果这样处理，那末，这两个角色之间内心的尖锐冲突，就会被这种不恰当的舞台调度完全取消。他们十分正确地让刘备与曹操几度拱手相让以后，由刘备侧身、回顾、拱手，然后徐徐斜行下场。这时刘备借着与曹操拱手的机会，不止地侧目后顾曹操，显得顾虑重重，十分机警，而曹操却远远地站在后面，与刘备保持着半个舞台的距离，向前微倾着身子，背负两手，睁大了两只眼睛，用全力注视着刘备。舞台上两个角色一前一后的这种形势，突出地显示了这两个人物之间的尖锐矛盾，显示了他们之间势力的悬殊。袁世海同志所演的曹操的那一副神情姿态，逼真地传达出了曹操恨不得一眼将刘备看穿（以解开心中的这个疑团），一口将刘备吞下去的气势，正是虎视眈眈！在这片刻之间，导演一方面利用了舞台上演员之间所占的距离，舞台的空间，加深和突出了这个戏的思想；另方面恰当的时间安排，也在这里起了积极的作用，我们看到舞台上这两个人物，一个在拱手，一个在相让，一个在迟疑，一个在凝视，这片刻的静场，使台下的观众都不由自主地凝神屏息起来，仿佛感到原来波澜起伏地向下倾泻的这股急湍，到此却突然回流激荡，盘旋难下了。我觉得导演对这一个细节的安排以及演员在这片刻之间的丰富表演，真正做到了思想性和艺术性的统一。

"煮酒论英雄"这一场，是戏剧矛盾的高潮，也是刻画人物性格最重要的关键。曹操摆这一席酒，自然不是为了欣赏这枝头青青的梅子，也不是为了无目的地说古论今，目的是为了想借此探测一下刘备的内心世界，因此在摆酒之前，他自然早就把话想好了，后来在饮酒之间，忽然"阴云漠漠，骤雨将至"，天上挂起龙来了，于是他立刻改变了原来的主意，马上即景生情地与刘备谈论起天上的龙来，从龙又谈到当世的英雄，并且就势给刘备出了一个题目："使君久历四方，必知当世英雄，请道其详。操，洗耳恭听！"请看，这个话题转变得多么自然贴切！真可以说是巧妙得神不知而鬼不觉。但是，有着丰富的政治斗争经验的刘备，对于曹操出的这个题目的中心思想，是十分了解的。他深深懂得，在这个题目上，决不能使劲做正面文章，相反，应该使劲做反面文章。于是他随机应变，信口说出许多人来，一则装作自己是"俗眼"，不识英雄，二则借此以观察一下曹操对这些人的看法，实质上是反过来给曹操出了一系列的题目，让他来给自己做正面文章，而且这个题目，比曹操出得更加自然、贴切而又得体。果然曹操并没有认识到这一点，他随着刘备所举出来的一个个名字，毫不掩饰地说出了自己对他们的看法，并且表示一个个都要消灭他们。这一下，惯于自作聪明的曹操，不知不觉地在刘备面前又漏了自己的"底"。问题当然并不在于曹操要消灭那些远在天边的他们，而是在于由"彼"可以推想到"此"，所以这句话，无疑又是给刘备添加了压力；不过，倘若曹操根本不把刘备放在眼里，或者只把他看作是可以在自己的帐下咫尺之地安身立命的谋臣策士，那末，也还无关大局，所以对刘备来说，就迫切需要了解曹操究竟对自己是如何看法？于是沉着机智的刘备，趁着曹操在高谈阔论地大讲"夫英雄者，胸怀大志，腹有良谋，有包藏宇宙之机，吞吐天地之志"的时候，立即逼问一句说："听丞相之言，谁能当得起呢？"有趣得很，本来是曹操安排了"金钩"，这一席便筵，企图来钓刘备这一条大鱼——不，应该说是一条困龙的，现在却不知不觉地发生了变化，这根钓竿，似乎已经从曹操手里，无形中转到刘备的掌握之中了。不过，我们对于这位雄才大略而又老谋深算的曹操，也不能作简单化的估计，现在筵席之间的斗争形势发生了一些变化，这是一方面，但曹操并没有陷于完全失去理智、忘其所以的境地，相反他却在继续运用他先前使用过的那种战术，向对方的心理猛烈地施加压力，以观察他的变化反应，所以他接着就说出了那一句具有最大的爆炸力的话："目今天下英雄，惟使君与操耳！"这句话，简直是一个精神炸弹，它震得刘备的神经一阵昏眩，不觉举止失措地把一副筷子碰到地下去了，这是一种失态，是一种神经过分紧张以后的慌乱，是内心秘密的泄露。但是，上述这种情况，是在曹操施展了突然袭击的心理战术下发生的，对于刘备来说，这种失态是在精神上受到袭击以后的不由自主的直接的反映，是神经失去控制以后的片刻之间所发生的复杂的心理活动。随着筷子掉下去，这一事件本身，自然又立即促使刘备恢复了理智，头脑冷静了下来。正当刘备处于这种完全被动的尴尬的局面下，无巧不成书，不早不迟，天上突然来了一阵雷声，于是机灵的刘备，便不慌不忙地抓住这个最珍贵的时机，一面从容俯身拾筷，一面又假意自言自语地说："一震之威，乃至于此，吓煞我也！"真是移花接木，轻轻地把实质上是曹操给他的"一震之威"，很自然地转移到"上帝"的身上去了。这时的曹操简直被刘备这种极端巧妙机灵的手法弄得真有几分迷糊了，他困惑地说："丈夫亦畏雷乎？"在这个新问题面前，刘备如果回答说："我不是丈夫，所以我怕雷。"如果是这样，那末事情又要弄糟，马脚还是要露出来，因为用简单的抵赖的办法是不可能瞒过曹操的。你看刘备应付得多么巧妙啊！他文绉绉地说："'迅雷风烈必变'，焉得不怕啊！"这句话原是孔夫子说的，见《论语·乡党》篇。意思是说刮大风和打雷，是老天爷发脾气的象征，因此人们就必须向它改容致敬。在这里，我觉得这个刘备（假如历史上真有其事的话）简直是一个最出色的演员，他在曹操面前装傻装呆，装得多么逼真，演得多么入微啊！这里，剧情又向我们提出了一个在表演上极端重要的细节问题，如果说，我欣赏的这次演出，在其他一切细节上都设计得十分精到妥帖的话，那末在刘备"失箸"这个细节上，似乎还有可以商量的地方。我看到的表演是这样的：当曹操说出了那句惊人的话以后，刘备大惊发呆，接着就幕后响雷，于是刘备以袖拂桌、落箸，然后俯身拾箸，念台词，面向观众作大惊失色状，接着曹操就发问……我觉得这个细节的处理，就与当时双方尖锐紧张的心理战游离开来了。按照现在的处理，"失箸"并不是由于刘备心理上受到了严重的突然袭击因而举止失措的一种后果，而是刘备故意做出来表示怕雷以欺骗曹操的一种有意识的动作，这样，就产生了两个消极的后果：一，减弱了曹操这句话对刘备心理的压力，同时也就减弱了双方斗争的尖锐性和紧张性；二，损害了这两个人物性格刻画的真实性和深刻性，因为如果刘备企图用这种极为表面化的极其勉强做作的举动来瞒过曹操的话，就显得刘备的斗争艺术十分平庸拙劣，这就损害了刘备的性格刻画；如果说曹操竟然能被这样表面化的做作瞒过去的话，那末就又显得曹操太幼稚可欺，这样又损害了曹操的性格刻画。我认为刘备听到曹操那句话以后的惊是非同小可的真惊，演员应该在这一瞬间充分地恰到好处地表达出他这种具有特殊深度的心理内容来，而"失箸"的这个细节，正是表达这种心理内容的最好的外形动作（雷响自然应该在曹操说到"唯使君与操耳"这句话的"操"字上发作，因为刘备特别感到吃惊的是曹操不但把自己看作是英雄，而且竟把自己看作是与曹操并立的英雄，这样就清楚地看出了自己确实是曹操眼中惟一的敌手，所谓"两雄不并立"，那末自己的后果便可想而知了），到刘备俯身拾箸，念台词的时候，刘备应该表演的，就不能再是惊恐，相反，却应该尽力表示自己的从容，以显示刚才的一惊确是迅雷不及掩耳的一惊。这样，才能把这个"失态"轻轻掩饰过去。然而，这里还必须注意到，刘备在俯身拾箸以后的台词和表情，其实质固然是为了掩饰自己在被曹操一语道破以后的"失态"，但在形式上，在对于曹操，却必须表现为为了掩饰刚才自己胆小到竟至闻雷失箸的"失态"，这样，他后来所说的"'迅雷风烈必变'，焉得不怕"这句装作迂腐腾腾地自我解嘲的话，才显得十分贴切自然，而曹操也才会真正相信他真是个胆子小，见解迂腐平庸的人，不像轩昂超脱，胸怀大志的英雄。

关于这个细节，《三国演义》的修改者和评论者毛宗岗曾经说过这样一段话：

> 两雄不并立，不并立则必相图。操以备为英雄，是操将图备矣；又逆知备之必将图我矣。备方与董承等同谋，而忽闻此言，安得不失惊落箸耶？是因落箸而假托闻雷，非因闻雷而故作落箸也。若因闻雷而故作落箸，以之欺小儿则可，岂所以欺曹操者。俗本多讹，故依原本校正之。一震之威，乃至于此，只淡淡一语，轻轻混过，妙在有意无意之间，岂真学小儿掩耳缩颈之态耶？

我觉得毛宗岗的这段话，是值得我们参考的。

经过了这一场尖锐紧张的冲突以后，矛盾就逐渐趋于缓和了，因为曹操终于暂时被刘备的这些假象瞒过去了，你看他自言自语地说："哎呀呀，似此胆量，焉能成其大事啊！"他从心底里已经瞧不起刘备了。然而，剧作者的笔并没有到此为止，随之而来的，是关、张二人的提剑闯宴，这在剧情上又是一次小小的惊人之笔。这两个人的到来，无论是对于曹操或刘备，甚至于台下的观众，都是感到突兀的。曹操对于这两个人的到来，心里自然是吃惊的，因为他们是敌人，何况手里还提着宝剑。那末，对于刘备来说，应该是很自然的了，然而不然，此时刘备的内心，紧张的程度，我认为应该比曹操更甚。因为他好容易费尽了心机，才把自己的秘密活动和英雄本色，一股脑儿地掩盖了过去，现在却想不到这两个人手提宝剑直闯进来，万一这位鲁莽的三弟不问青红皂白地直嚷出来（因为按照原著的描写，董承黉夜访刘备，以衣带诏示刘备，并与刘备共立反曹的义状，关、张两人是一起参预其事的），或者是竟动起手来，岂不是前功尽弃。这里又有一个细节，我觉得可以更动一下。剧本规定在曹操问明二人来意以后，传命"后园设酒，与二樊哙压惊"，然后两人同下，当两人下场的时候，即作亮相，欲杀曹操之状，刘备以目止之，于是两人方才同下。我觉得关、张二人"欲杀曹操之状，刘备以目止之"的这一个细节，应该安排在两人上场闯宴的时候，这样才更符合当时两人的心情，及至看清了曹操与刘备在饮酒谈笑，并没有出乱子，而且曹操还设酒招待他们时，自然他们就明白刘备的秘密并未泄露，自己当然也就决不能鲁莽行事了。当然在关、张闯宴时整个戏的矛盾已经趋于缓和，关、张作欲杀曹操之状的表演，决不能过火，只要略见其意即可，否则将使下面的情节很难顺利脱卸。

戏剧，要求情节的高度集中，矛盾发展的步步扣紧，任何拖沓松散，都将给戏剧带来致命的弱点。你看，剧作者的笔，刚刚把这两个不速之客从容地打发下场，立即，他又拉紧了另一条线：探报袁术攻打徐州的紧急军情，于是十分精明机智的刘备，利用曹操对自己的一时麻痹，立即讨命出征。果然，曹操不再严加防范他了，居然发给他五万人马，命令他"即日兴兵征讨"，于是剧情便急转直下，刘备这一条困龙便"从此脱却金钩去，摆首摇尾不再来"了！等到程昱进谏，曹操猛悟，立即命许褚将刘备追赶回来时，已经是鱼跃深渊，龙归苍海了！

剧作者根据原作的精神，十分深刻地刻画了这两个英雄人物之间的一场尖锐紧张的攻心战，使我们看到了这两个具有各自不同性格特征和精神面貌的"活生生的个性"，使我们看到了古代政治斗争的一种特殊形式；而袁世海、李世霖同志的精彩表演，又使我不得不把这次动人心魄的艺术感受尝试着记录下来。

（原载 1961 年 11 月 9 日《人民日报》）

麒派杰作《乌龙院》

《乌龙院》，是麒派艺术的典范杰作，周信芳同志在这个戏里，创造了一个活生生的后来成为梁山领袖的宋江的鲜明形象。研究周信芳同志的《乌龙院》，我们可以看到麒派艺术的主要特色。

周信芳同志是一位富于生活经验和斗争经验的表演艺术大师，他善于把自然状态的生活，集中、概括、提炼成为千千万万观众所理解、爱好和欣赏的艺术。六十年来，他创造了一系列令人难忘的艺术形象，当人们一提到京剧中的萧何、徐策、萧恩、宋士杰、张广才、张元秀、文天祥、关羽、鲁肃等名字的时候，人们自然也就会同时联想到创造这些艺术形象的周信芳同志。艺术形象的名字，几乎与创造者的名字合而为一了。

周信芳同志所创造的宋江，就是这许多不朽的艺术形象中十分突出的一个。

《乌龙院》中的宋江，自始至终，是一直处在被动的地位的。宋江在第三场中首次出场时，一方面，晁盖为了答谢宋江，已经派刘唐到郓城县下书，另方面，张文远与阎惜姣却正在乌龙院密谋寻找机会陷害宋江。在这样的背景下，戏剧的矛盾展开了。当宋江在幕内说声"列位，少陪了"慢步出场时，他的心境是闲散的，他唯一惦念的是晁盖等人的安危，因此，他对街坊邻居的闲言并没有在意，直到耳朵里滑进"前面走的张文远、后面跟的宋公明"这句话时，才引起他的注意，止步细听了下面的那段"闲话"。话虽不好听，但并未引起他的勃然大怒，他说："是非终朝有，不听自然无。"他把实际上已经被街坊邻居们揭开来的矛盾，轻易地就撂下去了。剧作者的这一笔描写，并不是无目的地追求剧情的波折，而是为了告诉观众，宋江这时的主观认识，是处于"身在祸中不知祸"的状态中，使观众清楚地了解到以后一系列向宋江迎头袭来的事件：闹院、下书、杀惜，都是出于宋江的逆料以外的。其所以如此，第一，是由于此时的宋江，与社会现实和封建政权并没有处在对立的地位，还没有革命的自觉而只是同情革命。第二，对阎惜姣的狠毒缺乏认识，因而对阎、张关系中潜伏着的对自己的危机毫无警惕。

《闹院》一场中宋江对阎惜姣的态度，就是被上面这种思想支配的。周信芳同志不仅十分深刻地把握了特定环境中的角色的思想和性格，而且表现得异常动人。谁都知道，在现实生活中，夫妻吵架这类事情，决不能引起人们的美感，因而也不会有人把左邻右舍的夫妻吵架，当作艺术去端坐欣赏，然而周信芳和赵晓岚合演的《闹院》——这一场"夫妻吵架"，却使满座观众为之倾倒。

当宋江带着猜疑的心理闯进乌龙院时，他面向里边，撒开扇子，背手，从下场门移步环视到上场门，眼光正好下意识地落在企图凑上去挡住宋江视线的阎惜姣身上，四目相视，宋江微微摆动贴在背上的那把扇子，注目阎惜姣的鬓发和略现慌乱的神情。阎惜姣不由自主地摸一摸头，下意识地整一整衣襟。这时，全场寂静，舞台的气氛由于过分紧张而趋于冻结状态。半晌，宋江见找不出破绽，才拉着调子"呃"了一声，转过身来，于是刚才紧张而死寂的舞台气氛，又重新活跃起来。在这一段短短的表演里，演员的动作很少，也没有说一句话，全部是靠眼神、脸部表情和一些目的性很强的动作来传达角色的心理活动的，然而却使全场观众为之屏息，大有"此时无声胜有声"之感。

接下去便是一场夫妻口角。这时阎惜姣虽然惊魂初定，但心里的一块大石头并未落地（张文远还未走脱），唯一的办法，是想法把宋江赶快撵走。而宋江的心理，却是想与阎惜姣"泡"下去，看一看究竟。赵晓岚的阎惜姣与周信芳的宋江，配合得严丝合缝、丝丝入扣。她没有简单地从表面上去刻画阎惜姣的泼辣，而是深刻地表现了她从心眼里对宋江的冷酷无情（发展到《杀惜》一场，便是极端的狠毒），我认为与其说赵晓岚演的阎惜姣活像一个阎惜姣，倒不如说她把阎惜姣演得活像一个生活中的演员要更准确些。你看她一会儿对宋江表现得十分冷，心里、嘴里、脸上没有半丝"热"气，说话有气无力、爱理不理、而且常常话中有刺，然而，一会儿她又对宋江表现得相当"热"，脸上挂着笑，嘴里叫着宋大爷，可是台下的观众都清楚地看到，不论她对待宋江是冷是热，她的目的只是一个，想法把宋江撵走，她内心的真实感情是没有丝毫的改变，依然是寒冰一块。赵晓岚饰阎惜姣一角的白口，也是具有很高的表现力的，她所说的那些话，具有丰富的心理内容和鲜明的个性特征，她把阎惜姣在特定情景下的思想感情、心理状态，描摹得曲曲入微，惟妙惟肖。正是由于这样，周、赵合作的这一场《闹院》，才把观众带进了很高的艺术境界。周信芳同志的宋江，自然是经过千锤百炼的艺术精品了，他一洗过去舞台上演《闹院》时的许多低级庸俗趣味，使得宋江这个人物的艺术形象，精光四射。从生活的真实到艺术的真实，取得了统一。在演出过程中，周信芳同志十分准确地把握了角色的心理逻辑：从一再忍让，到忍无可忍到发誓而去。尽管在这个过程中，宋江有三次发怒，而且最后发展到了高潮，但是观众却清楚地看到，宋江毕竟是处在被动的状态中，因为他一来没有抓住把柄，二来终究是被阎惜姣赶出了乌龙院，三来他对阎惜姣仍然缺乏足够的认识，虽然他曾恨恨地说："乌龙院无有风吹草动便罢；若有风吹草动，我就是这一刀，结果你们的性命。"但是当他最后下场的时候，却依然是责己从严，并且说："她不是我的妻，何必太认真！大丈夫，提得起，放得下，说不来就不来。我不来——（走了几步，回身再看）嘿嘿！我再也不来了。"看来，他是准备用撒手不理的办法来摆脱这场纠纷的。这就是说，宋江当时的认识，仍然是落后于他所处的客观现实（张、阎正在伺机陷害他而他没有意识到）的。

《下书》一场，是全剧的关键，由于刘唐的下书，使本来并没有政治性质的阎惜姣、张文远、宋江三人之间的纠纷，在下面一场里，就具有十分鲜明的政治性质。从而使张文远和阎惜姣两人原来隐蔽着的（即观众无从看清楚的）反动的思想和立场，得到充分的暴露。因此，晁盖的那封信，在戏剧的结构上，是具有决定性作用的，如果没有这封信，便不可能有最后一场戏，所以这封信，对于全剧来说，无疑是预先安下的一颗定时炸弹，只要条件成熟，时间一到，就会全面爆发激成戏剧的最高潮。不过，这封信如果老在刘唐手里，不让他送给宋江，也是无法产生戏剧效果的。所以从这两方面来看，《下书》一场对于全剧，实在是关键性的一场。周信芳的表演，是令人叹服的。他没有像一般的演员一样去表现宋江见了刘唐（和那封信）以后的怕（怕出事，怕连累自己），而是突出地表现了他内心的紧张，而且更重要的是深刻地表现了他对刘唐和对梁山充满着关切之情，这就再一次地向观众披露了他的内心感情，他是同情他们的行动的。与刘唐街头相遇一段，那种似曾相识，而又一时想不起来并且为此而感到有些惶恐和歉疚的神情，描摹得淋漓尽致。这时观众所看到的，不仅是艺术，而且还有真实的生活内容，或者说看到了经过艺术提炼，经过艺术法则美化以后的真实的生活。当舞台上的宋江沉入回忆的时候，戏剧的节奏是缓慢的，人物的动作也是很小的，但是当刘唐最后报出了自己的名字时，节奏立刻就强烈而紧张了，这时宋江紧张地说声"禁声"，撒开扇子，两人分头往两边察看，然后用目示意，宋江顺势将扇子向左边一挥，一手抓住刘唐，先是慢步蹑足探索向前（向下场门），然后是转身紧走圆场，宋江手里平坦着撒开的扇子，抖动得像飞舞的蝴蝶。配合着锣鼓点子和走圆场时优美的舞蹈身段，强烈地渲染了紧张的气氛和刻画了人物紧张急遽的心情。酒楼看信一段，宋江一方面十分关心梁山，为他们山寨初定而感到高兴；另方面，又使观众清楚地感到他这时确实是为刘唐也是为自己担着"血海也似干系"，他的看信、插信、辞金、赠扇等动作，都是在这种心理支配下进行的，直到他把刘唐送走后，我们才看到他用手擦一擦额上的汗珠，卸下了这副重担（其实重担并未卸下，爆炸物就在他胸前的招文袋里）。《下书》这场戏虽然很短但是刻画人物却很深刻，而且对剧情起着有力的缩合（把前面三场戏和后面一场戏紧紧地联结在一起）和推进作用。

《杀惜》是全剧的最高潮，是矛盾的总爆发，然而这时的宋江，仍然处在被动的状态中，在这以前的刘唐下书，已经是他意想不到的事情了，哪知刚刚送走刘唐以后，又意想不到地被阎婆缠住，一把将他拖进了乌龙院。进院以后，他原想坐一坐就走的，哪知阎婆竟把他关在房里，使他脱身不得。总之，这一切事情的发生，都是与宋江的主观认识相左的，他根本没有料想到在这些纠葛中，竟会爆发出危及他的性命的事件来。

宋江失落招文袋，是这场戏里关键性的情节，这个情节处理得不妥当，会影响到下面戏剧高潮的可信性，因为那封信从晁盖手里到刘唐手里，再从刘唐手里到宋江手里，终究还只是在矛盾的一方面，它不可能发生爆炸，只有到了阎惜姣手里，它才会像炸弹遇到了火星一样爆炸开来。因此宋江如何失落招文袋，便是一个极为重要的关键。周信芳同志对于这个情节的处理，是符合于生活真实的，是有极强的说服力的。他一方面逼真地表现了宋江因为一夜未睡因而有些睡眼蒙眬和困倦的神情，同时更重要的是他有力地突出了宋江内心的气愤，在极度气愤之下，宋江有些失去常态，有些气昏了，他回身看一看阎惜姣，恨不得一步就离开这个地方。他急急拿起招文袋往怀里一揣，没有揣好，顺手就往腰里一插，又没有插好，他更不耐烦了，随即就往腋下一夹，伸手拿过衣服往肩上一搭，一个转身直向门口走去，不意房门又被倒扣住，连叫两声"妈妈娘开门来"又无人答应，于是他更气愤了，在盛气之下，双手即用力将门拉开（这时招文袋于开门声中落地，他未曾发觉），然后急步下楼，拔去大门闩，拉开门，一步跨出去，嘴里愤愤地说声"下次再也不来了"，然后下场。这一连串的动作，都是在一股气愤的情绪下进行的，这时人物的精神状态是处在感情冲动中，是感情多于理智，所以招文袋没有像往常一样挂在胸前，也不可能像往常一样穿衣整冠。过去我看有的同志演到宋江从床头拿起招文袋时，往往用带子将招文袋左一缠右一缠，一忽儿把它塞在怀里，一忽儿又把它套在颈上，一忽儿又把它拿下，经过好多遍反复，才把它夹在胁下。这种表演，显然脱离了生活。因为招文袋套在颈上，是宋江的习惯动作，既然已经正常地套到了颈上了，就没有理由再要拿下来。这次，周信芳同志只用三个动作，就很洗炼又很真实地交待了宋江失落招文袋的原因，这里我们又看到了周信芳同志从生活中提炼出来的艺术。

从宋江发觉失落招文袋因而慌急万状地回院搜书到宋江杀惜这一段，是全剧的最高潮，也是这个戏里宋江性格塑造的最后完成。周信芳同志在这里展示给我们的，是那种惊人的生活真实感和高度的艺术美的完美的结合。当宋江从场面上的"乱锤"声中再度出场时，给我们的第一个鲜明感觉，就是他已经是从老远的地方一路慌张地找寻而来了，他步履踉跄，神色慌张，眼神凝聚，急急地念："哎呀且住！昨夜偶宿乌龙院中，失落了我的招文袋，内有黄金一锭、书信一封。想这黄金事小，想这书信，乃是晁大哥所寄，若被旁人捡去，倒也还好，若被贱人捡去，我的性命休矣！这、这、这……也罢！我不免回楼寻找。"这一段台词，一口气直喷出来，如急雨打窗，如珠落玉盘，观众的耳朵里只听得一阵逼促而焦急的声音突然袭来，而宋江此时惶急万状的心情，也向观众一泻无余了。宋江急急回到乌龙院，进门时一脚将刚才未拉开的半扇大门踢开，直奔上楼，急急寻找。当他确定这封信已经被阎惜姣捡去的时候，就不由自主地转过身来，双翻袖背手，向里注视阎惜姣，不觉倒抽了一口气，向后退了两步，略一停顿，然后下决心上前去向她讨回书信来……在这一大段表演中，人物的思想过程和内心活动，没有任何一点是不符合生活真实的，因而也是没有任何一个动作是不能被观众理解和接受的，然而，更重要的是没有任何一个身段和动作是不美的。

《杀惜》这一段，对阎惜姣的刻画，可以说到了十分深刻的地步。这时的阎惜姣，已经不是闹院时对宋江的冷酷无情了。她自从获得了晁盖的这封信后，她的思想里，突然迸发出来了一些"新"的东西。她的行动的目的性也突然明朗而坚定了，她好像突然间感到自己有了强大的力量作为依靠，在她的眼里，宋江的性命，已经完全掌握在她的手里，他已经失去了任何自卫的能力，现在她可以为所欲为了。在这种思想支配下，她对宋江实行步步进逼，直到逼出了宋江的休书以后，她仍不罢休，当宋江忍着满腔怒火再一次向她哀恳时，她竟然举手猛打宋江一个嘴巴，并且断然声言："你要我还你的书信哪！哼哼！随我到公堂。"到这时，从闹院时就开始蓄积起来的宋江心中的无穷怒火，随着阎惜姣的掌声，一齐爆发了，宋江终于一刀杀死了阎惜姣。

艺术家周信芳，在正确的世界观的指导下，用生活本身的逻辑，向我们说明了阎惜姣的死是受到了正义的惩罚，因而观众全部的同情都倾注于宋江，而阎惜姣的死，对观众所起的作用，则是引起了人们无限的快感。

　　从周信芳同志的《乌龙院》所体会到的麒派艺术的主要特色，我觉得就是这种生活真实和艺术真实的高度统一，就是角色的性格化和京剧表演程式的高度的统一。我们不可能从周信芳同志的表演中找到没有生活内容的"艺术美"；同时，我们也不可能从他的表演艺术中找到没有艺术美的自然状态的生活。这种特色，我想恐怕就是戏剧表演艺术上的现实主义的创作方法的主要特色。

　　我们说《乌龙院》是麒派艺术的精品，自然也包括其他演员的紧密合作在内。例如名丑刘斌昆的张文远，虽然着墨不多，却能得其神髓，堪称一绝。他没有简单地从外表上去夸张张文远的下流相；相反地却把他表演得从表面上看来好像斯文一派，但是当他打门以后听到阎惜姣在里面一声"来了"时，忽然双肩微微一动，斜过脸来眯缝着眼睛向观众一瞟，舌头微微吐出，向右嘴唇边打一个转，然后略略耸肩缩颈，说声"哎呀妙啊"进门。这几个具有特征性的动作，一下子就把张文远藏在骨子里的那股邪气，和他馋涎欲滴的神情，刻画得入木三分。刘斌昆的表演，完全是从角色的性格特征出发的，因此他所创造的这个角色，就能形神兼肖。

　　艺无止境，为了精益求精，我觉得这个戏还有两个细节的处理，值得商量。其一，是宋江杀惜后对那封信的处理，按照这次的演出，宋江从阎惜姣身上搜出了那封信后，没有立即烧毁，而是仍旧把它揣在怀里了，我觉得这样处理，不如从前周信芳同志演出时把它就残灯下烧掉好，因为从生活的真实来说，宋江这时无论如何也不可能再保留这封信了，保留这封信一方面削弱戏剧高潮的气氛，减低了这封信的分量，同时更重要的是使得观众对这时宋江的心理无法理解（这次演出时，台上的灯已吹灭了，这一点是否必要，我觉得还可考虑）。从戏剧结构上来说，这封信的作用，是为了激起全剧的最高潮，当它已经完满地起过了这个作用以后，这封信的保留，就成为累赘之笔了。其二，是宋江最后与阎婆一起下场的细节，这次的演出是宋江拿着刀下场，我觉得这个细节的处理，也不如过去不拿刀下场来得合理。因为如前所论，宋江在这个戏里，一直是处在被动的状态下的，在杀死了阎惜姣以后，他的思想活动，主要是希望大事化小，小事化无，因此，拿刀下场的处理，一方面不符合宋江此时的心理，同时也使观众对他这个行动的目的性无法了解。

周信芳同志的艺术是博大精深的，这里所谈的只是一孔之见，未必尽当，希望得到方家的指正。

（原载 1961 年 12 月 29 日《光明日报》）

争看小麟童

　　麒派的创始人周信芳先生离开我们已经二十多年了，我最后看他的戏，是六十年代初他演的新戏《海瑞上疏》，之后不久，周信芳先生在"文革"中也因为他的《海瑞上疏》而惨遭迫害，终于含冤逝世。从那时起一直到这次我看小麟童之前，二十多年来，我就再也没有看到过麒派的戏。

　　我是在毫无思想准备的情况下去看小麟童的。谁知道一看之下就欲罢不能，我一连看了他四场戏。近二十多年来我连看四场戏，这确还是第一次。可以说，小麟童和鞍山市京剧团的表演，给了我艺术感受上的最大的满足。

　　大家知道，麒派的最大特色，就是表演上的现实主义和做派的认真饱满，一丝不苟。小麟童可以说是完完全全地出色地继承了麒派的这一特色。所以我在看戏的时候，不由自主地时时想起周信芳先生的表演，有时竟有如同看周信芳的演出的感觉。尤其是我在看他的《徐策跑城》和《乌龙院》时，这种感觉更加明显。

　　我认为《跑城》这出戏是他演得最完美的，自始至终我没有看出任何一点不足来。周信芳先生非常成功地创造出来的徐策这一艺术形象，可以说被小麟童完美地继承下来了，不仅仅是继承下来，而且有了小麟童自己的艺术特色。一样是"跑城"，小麟童并非原封不动地照搬，而是有了自己的"跑"法，更难能的是有了自己的跑法但仍然让观众感到这是地地道道的麒派，一丝不走！

在这出戏里，不仅是"念"、"唱"和"跑"，这三者无疑是非常非常重要的，但还有一个重要方面，是要演出这个人物的神气来。周信芳先生在这一点上可以说是绝对的第一流水平，这次我看小麟童的徐策，也可以说是达到了此种境界。

这出戏在"跑城"以后，就戛然而止，这种处理，我认为也是极为成功。观众在前面"跑城"里已得到了高度的满足，那末下面最好不要去冲淡这种满足。虽然下面的情节还有发展的余地，而且周先生的本子里下面也还是有戏的，然而细想起来，下面的情节已经是无足轻重了，那末何必非要此近于蛇足的情节，观众尽可以陶醉在艺术里，尽可以让戏多一点含蓄，以增加人们的回味。

《乌龙院》这出戏，"闹院"和"杀惜"这两大段都是十分成功的，尤其是"杀惜"（包括"坐楼"），演得确是十分成功，给我们如看周信芳的感觉。

应该指出，饰阎惜姣的孙毓敏，配合得十分成功。周先生演出时，阎惜姣一角一直是由赵晓岚饰的，常常使人感到此角似乎非赵晓岚莫属。现在我看孙毓敏的表演，生活气息既浓厚，而分寸感又极强，常常使你有恰到好处之感。

"下书"这一场，舞台调度上似乎有些逼促，拉不开距离，宋江与后面的刘唐离得太近了。记得周先生演出时，场上是空的。宋江已走过半场，后面的刘唐才上来，远看前面像是宋江，因此才冒叫一声，宋江转过身来，也才有似曾相识而又实不相识的神气。周先生表演这一段，真的是在虚处传神，精妙到了极点。及至刘唐贸然说出"赤发鬼刘"四个字时，宋江顿时大吃一惊，顺手急忙把扇子撒开，挡住刘唐，矮身，急走圆场，刘唐则走矮步，配合着演奏急促的锣鼓点子，这一场戏真是妙合无间。现在由于调度上的失当，刘唐离宋江一开始就太近，以至于就无戏可做了。试想离得很近，一看就认得，（尤其是刘唐看宋江）那末这种疑似之间的神气自然就不大好发挥了。

《走麦城》这出戏，是麒派的剧目，但也是红生共同的戏。我一直没有看过周信芳先生的这出戏，但却多次看过乡下草台班演出的这出戏。就小麟童演出的这个剧目来说，我感到剧本还有推敲的余地。

对关羽最后弃麦城而走，过去评价一直认为是他不应该走，好像不走就不会有事似的，其实大谬不然！

必须认识到关羽的走是完全正确的，也是塑造关羽这个英雄形象所不可缺少的一笔。因为据守上庸的刘封、孟达拒不发兵，麦城就成为一座死城。又因为麦城是一座极小的小城，城内既无粮，又无兵，如何可守？所以当时的形势，如果不走，就成为坐以待毙，敌人就可以瓮中捉鳖，难道让关羽束手就擒！所以在关羽来说就只有走的一条路，走还可以决一死战，还可以有一个突围的希望，充其量也就是战死沙场，这对关羽这个形象来说是最后的完成，而且是英雄式的完成。如果让关羽在麦城被俘，那末将成何下场！这样的结局给吕布可以，给关羽就不可以。或曰：依《三国演义》的描写，关羽出走后也是被俘的，与麦城被俘有何区别？答曰：大有区别。如果麦城被俘，这只能说明关羽走投无路，只能坐以待毙，这样的结局就大大损坏了这个英雄形象。出走后在战斗中被俘，而且是用绊马索把马绊倒后被俘的，这于关羽的勇武，于关羽的凛凛神威丝毫无损，所谓英雄难免阵前亡也，这与不敢上阵坐以待俘的结局，相去何可以道里计！所以我有诗赠云：

辛未秋日，看鞍山市京剧团小麟童演
麒派名剧《走麦城》感赋二绝

一

廿年不见老君侯。

偃月青龙对客愁。

今日宝刀重出匣，

精光依旧照九州。

二

千里单骑美髯公。

高风亮节世无同。

麦城当日英雄路，

绝胜洛阳不思翁。

注：蜀后主刘禅降后至洛阳，封安乐公。曾曰："此间乐，不思蜀。"

所以，关羽从麦城出走，是对关羽这个英雄形象的最有力的一笔特写。演员演关羽，心里也必须认识到这一点，才能心里有戏。

小麟童的麒派戏还有一点必须指出：他在麒派艺术的基础上博采众长，有所增损，这对于艺术来说，是十分必要的。小麟童在艺术风格上比较潇洒，注重神韵，在《跑城》的徐策身上，体现得更为突出，从而也就增加了人物形象的韵味！

观众对小麟童的热烈情绪是空前的。从剧场外面老远老远就有人拿着钱等退票，到演出结束后观众久久不去，甚至一定要等着小麟童到台下来与大家握手合影这一情况来看，足证麒派艺术是有征服观众的能力的。京剧以及传统戏曲、传统艺术的生命力是强大和旺盛的。任何否定和贬低传统文化的思想，都必将被实践所否定。

　　我们有这样高度发达的完美的戏剧艺术，应该感到自豪。

　　我们有五千年光辉灿烂的传统文化，应该感到光荣，感到我们祖国的伟大和可爱！

1992 年 2 月 15 日

争看江南活武松

十三年前，我在上海曾经看过盖老的杰作《恶虎村》，那时盖老已经是年过花甲的老人了。从那时起，十三年来，我的脑子里，一直深深地印着盖老所创造的黄天霸这个角色的艺术形象。特别是他在夜行探庄一段中所表演的许多美不胜收的复杂身段，常常勾起我深永的回味。

最近，我连续两次看了盖老的《武松打店》，同时又重复看了他的《恶虎村》。令人惊奇的是，舞台上的盖老，非但没有丝毫老的感觉，相反却是雄姿英发，俊气逼人，无论是一动一静、一招一式，都使你感到精光四射，目不暇给。但是问题还不在于这一招一式的沉着稳练，雄健威猛，更重要的是盖老的表演，自始至终，都是神完气足，不断劲，不竭气，无论是动也好、静也好，都始终保持着武松这个英雄人物的精神风貌，全神贯注，一气到底，给人以艺术的完整丰润之感。这一点，正是艺术最难达到的境界，然而在盖老的表演中，却显得那样纯熟自然，如弹丸脱手，毫不费力。孔子说"七十而从心所欲不逾矩"。论年岁，盖老已经年逾古稀；论艺术，盖老早已到达"从心所欲不逾矩"的艺术化境了。在表演艺术上，特别是在武生行中，我深深感到盖老实在是我

217

们当今的一座艺术高峰，不由我们不对他油然产生"高山仰止"之感。

盖老的武松，是公认的"江南活武松"，可是究竟"活"在哪里？却值得我们研究。有人说他创造了一个完整的活生生的武松的个性。这话一点不错。然而，这活生生的个性的特征究竟是什么？盖老是如何把握和表现这个个性特征的？不分析这个问题，那末我们仍然只能心知其武松之"活"，而不知其所以"活"。

也有人说武松的性格特征是力与勇，然而《水浒》里的李逵、鲁智深，难道缺少力气或者不够勇敢？在舞台上表演了武松的力与勇，难道就能把武松的性格活生生地表现出来？我觉得《水浒》里武松的性格特征，不在于力与勇，而是他在与黑暗现实作坚决的斗争中所表现出来的稳、准、狠。恩格斯说："人物的性格不仅表现在他做的什么，而且表现在他怎么样做。"（《给拉萨尔的信》，着重点是原有的——引者）我觉得这稳、准、狠的性格特征，正是在武松的具体行动中表现出来的，也就是说这三个字具体地表现了"他怎么样做"。我体会盖老的武松之所以"活"，就是因为他六十年来，通过艰苦复杂的艺术实践，活生生地再创造了武松这个英雄人物的艺术形象和卓越地表现了他的这种性格特征。就以盖老的《武松打店》为例，武松从下场门出来的时候，动作神情都很平稳，没有作什么突出的表演以显示这位打虎的英雄，这看来似乎嫌平淡，但实际上是完全符合武松的性格和当时的具体环境的，因为武松这次入狱，完全是他挺身到官的，不同于后来《快活林》以后的入狱，如果在这时就让武松表现得跃跃欲动，或者寻事生非，这就反而损害了这个英雄的性格的真实性。不过从表演的角度来看，这种出场，比起那种摆着架子的出场，要困难得多，因为要从朴素平淡中显出英俊的气概，实在不是一件容易的事，因为它没有任何假借。

武松在落店以后发现是黑店，因而不慌不忙地对上下左右作了十分细心的检查，这一段表演，进一步刻画出了武松机警沉着的特点，同时也深刻地交待了武松久闯江湖的阅历。这一切都显示了武松性格的稳，同时也显示了他对周围环境观察的细密和准确。

然而在开打以后，我们就立即看到了武松性格的另一面，即斗争中的那股"狠"劲。这一场黑夜的搏斗，是盖老的精心杰作，阎少泉同志的孙二娘，也堪称劲敌。这一场搏斗的特点，不是在于表面的热闹和炽烈，而是在于特殊的紧张，当双方都在屏息静气地搜求对方的时候，于静默中却充满着紧张和杀机，到双方接手开打以后，我们特别可以感到，盖老的落手多么重，多么狠啊！他丝毫也不让你感到他们是在表演，他简直使你不得不相信他们是在作殊死的搏斗，特别是剁刀、掷桌等惊险的动作，真是惊心动魄，令人怵目！

有人说，盖老的艺术表演得很轻飘、洒脱，这话很对，但是却需要作解释。我认为这轻飘洒脱，只是他的艺术达到炉火纯青，达到"从心所欲不逾矩"，因而在表演的时候，能够好整以暇，从容不迫，处处给人以美感。至于每个动作本身，则又是凝聚着全身的力量，沉雄而又威猛，完全具有古代英雄的雄武风格和矫健身手的。所以说，盖老的武松，不仅是"活武松"，甚至可以说是"真武松"，因为没有他这一身真功夫，是不可能像他那样表演出武松的特点来的。

盖老的艺术风格的另一特点，是朴素而洗炼。所谓朴素，就是艺术经过了千锤百炼以后，洗净了一切浮华雕琢，呈现出了最本质的自然的美；所谓洗炼，就是在艺术形象的创造上，经过刻苦的琢磨，删除了一切不必要的表情动作，使得人物的一举一动，都显得异常的精炼，具有鲜明的性格特征。我认为这种朴素洗炼的艺术风格，是艺术的最高境界，是不容易达到的。试看盖老的武松，从形象上看，何等朴素浑厚；从表演上看，一举一动，何等干净利落，沉着凝重。我深深感到盖老的武松，虽然动作不多（不像有些人喜欢满台乱打），而却神采焕发，使人感到有一种艺术上的含蓄，一种内在的美。以武生而能表现出这种含蓄的内在的美，这是何等难能的造诣啊！元好问评陶渊明的诗说"豪华落尽见真淳"。"豪华落尽"固不待言，而这"真淳"两字，我觉得盖老的艺术，尤其是当之无愧。

（原载 1961 年 7 月 23 日《光明日报》）

三看《二度梅》

　　1957 年武汉市汉剧团来京演出的时候，我曾两次看了陈伯华同志主演的《二度梅》，这回，我又一次看了这个戏的修改本的演出。对于一个普通的观众，能够具有如此强烈的吸引力，已经足以说明这个戏多么具有引人入胜的艺术魅力了。

　　修改以后的《二度梅》，删去了旧本中《舍岩》以下《落园》、《失钗》、《团圆》等情节，保留并修改了《祭梅》、《骂相》、《丛台》、《临番》、《舍岩》等几场戏。扼要点说，它的主要情节，就是陈杏元被迫奉旨出塞和番。经过这样较大的删改后，这个戏的主题思想，便显得更为单纯统一了。这样的戏，是既不好写也不易演的，因为同样主题的戏，在昆曲、京剧和一些地方戏中，早已有了《昭君出塞》这样的剧目，而且深为观众所熟悉和喜爱，弄得不好，这个戏就容易落入"窠臼"，失去艺术的生命力。然而剧作者和改编者并没有被困难吓倒，他们巧妙地在"和番"这个根本情节中，融入了陈杏元与梅良玉夫妻生离死别的悲剧内容，而且这一对夫妻生离死别的悲剧，又是一场忠臣和奸臣——也就是正义和邪恶的残酷斗争的余波，它继续贯串了这个戏的始终。由于这许多情节与"和番"这一主题的成功地结合，于是这个戏，尽管情节的核心仍有与《昭君出塞》相似之处，但却并无丝毫雷同重复之感；相反，它却大大地丰富和发展了"和番"这个主题，成功地取得了自己的艺术生命力！

这个戏一开始就笼罩着悲剧的气氛，第一场戏写得波澜曲折而又集中。所谓集中，就是剧中人物的思想感情，都紧紧围绕在同一个问题上：这就是梅家是否有后（这是陈杏元全家最关心的问题），梅家能否复兴的问题。惨遭了灭门之祸的梅良玉，改名换姓，以书童的身份，在陈府的花园中对着梅花长叹，忧心如焚，要想与岳父相认，而又怕连累他家，要想复仇，而又无计可施。梅良玉的未婚妻陈杏元，时时刻刻在深闺中分担着梅家的灾难和忧愁，特别系念着良玉的安危，她在深闺自怜，苦痛得无可排解的时候，命丫环翠环到后园摘一枝梅花来供养，聊解她的愁怀。陈日升夫妇听说后园梅花盛开了，他别有所寄地感到这也许是梅家有后、能够复兴的预兆，于是赶忙到花园中去对梅哭祭……这一切，都十分自然地引导观众去关心陈日升能否发现在身边的那个书童喜童就是梅家的后人、陈府的娇婿；关心剧中主人公之一 ——梅良玉的命运究竟将如何发展。于是观众的心情，都不由自主地与戏的情节缩短了距离，而且渐渐地自觉地去追究情节的发展了。所谓波澜曲折，就是在上述这种相当浓厚的悲凉气氛中，忽报梅花盛开，它象征着梅家有后，梅家尚有复兴的希望，于是一种喜气又在悲凉的气氛中渐渐荡漾开来，这可以说是微波一曲。正当人们在转悲为喜祭奠梅花的时候，忽然狂风陡起，满园梅树尽折，这样刚刚荡漾着的一点喜气又一扫而空，立时换上一层更加绝望的悲哀，这又是惊涛忽起，令人感到剧情的变化难以预料。正在人们被这风折梅树的恶兆弄得迷惑不解，陈日升甚至因此而愤恨天道不公、世道不平，要弃绝尘寰入山修道的时候，忽然在后园里陈杏元竟发现了梅家的后人，自己的未婚夫梅良玉，这正像沉沉黑暗、浩淼无际的黑夜的海面上，忽然金光齐射，涌出了一轮旭日，把一切迷雾全部扫光，于是全家都卷入了狂喜中。这样在浓厚的悲凉气氛中，喜气又顿时漾溢开来。在这一场戏里，剧作者巧妙地安排了这许多曲折的情节和波澜，使观众目不暇给，而每经一个情节、一段曲折，便使剧情深化一步，使剧中人物的内心世界愈来愈清晰地展现给观众。而这样曲折丰富的情节，又不乱不碎，自始至终紧紧围绕在梅家是否有后、梅家能否复兴这个最主要的问题上。于是我们恍然大悟，舞台美术设计的同志，为什么不安排许多其他的布景，而竟卓然不群、匠心独运地在紫红色的大幕上，饰上一枝金笔双勾的折枝梅花。原来这一枝铁骨冰心的梅花正十分集中而有力地揭示了这个戏的主题思想，它象征着剧中主人公陈杏元、梅良玉坚贞的品节，和坚韧不拔、傲骨嶙峋的气概。

《骂相》一场是全剧的关键，全剧的大转折处，由于这一个转折，第一场结束时那一点可怜的喜气，便从此一扫而空了，剧中的主人公——陈杏元和梅良玉，便一下堕入了悲剧的命运。这个突然的转变，是突如其来的，但也不是突如其来的。说是突如其来的，是因为前一场的末尾，刚刚漾溢着一些喜气，富于同情的观众们，总希望这一对美好的青年，劫余的鸳鸯，能够成为眷属，使世间美好的事物能够葆其青春；然而事与愿违，变生不测，当两人尚未真正地结合的时候，永远分离的命运却已经降临到他们的头上了。说它不是突如其来的，是因为在第一场里早已交待了奸贼卢杞尚在多方设法迫害他们，因此这一次的大祸临头，是梅家灭门之祸的继续，是现实中可能有的事，它不是节外生枝，而正是祸从根起。

人的内在的美，总是要通过种种考验，才能深刻、清楚地表现出来的。当灾难紧紧追随着梅良玉的时候，陈府父、母、子、女毫不动摇地倾心掩护良玉，而杏元小姐也深以自己的终身得随良玉为幸。这是一种考验，然而这是一种普通的考验。而人的最最优良的美德，在某些情况下，是需要最最严格的考验才能充分地表现出来的，所谓"疾风知劲草，板荡识忠臣"是也。我们的剧作者深通个中三昧，于是奇峰忽起，洪涛乍涌，剧情忽然来了一个大转折，使剧中的主人公之一陈杏元，立即落入了最最严格的考验中。奸贼卢杞，凭着"圣旨"和"尚方宝剑"，迫使陈杏元接受皇帝"恩赐"给她的"汉北公主"的封号，立即出塞和番。于是一场生离死别的惨剧，便无情地展现在陈杏元的面前。在这严峻的现实面前，陈杏元何以自处，这是表现这个人物性格的最重要的关键。如果说以君命为重，皇恩浩荡，不可违抗（要知道这是封建社会里最普遍的统治阶级的道德标准），因此就俯首受命，奉旨前去（这在历史上并不是没有），这也不失为一种性格，但这不是我们所要赞美的性格，这种性格也不能成为这个戏里的悲剧性格。陈伯华同志扮演的陈杏元，是与这截然相反的一种性格，她不为那种奴隶道德所束缚，以一个深闺弱女子，竟敢面对着统治阶级中最有权势的人，直言痛骂，这是何等崇高而美丽的性格！要知道，当前的敌人，是具有双重身份、双重势力的人：一重是权倾当朝的大宰相，另一重是"手把文书口称敕"的最高统治者皇帝的特权代表。这样的人物，岂是骂得的？然而她竟骂了，他骂了奸相，实际上也就是骂了皇帝。陈杏元的"骂相"，是完全没有任何地位、权势作凭借的，所凭借的只是一股正义。可不可以在这里让陈杏元的骂，也有一些凭借呢？例如从陈杏元方面来设想：你既封我为"汉北公主"，要我和番，你害怕番邦，少我不成，因此我即以这个身份来骂你，这叫做以毒攻毒，你不能杀我，我却可以尽情地骂你。看来这样的骂法，很富于戏剧性，很有气势，然而这就从根本上损害了人物的性格，因为这是一种取巧的方法，而不是认真地塑造人物性格的方法。如果说对于这样的权奸不是凭正义来蔑视他、唾弃他，而是首先要找到了某种凭借，自身的安危得到了某种保障，才敢于对抗他，这样人物的精神境界不是也不够高么？而且，只要一有这种想法，不是在思想上首先就屈服于敌人了么？更何况一旦失去了那种凭借，不是也将同时失去她的斗争性么？所以上述这种骂法，看起来好像很富于戏剧性，而实际上它将损害人物性格的美，减低她"义不顾身"的那种强烈的正义感。拥有丰富的表演艺术经验的陈伯华和这个剧本的改编者，都没有采取这种取巧的方法，他们正确地从这个人物的精神境界的美来进行深刻的刻画，特别是陈伯华对陈杏元这个性格，掌握得十分稳当正确，恰到好处。当她指着奸相痛骂的时候，真是"一腔怨气喷如火"，无所畏惧，正义感很足，显得大义凛然，威武不屈；她的一举一动，一指一骂，对敌人的揭露十分准确深刻，入木三分。尽管陈杏元此时在客观上已具备了"汉北公主"的身份，但陈伯华在表演她的时候，却始终是以一个纯洁的闺阁小姐的身份在痛骂奸相。有趣得很，尽管陈杏元对他们所"封"的"汉北公主"表示了坚决的反抗，并不屑一顾，但是在奸相卢杞的眼里，对于陈杏元，他首先考虑到的，却还是她的"汉北公主"的身份。正因为她是"钦封"的"汉北公主"，而且立即要命她去"和番"，如果杀了她，就会妨碍"和番"大事，就会影响到他们统治地位的稳定；对卢杞来说，杀了她，自己就难向主子交代，势必祸及自身。所以任凭陈杏元声声痛骂，他也只能暂时忍受，而一切权势，在此时竟不得不顿时失效。这时我们看到陈杏元的二寸纤指，其锋利实在胜过了奸相卢杞腰间的三尺龙泉。历史上的封建统治阶级，总是貌似强大而实质上却是软弱的。强迫陈杏元为"汉北公主"去"和番"，这对于陈杏元来说，统治者是强大的，然而对于"番"的一面来说，统治者又是怯懦的。卢杞在自己一手弄起来的这个所谓"汉北公主"陈杏元的戟指痛骂下，竟无可奈何地只能低头忍受，这一方面深刻地表现了陈杏元所代表的正义的力量，同时也深刻地揭露了封建统治阶级的那种奴性。我觉得《骂相》这一场戏，是有相当的思想深度的，而陈伯华在这场戏里的表演，也是卓越的，她十分真实地展现了陈杏元威武不屈、坚贞不拔的优美性格。

　　从全剧的结构来看，《骂相》一场，是一个突然耸起的高峰，以下《丛台》、《临番》、《舍岩》三场，则是从这个高峰急泻直下的一股瀑布，它时而冲激得浪花四溅，时而回流曲折，幽咽低诉。《丛台》一场，梅、陈二人愁怀低诉，陈伯华的表演和唱腔，真可以说是"双绝"，特别是她的唱腔，缠绵哀怨，抑扬婉转，在一句唱词中往往有无数重转折，真是"千回百转柔肠"，她深刻地传达了剧中人内心的无穷幽怨。《临番》一场，通过陈杏元投衣界河，希望河水将衣服流回故国的细节，深刻地刻画了她眷恋故土、热爱祖国的无限衷肠，从此"魂随南飞雁，泪尽北枝花"，她永远与故国和亲人生离死别了。当陈杏元示意梅良玉扶她上马，梅良玉拉住缰绳不放，陈杏元几度挣扎而又不忍遽绝，最后不得不轻轻地咬痛他的手使他放开马缰的时候，陈伯华的表情和动作，深刻地传达了她内心无限复杂的感情，一两分钟的表演，简直抵得上千言万语的描写。《舍岩》一场，是悲剧的顶点，然而陈杏元投崖这个行动的种子，是早在"骂相"之时就伏下的，正是因为她早已下了这个决心，所以她的一言一动，都很果断，没有什么畏惧疑虑，她在丛台低诉时向梅良玉说："愿只愿将卢贼剑下斩杀，那时节为妹的含笑泉下。"在界河泣别时说："与梅郎是生离又是死别。"这些都暗示了她的这一决心。悲剧是需要强烈的性格和崇高的思想的，陈伯华所塑造的陈杏元这个性格，确实是强烈的。她对着敌人，冷如冰霜，坚如铁石；而为了顾全全家的生命，却作了自我牺牲的选择，对着亲人，她是柔肠婉转，万千哀怨，她的性格是既坚强而又温柔的。她的自我牺牲的精神，在那样的时代条件下，也应该说是具有崇高的意义的。陈伯华在《舍岩》一场中的唱腔和舞蹈动作，真是声容两绝，李长吉有诗说"落花犹作回风舞"，我仿佛从舞台上，看到了这句诗的具体而生动的形象。

　　这个戏的另一个特点，是具有比较浓厚的抒情味。别林斯基说过，"悲剧是诗的高峰"，可见悲剧是需要那种强烈的激情的。因为只有这种

三看《二度梅》

强烈的激情，才能因为美好的事物被毁灭而震撼人心，迫使人们去仇恨那个黑暗的现实，所以悲剧对于那个黑暗的社会，又是具有强烈的破坏性的。如果说在悲剧中掺杂着那种悲观失望的消极情绪，那末它就会失去那种强烈的诗的激情，从而也就失去悲剧的意义。从这一点来说，这个戏也是好的，剧中的主人公陈杏元、梅良玉虽然遭受着悲剧的命运，但他们对生活丝毫也没有失去信心。饰梅良玉的王晓楼同志，掌握这个角色的精神也是成功的，他虽然自始至终一直沉浸在悲哀中，但却时时流露着一种英气，没有使人感到他对生活失去斗争的勇气和决心。而陈杏元的投崖，更是她珍惜生活，不肯随波逐流地糟蹋生活的表现。

根据前两次我看老本演出的感受，觉得已经是一出动人的好戏。而这次看了修改本的演出，去掉了原来团圆的结局，觉得在思想上和艺术风格上都更统一和完整了。我有一个不成熟的想法，可否在夜宿昭君庙时，让陈杏元梦中与梅良玉相会，正当他们倾诉别后离衷，悲喜交集，翩翩起舞的时候，忽然庙后马嘶人喧，惊醒了她的好梦，梅良玉倏忽不见；当她带着梦境冲出庙门找寻梅良玉时，顿觉尖风刺骨，眼前没有良玉，只见悬崖上的那枝梅花，以及崖上隐约可辨的"舍身岩"三字，于是便一声悲恸，涌身下跳。全剧到此即告结束，昭君神等也不要出场，因为昭君神的出场，在观众的心理上，便起了某些调和作用，减低了悲剧的力量。这样的结局，我觉得可以加强悲剧的气氛，并且另一主人公梅良玉也可以贯串全剧，同时还可以相应地增加最后一场陈杏元的舞蹈动作和唱词。

（原载 1959 年第 19 期《戏剧报》）

激动人心的悲剧

——看河北梆子《杜十娘》

　　河北省青年跃进剧团演出的《杜十娘》，我前后一共看了三次。每次看这个戏，总使我有一种如观朝花，如摘晨露那样的新鲜之感；而每回看完后，又总使我感到好像还有些什么更精美的东西没有收入我的眼帘、藏进我的记忆似的，于是一种对美好事物自然而然地怀念的心情，又会不时地萦绕于我的心头。

　　是什么东西如此强烈地激动和吸引着我呢？是剧中主人公的悲剧命运么？是，然而又不完全是；是剧本严丝合缝，引人入胜的情节结构么？是，然而也不完全是；是演员曲曲动人，深情苦致的优秀的表演艺术么？更应该是，然而仍旧不完全是。那么这种强烈的艺术感人的力量究竟从何而来呢？看来是这三者的综合。

　　剧本《杜十娘》，自然是根据明代的白话小说《杜十娘怒沉百宝箱》（见《警世通言》第三十二卷）和这个戏的传统的本子重新整理的，但是改编者既可以像川剧、京剧那样把它整理成一个有头有尾，具有原原本本的情节的大戏，也可以像现在这样整理成一个短小精炼的折子戏。整理成大戏，固然不是一件容易的事，但是要把原来就十分丰富

228

曲折的情节，整理成一个集中精炼的折子戏，却也实在不是容易的事。这里，关键的问题是要选取最具有典型意义，最富于戏剧冲突的情节。剧本的整理者正是从这个角度出发，选取了杜十娘全部故事中的"归舟"这一情节。我认为这正是《杜十娘》全部情节的关键，因为这时杜十娘的命运已经面临着最后的判决了。原先隐藏在李甲与杜十娘之间的矛盾，现在因为越来越迫近李甲的封建家庭，越来越将面临那个"位居方面"的李布政（李甲的父亲）的封建势力，因而这个初时隐藏着的矛盾，也就必然将尖锐地爆发出来。作者抓住了这一具有深刻内容和尖锐的戏剧冲突的情节，因此就能够十分精炼十分集中地刻画出这两个完全不同的个性来。可见正确地细心地选取典型性的情节，对于编写一个戏，有着何等重要的意义啊！

然而，选取小说后面这一部分具有特殊重要意义的情节，就必须割舍小说前面那些曲折动人的情节，而后面这一部分情节，又仅仅只有小说全部情节的五分之一，在小说里只有两页多的描写。这样剧本的编者，又面临着一个新的难题：如何丰富和发展这一情节，以达到深刻地展开戏剧冲突和细致地刻画人物的目的。正是在这一点上，剧本的整理者作出了卓越的成绩，他通过一系列严整的具有深刻的思想内容和内心活动的情节，精雕细琢地刻画了杜十娘和李甲这两个活生生的个性。

剧本一开始就安排了一个过场戏，描写李甲和孙富在酒楼上卖定买定杜十娘以后分手时的一些余波。这一个过场戏虽然时间很短，对话不多，但对全剧情节的发展，却具有十分重要的作用，一方面，它用最精炼的笔墨概括交代了在此以前的一些情节，引导观众迅速进入眼前即将发展的剧情；另方面，它为人物的性格发展和巨大的悲剧冲突安排了坚实的基础。李渔说："每编一折，必须前顾数折，后顾数折；顾前者欲其照映，顾后者便于埋伏。"（《李笠翁曲话》）我看，这里虽然是一个过场戏，却深合李渔所说的顾前顾后、照应埋伏的道理。

如果说这个过场戏，改编者用的是大笔淋漓、提纲挈领的高度概括的手法，那末下面的戏，便完全是精雕细琢的细致刻画了。青年演员张淑敏在扮演杜十娘这个角色时，充分发挥了剧本的特色，展现了她优秀的艺术才华。

当杜十娘从船中才探身出场，与观众第一次见面时，她说："我杜十娘，自从赎身出院，随同李郎，离京归里，一路之上，形影不离，观山玩水，悦目赏心。"这时，人物的内心世界，正沉浸在爱情的幸福中，她的眉梢眼角，腮边唇上，无一处不洋溢着从内心深处流露出来的幸福的喜悦。接着她就唱："杜微逃出烟花院，如拨云雾现青天。多年宿愿未空想，天从人愿配良缘，今生十娘有依靠，荆钗布衣持家园。夫妻相亲又相爱，牛郎织女在人间。"她越想越感到幸福，越唱越兴奋，也许她以为这是老天对她的格外垂怜吧，她怀着无限感激之情，在船头上不由自主地就向天地深深裣衽拜谢："谢罢天来又谢地，再谢月老把线牵。"天地月老，都是她的恩人，在她看来，她也许是人间——至少是她们姐妹行中得天独厚，最幸福最美满的一个了。由于这种强烈的幸福感，因而也使她格外想念刚才被人邀去饮酒的李郎，她一边唱着"李郎不回心惦念，站立船头眼望穿"，一边向船头急步举目张望。显然由于她内心过分的兴奋和激动，由于她望夫情切，几乎使她一步跨出了船头。她连忙收住脚步，略略注视了一下船底浩荡奔流的江水。这一切仅仅只有十几分钟的表演，剧本的文字也很少，然而对于此时此地、此情此景中的杜十娘的思想，写得多么饱满，表演得何等曲曲动人，宛转入微！特别是最后那个几乎跨步失足的细节，具有何等深刻的内容，它一方面强烈地渲染了杜十娘殷切地等待李甲的心情；另方面又用巧妙的艺术的暗示，提醒了观众。这样，剧中人愈是喜气洋溢，充满着浓厚的幸福感，对前途满怀着希望和信心，那末也就愈加加深了观众对她的同情，为她即将到来的不可避免的悲剧命运而欷歔感叹！

激动人心的悲剧

李甲上船以后，情节便急剧地向前发展了。演李甲的青年演员常振声，对角色的性格把握得相当准确，与张淑敏的配合也丝丝入扣，无懈可击。李甲自从在酒楼上决心出卖杜十娘以后，便落入了紧张的内心冲突中。所以他上船以后，即嗒然而坐，唉声叹气。不过他的内心冲突，并不是由于他对杜十娘还有一丝半毫的"爱情"，或者在悔恨自己的罪恶行为；这样的思想感情，在李甲的身上是根本不可能产生的。现在促使他发生紧张的内心冲突的原因不是别的，而是担心他出卖杜十娘的计划不能如愿以偿，这样他既不能得到一千两银子，更免不了所谓四大罪，他将被自己的封建阶级的舆论所不齿，而这样的结局，他是无论如何也不肯承受的。在这紧要的关头，他深恐杜十娘不能由他摆布，不能成全他，因此他不能不感到矛盾紧张；同时，当着杜十娘的面，如何把他这种丑恶的思想和行为"合情合理"、冠冕堂皇地说出来，这也确乎是件难事，于是他只能"半晌踌躇，几回搔首，一声长叹"了！

李甲的这种精神"苦闷"状态，不能不引起沉浸在"爱情"和"幸福"中的十娘的关切，她体贴入微地向他殷殷询问："莫非身体有些不爽？""莫非二老爹娘身体有些不安？"然而这一切都不是。直到杜十娘怀疑到自己的身上，因此说"公婆堂前我能行孝，姑嫂之间我能忍让，邻里之间我能和睦"，"粗菜淡饭我能进口，布衣蓝衫一样遮身。纵然落得手拿荆杖怀抱瓢，沿街乞讨，我杜十娘也绝不反悔"时，他却不耐烦地说："哎！越发的不是了。"这里，剧作者通过层层的描写，十分深刻地刻画了杜十娘为了争取自由所抱的决心，所作的种种可怜的打算，因而也就愈加博得了观众的同情。然而当她听到李甲的这句无情的答语时，她开始意识到问题的严重性了，她顿时心头一怔，迟疑半晌后问："这……敢是担心公婆嫌我出身微贱，不肯收留么？"但是，当李甲回答说"正是为了此事"后，她反倒又平静下来了，因为这一切原是在她意料中的事，她毕竟是一个久经风霜的人啊！所以她又转过来劝李甲："不必着急,你我慢慢商议也就是了。"她看着因为内心紧张冲突得身子有些微微发抖的李甲,以为他身上寒冷,就转身为他取衣。然而狠毒的李甲,当十娘取衣回来时,终于鼓足了"勇气"说出"我已将你——卖与了他人!"这句话,对杜十娘来说,简直是一个晴天霹雳,她被震得不由自主地拿着衣服向后倒退,一直到碰着身后的桌子,才使她从迷糊中清醒过来。这一段细腻曲折、富于心理内容的戏,张淑敏演得婉转动人,合情合理。使观众不自主地为她伤心,为她愤慨。然而落在不幸中的杜十娘,又如何能够轻易地相信自己命运的悲剧呢?于是她又重生了希望,她觉得这不可能是事实,也许是李甲故意试探她的心,她的信心因此又活跃起来了。她用帕子拭一拭眼睛,抹一下嘴角,轻步走上前去问:"啊,公子,方才之言可是真的么?"她多么希望能够听到否定的回答啊!可是李甲的回答,又粉碎了她的一线生机。他说:"我为你落下四行大罪,还有什么假的不成!……如今孙富赠我千金,我虽功名未成,银两尚在,望十娘成全此事。"一切希望彻底破灭了,冷酷无情的现实,纠正了她的认识,她绝望了。在片刻的静场以后,她沉静地说:"看你吃得这样酩酊大醉,安歇去吧!""哀莫大于心死",杜十娘的这种沉静,是有深刻的心理内容的,它不是平淡,而是悲哀的绝顶。

从李甲上船到入帐安寝,是这个戏的一个重要的转折过程:从剧情来说,是从船头望夫的喜剧气氛到悲剧;从人物的心理来说,是从满怀着幸福和希望,到希望破灭、悲剧临头。剧本的改编者和演员,在处理这一转折过程时,是有特色的,这就是通过一系列的情节,深刻细致地去刻画人物的思想发展,而没有采取简单化的办法。

李甲入帐以后十娘独自在船头的一节,作者更进一步地刻画了十娘的思想。虽然人物已经完全落入绝望的悲剧境界了,但作者并没有让她轻易地放弃自己的希望,相反,却层层深入顽强地表现她的希望,而又让她的希望不止一次地在冷酷的现实面前破灭。现在处于绝望中的杜十娘忽然又死灰复燃，心头萌发了一线生机。她想李甲卖她，不过是因为穷途落魄，如果有了银钱，能够度过这个暂时困难，那末他岂能舍得卖我？想到这里，她反倒感到自己对李甲体贴得不够，因而埋怨起自己来了，她说："十娘我好差也！"她兴奋得等不及天明，立即想去把藏有宝箱之事告诉李甲。哪知李甲却在梦中说："十娘，我是一定要卖你的了。"这无情的现实，再一次地粉碎了她的梦想。原来她一直没有斩断自己的梦想和希望，是因为她还没有彻底认识李甲的真面目，现在她终于认识他的真面目了。对丑恶的现实认识得愈深刻，那末对它的憎恨也就愈强烈。这冷酷无情的现实，激发了杜十娘满腔的仇恨，她终于骂出了"李甲！无情的贼！"这句话。这句话，是杜十娘对李甲彻底认识的标志，是原来隐藏在他们之间的无法消失的阶级界线的明朗化，是杜十娘思想性格的升华。随着这句话，杜十娘声情激烈地迸发出了大段的控诉。这大段控诉，每个字像利箭一样穿透了李甲一向隐蔽着的肮脏而丑恶的内心世界，同时也激发了观众对李甲的无比憎恨。然而，杜十娘已经无路可走了，她不得不用死来表示对李甲，不，其实是对那个黑暗社会，对压迫阶级坚决而强烈的反抗！她悲痛欲绝地书写了自己的身世，细致地为自己重新梳妆描容，她强自支持，几番挣扎着插上了那朵鲜艳欲滴的红花；她揽镜端详，镜中的人面花容，又使她无限地怜惜。然而，一想到顷刻间就要玉碎珠沉，她止不住凄然欲绝地伏镜掩泣了；善于表演人物心理的张淑敏，用背部的几阵微弱而恰当的抽搐，传达了杜十娘无限复杂的内心感情。正在这时，无情的更鼓又告诉她天已黎明，于是她毅然吹灭了灯烛，去迎接自己悲剧的结局，去用自己的血肉之躯与黑暗的社会进行激烈的肉搏！可是帐中的李甲，却正在鼾声大作，高卧未起，因为他这时已经无忧无愁了！

李甲起床以后的情节，是矛盾的总爆发，是悲剧的高潮，是对李甲、孙富这两个从不同的方面代表着封建阶级的罪恶的丑恶灵魂的总揭露，是杜十娘庄严的光辉灿烂的反抗性格升华的最高点，是悲剧的诗的结束。

剧作者和表演者对这一系列的情节安排和表演，依然是严整不苟的，特别是运用了强烈的讽刺笔墨，尖锐地揭露了李甲这个丑恶灵魂的本质。当孙富命人抬过银子来的时候，李甲与杜十娘有这样一段对话：

李　甲：这一千两银子也是白花花的半船舱呀！

杜十娘：啊，公子，当初你在院中花的可是这样银两？

李　甲：是这样银两！

杜十娘：院中鸨儿每日百般拷打与我，她为的也是这样银两吧？

李　甲：这……为的也是这样银两……

杜十娘：今日你我夫妻分离，你为的也是这样银两吧？

李　甲：十娘成全与我。

杜十娘：这些银两你来之不易，好好收起，莫失落！

李　甲：十娘放心。

我们知道，封建社会的那些王孙公子、地主少爷，他们的灵魂，根本是从依靠封建剥削得来的银污铜臭中培养出来的，当他们有钱的时候，他们可以挥金如土，毫不可惜，而当他们处在所谓穷途落魄之际，则又会见钱眼开，爱钱如命。上面这一段对话，就是对后一种情况的生动写照和尖锐讽刺！

然而，讽刺得更强烈、更淋漓尽致的是杜十娘开箱取宝，把宝物一件件抛入江心的描写。这一情节，强烈地反映了杜十娘对于封建社会里蹂躏妇女的一种物质力量的反抗，因为她曾经被多少人凭仗着金钱任意地蹂躏过，而现在她又被孙富凭仗着金钱，撕毁了她的幸福生活的理想，撕毁了她的美好的生命！

在杜十娘这种强烈的反抗行动的面前，李甲和孙富这两个形象的丑恶的社会本质，被揭露无余。杜十娘激愤得扭住了孙富和李甲，控诉他们的罪恶，并痛打了孙富；但是对于李甲，她虽然举起了手，却没有打下去。为什么？因为这样卑贱丑恶的灵魂，打几下已经不可能消解杜十娘心头山高海深的仇恨了，举手而不打，正是对他最深刻的鄙视和蔑视。有人认为这是杜十娘对李甲的余情尚在，我认为这是一种曲解。这种曲解，是十分有损于杜十娘这个具有深刻思想意义和强烈的反抗性格的艺术形象的。

杜十娘在对于李甲和孙富、对于吃人的封建社会作了强烈的控诉以后，终于发出了震撼人心、具有强烈的反抗性的呼声："咬牙切齿恨苍天，霎时间北风起乌云飞卷，又只见满江水波浪滔天。杜十娘我一死灵魂不散，我定要拿尔等大报仇冤！"然后手持宝箱，奋身投江。于是，云暗江心，风卷落花，黑暗的封建社会，霎时间吞没了这个美好的生命。

"悲剧是诗的高峰"（别林斯基语），《杜十娘》是一首崇高悲壮的诗，它深刻地揭露鞭打了封建社会的罪恶，强烈地歌颂了封建社会被压迫妇女宁死不屈的美丽动人的反抗性格，它以激动人心的艺术力量，感动了无数观众！

1961 年 8 月 20 日北京

（原载 1961 年第 5 期《河北文学》）

谈昆曲《送京娘》

　　赵匡胤千里送京娘的故事被编成戏剧，在舞台上与观众见面，大概已经有几百年的历史了。我们现在还能见到《缀白裘》（刊于乾隆中叶）以及《纳书楹曲谱》（刊于乾隆末年）里保存下来的这个戏的剧本，不过它的情节与现在舞台上演出的《送京娘》略有不同。现存比较完整地描述这个故事的还有保留在明代的短篇小说集《警世通言》里的《宋太祖千里送京娘》。① 小说的梗概与昆曲的情节基本上相符，不过昆曲比小说要精炼集中得多。观众在欣赏昆曲的表演之余，翻一翻小说，作些比较，批判地分析一下，对进一步理解昆曲的思想和艺术，并不是多余的事。

　　观众们已经非常熟悉舞台上的张生、潘必正、柳梦梅……这些艺术形象了。这些艺术形象在剧作者和优秀的演员们的辛勤创造下，已经获

---

　　① 蒋瑞藻《小说考证》续编卷二引《羼提斋丛话》说明人杂剧有《风云会》一种，内容有送京娘等情节，但无京娘属意匡胤之事。现《缀白裘》中有《风云会》的《访普》、《送京》二折，《送京》一折亦无爱情描写，不知与上述明杂剧有无关系。现存罗贯中的《宋太祖龙虎风云会》杂剧一种，其中根本无"送京"之事。严敦易认为话本与南戏无关（见《元剧斟疑》），钱南扬则认为话本所叙是戏文的一部分。

得了艺术的生命力。但是，古代人的生活斗争以及他们的精神风貌是丰富而多彩的。古代青年的生活，并不是一个张生或者再加一个潘必正或柳梦梅的艺术形象所能够概括的。所以当观众在击节地欣赏《西厢》、《琴挑》、《惊梦》以后，也会同样地欣赏昆曲《送京娘》。张生等人在爱情上的大胆而热烈的追求和斗争，固然可以赢得人们的同情，而赵匡胤这个落魄英雄路见不平，拔刀相助，救人于急难之中，并且"救人须救彻"地一直护送千里，当对方因为感激而对他产生了爱情的时候，他却胸怀洒落，坚决辞谢，挥手珍重而去，这种精神风貌，当然也值得我们予以肯定。《西厢》等戏之与《送京娘》，同样是描写男女之间的爱情的戏，可却是两种截然不同的人物和截然不同的风格，犹之乎娇嫩的春兰和苍劲的秋菊，虽然色香不同，却各有风致，各擅胜场，可以竞艳而不有偏废。

昆曲《送京娘》的思想内容较之于小说，我觉得要好一些。小说的作者是把赵匡胤作为未来的真命天子"宋太祖"来写的，而昆曲却是把他作为一个仗义救人的落魄英雄来写的。昆曲的处理我觉得是比较好的。

昆曲《送京娘》在情节的安排上，也颇具剪裁的匠心。剪裁并不是一件容易的事情，梁代的刘勰在《文心雕龙》里说："剪截浮词谓之裁，裁则芜秽不生。"清初的戏剧理论家李渔在《曲话》里也说："编戏有如缝衣，其初则以完全者剪碎，其后又以剪碎者凑成。剪碎易，凑成难。凑成之工，全在针线紧密，一节偶疏，全篇之破绽出矣。"昆曲的作者，凭着他的识力和裁云妙手，根据戏剧本身的特点，不仅裁去了许多封建的芜秽，而且还裁去了许多不必要的情节；同时，不仅没有裁出破绽来，而且几乎可以说是天衣无缝。例如：小说中赵匡胤杀张广儿（昆曲中叫张广）、周进，是大书特书的。小说先写赵匡胤杀了店小二夫妇、野火儿姚旺，然后大战周进，杀死了他；接着又用了相当大的篇幅描写了赵匡胤杀死张广儿和收千里脚陈名的过程。昆曲的作者只利用了赵匡胤杀败张广、周进这一情节核心，而且巧妙地处理了这一情节，使它很好地为表现这个戏的主题思想服务。他让张广、周进急急地追上场来，与赵匡胤稍稍开打，立即落荒而逃，赵匡胤紧紧追下场去，然后是京娘牵马上场，张望，唱〔楚江吟〕。那些炽烈的战斗场面，都被剧作者挪到舞台以外，通过京娘的张望，留给观众去想象了。京娘〔楚江吟〕的唱词："遥望凝眸，今日得识英雄喜悠悠。他为我千里奔走，他为我与群贼厮斗，他救我羊离虎口，这恩情天高地厚！他真是磊落襟怀，义薄千秋。（白）我京娘，（接唱）脉脉衷情萦心头，却难出口。"一方面交代了赵匡胤在幕后"与群贼厮斗"，另方面更着重地描写了京娘开始对赵匡胤产生爱情的心理。在这里，十分简练地结束了赵匡胤、京娘与张、周二人的矛盾，同时很自然地展开了京娘与赵匡胤之间在爱情上不同态度的矛盾。作者很巧妙地抓住赵匡胤杀败张、周二人这一具有关键性的情节，用了最经济的笔墨，却最有力地表现出了这两个人物：一个是英雄豪迈，一个是儿女多情。于是戏——两个不同人物不同的内心世界，在这里便开始展现了，而新的戏剧性的矛盾也就产生了。

我们并不提倡盲目的剪裁，一切好的剪裁都只能是为了更好地表现剧作的思想性，突出它应该突出的部分。所以哪怕是一枝一叶的剪裁，必须首先对整体有全面正确的分析，必须十分正确地把握住作品的主题思想，所以动手剪裁以前，对戏的思想内容如果没有经过认真的正确的分析，决不能得到好的效果。关于这点，李渔又说："作传奇者不必卒急拈毫，袖手于前始能疾书于后。"所谓"袖手于前"者，认真地进行创作的准备，进行构思，对题材进行分析研究之谓也。《送京娘》的作者对于上述情节剪裁得所以如此得当，是因为这个戏并不是为了表现赵匡胤的武艺，而主要是为了表现赵匡胤见义勇为、不受酬报的行为和他不为困难所压倒的"壮志雄图"。作者刻画京娘对赵匡胤的爱情，其目的也仍然是为了更好地突出赵匡胤的壮志。因此在这里金戈铁马的战斗之声只要略一点缀就够了，而更好的办法是用儿女的柔情，来衬托——不，也可以说是来考验英雄的壮志。

我觉得剧作者通过两人的对话来刻画两个不同人物的思想性格、精神风貌，是很成功的。语言不仅符合两个不同人物的身份和性格，而且还很富于机趣。例如赵匡胤在杀退张广、周进，护送京娘上路时唱〔梁州第七〕："且上骅骝，何惧那龙潭虎口！（夹白）赵玄郎——（唱）历尽艰险眉不皱，侠肝义胆，志在解民忧，看青山笑我，壮志未酬！"这里极力地抒写了一下赵匡胤的襟怀，为下面赵匡胤拒绝京娘的爱情安下了伏线。京娘向赵匡胤一共作了三次爱情试探，这三次试探，一次比一次明朗，一次比一次恳切。第一次京娘遥指远处的苍松议论说："莫道它蔚蔚入云霞，却少些艳阳三春花。"赵匡胤回答说："贤妹既是爱花，待愚兄上山折取。"这里一个是有心，一个还是无意。第二次两人走过小桥，京娘说："啊！兄长，你看这桥下飘浮水面之上的是些什么哇？"赵匡胤："乃是片片落花。"京娘："落花有意随流水。"赵匡胤："嗯，流水无心恋落花。"京娘："却是为何？"赵匡胤："原非流水无情，只是他有奔腾沧海之志。"京娘："兄长所言甚是。"这一次的试探，京娘的深情便得到了进一步的刻画，而赵匡胤的雄心壮志，也有了更深的表现。这里，赵匡胤对京娘所表示的爱情已经由不知到知了，一个"嗯"字，是他思想上恍然有所醒悟因而不由自主地从嘴里吐出来的。下面这两句答话，只是这个"嗯"字所含的思想的具体化明朗化而已。所以这里虽然只有一个字的安排，却是作者深心所在。当京娘看到河里的一对鸳鸯时，她决定再作更热情的第三次试探。京娘："兄长请看，那是什么鸟？"赵匡胤："乃是一对鸳鸯。"京娘："鸳鸯鸟，比翼双飞，朝夕相聚，永不分飞，何等幸运！"赵匡胤："是呀，鸳鸯比翼，甚是可羡，正为朝夕相聚，沉湎闲情，终难遂鸿鹄之志。"京娘："唉！"如果说第二次还是用的暗喻的话，那末这一次便是明喻了，这里赵匡胤的回答也就更加坚定地表现出他所热烈追求的不是鸳鸯比翼的生活，而是鸿鹄高飞之志。这回，京娘的答话，只是一个"唉"字——一声叹息了。这一个"唉"字，同样是京娘思想上有所醒悟的表示，不过这是一种失望甚至是绝望的表示，是一种情绪的低落。尽管如此，剧作者又很巧妙地在这一次试探中安排了一些余波。赵匡胤看到阴云四起，山雨欲来，催促京娘快走，京娘却深情地妙语双关地说："只恐鸳鸯各自投。"赵匡胤回答："贤妹，这时节（接唱）顾不得莺俦燕友。"京娘："应怜他情稠意稠。"赵匡胤："要提防路滑山径陡！"上面这四句话，在京娘则是何等的热烈恳挚，在赵匡胤则又是何等的坚定不移。尤其是最后一句话，把赵匡胤一时没有适当的言语回答，仓促间不得不即景生情，顾左右而言他的说话的心理和情景，描写得多么细致入微！这句话显然是一种坦率的拒绝，但却又含有很深厚的感情，决不是"决裂"，决不是像小说里所描写的：赵匡胤"勃然大怒道：'赵某是顶天立地的男子……你若邪心不息，……'"云云。这里我们可以体会到剧作者使用语言的功夫，体会到这些语言的内容的深度。

　　一个好的戏，应该有一个好的结尾。大戏如此，折子戏也是如此。对于这一点，李渔也曾说到："收场一出，即勾魂摄魄之具，使人看过数日，而犹觉声音在耳、情形在目者，全亏此出撒娇，作'临去秋波那一转'也。"如果剧本结尾像小说所写的那样，赵匡胤把京娘送到家里，然后分手告别，那末这个戏就显得十分平直，毫无曲折波澜，就不能突出地描写两个人的思想和他们之间的感情深度。昆剧的作者十分懂得结尾的重要，因此在这里做了巧妙的安排。他一方面慷慨地让赵匡胤千里相送，另方面却又吝啬地不让赵匡胤多送一步，当竹篱茅舍、故园在望之际，这萍水相逢、千里为伴的两个人，便依依地分手了。也许有人会说：既已千里相送，何惜这一箭之地？殊不知留这一箭之地，正是为了更深地突出赵匡胤仗义救人，不图报答的磊落胸襟。当然，如果就此两人草草分手，也不是一个好结尾，你看剧作者居然出奇翻新，倒转来让京娘再送赵匡胤一程。这倒转来的一笔，出于观众意料之外，但却又入于人物情理之中！这收尾的一笔，实在应该许作是"临去秋波那一转"了！更何况在这〔煞尾〕声中，舞台上的京娘正在低唱着："兄长阿！切莫忘，关西有人悬望中！"

（原载 1961 年 3 月号《戏剧报》）

初看梨园戏

梨园戏的演出给我最大的启示或者说证实，是治戏曲史，除了文献资料外，还必须重视活资料、活文物。

我曾多次提出过，元人杂剧的遗响，是否还保存在舞台上，我们应该研究。

我现在看了梨园戏，更相信元剧并没有绝响。

我虽久闻梨园戏之名，但却一直没有看过梨园戏，这次福建梨园戏实验剧团来京演出，恰好偿了我的宿愿。

这次演出的剧目，除了《枫林晚》是现代戏外，其余剧目如《李亚仙》、《冷温亭》、《玉真行》、《摘花》、《朱文太平钱》等，都是传统老剧目。而且还不是一般的老剧目，它可以说是宋元南戏的遗响。它离开我们，已经历宋、元、明、清而直到现在了，所以无怪有人要称它为戏剧的"活文物"了。

治戏剧史的同志都知道，上述剧目，都是属于宋元南戏的旧剧目。以往我们只知道宋元南戏只保存有《永乐大典》戏文三种，即《张协状元》、《小孙屠》、《宦门子弟错立身》。此外，也就仅仅知道有一些零星残曲，俱是案头读物，再也想不到这千年的古剧，还能保存在舞台上。仅仅是这一点，也就十分值得我们认真一看了。

我初看梨园戏后，也确实感到大开眼界。《李亚仙》这个戏，是南戏的老剧目，它是据白行简的传奇《李娃传》改编的。这个传奇在唐代就已改编为话本。在元剧中有石君宝的《李亚仙花酒曲江池》等，在明代又有薛近兖的《绣襦记》。那么，从唐人传奇转而为唐人话本，更转而为戏曲，这中间就失去了元以前的这个环节。现在梨园戏中的《李亚仙》，恰好把这个断失了的环节接续起来了。（现在演出的《李亚仙》虽然已经改编，但还保留了二折传统戏，这就是《踢球》和《莲花落》中的"拍胸"舞。）

这次演出的《李亚仙》，无论是舞台美术设计和场面的安排，十分精致，都是富有特色的。加上独具格调，幽雅动人的音乐，使你感到细腻而又文静，而整个剧情更是起伏跌宕，动人心弦。饰李亚仙、郑元和及李妈的演员，都能丝丝入扣，情景交融。

特别引人注目的是在这个剧里，还保留了"踢球"和"拍胸"两种古代舞蹈。按："踢球"，古称"蹴鞠"，汉唐时即已有这种游戏，到宋时更为盛行，《水浒传》在一开头就写到了高俅的踢球。这种踢球的舞蹈，在《永乐大典》戏文三种的《张协状元》里，还有生动的描写。所以现在梨园戏《李亚仙》里保留的这一踢球的情节，是十分值得重视的。

再有一点是这个戏里保留了"拍胸"的舞蹈。这种民间舞蹈也是来源很古的。尤其是在舞蹈时，还连续唱"嘀哒啰啰哒"这种和声。查这种和声也保存在《张协状元》这个剧本，在剧本的第十二出书里：

〔丑唱〕我适来担至庙前，见一苦胎与它厮缠。
口里唱个嘀哒啰啰哒，把小二便来薄贱。

《张协状元》，据我的研究，应是现存南戏剧本中最早的一个，其时间约在南宋初。现在《李亚仙》中还保存着这许多与《张协状元》剧本中一样的东西，那末，它的历史渊源之早，也就可想而知了。

我十分喜次《冷温亭》这出戏。虽然我还说不出它的渊源，但它给我的一种特别古朴的感觉。情节的淳朴动人是无用多说了，饰刘氏的演员，从扮相到全部身段动作，都散发着一种淳厚古朴的味道。麻包片（裙子）高扎到齐胸，肩上横压一根扁担，这一身段是富有浓厚的生活气息的。一般挑担，扁担不是放在右肩就是放左肩，没有横压在背脊上，与两肩一字平放的，但这正是深入生活的演员才能设计出如此的身段来。因为当担子挑得重，双肩都被压得肿痛难当不能再压的时候，就不得不伛偻着身子，把肩上的扁担横移到背脊梁上，使得双肩得以暂息。只要是长期挑过担子的人，都能亲切地理解这一点。现在舞台上的这一身段设计，就非常有效地突出了刘氏的含辛茹苦和她身上的重压。饰朱寿昌的演员身段虽不多，但情绪交流得很好，戏的悲凉气氛很浓郁，具有感人的力量。

同样，我也很欣赏《玉真行》。演员的活动天地只有桌面大的一小块地方，但却让你感到她已历尽千辛万苦，行了千里万里的路程了。演员的扮相很古朴，身段不繁复，却给你一种亲切的感受。也会使你联想到南戏《赵贞女蔡中郎》里的赵贞女，或《王魁负桂英》里的桂英的形象。令人特别感兴趣的是伴奏的压脚鼓，我还是第一次见到，看来也是古乐无疑。这不禁使我联想起四川成都天回镇出土的那个有名的汉代说书陶俑来，他的右脚也是上翘作动作的，但他的脚下似乎没有鼓。

我特别想看一个究竟的是《朱文太平钱》。因为这是一个南戏的老剧目，《永乐大典》作《朱文鬼赠太平钱》、《南词叙录·宋元旧篇》作《朱文太平钱》。因此，剧中的女主角一粒金究竟是鬼的形象，还是人的形象，就有分歧。据沈璟《南九宫十三调曲谱》卷四《正宫·黄钟赚》

调云："昔有朱文，太平钱鬼为缔姻。"这里词意非常清楚，没有含糊的地方，而且这整支曲子，都是讲的鬼故事，如"鬼法师"、"鬼媒人"等等。所以这戏里的一粒金是一个鬼魂形象是无可争议的。现在梨园戏的《太平钱》还保存着这个戏的三折古剧，即《赠绣箧》、《认真容》、《走鬼》。这个戏的演员我认为是很出色的，尤其是饰一粒金的旦角，戏演得活，扮相好。出场时披白纱，表示是"鬼"，这之后，就不用白纱了，完全是人的形象，到"走鬼"时只是很快就赶上了朱文，令朱文感到是"鬼"，但经解释后，也就释然了。所以这里的"鬼"，并无任何"鬼气"，形象仍然很美。这个戏一上来就唱和声"哩啰哞啰哩啰哞"。另外剧中人王行首、一粒金等名字，也是宋元时代的习惯称呼，所以这个戏确是南戏遗响是没有问题的，而他们恢复这个戏的演出，也是十分成功的。

梨园戏的演出给我最大的启示或者说证实，是治戏曲史，除了文献资料外，还必须重视活资料、活文物，要到活资料、活文物里去发现新东西，准确点说，是旧东西新发现。前些年，我曾多次提出过，元人杂剧的遗响，是否还保存在舞台上，我们应该研究。当然从剧目来说，是很容易弄明白的，例如《窦娥冤》、《单刀会》、《赵氏孤儿》、《破窑记》等等都是。我说的是元剧演出方面情况，是否在舞台上还保存着它的某些东西。我认为现在梆子系统的戏里，可能还保存着元剧的某些演出传统，山西出土的五个元代戏俑，其中有一个作提甲亮相状，这种靠把武生亮相的程式，不是现在也还是如此吗？我现在看了梨园戏，更相信元剧并没有绝响。

这就是梨园戏给我的启示和证实。

（原载 1985 年 1 月 20 日《人民日报》）

卓越的性格描写

——看柳子戏《割袍》

柳腔的《割袍》，是一出激动人心的好戏。它通过短短的四十分钟的表演，深刻地揭示了两个完全向相反方向发展的性格：一个是从正面的敢于与恶势力斗争的性格，经过尖锐的冲突，堕落成为甘心向恶势力屈服而且要剑杀亲女的完全被否定的性格；而另一个性格，则是从原来软弱无力、向人求援的性格，通过尖锐的矛盾冲突，逐渐上升成为一个坚强的勇于与恶势力斗争的性格。

戏的情节很简单：明代兵部天官于昆生的女婿杜文学被奸臣严嵩陷害，关入南监，将要处斩。于昆生的女儿于兰英回家恳求父亲上殿奏本，搭救丈夫杜文学的性命。于昆生始而拒绝，继而答应，以后又反悔，终于拔出宝剑要杀死亲女，最后父女割袍绝义，永不相认。

这个戏可以分两个部分，从开头到于昆生最后一次拒绝女儿搭救杜文学，是第一部分。这一部分主要是为后面的高潮作好准备，积蓄足够的气势，以便矛盾的突然爆发。第二部分是戏的高潮。由于于昆生拒绝了女儿的请求，所以父女之间的矛盾便迅速激化，于昆生终于举起宝剑要杀死亲女，于是矛盾就达到了最高潮。在第一部分里，剧作者尽力地刻画了于昆生的性格，一层层地剥去了他的性格的虚伪外衣，戏写得极有层次，极有波澜，极有气势，真是三起三落，反复排荡，而又步步深入，一丝不苟。

戏一开始，是家院禀报三姑娘过府。这时于昆生正在因为女婿杜文学被严嵩陷害，充军云南，自己无力相救而忧虑叹息。当他一听说女儿回府的时候他立即命家院："快让她落轿进府。"这时，他是一位多么慈祥的老父亲啊！然而当家院回说她是"徒步行走而来"的时候，他的思想就复杂起来了，他的内心开始了紧张。他说："我那小女儿一不骑马，二不坐轿，徒步前来，莫非又出了什么要事不成？家院快快迎你姑娘客厅叙话。"他在客厅见了女儿，问起情由，当女儿说到"未曾开言泪纷纷，你门婿他"，"他"字刚刚出口，于昆生连忙命"禁声！"并立即把家院遣开。这是一个具有深刻的心理内容的细节，它在暗示着观众，为后面暴风雨般的矛盾冲突逐步"蓄势"。观众的心情这时也紧张了起来，开始在整顿着自己的情绪，以等待这场暴风雨的来到。然而剧作者却故意把这根已经拉紧了的弓弦又让它松了下去，于兰英说："你门婿他，他转回家了。"这时于昆生的情绪顿时一落，他立即满心欢喜地说："我门婿回来，乃是喜事，我儿正好夫妻团圆，为父也了却一桩心愿。"这时，于昆生依然是一位慈祥的老父。可是当于昆生紧张的心刚刚舒坦下去，刚刚落实的时候，剧作者的笔，忽然高高举起，尽力一挥，把矛盾挑了起来。于兰英怀着求援的心，向父亲倾吐了自己不幸的遭遇。她说："我夫妻答话两三句，又被他抓进南监门。"一个血淋淋的事实，摆在面前，这个老父的心是否慈祥，是否有正义感，是否能与恶势力搏斗？现在他受到了严格的考验。"性格就是人们下决心的一种表现。"①

---

① 亚里士多德《诗学》，按：中译本无此句，此处是从尼·德·列维托夫的《性格心理学问题》一书中所引，见该书第18页，人民教育出版社版。

剧作者无情地把这个人物一下放到迫使他下决心的矛盾中，面对着这一现实，于昆生不得不说出较前更能真实地表现他的内心倾向的话来。他说："儿啊！想我门婿，充军云南，倒也留下性命，他他他不该回来的呀！"这句话，与一分钟前他对女儿说的那句话，两相对照，他的态度就不同了。是什么力量使他的态度转变的呢？严嵩的势力？不，更正确点说，是他个人利害的打算。他原先以为女婿回来是合法的（服刑期满，或者是赦免），这样对他毫无利害的牵连，他落得把自己装扮得那样慈祥，现在一听说严嵩又把他逮捕起来了，他预感到这件事情可能会连累自己，于是他本能地说出了上面这句话，暴露了他内心的真实感情。

　　然而于昆生的性格，在这里还只是稍稍透露了一些变化，并没有赤裸裸地呈现出来。性格的深化，有待于矛盾的深化。于兰英对于父亲这句"慈祥"而又埋怨的话，并没有深刻地了解到它对自己具有悲剧意义的内容，因而她向父亲诉说了这场大祸的全部过程，最后她要求父亲立即上殿奏本，搭救自己的丈夫。

　　新的现实，不允许于昆生沉默不语。而且任何含糊虚伪的说话，都不能解决他的实际问题。矛盾逼着他不得不把自己内心真实的感情、自己的思想倾向、自己性格中隐蔽的东西，都一齐掏出来。这时于昆生的态度愈来愈明朗了。他勃然大怒地说：

　　　　奴才呀！一不该对着外孙吐真情，二不该千里迢迢去寻父亲，三不该我门婿连夜把京进，四不该不与为父送书信……到如今被打南监去，落在了虎口怎么救人？

　　原先是亲女儿，现在却开口便是"奴才"，原先是女婿回来是件大喜事，现在却变成"四不该"。剧作者的笔，实在巧妙得很，当戏刚开始的时候，于兰英、于昆生是矛盾的一方面，严嵩是矛盾的另一方面，然而转眼之间，矛盾的一方面严嵩，却退到了次要的地位，而于兰英和于昆生父女两人，却变成矛盾对立的两方面了。这是于昆生的立场和性格的根本变化，然而却如此地真实自然，符合于性格发展的逻辑。然而尽管于昆生的性格有了根本的变化，但他到底还只是说无法救人，而不是拒绝救人。也就是说于昆生的态度，还有含糊的地方，因之他的性格也还呈现得不够清楚，所以对于被灾难围困着的于兰英，也就没有感到最后绝望。因此她逼问一句："爹爹，敢是怕那严嵩不成?"一句话触到了他的痛处，但他的回答却十分巧妙，他回避了现实问题，却倒叙过去他上殿奏本力救杜文学全家的光荣历史，然后得出结论：如今是你们"飞蛾投火自烧身"。因此他接着就说："叫声女儿你回去吧，为父我不管这事情。"这一段情节，就是戏的第一个起落。于昆生从开始同情女儿，到责怪女儿，到拒绝女儿的求救，经过了三层曲折，到这里叠成一个波浪。在这个起落里，剧作者初步揭露了于昆生冷酷无情，极端自私的性格。

　　如果说剧作者就在这里让矛盾充分展开和激化，那末人物的性格就必然会简单化。剧作者是深通性格发展的矛盾规律的，因此当他刚刚把这个波浪叠起，他又立即让它落了下去。当于兰英跪地哀求，说："你不看女儿门婿面，难道你不痛小外孙，倘若你门婿丧了命，落一个孤儿寡女，爹爹你可忍心?"于昆生在女儿的哀求下，他被骨肉之情感动了。他说："剐我老肉我能忍，女儿和外孙心连心。漫说她是我亲生女，黎民百姓也不能不问。"因此他决心上殿奏本，这时在他的心头确实涌起了一阵为正义而斗争的自豪感，他自言自语地说："我主的江山千斤重，我于文担着八百斤。……"观众原来拉得很紧的心弦，这时松下来了，大家轻轻地舒了一口气。看来，这一下矛盾要转到于昆生与严嵩的斗争上来了。哪里知道正当他"提鞭引蹬把马上"的时候，后台传来了一阵鸣锣开道声。他问家院："下面那来的人马？"幕后传出说："严嵩入朝！"他一听严嵩入朝，就咬紧牙齿说："严嵩啊！严嵩！你害的我女儿家破人亡，老夫拼着天官不坐。我与你拼了罢！"这时大有箭在弦上，一触即发之势。观众也以欣慰的心情在等待着这一场矛盾的爆发。然而剧作者那支奇妙的笔，它好像故意在调弄着观众感情的洪流似的，当观众感情的洪流正涌向严、于矛盾的这一边的时候，他的笔锋，忽然又一挫："且慢，想我女儿公爹，身为放粮大臣，尚且法场丧命。我若是一本搬他不倒，岂不连累满门？唉！家院，将马悄悄打去响铃，撤回马棚！"本来是怒潮汹涌，疾卷而去的气势，一下又全部收了回来，观众正待汹涌迸发的感情浪潮，到此又不得不尽力遏住。这就是戏的第二个起落，在这个起落里，剧作者尖锐地揭示了父女骨肉之情与于昆生个人利益的冲突，从这个冲突中，更进一步地揭露了这个冷酷无情的自私性格。

现在矛盾又转到于昆生、于兰英父女两人这边来了，于兰英拉住父亲，哀求他上朝。于昆生说："非是我不把朝来上，我实实地抵不过那老严嵩！"他承认害怕严嵩，下决心不上朝了，但是内心的矛盾，到底还在冲击着他，他经不起女儿句句锥心刺骨的话，他受不了自己良心的责备，因此，他再一次地强打精神，准备上朝。他责备自己说："于文啊，于文。亲生的女儿你怎能舍得？想这蟒袍玉带，轻如薄纸，老夫岂是贪官惜命之人。待我上朝。"但这一次已经无需"严嵩上朝"的一声威喝，他脚步还没有举起，脑子里潜伏着的严嵩的影子，又突然活动起来了。他自己警告自己说："不可啊！不可，想那金殿之上群臣站立，是我本奏当朝太师，那严嵩岂不勃然大怒，更加西宫奸言，严嵩的鬼计……"总之，自己完全丧失了正义感、是非心，自然眼前就只有恶魔的世界了。终于他说出了自己真实的思想："倘若是咱全家遭毒手，谁给咱上朝把冤伸，我老来丧命不要紧，万不能累咱于门断后根。"封建的家族观念和个人利益，这是他考虑问题的起点，他因此终于下狠心断然拒绝了女儿的请求。这是戏的第三个起落。这个起落，是前一个起落的余势和补充，到这里父女的感情便全部斩断，赤裸裸地露出了个人利害得失的关系了。这就是私有制社会里人与人之间的关系的本质！剧作者无情地把这个性格安放在矛盾的尖端，然后经过三起三落，一层层地剥去他的性格的虚伪外衣，让他呈现自己的真相。

戏经过了三起三落以后，矛盾就急转直下地趋向高潮。当于昆生这个性格一步步地深化，一步步剥去性格的虚伪的外衣，暴露出真相的时候，这个原来是冠冕堂皇的忠臣慈父，也就一步步下降，愈来愈显得卑怯丑恶，而软弱的于兰英，却由于逐步认识了父亲丑恶的灵魂，由于义愤的激发，她却坚强起来了。她的性格在不断地上升，她在丑恶的父亲面前，断然地说："老爹爹不与孩儿把冤伸，为儿我午朝门外喊冤情。满朝文武全不管，万岁爷驾前我告奸臣。我不怕乱刀剁死儿的身，儿也要严嵩的罪名天下闻！""行动本身即个性。"[1] 两种不同的行动，显示了两种截然不同的个性，一个是如此壮烈，另一个却是那样卑怯丑恶。然而事物终不会静止不变，当于昆生经过了两次上朝不上朝的曲折，而决心不上朝之后，矛盾便再也不可能向严嵩那边发展，而必然是他们父女之间矛盾的激化。因此当于兰英说："倘若你门婿南监死，女儿我一命活不成。"于昆生就忍心地说："你死的有志气！"对照一下他前面所说的"剐我老肉我能忍，女儿和外孙心连心"的话来看，我们可以看到，在尖锐的矛盾冲突中，这个性格，已经向相反方向发展得多么深刻了啊！然而每当于昆生的性格下降一步的时候，于兰英却总是被她父亲丑恶的思想反激得上升一步。她面对着父亲愤激地说："女儿死后魂不散，我还要阎王殿上把冤伸。阎王殿前把状告，我要告倒人三名。"于昆生没有想到女儿是这么坚强，当他听到第三状要"状告爹爹于昆生"的时候，他的怒气顿时爆炸了。于是经过了三起三落的曲折所酝酿的气

---

① 赫尔岑：《科学中华而不实的作风》，第68页，商务印书馆版。

势，人物双方在这曲折中压抑在内心的情绪，便像火山爆发一样一齐爆发出来了。于是前浪后浪，波澜重叠，叠成了一个戏剧矛盾的最高潮。于昆生一声怒喝：

> 奴才！三张状告我一身火，无名大火往上升，三尺宝剑亮出了鞘。

他拔出了宝剑，向女儿顶上猛劈下去。然而坚强的于兰英，在这寒光四射的剑锋下，竟昂然而立，毫无惧色。这种凛然的气概，使他的宝剑似乎失去了锋芒，他的手也不再受他思想的支配，他劈不下去了，但于兰英却毫不让步，她再逼问一句：

于兰英：爹爹疼儿不疼？
于昆生：疼儿怎讲？
于兰英：留条性命，替夫伸冤报仇！
于昆生：为父不疼！
于兰英：今日杀死孩儿，正好阎罗殿前伸冤告状。

这一段台词，是剧作者的精心刻画，他不让于昆生的性格有任何一点含糊不清的地方。当剧作者让兰英逼着他说出"为父不疼"四个字时，于昆生性格的冷酷无情，残忍狠毒，便最后被彻底揭露了。而且由于这四个字，也使他在实际上站到了严嵩的一边，因为连女儿要留着性命，替夫伸冤报仇，他都不管了。恩格斯说："人物的性格不仅表现在他做的什么，而且表现在他怎么样做。"① （着重点是原有的——庸）于昆生

---

① 恩格斯给拉萨尔的信，见《马克思、恩格斯、列宁、斯大林论文艺》，人民文学出版社。

做的什么？拒绝女儿向严嵩作正义的斗争。他是怎样做的？要杀死女儿。这是何等冷酷残忍而又独特的性格啊！然而他毕竟没有勇气剑杀亲生，最后他终于割袍断义，与女儿永不相认。

剧作者通过这样简单的情节，却出色地完成了这两个性格的塑造。他不仅把这两个性格写得异常深刻饱满和真实，而且十分有力地揭示出了这两个性格发展的复杂过程。

"任何个性都是时代的产物。"① 剧作者通过对于昆生这个性格的真实描写，他剥去了封建家庭关系上面所笼罩着的温情脉脉的纱幕，他使我们看到在一切以个人利益为基础的私有制的社会里，人与人之间的（哪怕是父女骨肉之间）关系的真相。

这个戏微嫌不足之处，是于兰英要求与严嵩作斗争的目的还嫌狭小，应该把她的冤仇与无数受害的人民的冤仇联系起来，替夫伸冤，也就是替无数同样受害的人民伸冤，应该赋予她这种思想。其次于兰英对于昆生的要求，完全从父女关系的角度来写，也还显得不够有力，于兰英既可以从女儿的角度来要求父亲为自己伸冤，也可以从一个受害的老百姓的角度，向这位朝廷大臣要求伸冤，反过来于昆生身为朝廷大臣，对老百姓的血海深冤却漠不动心，见死不救，这就更显得他的思想性格的极端自私和恶劣，这样这个矛盾也就更显得不是家庭内部的纠纷而是具有更普遍的意义了。

感谢饰于兰英的张秀云和饰于昆生的宋洄光这两位优秀演员，将这两个角色，演得如此真实动人。我的这些意见，不过是从他们的动人表演中得到的一些启发而已。

1959 年 12 月 7 日深夜

（原载 1960 年第 1 期《戏剧报》）

---

① 赫尔岑：《科学中华而不实的作风》，第 73 页，商务印书馆版。

含泪看《赔情》

无论是在传统剧目或民间小说里，包公这个形象，一般都是与铁面无私、法不徇情以及铜铡、法案等等联系在一起的；把包公这个形象与"情"字连在一起，确是有点别开生面，出人意表。而吉剧这次到京演出的包公戏，干脆叫做《包公赔情》。单凭这个剧名，就给人以一种新鲜的感觉：它不仅把包公与"情"字联系了起来，而且竟然还要让这个铁面无私的人物去"赔情"，这就格外令人感到其中大有文章了。

剧名叫做《包公赔情》，戏自然出在这个"情"字上面。这个戏，与京剧的《赤桑镇》，川剧的《铡侄》，潮剧、粤剧的《包公截侄》，河北梆子的《包跪嫂》等等，看来出自同一个情节，然而吉剧的《包公赔情》却大有特色。它的感人的深度和力量，在传统剧目里，恐怕是不可多得的。

戏一开始，就用简洁的手法，暗场处理了铡包勉的情节。尽管是暗场，但在场面上却仍旧较有声势，极有气氛，充分地显示出包公这个人物执法如山、铁面无私的气概。

真正的戏是从铡包勉以后，包公打道回府开始的。

真正的好戏，不在于有没有曲折复杂的情节，而是在于有没有写出人物来，有没有写出人物的思想深度和高度来。《包公赔情》这出戏之所以感人至深，是因为它写出了人物，写出了人物思想感情的深度。别看包公铁面无私，铡侄的时候"正气凛凛天地动，铜铡闪闪神鬼惊"，但到他回府的时候，他的思想感情上的矛盾就开始了，"往日包拯胆如斗，今日回府心内忧"。忧什么？难道是他做错了事了吗？是办了冤案了吗？不是，他办的案件是大公无私的。他的"忧"，就产生在这个赔情的"情"字上。如果按简单化的想法，那么，只要杀得合理，自己理直，有什么可"忧"的呢？如果这样想，自然也就没有这场戏了。然而，人的感情毕竟是具有丰富的社会内容的，因而是复杂的不是简单的。剧作者的极为可贵之处，在于他不仅歌颂了包公的法治精神和勇气，而且在歌颂了包公的法治精神的同时，还能让自己的笔尖，深入到包公这个几乎是法治精神化身的人物的感情世界里去。

把包拯这个人物的感情世界大胆地展现开来，同时又让他与他的嫂嫂的感情世界发生强烈的矛盾冲突，一个是满腔爱民之情，一个是满怀爱子之心，于是这一场精神世界的尖锐冲突就不可避免地爆发了。

从包公回府到包嫂王凤英确知自己的儿子已被自己抚养长大的小叔三弟包拯铡了，这是戏的第一个段落，也是矛盾的开始。这一段戏里，王凤英从不知道包勉被铡、不相信包勉被铡到终于确知包勉已经被铡；包拯则是从不敢把铡侄的事告诉嫂嫂，到终于鼓起勇气把铡侄的事告诉了嫂嫂。这段戏是为下文正面展开冲突做铺叙的。饰演包公的演员在表演上无论是身段、动作、步法，处处突出了包公的沉着和庄重，同时又注意运用眼神来传达出包公内心的忧虑，他使人们感到，在包拯的内心深处压着一块石头。饰演王凤英的演员，在这短短的一段戏里，与包公相反，她却需要表现出感情上的三层变化。第一层是已经送走的小叔包拯又意外地回来了，虽然感到意外，但心里是喜悦的；第二层是听包公说"有一事烦忧在心"，出于关切，她很想为他分解，因此表情由喜悦转为关切；第三层是听到包拯说铡了儿子包勉，她简直如闻晴天霹雳，始则不信，继则惊魂欲断，人物一下从喜剧跌入了悲剧的深渊。饰演王凤英的演员在这小小的一段戏里，却将人物的这种思想感情、精神世界的变化，演得丝丝入扣，层次分明。当王凤英唱到：

> 听他言来惊断魂，
> 铡儿如同铡我的身。
> 千尺冰峰万尺雪，
> 也冷不了我一颗疼儿的心！
> 纵有铜铡三百口，
> 何惧你黑头黑面黑心人，
> 丫环看过镇宅剑……

这时候，戏剧的矛盾冲突达到了第一次的高潮。而此时此刻，全场观众的心情，也早已被这具有强烈的感情深度的情节紧紧拴住，大家为包拯捏着一把汗，屏息以待事态的发展了。

戏的第二段是全剧的中心，也是两种"情"的矛盾冲突的最高潮。在这一大段戏里，人物的思想发展仍然是脉络分明，而且愈转愈深。这一大段的唱词和道白实在写得太好了，它让包公的嫂嫂尽情倾诉了心中的怨愤，同时也向观众交代了包公与这位嫂嫂的感情，确非一般的"情"，而是具有特殊的生活内容的"情"，一句话，这位嫂嫂，胜过自己的亲娘。作为矛盾的一方，这位嫂嫂眼看着自己的惟一的亲骨肉却被自己用心血抚养长大的包拯铡了，她怎么能不怨，怎么能不恨呢？所以在怨愤之余，激动地唱出了"铜铡之下有冤魂"。然而，这只是矛盾着的一方的"情"。

下面再听听矛盾着的另一方的"情"：

含泪看《赔情》

包：一言赛过万把钢刀，

胸中好似烈火烧。

嫂嫂的教训均做到，

从未错伤命一条。

我铁面赤心把国保，

王子犯法我不饶。

我也曾御街之上砸銮驾，

金銮殿上打龙袍，

铡过驸马陈世美，

赵王刀下赴阴曹。

世上的豪霸心胆战，

地下的判官也难逃。

铜铡之下无冤鬼，

英：你铡包勉为哪条？

包：提起包勉更可恼，

他与那乱臣贼子、贪官污吏、

恶霸土豪不差分毫！

这一段唱词，把包拯写得执法如山，大义凛然，他铡包勉理直气壮，无可责难。这样，剧作者就巧妙地把双方的矛盾冲突引到了问题的焦点上来，这就是包勉究竟有罪无罪，罪大罪小，该铡不该铡？在经过一大段对话的质询之后，终于迫得包拯只能把老百姓的状纸拿了出来。

以上一大段戏，从实质上来看，是王凤英的爱子之"情"与包拯的爱民之"情"的正面冲突，在这场冲突中，把人物的思想性格引向了深化。如果说上面这一段戏矛盾着的双方还是针锋相对、各不相下的话；

那么，在包公拿出了状纸以后，戏剧的矛盾就急转直下了，王凤英读罢状纸，明白了真相，顿时悲愤交加。这里演员的表演是十分出色的，她读状未完就站立不住，颓然坐在椅子上，然后唱："一字一泪不忍看哪，字字行行刺我的心哪！"然后起座，转身到椅子背后两手收袖，然后向外双甩袖，将两条洁白的长长的水袖（吉剧的水袖特别长，因而更富于舞蹈性）送出去，落下，搭在坐椅上。这一个优美的舞蹈动作，仿佛把人物的内心世界明白告诉了观众，好像说，我错怪了包拯了，我完全错了，现在还有什么可说的呢！

戏演到这里，原来双方强烈地对立着的两种感情，开始转化了。包公唱："按律当废奴才命，你看我断得可公平？"王凤英接唱："包勉他犯法命当尽，难怪包拯他下狠心。"我看到这里，满以为戏就快结束了，因矛盾已经得到了统一，一个问："我断得可公平？"一个答："包勉犯法命当尽。"不是看法完全一致了吗？那么还有什么戏可演？然而不然，真正的好戏还在后面，从塑造人物，更高、更深地揭示人物的精神世界来说，前面大段的戏剧冲突，仍然是为后面提示人物崇高的精神境界、提示人物内心世界的崇高的美做铺垫。

戏要有波澜，要有曲折。然而这种波澜，这种曲折，不是硬造出来的，而是从生活中来的，是具有高度的真实性的。当我肤浅地感到这个戏快要结束了的时候，不料想我们的剧作家笔锋一转，突然波澜横生，王凤英紧接着上面这句唱词唱：

　　我本当抛开这杀子的恨，
　　却怎么难收这疼儿的心。

好一个"难收这疼儿的心"，亏剧作者想得出，写得到。这一下，又将矛盾往前大大推进了一步，又向人物的精神世界深处大大地深入了一步。现在已不存在杀得对不对的问题了，现在戏剧的矛盾已经完全是感情上的矛盾了，是王凤英的感情如何转弯的问题了，这样剧作者就自然地卸掉了包含在矛盾里的是非曲直问题，单剩下了感情问题。这样，也就便于下文紧紧抓住"赔情"两个字来做文章，如果说根本是冤案，是杀错了，而且是把自己情深似母的嫂嫂的亲骨肉杀掉了，这样严重的问题，严重的错误，岂是"赔情"可以解决的？现在问题清楚了，王凤英也明白了，自己的儿子罪大恶极，该杀不能赦，因此剩下来的就是一个感情转弯的问题了，于是剧作者和演员就可以紧紧抓住"赔情"两字来表现人物了，请听王凤英唱：

> 纵然是坟前落叶你扫得净，
> 心中的伤痕难扫平。
> 嫂嫂我若有两个子，
> 你铡了奴才我不心疼，
> 你往嫂嫂我的头上看，
> 黄土埋了好几层，
> 可叹我苦熬苦守苦到老，
> 到如今只落得堂前冷落，孤寡一人，满目凄零！

经过了千言万语的解释，在王凤英的感情上，仍旧是"难收这疼儿的心"，仍旧是"心中伤痕难扫平"。总而言之，感情上转不过弯来。上面这一大段戏，从戏来说，是一个突然涌起的大波澜，它在观众面前又摆出了新问题，借此紧紧地抓住了观众的感情。从戏剧创作来说，是作者出色的大手笔，本来已经趋于平息的矛盾，忽然一个转折，又波澜迭起，产生了新的矛盾：王凤英在理智上是"通"了，但在感情上硬是不通。这个"情"字的"关"——戏剧矛盾冲突的"关"，还是过不了。

创作之难，并不难在写出一个具有一定水平的作品，而是难在到了一定水平以后，并不停止，继续前进。这个戏，如果停止在包嫂认识到儿子的罪当铡，认识到包公没有错，就这样来解决矛盾，完成戏剧冲突，那么，这个戏仍不能避免平庸的毛病（须知并不是不能这样来结束这出戏的）。现在剧作者并不让这个戏的冲突草草结束，而是进一步地深入到人物的感情世界的最深处，提出了感情上通不过的问题。正是由于这个原因，这个戏具有浓厚的生活气息和真实感，也正是由于这个原因，这个戏仍旧紧紧地抓住了观众的心弦。然而，面临着这个感情问题，包公感到无能为力了，他说："肺腑之言已说尽，难动嫂嫂疼儿心，这真是清官难断家务事！"他想回避这个矛盾，撇下嫂嫂不管，直奔陈州放粮。可是当他提起双脚来要走的时候，却感到"却怎么双足千斤沉，不怕她杀来不怕她训，她泪珠儿滚滚刺我心"。这段唱词写得多么深刻！这时，对于王凤英来说，当然是感情上的不通，而对于包公来说，却是感情上的不忍了。原来矛盾着的双方，都在这个"情"字上卡住了，试想，面对含辛茹苦把自己哺养长大的嫂嫂，自己又铡了她的儿子，怎么好忍心一走了之呢？

可是，话虽如此说，剧作者竟然把矛盾推到这样的"禁区"，这样的难于处理的地步，不能不使观众有点为他担心了。莫非剧作者自己也被这个"情"字卡住了，难倒了，无法突破这个"情"字的难关了吗？然而不是，剧作者敢于把双方的感情推到最险、最难解开的地步，是为了要使这两个人物的精神世界再一次更高地升华，使他们的思想感情达到更崇高的境界。在这样紧张的矛盾冲突之下，于是剧作者的这支笔，果然迸发出了一大段震撼人们心灵的唱词，请听：

　　有心不把陈州奔，

急坏了包拯我放粮臣。

我人走，心难走，

我人留，难留心。

嫂嫂悲痛心不忍，

万民饥寒我更痛心，

虽说叔嫂情义重，

有负民望我罪更深。

也罢——

嫂嫂难消杀子恨，

若责倒有剑一根。

包拯性命何足论，

惜的是陈州百万民。

千家万户炊烟尽，

妻离子散痛断魂。

嫂嫂若有爱民意，

你等我放粮归来我死也甘心！

唱完这段，舞台上的包拯就双手擎剑，跪倒在嫂嫂面前。这一段唱词，擎剑下跪的形体动作，具有多么大的感人力量啊！当我看到这里的时候，我的眼眶里已经含满了泪水，我偷眼看看周围的观众，不少人早已在用手帕擦眼泪了。古典戏剧的感人力量竟到如此强烈的程度，在我的看戏的经验中还是仅有的。下面紧接着是王凤英的一段唱：

眼前跪定小包拯，

却好似陈州百万民。

千言万语难入耳，

　　　他为民一跪动我心。

　　　他为百姓饥寒肝肠碎，

　　　我怎该为一孽子泪沾襟。

　　　擦干泪痕挽三弟，

英：〔白〕嫂嫂并非跪的是你，

　　　我跪的是三弟你为国为民的一片忠心！

包：〔唱〕多谢嫂嫂不责之恩。

　　戏写到这里，包公的"赔情"，才算"赔"到了家，双方的矛盾，才算真正得到统一。那么，是在什么样的思想基础上统一的呢？很清楚，是在"为民一跪动我心"的思想基础上统一的。这样的统一就使这个戏的思想意义达到了理想的高度，它给予人们以深刻的感受和思索的启示。

　　有趣的是这个戏原叫《包公赔情》，一开始就是包公去向嫂嫂赔情，但是不知不觉，演戏到戏剧的结束时，却是倒过来，包公的嫂嫂去向包公赔情了，这样的结尾，真是出人意表而又入情入理，它多么具有生活气息，多么具有真实感啊！

　　"千言万语难入耳，他为民一跪动我心。"作为戏剧，它的目的也是要动观众的心的。看了这个戏，不仅动了我的心，它还让我深有所感：我感到这出戏是对"四人帮"的一个大批判，姚文元不是说清官比贪官还要坏吗？不是说《海瑞罢官》、《海瑞上疏》等等的清官戏都是大毒草吗？现在放在我们眼前的这个清官戏《包公赔情》，岂是什么"罢官"、"上疏"而已，"我也曾御街之上砸銮驾，金銮殿上打龙袍，铡过驸马陈世美，赵王刀下赴阴曹"。请看这个清官的权威，岂是"罢官"、"上疏"的海瑞所能比得的。然而它赢得了千百万观众的激赏，有不少观众为它流出了眼泪，这是对姚文元之流的反革命谬论的粉碎性的一击。

　　这个戏对"四人帮"也是一个极大的讽刺，他们不是大吹什么法家精神吗？然而他们就是害怕包拯（我这里说的当然是指这种根据人民理想所创造的包拯）这样执法如山、在法律面前人人平等的"法家"。其实"四人帮"哪有什么资格谈什么法家，对他们最适宜的是请他们享用这位包大人的狗头铡！

1978 年 12 月 9 日午夜至

10 日上午 10 时于宽堂

赞京剧《满江红》

　　中国京剧院四团演出的《满江红》（马少波、范钧宏、吕瑞明编剧），是一出激动人心的好戏。这个戏强烈地歌颂了我国历史上杰出的民族英雄岳飞的抗金斗争，通过这一历史人物的斗争史迹，尽情地歌颂了中国人民进行正义战争、反抗凶恶的侵略者的不屈不挠的斗争精神；同时也相当深刻地揭露了侵略者的豺狼本性，特别是相当深刻地揭露了卖国投降的主和派的丑恶嘴脸，揭露了他们在"和谈"的烟幕下丧心病狂地出卖祖国、出卖人民、残杀爱国将领的滔天罪行。历史是一面镜子，中国人民在毛泽东思想的教导下，从今天舞台上艺术地体现这一伟大斗争的历史事件中，自然将获得新的现实意义。

　　我们知道，在元代已经有相当完整的歌颂岳飞抗金的剧本了，现存有孔文卿的《地藏王证东窗事犯》和无名氏的《宋大将岳飞精忠》；到了明代，更有了《岳飞破虏东窗记》、《精忠记》以及姚茂良的《精忠记》（以上三种基本上相同），墨憨斋（冯梦龙）改订的《精忠旗》和汤子垂的《续精忠记》等。这些剧本的共同特色，就是对侵略者以及主和派、卖国贼秦桧，进行了深刻而尖锐的"笔伐"，而对岳飞以及抗敌的人民，则进行了热情的歌颂，寄托了无限的深意。但是由于那些剧作者的阶级立场、世界观以及时代条件的限制，他们不可能不在剧本中同时暴露出许多严重的缺点。例如，把岳飞与秦桧的斗争，仅仅看作是忠臣与奸臣个人之间的斗争；在歌颂岳飞的时候，又常常夹杂着许多封建的忠孝节义的思想；鞭挞秦桧这个卖国贼的时候，常常无力地借用轮回因果报应等迷信思想，因此也就使剧本所具有的正确的思想遭到了损害，甚至在结构上也陷于主线不分明或庞杂散乱。所以，把抗金英雄岳飞的斗争事迹正确而深刻地再现在舞台上这一历史任务，便必须由我们时代的剧作家，用毛泽东思想武装起来的剧作家，光荣地承担起来。

我觉得《满江红》的作者，基本上是用毛泽东思想来正确地分析这一历史事件，从而进行创作的。正因为如此，所以这个戏与元明以来流传的所有有关岳飞的剧本，形成了一个强烈的鲜明对照，具有独特的崭新的面目。

我们知道，南宋小朝廷内和战两派的斗争，是有深刻的社会阶级根源的。以宋高宗赵构和宰相秦桧为首的主和派，对外极力奉行适应女真侵略者的利益和需要的"和议"政策——实质上就是卖国投降政策，只图偏安一隅、保持自己的既得利益和统治地位，不惜以敌为友、认贼作父，对内则极力摧残人民的抗敌力量，解除人民自动组织起来的义军，甚至最后下毒手杀害抗战有功、威震敌国的民族英雄岳飞，以及解散对敌战斗最精锐的军队——岳家军。实际上，这些投降派，是当时民族矛盾和阶级矛盾的产物，是这两种矛盾中大官僚大地主集团利益在政治上的反映。《满江红》里，用相当精炼和锐利的笔触，对这些投降派的罪恶活动和他们的思想，作了相当准确的勾画。作者在第一场戏里，就通过兀术、哈迷蚩、伊里布的嘴，揭露了高宗一直隐藏在内心深处的心思：他竭力为保持自己偏安逸乐的生活，宁愿向敌人屈膝求和，也不愿抗击敌人，收复失地，因为胜利除了使他可能失去统治地位外，不可能有别的结果。把高宗这一思想揭露得淋漓尽致的是第三场戏（议和）中高宗自己说的："且喜此次金邦求和，颇见诚心，和议若成，一可以迎归母后，了孤凤愿；二可以划地分疆，安枕无忧；三可以息兵养民，四海平靖。"这里的三个愿望，第一个是官样文章，而且就连这样，也没有肯提及钦宗赵桓（当时徽宗已死）；以下两个愿望赤裸裸地道出了他希望划地分疆，偏安一隅，弃中原父老于不顾，送祖国山河与敌人的罪恶思想。特别是当他正在与伊里布进行卖国交易——"和谈"的时候，忽报岳飞回朝，伊里布惟恐"和谈"受阻，立即施加了压力："皇帝陛下！数年以来，你国岳元帅屡启战端，无非是为了迎请二圣，如今靖康皇帝健在，或留或归，是战是和，都在陛下一言，就请早作圣裁。陛下既无诚意……（目视秦桧）恕我告辞！"秦桧对双方的底细，当然一清二楚，在这样的压力之下，他立即居间调停，代替高宗向伊里布屈服。高宗感到自己的意思完全已由秦桧传达出来了，于是也就顺势转舵说："着啊！——内侍，传旨偏殿设宴，款待金使。"这一场君臣卖国的勾当，虽然只有寥寥数笔，却勾画得相当清晰、传神。以上是矛盾的一个方面，也就是主和派即投降派的一方面。

以岳飞为首的主战派，同样也是具有深厚的社会阶级基础的。他们所坚持的抗战路线，实质上就是当时一般的地主阶级（即地主阶级中的抗战派），特别是广大劳动人民而尤其是北中国陷区人民的迫切愿望。岳飞本人是农民出身，他的岳家军绝大部分是来自北方人民的忠义军，而岳飞十分重视与当时陷区人民义军的联系。剧本中所写的梁兴和李宝，就是当时北方义军中的首领，梁兴的绰号叫"梁小哥"，是太行山"忠义社"的首领；李宝的绰号叫"李泼三"，山东乘氏县（今山东菏泽县）人，山东沦陷后，曾聚集了几千人进行抗金活动。剧本中所描写的另一个重要将领牛皋，原来也是太行山"忠义社"的领袖。剧本的开头借兀术之口，说出"岳家大军锐不可当，两岸乱民群起响应。"这不仅反映了人民协同岳家军抗敌的活动，同时也强烈地表达了他们要求抗敌的愿望。在第二场里，作者安排了陷区的人民拦住岳飞的马头，劝阻他班师回朝，他们说出："万岁只知偏安自保，秦桧只知卖国求荣。朝廷忍弃百姓，百姓怎离乡土！元帅你、你、你要与我们做主啊！"这些话十分有力地说出了人民反对和议（也就是反对卖国），坚决要求抗战的强烈呼声。从这些描写里，我们可以看到剧作者有力地深刻地概括了当时历史的根本的主要的方面，从而也就使我们看到以岳飞为首的主战派的社会阶级基础。不仅如此，剧中那个坚决主张抗战的胡铨，也是一个具有代表性的人物。1138 年（绍兴八年）秦桧派王伦到金邦去议和时，胡铨就是一个最激烈的反对者。他不只向高宗上疏坚决反对向敌人屈膝求和，而且对高宗也毫不容情地当面斥责，因而被高宗将他除名编管昭州，后来又被贬往广州监盐仓。作者在剧中写了他的坚决主战和被高宗斥逐，既完全符合于历史真实，又能使我们更清楚地看到以岳飞为首的主战派广阔而深厚的社会基础。以上是矛盾的另一个方面，也就是主战派的一方面。

剧作者根据历史事实，把这个戏的矛盾冲突的两方面的社会基础，都作了比较深刻的描写，从而使观众深深地认识到这一场矛盾冲突的深厚的社会根源，以及它的不可避免的悲剧的性质。

岳飞这一英雄人物的出现，是历史的创造，而他的悲剧性的结局，也是历史的安排。当赵构仓惶南渡之初，南宋的半壁江山岌岌可危，偏安之局尚难保持的时候，赵构为了要使自己多少有一点向敌人屈膝求和的资本，因而他暂时起用了李纲、张浚、宗泽、岳飞等主战派的人物，同时也容许他们在军事上作一定程度的抵抗（他们所做的是远远超过了赵构所容许和希望他们所做的限度的），当然也用他们来镇压了农民的起义。但是当着南宋小朝廷偏安之局已初步形成，侵略者也开始认识到要用武力灭亡中国是办不到的，中国人民是不害怕反对侵略战争的，因此，他们在政策上也作了变更，使用了更狡猾的手段，企图用"和议"

267

来换取他们在战场上夺取不到的果实——臣服中国。这时，本来就甘心认贼作父，屈膝事敌，只图保持偏安一隅的赵构，自然就再也不愿意让这些主战派当政了，而且为了换取"暂时做稳奴隶"的地位，就不惜向主战派领袖岳飞下毒手了。所以岳飞悲剧的历史背景，直接的、根本的是当时的"和议"政策。我觉得剧作者把岳飞风波亭的悲剧紧紧地安放在"和议"进行之中，这不仅符合历史真实，而且也是洞悉了这一历史底蕴的缘故，也就是说归根到底，岳飞这一民族英雄，是赵构、秦桧等投降派的"和议"政策的牺牲品。

剧作者对岳飞这一英雄形象的塑造，是相当成功的：一方面大力地歌颂了岳飞的抗金斗争，另方面，又按照历史事实，让他在十二道金牌的宣召之下，不得不放弃已经收复的许多失地和不得不抛开对他遮道挽留的中原父老，尽管他知道这完全是错误的（指他放弃已收复的失地和抛开中原人民），但他还是只能向错误的道路上，甚而至于是向死路上走去——因为他归根到底，毕竟是一个封建统治阶级中的具有民族主义精神和爱国思想的将军。我们看到了这样一个符合于历史真实的艺术形象；同时通过深刻的描写，我们也就看到了作者对这个艺术形象的一定程度的必要的批判。大理寺一场和狱中一场，对这个艺术形象的精神境界，是刻画得相当深刻的。当堂审判的时候，从形式上看来，是岳飞在受"审判"，但是通过那些精彩的对话，观众却分明看到在真理前受审判的，不是岳飞，而恰恰是那两个"审判"岳飞的投降派的爪牙万俟卨和罗汝楫。当岳飞巍然而立，袒露出背上刺着的"精忠报国"四个大字的时候，我们特别感到岳飞这一艺术形象坚持抗战、不屈不挠的、强烈的斗争精神，同时，相形之下，也就愈显得那两个颓然而坐、面如土色的"奉旨监审"的万俟卨和罗汝楫的形象的丑恶。特别是在卖国贼用严刑逼供，岳飞大书"天日昭昭，天日昭昭"八个大字以后愤怒掷笔时，万俟卨竟因此惊倒在地，这是一笔绝妙的讽刺，同时也强烈地表达了岳飞正义凛然的英雄气概。狱中一场岳飞叮嘱岳雷、牛通："金邦媾和，意在攻战！岳家大军，善自保全！奸贼必诛，国仇当先！前仆后继，还我河山！"以及他从容就义的场面，也是十分激动人心的。

这个戏里的另一个重要的艺术形象牛皋，塑造得也是成功的。剧作者一方面很好地吸收了传统剧目《牛皋扯旨》中对牛皋的刻画，另方面又在很大程度上提高和丰富了这一艺术形象的思想和性格，因而使这一艺术形象又得到了发展。特别是当我们看到他最后被说服，从广大人民的利益着想决定奉旨出兵抗金时，他最关心的是"必须咱岳雷侄儿挂帅"。这里，我觉得剧作者赋予了这个艺术形象以更高的思想性格，而且更加显得这个没有半点自私之心的英雄人物的可爱。必须说清，牛皋的这一思想，丝毫也不是什么"不忘故主"之类的老一套的封建思想，谁如果从这个角度去理解这一情节，就是根本歪曲了这一英雄人物的思想性格，当然也就是辜负了作者辛勤刻画这一艺术形象的思想意义的深意。

岳夫人的戏虽然不多，但却是一个关键性的角色，正是由于她（以及其他一些人物）才使得这个戏的前后两部分基本上有机地联结了起来。剧本中创造了一位大义凛然、很好地继承了岳飞"激厉士卒，功期再战，北踰沙漠，蹀血虏廷"、"从头收拾旧山河"的遗志的岳夫人的形象。她虽然满怀悲痛，但是祖国的存亡，人民的安危始终是她最关心的事情，所以当大家的认识不一致的时候，她能够坚定地指出正确的方向。这样的艺术形象我觉得也是具有新的意义的。

使观众喜爱这个戏的，不光是因为这个戏里成功地塑造了岳飞、牛皋等英雄人物的形象，更重要的是通过这些艺术形象，向观众表达了作者对这一历史事件的新认识，揭示了这一历史事件的新的现实意义，因此使戏剧艺术更好地为无产阶级的政治服务，为我们的现实斗争来服务。

剧作者对女真侵略者"以和议佐攻战，以僭伪诱叛臣"的阴谋手段，作了相当深刻的剖析。而敌人的这一套阴谋策略，又确实是当时的历史真实。剧本中对投降派的头子之一、汉奸卖国贼秦桧，也作了尖锐的揭露。《东窗》一场，相当深刻地揭露了这个卖国集团的毒辣手段，同时也用极为简净的笔墨，写出了当时临安城里广大的市民群众、太学生以及主战派的官员赵鼎、李若朴、何彦猷、薛仁辅等人对卖国投降派的斗争，正是在这样尖锐的斗争中，以赵构、秦桧为首的投降派，就依照反动派的必然规律，最后向岳飞也就是向抗战派以及广大的人民群众下了毒手。"黄柑碧合"的情节，作者在事实的基础上，又作了必要的艺术的创造。原来的事实是秦桧吃过柑子后以指甲划着柑子皮苦思对付岳飞的办法，正当他委决不下的时候，经他的老婆王氏"缚虎容易纵虎难"一语撺掇，终于把岳飞害死。现在剧作者运用这一情节，一方面使它与赵构绾合起来，使观众清楚地看到赵构实际上是最大的刽子手，另方面又再一次地使观众认识到岳飞的死，是死于当时的最高统治者投降派"必和"（碧合）的政策下的，这样，就使得这一情节，有了更丰富的政治意义。

剧作者通过对侵略者和主和派的尖锐分析和生动刻画，使观众深刻地认识到对侵略者不能存任何幻想，只有坚决地斗争，才是对付侵略者的根本的最好办法，而对那些适应侵略者的利益和需要的主和派，同样也不能抱任何幻想，唯一的办法，也只有依靠自己的力量与他们进行坚决的斗争，从这一点来说，这个戏没有写到风波亭结束，而一直写到了岳家军再起来，"从头收拾旧山河"为止，作者是有深意的。

艺术是没有止境的，这个戏如果能再作进一步的修改，我觉得也仍然是必要的。

我觉得这个戏对和战两派的矛盾斗争还可以交织得更加尖锐紧密一些，例如第二场王次翁的下诏和十二道金牌的宣召，在戏里所发挥的对立面的作用就不够，如果能在王次翁的身上打主意，让他对岳飞与诸将增加一些压力，不要很早就退场，那末这一场戏的矛盾冲突也许可以更加深刻一些，归根到底对塑造岳飞这样一位英雄人物的思想和性格，也许是会有好处的。另外，剧本对某些人物的思想性格刻画得还不够深刻丰满。例如对主和派的重要头子秦桧刻画得就不够深刻。在整个戏剧的结构上，我觉得情节多了一些，因此在一定程度上还有松散的缺点，同时也就影响了深入地刻画人物。而后一部分戏，目前也还有比较明显的"独立性"。对于以高宗赵构和宰相秦桧为首的统治集团的荒淫逸乐的生活，戏里没有加以揭露；自然，这个戏是写政治斗争的戏，必须把中心放在和战双方的政治斗争上，但是如果适当地揭露一下统治集团的荒淫逸乐生活，会更加深化这个戏的主题思想的。

（原载 1960 年第 19、20 期《戏剧报》合刊）

壮志凌云　雄风千秋

——看京剧《杨门女将》

在中国古典戏剧中，有不少描写古代战争的优秀剧目，它们成功地塑造了许多战斗英雄，其中有白发苍苍的老黄忠、杨继业，有血气方刚的罗成、马超，有持重稳健而又一身是胆的赵云，有赤胆忠心、性急如火的张飞、李逵……值得注意的是在这许多英雄群像中，有着不少战斗的女英雄，如：花木兰、荀灌娘、梁红玉、薛金莲、樊梨花、杨排风、穆桂英、佘太君等。她们都是中国人民最喜爱的英雄形象，她们虽然有的是百战沙场的老将，有的是初出茅庐的少年，有的甚至还是烧火的丫头，然而她们却有一个共同的特点，就是强烈的爱国主义精神和对敌斗争时大无畏的勇气。我们的伟大领袖毛泽东同志曾说过："中华民族不但以刻苦耐劳著称于世，同时又是酷爱自由、富于革命传统的民族。……中华民族的各族人民都反对外来民族的压迫，都要用反抗的手段解除这种压迫。他们赞成平等的联合，而不赞成互相压迫。在中华民族的几千年的历史中，产生了很多的民族英雄和革命领袖。"[①] 古典戏

① 毛泽东：《中国革命和中国共产党》，见《毛泽东选集》第 2 卷第 593 页。

272

剧中的这些英雄形象，反映了古代中国人民伟大的革命精神和对侵略者坚决斗争的反侵略思想。可以说在我国的古典戏剧中，悲观主义和失败情绪一直是没有它的地位的，在许多描写反侵略战争的剧目中，通过许多战斗英雄所反映出来的中国人民的斗争精神，一直是压倒侵略者的气焰的，侵略者在中国人民的舞台上，从来都是可耻的失败者。

古典戏剧中的这种爱国主义和英雄主义的传统精神，在最近中国京剧院四团演出的《杨门女将》（范钧宏、吕瑞明改编）中，得到了充分的发扬。《杨门女将》是根据扬剧《百岁挂帅》并参考了传统剧《十二寡妇征西》等改编的。在描写反侵略战争和刻画战斗英雄上，这个戏，真可以称得上是"洋洋大观"。人物方面，女的有百岁挂帅、老谋深算的佘太君，有征战半生、威镇敌国的穆桂英，有勇猛无比的杨七娘，有能征惯战的杨八姐、杨九妹等等。在男的方面，有跟随佘太君征战八十多年的老杨洪，有杨门旧将孟良、焦赞的后人孟怀源、焦廷贵，还有少年英雄杨文广。这一群男女老少的战斗英雄，都被强烈的爱国主义精神和对侵略者高度的仇恨，贯串了起来。

在这个戏里，我觉得刻画得最最感人的是佘太君。正当杨宗保五十生辰，天波府内喜气盈门、华堂盛筵之际，忽然传来了边关的噩耗——杨宗保为国捐躯。于是霎时间在杨府满门英雄的心头，国恨家仇，一齐爆发。百岁高龄的佘太君，闻此噩耗，顿时手中杯落，颓然而坐，全场肃然静默。这时一种悲愤的情绪强烈地袭击着每一个观众的心。佘太君在强自镇静之余，徐徐举起手来，将头上簪的寿字红绒花摘下，堂上其余杨府的眷属，也一齐含悲忍泪，默默地摘下绒花。这一无声的动作，胜过了万言千语的描写，它有力地传达了剧中人肃穆、悲愤的情绪。在这片刻静场之中，佘太君忽然举杯离座，步出厅前，望空酹酒，然后迸发出一段激越悲愤的独白："宗保，孙儿！今逢你五十寿辰，为国尽忠，竟然不、不、不在。你不愧是杨门儿孙，你对得起列祖、列宗、尔父、

273

尔母，你是祖母的好孙孙，你，你要痛饮一杯！"这一段独白，十分有力地把观众的情绪，第一次激发到了顶点。同时观众也开始认识到了这位老英雄崇高的内心世界。这时舞台上开幕时的欢乐气氛，已经完全被悲壮的情绪所代替，观众在悲愤的氛围中，渴望着杨门女将的行动……

《杨门女将》的人物和情节之所以能感动人，就在于它贯串着强烈的爱国主义思想。凶恶的敌人杀死了佘太君的孙儿杨宗保，但是任何凶恶的敌人，吓不倒伟大的中国人民！百岁高龄的佘太君，虽然已经久离戎行，然而"老骥伏枥，志在千里。烈士暮年，壮心不已"。她在动摇不定、想妥协投降的宋皇面前，慷慨陈词，说服了宋皇，驳倒了投降派，毅然要求亲自挂帅出征。她对敌人进行了认真的调查研究，利用了杨宗保未完成的军事计划，克服了重重困难，决定发兵奇袭敌人，终于把骄横得不可一世的侵略者，一举歼灭，保卫了祖国的神圣疆土。

佘太君这个英雄形象之所以如此感动人，不仅是由于她满腔的爱国热忱，更重要的是由于她的这种坚决的行动。须知对付凶恶的侵略者，单凭自己一点空洞的爱国热情，是不能使侵略者放弃野心的，必须要有坚决的反侵略的行动，只有"用战争反对战争，用正义战争反对非正义战争"，[①] 这样敌人发动的侵略战争，才能被我们的正义战争所消灭。我觉得《杨门女将》的改编者，通过佘太君这个英雄形象，十分深刻生动地体现了这一思想。

穆桂英，是这个戏里另一个塑造得十分成功的英雄形象。她在大敌当前之时，不计个人私怨，处处以国家民族的利益为重，她自觉地将个人的利益服从了国家和人民的长远利益。杨宗保的死，对她虽然是一个沉重的打击，使她悲痛得"恰好似万丈崖、坠身汪洋"，然而她立即化悲痛为力量，决心为国杀敌，而且她在比武时，还极力为自己的儿子创

---

① 毛泽东：《论持久战》，见《毛泽东选集》第 2 卷第 438 页。

造条件，使他也能从征杀敌。从这里，我们更深刻地看到了这位英雄人物的崇高胸襟！穆桂英是威镇敌国的战斗英雄。她在战斗中翻山越岭，历尽种种艰险，依靠了群众，终于找到了葫芦谷栈道，完成了杨宗保的遗计，最后彻底粉碎了敌人。

演佘太君的王晶华和演穆桂英的杨秋玲，对于这两个重要角色的性格的把握和发掘，都达到了相当的深度。佘太君的满腔爱国热忱和"一闻战鼓意气生，犹能为国平燕赵"的那种沉雄坚定的性格，以及穆桂英的强烈的斗争精神，表演得都十分深刻感人。其他如七娘的勇猛粗犷，文广的骁勇善战，也都表演得恰如其分。尤其觉得突出的是全体演员的配合十分紧密。整个演出自始至终，一气呵成。观众的心情，一直被剧情的演进紧紧地吸引着，没有感到丝毫松懈。

这个戏，和过去同一题材的剧目比较，是一个很大的提高。它的优点是突出了杨门女将的爱国主义思想和对侵略者不屈不挠的斗争精神，适当地删去了杨门与宋皇之间的内部矛盾，同时又着力地刻画了投降派的代表人物王辉，删去了扬剧中的安乐王，这样使这个戏一开始就贯串着投降派与主战派之间的矛盾，而且一直贯串到终场，因而就使这个戏的矛盾更为曲折复杂，情节也就更为动人。

特别是改编者增加了这个戏的对敌斗争的场面，先在杨宗保为国捐躯的情节中埋上了一笔葫芦谷探险、临终遗言的伏线，而到佘太君出征时就紧紧抓住这一点大加发挥，使宗保的遗志在佘太君的老谋深算之下，由穆桂英、杨文广去完成，这就显得杨宗保的牺牲，是有代价的，而且其中又插入了识途老马的带路和采药老人的指点栈道等情节，这样就使观众自然地联想到依靠群众的力量，同时也就增加了这个戏的爱国主义思想的深度。

这个戏改编得比较完整，主线分明而又矛盾曲折，波澜起伏。其中有些场面，写得极有层次，极有气势，例如第四场在天波府主战派与投降派的斗争，就是这样。投降派设就了重重难关，先是说战无主帅。不料百岁高龄的佘太君却毅然愿意"一力承担"。有了主帅以后，投降派又说没有先锋，但是话未落音，穆桂英威风凛凛地从后堂挺身而出，惊得投降派倒抽了一口冷气，退后了三步，但是他们不到黄河心不死，又连声喊叫缺少将军，说杨门女将已经"老迈无用，不敢出征"了，这样被激怒了的杨门众女将一涌而出，怒斥投降派的投降谬论。虽然投降派已被驳得哑口无言，然而他们到底还不死心，又说"十二钗裙、两军阵前，岂不被西夏耻笑"，这样在里边早已忍无可忍的少年英雄杨文广，便一声高叫，冲出前厅……最后投降派仍然不肯服输，发誓愿摘下头上乌纱来证明抗战必败。但这时宋皇在群情逼迫之下，感到众心难违，而且也觉得士气可为，因此最后决定出征。于是，主战派终于战胜了投降派。这场戏经过这样安排以后，特别显得波澜重叠，引人入胜。

除此以外，这个戏还具有鲜明的革命现实主义和革命浪漫主义相结合的精神。它虽然是一个历史题材戏，但与我们今天的时代精神却十分合拍。中国人民，在伟大的领袖毛泽东同志的教导下，是深深知道如何对付处心积虑地企图侵略我们的帝国主义的。《杨门女将》通过历史题材，表达了中国人民保卫我们神圣的祖国，坚决打击侵略者的坚强意志和胜利信心！

（原载 1960 年 6 月 29 日《光明日报》）

云南山茶映日红

  云南花灯戏，是一个历史比较久的剧种。但是直到抗日战争以前，它一直受到反动统治阶级的摧残，只能在农村中演唱。抗日战争时期，在党的领导下，戏剧工作者和民间老艺人合作，组织了"云南农民救亡灯剧团"，演出了许多配合抗战的新戏，对当时的抗日战争，起了宣传鼓动的积极作用，但是这个剧团不久又在国民党反动派特务势力的摧残下解散了。解放以后，在党的"百花齐放，推陈出新"的方针指导下，1953 年正式成立了云南省花灯剧团，这样，这个长期没有得到发展的剧种，在党的春风雨露下，重新又获得了自己的生命，枝头烂漫地开出了满树鲜花。

  云南花灯戏本来来自民间，所以它的风格朴素单纯、鲜艳明朗，具有浓厚的民间艺术的特色。它的内容，充满着劳动人民的生活气息。花灯戏拥有丰富的剧目，其中有许多短小精悍的歌舞，也有许多内容和形式都很精湛的花灯短剧。这次他们带来的花灯歌舞如《游春》、《山茶赞》和《双采花》等，都是花灯歌舞中的精品。《游春》是描写一个祖父和六个孙女到郊外游赏春景的情景，《山茶赞》是歌颂山茶不怕风吹雨打、不怕雪压霜冻的精神。通过他们载歌载舞的演唱，舞台上立即展现了一片阳春三月的美丽风光，正是风和日丽，百花竞妍，好鸟弄晴，蜂飞蝶舞，剧场里的观众，宛如置身于旷阔的原野，领略着无边的春色。

我所看到他们演出的花灯短剧如《探干妹》、《闹渡》等戏，也是优秀节目。《探干妹》是描写一对青年男女的恋爱。离家数年的干哥，听到了有关他情人的一些流言蜚语，急急回家来探望，起初他们两人都有些误会，后来干妹委婉含蓄地用民歌倾诉了自己真挚的爱情之后，两人疑心顿释，悲喜交集，终于干妹决心冲出封建门槛，与干哥同奔茶山。这个戏的两位演员袁留安（干哥）和史宝凤（干妹）的演唱，都很动人，风格朴素，正如这个戏所描写的爱情那样的纯朴。《闹渡》是一出讽刺剧，内容描写花花相公到渡口去摆渡，遇见同来摆渡的两位少女，有心想和她们调情，结果，两位少女在机智的艄婆的帮助下，反而把这位花花相公辛辣地嘲笑了一场。这个戏有唱有舞，结合着行船时的动作，演得十分生动，二十来分钟的表演，把这位花花相公丑恶的灵魂，揭露得颇为淋漓尽致。

花灯戏除了这些光彩夺目的小戏之外，还有许多大型的剧目，这次他们带来的花灯剧《依莱汗》，就是一个优秀的戏。

《依莱汗》是根据电影剧本《摩雅傣》改编的反映解放傣族人民的斗争生活的现代戏。这个戏的内容，是描写傣族人民在党的领导下，进行反封建反迷信的一场轰轰烈烈的斗争。傣族女子依莱汗的母亲米汗，在解放前，因为反抗封建地主头人叭波龙的诱迫，被叭波龙利用群众的迷信，诬称米汗是给人们带来瘟疫的"琵琶鬼"，[①] 竟将她活活烧死。解放后，这个封建恶霸，继续横行不法，迫害人民，并阴谋破坏党所领

---

① 传说"琵琶鬼"平时如生人，夜晚出外吃人心。傣族地区多恶性疟疾，病人昏迷后多发呓语，说着谁的名字，谁就是"琵琶鬼"。

导的土地改革运动。他与另一个封建恶霸召龙帕沙定计，想把工作组的组长岩温——依莱汗的情人——拉来为自己使用。他一方面企图利用召龙帕沙在家守寡的女儿南苏，破坏岩温与依莱汗的爱情，同时又运用威迫和利诱的手段，趁着岩温到区上去的时候，迫使岩温的母亲答应这门亲事。另一方面，他又利用群众的迷信，诬称依莱汗是"琵琶鬼"，把依来汗和她的父亲逐出寨子，依莱汗的父亲，终于死在森林里。依莱汗回寨想找岩温，不幸又被叭波龙撞见，将她推入江中（幸遇解放军救起，并把她培养成为傣族的医生），岩温回来发现这一情况后，立即去找叭波龙追问，又被叭波龙枪击头部负伤。但是，尽管这个顽抗到底的封建恶霸诡计多端，总逃不出人民的巨掌，在党的领导下，工作组发动了群众，揭露了这个封建恶霸的罪恶，终于逮住了他。通过这一斗争，群众的阶级觉悟提高了，同时也破除了迷信思想。

通过上面这样简单的叙述，我们可以看到这个戏的政治思想性十分鲜明。它把阶级斗争和反迷信的斗争，紧紧地结合了起来，而且使它贯串全剧。

我们觉得这个戏的思想内容，是有它的积极的现实意义的。因为我们的祖国辽阔广大，各个地区的阶级斗争的情况并不一样，这个戏所反映的斗争情况（阶级斗争和反迷信的斗争），在不少的兄弟民族地区都还存在。这个戏，一方面对人民进行了阶级斗争的教育，同时又对人民进行了反迷信的唯物主义的无神论的教育。我们觉得这两方面都十分重要。列宁曾经说过："一个马克思主义者如果以为，被整个现代社会置于愚昧无知和偏狭昏暗境地的广大人民群众（特别是农民和手工业者）只要单纯受些马克思主义教育，就能摆脱昏暗的境地，那就是最大的而且是最坏的错误。应该把各种无神论的宣传材料供给他们，把各种实际生活中的事实告诉他们，用各种办法来影响他们，以引起他们的兴趣，打破他们的宗教迷信，用种种方法使他们从各方面振作起来。"① 我们一方面要认真地加强马克思主义的宣传，加强阶级斗争的教育，但另方面我们还必须用各种方式（戏剧是一种方式）加强反迷信的教育。因为宗教迷信与无产阶级的唯物论的世界观是对立的，宗教是麻醉"人民的鸦片烟"（马克思语）。特别是那些比较偏僻地区的反动统治阶级，都利用宗教迷信来对人民进行残酷的阶级压迫，宗教迷信成为他们压迫人民的一种工具，不批判倒这种宗教迷信，人民群众的思想和精神，便得不到彻底的解放，因此阶级斗争也会受到重大的障碍。当然在我们的国家，宗教信仰是自由的，但是我们批判宗教也是自由的，特别是不允许假借宗教迷信去迫害劳动人民。要人民自觉地从传统的宗教迷信中解放出来，这需要一个很长的过程，但是正因为这样，我们必须时刻坚持唯物主义的无神论的宣传，坚持对宗教迷信的批判。所以从这个角度看，我们觉得这个戏的思想内容是有积极的现实意义的。

我国是多民族的国家，在我们的戏剧里，要有反映兄弟民族斗争生活的戏剧。我们的许多兄弟民族，有丰富的斗争生活，我们迫切希望看到兄弟民族在党的领导下的斗争生活，能通过各种艺术形式反映出来。在这一方面，这个戏也是十分适时的，它在一定程度上满足了我们这方面的要求。

《依莱汗》这个戏，不仅在思想内容上有积极的现实意义，而且在艺术上，也相当成功。这个戏具有比较浓厚的叙事诗的特色，也可以说是一首比较完整的叙事诗。有些唱词，确实具有诗的素质。例如当依莱汗与岩温的爱情受到了南苏的破坏，依莱汗在忧郁烦闷地望月长叹时的这一段唱词，就具有浓厚的诗意：

---

① 见《列宁全集》，第33卷，第200—201页。

寂寂深夜好清凉，一弯新月闪寒光，

夜风吹过竹梢响，心潮阵阵涌胸膛。

（琴声，几对情人弹琴，从园外缓缓穿过）

这琴声悠悠添愁闷，这口弦声声绕愁肠，

我们的情意似锦缎，又谁知一把污泥来打脏。

难道说这天色阴沉不转晴？难道说就让坏人来逞强？

难道说依莱汗永远是路边草，任那牛马来踏伤？

我只望舀尽滚滚江河水，洗尽心中仇恨与悲伤！

这样的唱词，在剧中还有很多，加上它那动人的情节，因此使得这个戏，具有鲜明的抒情特色。

特别应该指出的是这个戏在表现现代生活上，是很有独到之处的。因为它本身来自民间，生活气息浓厚，与人民的现实生活的关系非常密切，同时形式生动活泼，因此它在表现现代生活时，便能充分地显示出它自己的特长来，使观众感到舞台上表演的，既是眼前的生活，而又是经过集中、提炼了的艺术。

这个戏的演员，在艺术水平上都很整齐，因此整个戏的演出，相当严肃，它紧紧地吸引着观众的注意力。其中演依莱汗的史宝凤，演岩温的马正才，演叭波龙的黄仁信，演波依汗的冯开学和演米汗的熊长惠，他们的演和唱，都十分动人。这个戏的演员，都是青年演员，使我们感到更加兴奋。

如果要说有什么不足之处的话，那末我觉得下半场戏的情节，还可以适当剪裁一些，有些单纯追求戏剧性的地方，如迎亲的一场，以及在医院里的一场的某些细节，可以删除，这样可以使整个戏的风格更单纯统一。结尾的一场，我觉得还可以稍稍丰富一下群众在党的领导下对叭波龙的揭露和斗争，使这个戏的思想表现得更强烈。

感谢云南省花灯剧团，给我们带来这么丰富多彩的艺术，使首都的剧坛，又增添了一枝艳红的滇南山茶。

（原载 1960 年第 2 期《戏剧报》）

粒粒皆珍珠

——看中南区来京汇报演出随记

最近，一连看了中南区来京汇报演出的十几个小戏，感到佳境新意，层出不穷。坐在剧场里，犹如面对着广阔的社会主义新农村，无数动人的新人新事，接踵而来，使你时而为之感奋，时而为之高兴，有时也不免为他们"紧张"和"着急"。

这些戏，论人物，大都不过两三个。论情节，都不复杂，头绪很清楚。然而，它们所展示的生活内容，它们所揭示的思想和冲突，还有演员们所创造的艺术境界，这一切，却很不简单。它们有如早晨的露珠，颗颗滚圆、晶莹、澄澈、新鲜！

河南曲剧的《游乡》，一共只有三个角色，情节更是简单得出奇。然而当剧情往前推进的时候，人们被吸引住了。特别是当杜娟问清了情况随手拿出一毛六分钱补给王大嫂的时候，一种崭新的思想在扣动着观众的心弦。随后，杜娟追赶姚三元，王大嫂追赶杜娟。他们一个跑，一个追，一个赶。在这跑、追、赶的过程中，舞台上展现了一幅幅山村水廓的自然景色，在隐隐的青山绿树、竹篱瓦房之间，我们看到了"总路线万岁"、"人民公社好"等标语，它自然地显示着中国农村的一派新气象。更妙的还在于这三个人的跑、追、赶各有身段，各有姿态。姚三元是为了逃避矛盾，摆脱困境，所以跑得慌，脚步在急促中略带浮。特别是在过桥、涉水、上坡等艰难而又紧急的关头，演员两手攥着担绳，双肩微耸，牙齿微微咬着下嘴唇，使你感到他在挣扎。同时，因为他上了年纪，所以背有点弯，走路时两腿稍稍有点曲，略略喘气，使你从他的步法、形体上既感到了他的年纪，又看到了他的思想。杜娟是为了追上去教育姚三元，把矛盾揭开，所以跑得急，步法紧而有力，眼光时时往前看，显得年轻脚健，心胸开朗；同时又因为她是女孩子，所以在过独木桥、涉水的时候，步子又略略有点怯，显出她究竟不同于惯于横冲直撞的男青年。至于那个女社员王大嫂，她既没有姚三元那样的老态，也不像杜娟那样年轻利索。她赶上去是为了帮助杜娟作证，所以心情倾注在杜娟身上，在赶路中不时喊着杜娟的名字。就这样，这三个人如流星赶月一样，展开了一场角逐，而全场的观众也很自然地就成为这跑、追、赶以外的第四者，眼光在紧紧地"跟"。他们唯恐姚三元溜了，唯恐杜娟追不着，唯恐王大嫂赶不上，每当他们在过桥、涉水、上山、下坡的时候，观众就为他们操心。终于杜娟和王大嫂追上了姚三元，把矛盾揭开，姚三元承认并决心改正错误，最后矛盾解决。在这样一个简单的情节里。剧作者相当深刻而动人地歌颂了杜娟的新思想新风格，批判了姚三元自私自利的旧思想，从而深入细致地反映了农村中两条道路斗争的一个侧面；而演员则用他们精湛的艺术，出色地展现了这一场矛盾冲突。他们把观众既带进了他们所创造的一个新的艺术境界里，同时又把观众的思想带到了一个新的高度。

这样的你追我赶，汉剧的《借牛》似乎也有相似之处，然而又完全不一样。它是歌颂一个热爱生产队的牲口的老饲养员，善意地批评了有点娇气也有点自私的他的女儿。饰演饲养员的李罗克的表演，使你感到他的功力和火候。那一股老苍的劲儿，有传统剧的厚味，但却完全是新的人物新的艺术气息。当他急急忙忙去追牛却被姑息女儿的刘大妈赶上一把抓住他的背褂的时候,他一耸肩膀,脱身而去,刘大妈却白白抓住了他的背褂摔倒在地,这时刘大伯又连忙回身来扶她。这一抓,一耸,一摔,一扶之间,细致地刻画了这老两口的特殊的矛盾和细致的感情。这种表演手法,正是我们在传统剧的表演中经常能遇到的,然而用在这里却是恰到好处。

这样的短剧,是否能表现更加重大的冲突,是否能给人以震撼人心的艺术力量呢?我们从广东山歌剧《彩虹》获得了肯定的回答。这个戏热烈地歌颂了贫农的女儿,赤卫队长的后代彩虹的英雄行为,她为了救护党的交通员雁姐,为了捍卫革命事业而手刃了已经成为叛徒的丈夫。这是一场多么惊心动魄的斗争啊!她给了观众以震撼人心的力量。它的情节几乎是无懈可击的。而演员的表演则给你一种高度的真实感,她使你从她的优美而富于感情的歌声里,感到她深深地热爱自己的丈夫,而同时,她又使你深切地感到她痛恨叛徒,因为她的父母都是由于叛徒的出卖而牺牲的。这两种感情在她的身上展开了不可调和的矛盾,因为她的丈夫成了叛徒,原来的亲者已成为仇者,她必须用对待阶级敌人的最严厉的手段来对付这个自己原先日夜所想念的人。情节的变化多么迅速!它使主人公彩虹不可能有什么犹豫,果然,她当机立断地惩罚了叛徒,挽救了同志,捍卫了革命利益。她的崇高的思想和行动使观众受到了深刻的教育。在这里,你自然会突出地感到"短"不过是这个剧的形式,而它的思想却是很"长"很"深"的。

令人反复回味的另一个戏是湖南的花鼓戏《打铜锣》。剧作者巧妙地把两个性格完全不同的人物放在一起构成了矛盾的对立面。林十娘是麻利泼辣,能说会道,不占便宜不罢手的人物;蔡九则是有名的蔡九癫子,是个不大机灵,不大会说话的老实人。这两个人放在一起,用不着说,林十娘是会胜利的了,何况她去年还制服过蔡九。然而,士别三日，便当刮目相看，这一回由于蔡九记住了党的教导，既不贪杯，也不留情面，一句话，坚持了原则，因此，终于取得了胜利，迫使能说会道的林十娘在老实人蔡九面前承认错误，把放出的鸭子收了回去。

这个戏的表演是精彩的。蔡九登场以后的一段回忆往事的独脚戏，短短的十几分钟，就把事情的来龙去脉，两个人的思想和性格交待得清清楚楚。特别是把林十娘这个人，在她还没有登场以前，就把她描绘得如龙似虎，在观众的心目里简直是呼之欲出了。这种手法也是在传统剧里惯用的，这里用得恰到好处。尤其是在开头安排了幕内人与蔡九的三次问答，然后引出了大段的往事回叙。这种手法，使我们想起了元明南戏里在"副末开场"以后的"问内科：今日演那本传奇"和"内应科"。这种传统编剧的惯用手法，有批判地运用在这里也是恰到好处。这个戏里的几件道具也是别具妙用，充分发挥了它们的作用的。其中特别是那两个精致的锣槌。一开始由它引出了一段有趣的往事，使观众明白了林十娘的为人，明白了这个戏的冲突在哪里；接着当林十娘正在偷偷地放鸭子时，蔡九突然猛地一槌锣，把林十娘吓了一大跳，起到了警告的作用。再往后是林十娘拿走了蔡九的锣槌，想让蔡九打不成锣，这简直是把蔡九缴了械。谁知蔡九却从腰间摸出了另一个锣槌，直从林十娘的顶门上挂下去，这对于林十娘来说简直犹如泰山压顶，完全出于她的意料之外。尤其妙的是最后林十娘承认了错误把锣槌还给蔡九时，蔡九却叫她拿回去挂在鸡笼鸭埘上，早晚看三遍，免得以后又犯错误。然后重重地大打三锣，理直气壮地喊着"收割季节，谷粒如金，各家各户，鸡鸭小心"下场。这最后"送槌"的一笔，真是妙趣横生，在无数戏剧的波澜以后，又平添了一重波澜，重重地渲染了这个戏的喜剧气氛，突出了为着集体利益而斗争的蔡九的胜利……

这次演出的这些小戏的妙处一下是不容易说完的。总之，它突出地说明了文艺的工农兵方向的无穷的生命力，说明了戏剧面向农村以后所出现的广阔的艺术新天地。也突出地说明了只要认真学习毛泽东思想，传统的艺术形式是可以批判地用来反映我们新时代的新生活的，而且也只有这样，社会主义的新花才会开得更加灿烂。

如果要问看过这十几个戏的总的印象，那末，我只能用这样一句话来回答：粒粒皆珍珠！

（原载 1965 年 10 月 26 日《光明日报》）

人民战争的颂歌

——看电影《节振国》

　　伟大的抗日战争胜利已经二十年了，在这二十年中，我们的祖国发生了翻天覆地的变化，从贫穷落后受帝国主义欺侮的旧中国一变而为强大的先进的独立于世界的新中国。它是全国人民在党中央和毛主席的英明领导下，经过长期艰苦的英勇斗争而取得的。今天，世界已经进入到一个崭新的历史阶段，帝国主义日薄西山、气息奄奄，为了挽救它日益迫近死亡的命运，正在加紧压迫世界人民，镇压革命；而全世界被压迫的人民，尤其是亚非拉的被压迫人民，则已经掀起了世界革命的风暴，他们拿起武器，勇敢地走上了与帝国主义针锋相对地斗争的道路。在毛泽东思想武装下的中国人民，充分认识到更加艰巨而光荣的新的革命斗争的任务现在已经摆在面前。为了世界无产阶级革命事业的胜利，为了巩固我们伟大的社会主义祖国，在抗日战争胜利二十周年的时候，回顾我们过去艰苦斗争的历史，展示我们过去与帝国主义勇敢战斗、热血沸腾的生活，总结我们打败日本帝国主义的经验，对于今天新的斗争有着极为重要的意义。正是从这个意义上来说，我们热烈欢迎电影《节振国》的上演。

人民战争的颂歌

电影《节振国》是根据京剧《节振国》改编拍摄的，影片歌颂了1938年唐山开滦煤矿的工人反帝斗争的英勇事迹。它形象生动地体现了毛主席的人民战争的思想。电影一开始，就是赵各庄的矿工们不堪英、日帝国主义的压迫剥削，进行了罢工斗争。整个故事的情节，一开始就放在群众斗争的基础上，剧作者紧紧扣住这条线，运用各种不同的方式，有力地描写了群众斗争的场面，表现了中国人民的敢于斗争的英勇气概，显示出这种"陷敌于灭顶之灾的汪洋大海"。

影片不仅表现了群众的斗争精神，更重要的是表现了群众在斗争中不断提高觉悟的过程。开始时，他们只是赤手空拳地与敌人搏斗，斗争的目的也不够明确；然而在毛泽东思想的指引下，他们从斗争实践中逐渐明确了斗争的方向和道路。群众的这种觉悟，是通过他们的代表人物节振国和杨小霖表现出来的。在敌人答应了复工条件以后的一个深夜里，胡志发与节振国谈话，节振国问：斗争"到哪儿算一站？"胡志发说："嘿，老节，一镐刨不出一车煤来，路要一步一步地走啊，赶走日本鬼子算一站，等咱们成了矿山的主人……"说到这里，节振国接着说："就是第二站！"胡志发接着说："对，还有第三站、第四站。"这段对话，深刻地描写了在群众斗争中涌现出来的英雄人物节振国，对斗争有了更高的目标，这个目标已经不仅仅是使自己成为矿山的主人，而是有了更崇高的理想，这就是他接着说出的一句话："我也想加入共产党。"要求加入共产党，标志着这个英雄人物精神世界的成长。然而仅仅有这一点还不够，毛主席说："在中国，离开了武装斗争，就没有无产阶级的地位，就没有人民的地位，就没有共产党的地位，就没有革命的胜利。……没有武装斗争，就不会有今天的共产党。这个拿血换来的经验，全党同志都不要忘记。"（《共产党人》发刊词）因此，如果不懂得要进行武装斗争，夺取政权，他还不能算是一个真正的共产党员。节振国接受这个武装斗争的真理，一方面是由于敌人的屠刀；另方面，是由于党的启发，在敌人搜捕节振国，节振国刀劈鬼子负伤逃到杨小霖的家里以后，在胡志发的启发下，节振国在血的教训中接受了毛主席武装斗争、夺取政权的思想，于是他的眼睛亮了，方向明确了，不由得唱出了激动人心的话："霎时间只觉得眼前通亮，好一似黑洞洞的矿井里面见了阳光，节振国千言万语涌心上，感谢你毛主席的好主张，毛主席，毛主席的话儿句句好似明灯样。穷苦人受凌辱只因手中没有枪，从今后紧握枪杆跟着党！"这不是几句普通的话，这是经过斗争的锻炼，经过党的教育以后，一个真正觉醒了的工人阶级的优秀人物的革命誓言。而节振国的这种觉悟，也正标志着斗争中的工人群众的觉悟。刚刚脱险出来的杨小霖首先接受了这个思想，不久以后，这个武装斗争的思想，便成了赵各庄全体矿工们的思想。毛主席的武装斗争的思想一旦武装了人民，它就变成为巨大的物质力量，最后就造成了以彬田为首的日本鬼子的全部灭亡。

总之，作为一条红线贯穿在这部影片的全部并被突出地表现出来的是毛主席的人民战争的思想，是武装斗争夺取政权的思想，是枪杆子里出政权的思想，而这个思想，正是我们永记不忘的颠扑不破的真理。

影片的另一成就是，成功地塑造了一个党的领导者胡志发的形象，有力地突出了党在人民战争中的领导作用。它既没有把党的领导写得神秘化，见首不见尾，也没有让党的领导者去代替群众斗争。它使观众强烈地感到影片中的党的领导者胡志发一直置身于群众斗争之中，从未离开过群众斗争，不论是在与鬼子展开白刃格斗的群众斗争场面，或者是在秘密地安排新的斗争的深夜，总能使观众感觉到党的领导者的存在，感觉到斗争是在党的正确指挥下进行的；然而，它又并没有因此而减弱了群众斗争的作用，相反，却使群众斗争表现得更为有力量，有深度。剧作者和导演紧紧掌握了这一原则：党的领导者，既是群众斗争中的一员，是群众斗争中冲锋陷阵的战士，又是斗争的指挥者。在需要战斗的时候他发挥战士的作用，在需要掌握全局，指挥战斗的时候，他发挥指挥员的作用。在影片里，胡志发以及通过他反映出来的上级党的领导作用，自始至终是与群众的斗争紧密地结合在一起的；而且总是在斗争最最重要的关键，也就是说没有党的指挥，斗争就要归于失败或群众就要遭到不可挽救的损失的时候，突出地表现了党的领导的决定性作用。例如当赤手空拳的赵各庄的工人与矿警发生冲突，眼看着革命的力量要受到严重的损失的时候，党的领导人胡志发及时赶到了，他面对着反动派的刺刀挺身而出，用民族大义教训了矿警们，挽救了即将爆发的一场大屠杀。当节振国为着夏连凤的被捕，以后又为着夏连凤的背叛，几番想凭一时意气，单身进行报复的时候，胡志发又对他及时进行了集体斗争的教育。后来，当节振国刀劈鬼子单身脱险，正在前进无路的时候，胡志发又把他指引上武装斗争的根据地——腰带山。这样，在党的指引下，赵各庄的工人们的斗争，便从自发的斗争一步步走向自觉的斗争，从赤手空拳的斗争一步步走上武装斗争，走上夺取政权的正确的革命道路。这里特别应该提到：王长山同志饰演的胡志发，给观众的印象是难忘的，他既沉着又机智，较之节振国，演员更着重刻画人物的内心修养，刻画人物高瞻远瞩的全局观点，刻画人物的战略思想和斗争策略，他的外观又是那样朴素、平易、乐观和开朗，使人真正感觉到这是一位活跃在群众中的可亲可爱的党的工作者。

影片也成功地塑造了节振国这个工人阶级的革命英雄的形象。中国革命斗争的内容是无比丰富的，在斗争中涌现出来的英雄人物也是多种多样的；因此，艺术家们完全可以根据不同的斗争，不同的生活内容，不同的主题思想，塑造出不同个性的无产阶级的英雄形象来。例如京剧《红灯记》里的三代人，就是三种不同类型、不同个性的无产阶级的英雄人物；京剧《沙家浜》里的阿庆嫂，也有她自己的性格和对待事物的独特态度，而京剧和电影《节振国》里的节振国，则又是具有另一种鲜明个性的无产阶级的英雄人物，他不同于李玉和，更不同于阿庆嫂。节振国是一个在党的培养下，在斗争的锻炼中逐步成长的英雄人物。在影片一开始的时候，他的性格特点是强烈的阶级仇恨和激烈的斗争情绪。这一点集中地表现在他对待斗争的拼命主义和个人除暴锄奸的单独行动上。形成他的这种思想和行动，是因为他这时对面临的这一场民族的阶级斗争还缺乏深刻的认识。他既不明确斗争的方向和发展的前途，也还没有认识到斗争的真正目的。换句话说，他这时的斗争还带有较多的自发性和盲目性。及至他接受了党的教育，逐渐明确了革命的目的、方向和道路以后，他的思想和性格也就不断地在起变化了。腰带山上的入党，标志着这个人物的思想达到了一个新的高度。因此，他以后的性格也就有了比较明显的变化。斗争初期的那种拼命主义和个人除暴锄奸的单独行动没有了。不仅如此，他还教育了杨小霖。所以从腰带山回到赵各庄以后，虽然依旧是那样地果断大胆，敢于藐视敌人，敢于进行斗争，但这种斗争是经过严密布置以后的有组织有计划的行动了，与他前期的行动迥然有别。剧作者把握了这一英雄人物思想发展的线索，通过一系列的情节，相当深刻而细致地刻画了这个英雄人物精神世界的成长，同时又保持了他的性格某些基本特征的前后一贯性，从而使得这一英雄形象如此地有血有肉，如此地真实感人，在革命英雄形象的画廊里增添了新的光彩。

应该看到，节振国这个英雄形象能否站立起来，能否具有强烈的真实感和感染力，是这个戏成败的关键。如果节振国这一形象没站起来，那末胡志发的形象、整部影片的主题，也势必受到影响。现在正是由于节振国这个英雄形象光彩照人，就更加突出了这个戏的主题思想，突出了人民战争的无穷威力。

还应该提到，电影《节振国》较之京剧舞台演出的《节振国》有很大的提高，它不仅利用了电影的特长增加了斗争环境的真实感，更重要的是它突出了人民战争的思想，突出了党的领导，对剧中的几个重要人物的思想和性格的描写也作了重要的修改，使得人物性格发展更加合情合理。同时，作为一个戏曲片，它在处理戏曲艺术和电影艺术这两者的关系上，也取得了新的成就，内容和形式相当和谐地统一在一起。

（原载 1965 年第 9 期《文艺报》）

喜看《逼上梁山》

最近看了北京市京剧团演出的《逼上梁山》，感到十分高兴。

这次的演出，根据延安演出的老本，作了必要的压缩，但是整个戏的故事情节和主题思想，仍保持了原剧的特点。大家知道，这个戏，是经过毛主席热情肯定的。毛主席在《看了〈逼上梁山〉以后写给延安平剧院的信》中说："看了你们的戏，你们做了很好的工作，我向你们致谢，并请代向演员同志们致谢！历史是人民创造的，但在旧戏舞台上（在一切离开人民的旧文学旧艺术上）人民却成了渣滓，由老爷太太少爷小姐们统治着舞台，这种历史的颠倒，现在由你们再颠倒过来，恢复了历史的面目，从此旧剧开了新生面，所以值得庆贺。你们这个开端将是旧剧革命的划时期的开端，我想到这一点就十分高兴，希望你们多编多演，蔚成风气，推向全国去！"

毛主席的这封信，具有十分重大的政治意义，特别是对于旧剧的改革，更具有划时代的指导作用，为我们指明了方向。毛主席要求我们运用戏剧和其他文艺形式，把被颠倒了的历史再颠倒过来，恢复历史的面目；并殷切地希望我们把这一经验"推向全国去"。现在我们重新学习毛主席的这封信，更加深切地体会到毛主席的这一系列指示是多么英

294

明，多么正确！但是，在"四人帮"控制的舞台和文艺阵地上，却根本不许贯彻毛主席的这一英明指示，不许《逼上梁山》这类优秀剧目上演，也不许这类作品问世。他们不要文化遗产，也不要历史剧。他们有时虽然也要一点历史，但他们所要的历史，不是真正的历史，不是人民创造的历史，而是以研究"儒法斗争"为名，大搞"古为帮用"。他们大肆宣扬和美化吕后、武则天等女皇，疯狂叫嚣女人也能当皇帝。"四人帮"的这一套做法，目的是为了篡党夺权，根本改变毛主席的无产阶级革命路线，推行他们的一整套反革命修正主义路线。他们这样做，根本不是把被颠倒了的历史再颠倒过来，相反，却是把已经被颠倒了的历史进一步肯定和美化。"四人帮"疯狂推行的这条文艺路线，是彻头彻尾的反马克思列宁主义、反毛泽东思想的修正主义文艺路线。那末，马克思主义者究竟应该如何对待历史呢？关于这个问题，恩格斯说过："我们根本没有想到要怀疑或轻视'历史的启示'；历史就是我们的一切，我们比任何一个哲学学派，甚至比黑格尔，都更重视历史。"毛主席更是一再谆谆教导要重视文化遗产，不能割断历史，毛主席说："学习我们的历史遗产，用马克思主义的方法给以批判的总结，是我们学习的另一任务。我们这个民族有数千年的历史，有它的特点，有它的许多珍贵品。对于这些，我们还是小学生。今天的中国是历史的中国的一个发展；我们是马克思主义的历史主义者，我们不应当割断历史。从孔夫子到孙中山，我们应当给以总结，继承这一份珍贵的遗产。这对于指导当前的伟大的运动，是有重要的帮助的。""四人帮"公然对抗和歪曲毛主席的这个指示，用他们的影射史学和阴谋文艺来取代马克思主义对待文化遗产和历史遗产的根本原则。"四人帮"是一伙彻头彻尾的不要历史、不要文化遗产的反党反社会主义的反革命阴谋家。

在"四人帮"被粉碎一年后的今天，我们重看《逼上梁山》的演出，确实觉得倍感亲切，感到这次演出的意义重大：我感到这次演出，是高举毛主席的旗帜，继承毛主席对待文化遗产的指示精神的一次很好的实践，是认真贯彻"双百"方针的一个很好的开端。延安演出的《逼上梁山》，本身就是批判地继承传统文化而创作出来的，是一次很成功的"推陈出新"。从延安演出到现在已经三十多年了，这个戏本身，在某种意义上来说，也成为"遗产"——革命文艺的遗产。今天把它重新整理演出，表明我们在粉碎"四人帮"以后，在对待历史遗产和文化遗产的问题上，坚持马列主义的理论原则，继续高举毛主席的旗帜，认真贯彻"双百"方针，与"四人帮"的民族虚无主义和影射史学、阴谋文艺划清了界限。因此，这次演出，是对"四人帮"否定历史、否定文化遗产、扼杀"双百"方针的严重罪行的一次有力批判。

毛主席早就高度评价延安演出的《逼上梁山》，指出它成功地歌颂了人民群众是历史的主人，把被颠倒的历史颠倒了过来，还历史以本来面目。这次重演，虽然为了适应演出的需要作了较大的压缩，但对这个戏的上述思想，却没有削弱，全剧突出了人民群众是历史的主人，是历史的创造者这一思想。戏一开始，就概括地描写了北宋末年严重的阶级压迫、阶级对抗的真实情况，一方面是大批的流亡灾民，另方面是东京城里统治阶级的禁军拿着皮鞭在驱逐灾民，幕后唱道："赤日炎炎似火烧，野田禾稻半枯焦；农夫心内如汤煮，公子王孙把扇摇。"剧中作为人民群众中造反者的代表人物李铁、曹正、李小二等主要角色，也在这样的典型环境中登场，并且贯穿到剧终。这种统治阶级与劳动人民严重的阶级对抗的形势，在《大闹野猪林》、《逼运花石纲》、《酒店谈聚义》、《风雪山神庙》、《造反上梁山》等场，都是作为明场处理，给予了充分的描写的，但在有些场次则是作为暗场处理，作为情节的背景来加以烘托。这种虚实相生的处理方法是必要的，描写和表现的角度虽不同，都反映了当时尖锐的阶级斗争背景。全剧对从统治阶级营垒内部分化出来的禁军教头林冲，如何在高俅迫害下无路可走，以及在人民群众的启发教育下觉醒反抗的转变过程，也作了必要的突出描写。

这个戏的演出也是成功的，给了观众以深刻的印象。演员们全神贯注，通力合作，所谓"一台无二戏"。这种演出上的团结一致，充分配合，就给予观众一个强烈的印象——艺术上的"饱满"。尤其是这个戏的几个重点场次，更是高潮迭起，波澜横生。例如白虎堂、长亭、野猪林、山神庙这几场戏里的林冲，都给人以很深的印象，思想的发展也是层次分明，唱、念、做、打都有很好的功夫。其中贯穿全剧的李铁、曹正、李小二这三个角色，作为被压迫阶级的代表人物，他们的阶级觉悟高，反抗坚决而又强烈，没有什么拖泥带水和犹豫不决，他们从抗捐抗粮，烧县衙到揭起革命大旗上梁山，口号就是要"反朝廷"。他们说："杀贪官反朝廷兵强马壮，只有这样干下去，天下事才能由咱们做主。"这就突破了《水浒》原书"只反贪官不反皇帝"的局限，把这些真正的英雄人物的思想发展到了应有的高度，也大大提高了这个戏的思想性，体现了毛主席指出的"历史是人民创造的"这一马列主义的真理。

由这个戏的演出，想到关于历史剧和传统剧的问题。毛主席号召我们要把被颠倒的历史颠倒过来，要把《逼上梁山》的改编当作"旧剧革命的划时期的开端"，要"多编多演，蔚成风气，推向全国去"。毛主席向我们提出的任务并没有完成，非但没有完成，由于"四人帮"的破坏，干脆是停止了。他们把优秀的旧剧和新编历史剧，不管剥削阶级和被剥削阶级一齐赶下了舞台，实际上是破坏和对抗毛主席的指示。现在"四人帮"已被彻底赶下了历史舞台，那末反映历史本来面目的优秀的新编历史剧和优秀的传统剧应该上台，应该认真贯彻毛主席在三十多年前发出的号召，我想是理所当然的了。

列宁在谈到过去的艺术作品时说："即使美术品是'旧'的，我们也应当保留它，把它作为一个范例，推陈出新。为什么只是因为它'旧'，我们就要撇开真正美的东西，抛弃它，不把它当作进一步发展的出发点呢?"列宁的这一尖锐的批评，难道不很像是针对"四人帮"对待"旧艺术"的极端虚无主义的态度而发的吗?

感谢北京市京剧团的全体同志，在很短的时间里，他们为我们作了这样好的演出。希望他们在毛主席革命文艺路线指引下，为社会主义文艺的发展繁荣作出更大的成绩。

1977 年 10 月 16 日

四十年来第一春

昆曲，是一个古老的剧种，建国后在历次的会演中，也都有昆曲的演出，但像这样全国性的昆曲青年演员交流会演，四十年来还是第一次，所以这次昆曲的会演也是昆曲的盛大节日。

我一向认为中国的戏曲，不但是中国传统文化的一个重要组成部分，而且还是中国传统文化的最全面、最精美、最形象的体现。可以说中国戏曲是中国传统文化综合性的最杰出的反映。论历史，如果从它的源头两汉的百戏算起，那已经有两千年了。如果从它的成熟时期算起，即从宋金杂剧算起，也已经有一千多年了。就是单从昆剧算起，也已经有了五百来年的历史了，我们的一个剧种，比世界上不少国家的历史还要早，而且早得很多。具有如此悠久的历史积累的一种艺术，一种文化的继续和集成，它当然会包孕着许多文化和艺术的精华。

论它的形成，它是在漫长的历史发展过程中，包容了文化艺术的各个方面而形成的：它包容了中国文学的诗、词、歌、赋、曲（小曲）、楹联、相声等等。它的韵白，显然是与中国诗词歌赋和古文的朗读有关。而它的音乐则又包容了中国音乐的各个方面。戏曲的伴奏，可以说是一种完美的音乐合奏。

论它的表演，则它把舞蹈、杂技、武术糅合在一起加上虚拟的动作，形成了中国戏曲表演的一整套体系。尤其是中国戏曲的程式化的动作，是对生活的高度概括。这种程式化的动作，决不是一时一地创造出来的，它同样是在历史积累的进程中形成的，其中如起霸、亮相等动作，从山西发现的宋金戏曲雕塑来看，可知这些程式化的动作，在当时已经形成了。

论它的舞台美术，包括服装、道具、脸谱等等，则又是集中国古代美术之大成，其中脸谱一项，其渊源更是悠久。

所以，说中国的戏曲是中国传统文化的全面的、精美的、综合性的体现，这话是一点也没有错的。应该认识到中国的戏曲文化和艺术，是中华民族对全人类文化的一项杰出的创造和贡献！这一份伟大的文化遗产，我们有责任把它保护和发扬！

看了这次的演出，我感到异常兴奋。最突出的感觉，就是我们的昆曲后继有人！这一大批青年昆曲演员给我的突出印象，是他们不仅仅是继承了传统，而且有了崭新的创造和发展。他们并不是刚刚学会了几出戏可以上台演出，他们已经是卓然自立，可以让你一睹风采了。这次的演出，虽然还是有所差异，但可以说，都已达到了较高的水平，单独来看，都是一出出好戏。就以这次演出的《牡丹亭》的《游园》、《惊梦》、《寻梦》等演出来看，确是给人以精致完美的感觉。尤其是这些青年演员，正当豆蔻年华，与剧中人的年华相当，真正是风华正茂。

这次演出中一个特别突出的现象，就是有日本昆剧之友社的参加演出。第一天我看了前田尚香的《昭君出塞》，真正感到这是一个奇迹！前田尚香的演出，可以说是一丝不苟而且也一丝不乱，那么多的身段动作，踩着锣鼓点子，一一演来，竟能丝丝入扣，可见这位演员是花了多大的工夫，而教戏的老师又是花了多大的心血啊！这一点，又证实了我说的中国的戏曲，是我们民族对全人类先进文化的一大贡献，它必将为全人类所珍惜和爱护！成为全人类的共同文化遗产！

我们有这么一大批青年昆曲演员，这是我们事业的一大成功和发展，这批演员和这次演出，在我们的戏曲发展史上，昆剧发展史上，必将起到重大的促进作用。

（原载 1994 年 7 月 6 日《人民日报》）

云想衣裳花想容

——怀念著名昆曲老人张娴

　　我与张娴最后一次的见面到现在，也已经有几十年了，我一直以为她还在南京，而且在我的心目中她还是一位健康的老人。因为上次我在南京见她时，她清瘦而健康。没有想到这次潘伟民来却告诉我她已经于去年去世了，去世时九十二岁，而且自己很清楚她要走了，情绪一如平常。当学生为她再唱一曲昆曲时，她的两手，居然还能应声动作，然后安然别去。若用旧时写文章的说法，就应该说是"仙"去了，生老病死，这最后一关过得这么安详，实在是福慧。

　　张娴比我大八岁，我是在上世纪四十年代初见到张娴的。那时抗战正在最艰难的时候，由朱国梁当班主的苏昆剧团，流落到了我的家乡前洲镇，镇上有几位热心人就请他们在镇上的小剧院里演出，一天只能维持两顿稀粥。我那时在读中学，我自小就酷爱戏曲，剧院离我的学校很近，所以每天下午课后，我就赶到剧院看戏，有时连晚饭也不吃，等看完了晚场再回家吃晚饭，所以他们当时演出的戏，我都看了。特别是王传淞、周传瑛的《访鼠测字》，王传淞、张娴的《活捉》，张娴、周传瑛《长生殿》的《小宴》、《定情》、《惊变》、《埋玉》，《贩马记》的

《写状》、《三拉》、《团圆》，《牡丹亭》的《游园惊梦》等戏，看得印象最深。他们在前洲的时间不短，由于我天天去看戏，因此很快就与他们熟悉了，其中尤其是朱国梁、王传淞、周传瑛、张娴，更为熟识。后来我到无锡去上学，他们也到别处去了，有很长一段时间没有联系。

1956 年，我已到了北京两年，忽然有一天，接到朱国梁的电话，告诉我他们的剧团到北京来演出了，剧目是《十五贯》。他说明天晚上彩排，希望我去看看，能不能在北京打响，他担心的是南昆的语言和曲词北方人能否听懂。我立即答应他一定去，他极为高兴，并与我讲了别后他们班里的许多变动。

彩排是在前门外广和剧场，我看完彩排后十分激动，我与朱国梁、王传淞、周传瑛说，这个戏肯定能打响，语言和曲词也不难听懂。在这个戏里，张娴是舞台监督，没有演出。过了没有几天，朱国梁又来电话了，他告诉我他们到中南海演出了，毛主席、周总理看了他们的演出，十分赞赏。接着是中央让公安干部都去看这出戏。再接着是由田汉老执笔的《一个戏救活了一个剧种》的《人民日报》社论出来了，于是《十五贯》红遍了全国。

这次在京，还在广和剧场演出了《长生殿》，周传瑛的唐明皇，张娴的杨贵妃。剧目记得是《定情》、《赐盒》、《絮阁》、《密誓》，我恰好坐在较前排，看得十分真切。尽管以往我看过他们的不少戏，但这次演出却大不一样，周传瑛的唐明皇风流潇洒，书卷气十足，而张娴的贵妃，从唱念到做，真是丝丝入扣。传瑛原先是正功小生，后来因嗓音问题改演须生。周贻白老师给我说，可惜你没有看过传瑛的小生，他胜过俞振飞。而现在演的须生，又是让观众目不暇给，真正是全神贯注，生怕少看了一点点。而他的嗓音，于苍劲中仍然潇洒飘逸，尤其是他许多不经意的小动作，戏剧术语叫"零碎"，真是好到毫巅，让你不得不赞叹备至。至于张娴的贵妃，扮相既妩媚大雅，嗓音又特别甜润。上海人叫做"嗲"。但这个"嗲"字还不确切。上海人说的"嗲"带有一点点"俗"，而张娴的"嗲"，是"嗲"而不俗。加上她的身段动作，水袖功夫，使你感到场上这两个人的戏，真是"如胶似漆"。我不禁感叹地说，这样的杨贵妃，真是"解语花"，这样的杨贵妃，唐明皇怎能不"三千宠爱在一身"呢！这一场戏，岂止是绕梁三日，对我来说，是绕梁五十年。因为从那场演出至今，恰好已是五十年了。可我一闭眼，当时的声情依然历历在目。而且只要我一想起这出戏里张娴的贵妃，就会自然而然地想起李白的《清平调》来，想起"云想衣裳花想容"的诗句。可以毫不夸张地说，从这个杨贵妃以后，我再也没有见到过这样的杨贵妃。这出戏里的唐明皇和杨贵妃与京剧或别的戏的唐明皇、杨贵妃最大的不同，是传瑛和张娴两人的明皇贵妃，让你感到自然缠绵，生活气息浓厚，使人感到不是在做戏，而是生活，而实际上这恰恰是艺术的最高境界。而别的戏里的贵妃，总离不开一个"做"字，也就是说使你感到这是在"做戏"，或者说"演"得真好，而观众总忘不了一个"演"字。可惜那时还没有录像，一切都风流云散了。

　　这场戏后，过了几天，我还看过一次传瑛的《迎像哭像》，也是演到了极度的淋漓尽致。看了传瑛的《迎像哭像》，给你最突出的感觉，是唐明皇对贵妃真是一片真情痴情。是"情到极处总是痴"。

　　自从这次演出后，我们又天各一方，他们是回杭州去了。到了1975年，我因事去杭州，特意去看了传瑛和张娴，那时张娴六十多岁，离开北京演出，又已二十来年了。但他们身体还好，传瑛好像稍微差一点。一场文化大革命，大家饱经风浪，当然见面后感慨万端。我曾赠以两诗，可惜诗稿已找不到了。

　　过了多年，可能传瑛已去世，我到南京去，张娴恰在南京，因她儿子在江苏昆剧院。我即去张娴住处看望她，她虽已老，但仍很清秀，很精神，她说有时还能教戏。这是她在我脑子里的最后印象，如果不是阿潘来，我还以为她仍在南京，还是那个样子，谁知道她已于去年走了。

张娴的早年是历尽艰危困苦的，但她却学得一身好功夫，特别是善于领会角色，加上她天赋的好嗓音，经过苦练和敏悟学得的好身段，所以她的舞台形象会永远留在观众的脑子里。

张娴的去世，使我们失去了一位最后的老一辈的昆曲老曲师，尤其是没有能留下她精彩的音像资料，实在太遗憾了。差堪告慰的是有一部阿潘给她记下的回忆录，我读了一遍，勾起了我记忆中的许多往事。以往我一直没有写过关于她和传瑛的文章，这就算是我对他们两位的悼念和怀旧吧。

2007 年 3 月 22 日夜 1 时

珍惜和发扬京剧艺术

——迎徽班进京二百年

欣闻徽班进京二百周年纪念活动开幕，我心情十分激动。

我热爱祖国的传统文化，我认为戏曲是祖国传统文化的一个重要组成部分。十年前，我曾在安徽阜阳发现现今最早的一件戏曲文物——东汉的陶戏楼。我认为戏曲的历史，如果从它的最早形态算起，差不多纵贯了我们民族历史的三分之二的时间，无论是汉百戏，唐戏弄，宋金元杂剧，明、清传奇到近世的各种地方戏（包括徽剧），直到京剧，它都是一脉贯通的。当然，它随着时代而变异发展，但它始终是以继承为前提的，所以从近处说，京剧是徽班进京的结果，从远处说，京剧是中国古典戏曲发展的必然，是中国传统文化的一个具有代表性的方面。

前些年，有人说中国戏曲已濒临灭亡了，我撰文驳斥了这种谬见。我说中国的戏曲如果灭亡了，中国传统文化也就灭亡了一半或三分之一；一个民族如果失去了传统文化（其中必然包括独立的民族精神），这个民族也就失去了它的独立存在的精神基础。

有人说，京剧表演现代生活，是京剧的唯一出路。我认为是一种出路，但却不是唯一的出路。因为我们的历史源远流长，京剧以及地方戏曲表现历史生活，是我们祖先的伟大创造，我们不能不要历史，那末我们也无权取消京剧以及地方戏曲表现历史生活的权利，我们也无权取缔我们祖先的这一伟大创造。

何况京剧表现现代生活，至今虽然取得了很大的成就，但也不得不承认，毕竟还存在着许多未能克服的障碍。应该认识到京剧的声腔、道白、表演程式等等，它是为表现历史生活而创造的，而不是依据现代生活而创造的，因此要拿它来表现现代生活，总不免有不尽适应之感。

京剧表演现代生活，当然要继续努力探索，我指出这些问题，就是为了继续探索而不是为了终止探索。但是我们不能因此而废弃京剧表演历史生活的它的主要专长，因为人们毕竟要通过多种渠道（其中也包括戏曲的形式）来认识历史的。

有人对于古典戏曲的生命失去了信心，这不是古典戏曲的生命的问题，而是这些人的认识的问题。

我们还必须认识到戏曲的积极的教化作用。戏曲是具有极强的教化意义的，其中当然有糟粕，但就其主体来讲，当然是优秀的具有积极教化意义的内容居主流。如果废弃传统戏曲，也就是放弃了一种有力的教化形式。

作为一个独立的民族，必然有自己独立的民族传统和民族心理。中国的传统戏曲，在其漫长的发展过程中，已与我们的民族文化传统和民族心理传统相互融合了，所以它才成为广大群众喜闻乐见的一种艺术形式，所以中国的传统戏曲，是一种千百万人民所共有的艺术，是反映千百万人民共同心理的艺术。这样的艺术，我们当然应该予以珍惜、扶持和发扬。

（原载 1990 年 12 月 22 日《人民日报》）

看《龙凤呈祥》随感

——赠袁世海

逝水流年四十春。芦荡又见旧时人。

张飞不与人共老，喝退周郎十万兵。

到上海出差，遇上南北京剧表演艺术家交流演出。我兴致勃勃到了剧场。休息时在后台见到了老友袁世海，他约我散戏后到台上照相，留作纪念。提到照相留作纪念，使我想起了四十年前梨园界的一件盛事。那是抗战胜利不久，也是在这个剧场（当时叫天蟾舞台），也是这个剧目——《龙凤呈祥》，并且也是南北名伶的大会演。其名伶之齐全，恐怕在近代的京剧史上也找不出第二次来，记得旦角有梅兰芳、程砚秋、尚小云、荀慧生等人，须生有马连良、周信芳、谭富英、孟小冬等人，老旦有李多奎等人，花脸有郝寿臣、裘盛戎、袁世海等人，武生有孙毓堃、李少春等人，小生有叶盛兰等人，丑角有肖长华、马富禄等人。《芦花荡》的张飞也是袁世海饰演的。那时他正当盛年，上穿背心，脚穿草鞋，一张蝴蝶脸勾得妩媚动人，至今我还记得。

曾几何时，那次参加演出的人现在大部分都已不在了，但是，袁世海饰的张飞却雄风依然，令人赞叹不已！其实在他出场前，观众早就屏息以待了。他一出场更是掌声爆发。观众对久违上海的老演员的深情，我们从掌声里可以听得出来。环顾剧场观众全神贯注、如饥似渴的神情，我忽而想到，前些时候不是有些理论家在说京剧要被淘汰了，要灭亡了吗？看了今夜的演出，看了观众对京剧老演员和年轻一代演员的深情厚意，怎么能相信京剧会被淘汰，会走向灭亡呢？相反，我却认为京剧正在焕发自己的青春，正在走向新的繁荣。

我认为南北京剧艺术的交流演出是一次十分有意义的活动，应多多交流，使观众们更全面地看到京剧艺术和其他传统艺术的高度成就，使观众们懂得什么是真正的艺术，也使演员们得以切磋艺术，交流经验。

1993 年 1 月 20 日

我与汉剧家陈伯华同志

赠陈伯华同志

高山流水忆当年。一曲红梅结墨缘。

汉上曾听龙凤曲，金陵又读鲤鱼笺。

云山万叠琴台下，风急天高玉关前。

翘首南天频怅望，白云黄鹤自神仙。

我是 1959 年 10 月与陈伯华同志认识的，至今已整整四十年。

1959 年国庆十周年，全国各地的剧种都到北京来汇报演出，《戏剧报》组织了一批剧评家撰写评论文章，我也是被邀请者之一，任务就是让我写陈伯华同志演出的《二度梅》的剧评。

伯华同志的《二度梅》，我早在 1957 年就连续看过两次，而且每次都使我无比地激动。人们常把伯华同志与梅兰芳相比，梅先生的戏我也看得很多，无论从声容和做派上来说，伯华同志的艺术风度，确使我感到称她为汉剧中的梅兰芳是非常合适的，是当之无愧的。这次《戏剧报》让我来写伯华同志《二度梅》的剧评，我当即欣然受命。

我与汉剧家陈伯华同志

在写文章之前，我当然再次看了伯华同志的演出，这已经是第三次看了。这次的演出与前两次的演出有很大的不同，主要是剧本作了很好的修改，使得这出戏集中而简练，因此也使得伯华同志的戏更为突出，更为观众所倾倒。记得那晚的演出气氛特别热烈，观众的掌声经久不息，谢幕也超出了常规，现在回忆起来还令人激动不已。

我回家后很快就将文章写出，交到了《戏剧报》，第二天《戏剧报》编辑部就来电话，说文章写得很好，编辑部的人都传观了，都想先睹为快。文章发表后，我也听到一些好的反映，但这都是伯华同志的戏演得好，要没有伯华同志精彩的演出，我怎么写也是没有用的。

文章发表后，《戏剧报》的同志告诉我，伯华同志就住在东四旅馆。我住在张自忠路，离我住处步行只要十来分钟，他们建议我去看望一下伯华同志，我也就真的去了。见面后一说我的名字，伯华同志就热情地接待，并且谦虚地说："我的戏还没有演到你写的那么好呢！"我就把那天台下观众热烈的气氛告诉了她，她在台上当然也感受到了那天的特殊热烈的气氛。当时伯华同志很忙，所以我稍坐一会就告辞了。

隔了一些天，我去《戏剧报》开会，会议结束前，忽然编辑部递来一张纸条，要我散会后留下来，说田汉同志要请我吃饭，他看了我写的《三看二度梅》极为赞赏。

我与田汉同志在 1947 年在无锡曾有数面之识，那时他在无锡排《丽人行》，我在无锡国专读书，我的老师周贻白先生和向培良先生是田汉同志的老友，所以我由两位先生的介绍，数次去秦淮海祠堂拜见过田汉同志，那时他们在秦淮海祠堂彩排。我带去的一本折叠式的签名册，展开来足有两米多长，田汉同志竟为我一口气全部写满，写了他当时题《丽人行》的诗。这真是一件墨宝，我一直珍藏着，直到"文革"时被抄没。

当天会议结束后，我坐了《戏剧报》的车就到了曲园酒家，这是一家湖南菜馆。我去时田汉同志已先在，后来来的有吴晗同志、翦伯赞同志，还有正在北京演出的王文娟同志，还有《戏剧报》的同志，一共六七个人。

经《戏剧报》的同志一一介绍后，大家相互认识了，翦伯赞同志是我多次参加《戏剧报》会议时早已认识的，吴晗同志也见过几次，只是没有深谈，田汉同志在我提到十年前在无锡的事时，他已忘记了具体的细节了。席间大家主要谈的是伯华同志的演出和我的那篇文章，伯华同志的演出大家称赞不已，也称赞了我的文章。当时三位先生都还年龄不算大，我当时还不到40岁，之后，吴晗同志为北京出版社主编语文小丛书时，我被约请为常务编委，经常在编委会上与他见面，特别是"文革"前他写了《海瑞罢官》的剧本，也请我看过，我还看过马连良同志的彩排和正式演出，因此，"文革"时我又多了一条"三家村"成员的罪名。现在三位都已在"文革"中遇难作古，但他们的高谊盛情，是永远难忘的。尤其是田老，因伯华同志的演出，因我的一篇拙文，竟约请几位学界的名流共同宴集，其深情是永难忘记的。

已经记不起是哪一年了，我到了武汉，遇见了汉剧院的领导，他热情地告诉我，我的那篇文章，汉剧院还保存着，并说是汉剧院的重要文献资料。但他哪里知道，"文革"中，我的全部文章都被当作"大毒草"批判了，尤其是写的戏剧评论，更是"毒上加毒"。所以，我骤听这番话时，真是感慨万端。

那次在武汉，我连续看了伯华同志的两晚演出，第一晚是伯华同志的《柜中缘》，李罗克同志的《小放牛》；第二晚是伯华同志的《梅龙镇》，李罗克同志的《打花鼓》。当时伯华同志和李罗克同志都已不大演出，我有幸又看到了他们的精彩表演。尤其是《梅龙镇》，伯华同志很少演出，我居然有幸也看到了。演出中，伯华同志依然不减当年的风华，令人感到伯华同志真是永葆青春，艺术长新。

又过了若干年，我到南京开会，住在宾馆里，无意中发现我的住房隔壁，就是伯华同志的住房，也不知她是参加什么会，也无从见面，因为我与她都是很早就出去，很晚才回来，没有时间碰头。后来我在她门上留了一个字条，向她问候。第二天，她让她的学生黄靖给我留了一封信，约我去武汉参加她的一次活动，但我因事未能去武汉，因此至今也没有能再见面。

虽然四十年来我们见面的机会不算多，但每次见面的印象都特别深，以至于我每一回忆，都还历历在目。

现在欣逢伯华同志从艺七十周年和她八十大寿的大庆，我仅以此短文和小诗，祝她艺术长新，健康长寿。

1999 年 11 月 15 日于京东且住草堂

《梨园冬皇孟小冬传》书后

　　许锦文同志的《梨园冬皇孟小冬传》脱稿了，写信来要我作序，我对孟小冬真正是一无所知，除了 1947 年 9 月我在上海有幸遇上杜月笙六十祝寿并赈灾义演，曾一聆流水高山之韵外，对她确是一无所知。

　　我后来才知道，1947 年 9 月杜寿演出后，孟小冬就再也没有登过台，到 1949 年她就去香港了。所以 1947 年 9 月那两场《搜孤救孤》的演出，真正是广陵绝响。我虽然有幸遇上，但那时我还是一个无知的青年，刚从农村出来，因为受家庭和亲友的影响，酷爱京剧，但身在农村，哪能见到名角，虽然也曾在无锡看过几次戏，印象最深的是新艳秋、刘奎官、兰月春几位，但也只是看热闹而已。所以虽然有幸遇上杜寿全国名伶大聚会的盛大演出，也仍只是看热闹。

　　在演出前，上海的小报就拼命宣传梅兰芳与孟小冬可能同台演出，但也只是瞎起哄，事实上绝无可能。还有一个特别深的印象是这次演出，孟小冬得的花篮最多，那时我也只是听说，这次我读许先生的大稿，倒证实了这一印象并没有错。

　　我记得我是先看的《龙凤呈祥》，这出戏的角色是李少春的赵云、谭富英的刘备、马连良的乔玄、韩金奎的乔福、李多奎的吴国太、郝寿臣的孙权、袁世海的张飞、萧长华的乔福、梅兰芳的孙尚香、叶盛兰的

314

周瑜，周信芳的鲁肃。

这一名单，还是从许先生的书稿里得到印证的，我原藏有一大包旧戏单，其中包括有杜寿义演的两张戏单，"文革"中早已被"破四旧"了，如果不是许先生的稿子，我已回忆不齐全了。但上述名单，除了韩金奎我后来一直没有见到外，其他各位，我都在北京见到了，并与李少春、袁世海、叶盛兰等多位还都有交往，梅兰芳、周信芳、马连良三位也多次接触过。特别是袁世海，十年前，他又在上海演出《龙凤呈祥》，我恰好也在上海，看了他的戏。演出结束后，我到后台去看他，我说四十多年前杜寿义演，你也是这个角色。现在又是这出《龙凤呈祥》，可是当年同台演出的人都已不在了，言之感慨万端。后来我作一小文，并题一诗，末两句云："张飞不与人共老，喝退周郎十万兵。"可惜前几天，忽报袁世海也不幸去世了，真是令人神伤。

看过《龙凤呈祥》以后几天，我又看到了孟小冬的《搜孤救孤》。那时我并不懂戏，只是看热闹，所以理解得不深。只觉得孟小冬还未出场，满场的观众已情绪紧张而又热烈，急切地等待她出场了，待到她一出场，全场掌声如雷，还有彩声，以后便是一句一阵彩声，而在她唱念的时候，却全场寂静，鸦雀无声。我是在楼上最后一排站着看的，只能感受到当时这种特殊的气氛，对于唱、做都不能听得和看得真切，但突出地感觉到孟的台风潇洒大方，有书卷气，令人有独立风标的感觉。

由于这一次孟小冬的《搜孤救孤》给我看不够、看不厌的感觉，所以到第四届全国文代会时，我就向冯牧、林默涵同志建议请上海的张文涓来唱这出戏，大会采纳了我的建议，由张文涓来演了这出戏。现在回想，实际上也是对孟小冬的一种怀念。

对孟小冬的评价，孟小冬的艺术成就和在中国戏曲史上的地位，我没有资格说什么，但我完全赞赏本书作者的分析。

我读这部稿子的另一收获，是觉得这部稿子，不仅仅是《孟小冬传》，简直可以说是半部民国京剧史。作者对民国时期京剧各派艺术及诸多名伶的了解，简直如数家珍。尤其是书中所述北京的种种风俗习惯，梨园大师们的个性、癖好、交游，以及各种事件发生的地点、街道和各人先后的住处等等，真是历历如绘。我在北京已居住近五十年，读这部稿子，真是如同亲身经历，因为书中所叙的许多人物和事情的地点，都是我非常熟悉的，所以读起来别有一番滋味。作者对于京剧艺术的熟娴程度和理解深度，也是一般戏曲爱好者所难以达到的，所以这部书还可帮助京剧爱好者理解京剧。然而这一切又都是围绕着孟小冬而延伸出来的，是非常自然的叙述，是水到渠成、缺此不可的部分。由于这种叙述法，也就使孟小冬这一人物栩栩如生地活跃在读者的心目中了。为此，我为孟小冬，也是为这本书题了三首诗，作为我的读后感。

题许锦文著《孟小冬传》兼怀冬皇

一

沧桑一代说冬皇。绝世声容绝世狂。
一自申江聆曲后，馀音半纪犹绕梁。

二

平生痴绝梨园心。苟尚梅程各赏音。
只恨冬皇缘忒吝，申江一别影沉沉。

三

冬皇一去杳沉沉。流水几人识雅音。
多谢传神文子笔，琴心得向纸间寻。

2003 年元旦后一日

京剧表现现代生活的新成就

—— 看北京京剧团演出的《芦荡火种》

京剧《芦荡火种》是一出成功的革命现代剧，它相当成功地刻画了我党地下工作者的光辉形象。他们机智勇敢，出生入死，与敌人展开了你死我活的斗争。这个戏，也成功地刻画了在敌后坚持革命斗争的革命战士——十八位伤病员，他们在党的领导下，坚持革命斗争，与群众团结成一体。戏里所描写的革命群众如沙老太太、老齐头、沙七龙等，也是很成功的。特别重要的是，无论是地下工作者也好，新四军伤病员也好，革命群众也好，在舞台上，他们尽管常常是各自地与敌人在进行各式各样的斗争，但在观众眼里，他们却都不是单独地在作战，而是一个战斗的集体，是在党的统一指挥下一致行动的，因此他们坚强有力，无坚不摧。

剧本对于那些反面人物，例如国民党反动派忠义救国军的司令胡传魁、参谋长刁德一、刘副官以及狗腿子、翻译等人，也都刻画得相当准确、传神，揭露了他们的反革命的丑恶面目，同时也在不同程度上刻画出了他们各自不同的特点。

京剧《芦荡火种》是根据同名沪剧改编的，剧本之所以改编得比较

317

成功，一方面因为原来沪剧本的基础比较好，京剧改编者充分吸收了原本的优点，因此它保留了沪剧本的基本情节结构和人物性格，另一方面，也是更重要的一方面是，改编者对于京剧必须表现现代生活，必须为社会主义革命、社会主义建设服务具有强烈的责任感，同时又能准确地掌握京剧艺术的特点，使之在新的课题面前，有较好的运用。因此剧本在唱、念、做、舞各方面都安排得较为妥帖。更加鲜明地突出了主要人物和剧本的思想内容，发挥了京剧的特点和长处。

当然，剧本的改编、唱腔的设计等等，都只是提供了必要的条件，而戏的演出的成败，根本关键，还决定于演员是否能发挥创造性，正确地创造角色，用动人的艺术力量来吸引观众。从这方面来看，京剧《芦荡火种》的演出，是有突出的成就的。

这里，我们不妨分析几场戏。

敌我双方紧张尖锐的面对面斗争，是从第四场"智斗"开始的。这时，日本鬼子的"扫荡"已经以他们自己的失败（没有抓到一个新四军，也没有抓到我军的伤病员）而告终了，跟踪而来的是表面抗日、暗地投敌，表面联合、骨子里却企图消灭新四军的国民党反动派"忠义救国军"。这种情况，我党的地下工作者、春来茶店的老板娘阿庆嫂是并不了解的。在这种猝然相遇的情况下，就需要高度的政治警惕性和沉着机警。而饰阿庆嫂的赵燕侠，恰如其分地表现了一个党的地下工作者的政治品质和斗争经验。斗争以特殊曲折和尖锐的形式展开是从胡传魁、刁德一上场开始的。在这以前，刁小三的闯店，刘副官的上场都只是这场斗争的前奏。这时阿庆嫂首先必须迅速弄清楚胡传魁、刁德一这些人的真面目，弄清楚他们的来意；第二，不能暴露自己的政治身份，以便掩护隐蔽在芦荡里的伤病员，伺机消灭敌人。从敌人方面来说，第一，他们急需得知我伤病员的行踪，以便实现他们的反动目的；第二，他们感到阿庆嫂是一个可疑人物（或许又是一个可用的人物），企图进一步认清她的政治面目，揭穿这个"迷底"。这样就使双方的斗争采取了迂回曲折、暗地摸索的方式。马长礼的刁德一，是创造得相当出色的，他有力地刻画了这个角色的刁钻狠毒，刻画了他的诡计多端。当刁德一听到阿庆嫂过去救护过投敌前的胡传魁，就本能地引起了他的怀疑，她既有抗日的思想，那末就很可能与新四军有关系，因而也就必然与自己是对立的。这一切，都是刁德一当时的内心活动，也是他此后对阿庆嫂的行动的心理根据。而阿庆嫂自然是懂得首先必须妥善地隐蔽自己的政治面目，所以当胡传魁向刁德一夸奖她勇敢机智地救护他的情节时，她就表明自己只是急中生智，事过之后，也是害怕得很，轻描淡写地把这件事掩盖过去。这是他们第一次，也是带有遭遇战性质的交锋。接着就是一段两人对唱的"流水"、"背供"，交代了观众急欲知道的双方内心活动。这一段唱腔设计得贴切自然，节奏迂缓，递唱也衔接得很自然，显示出双方在作思想准备，又在揣度衡量对手。最后，刁德一唱"我待要旁敲侧击将她访"，阿庆嫂唱"我必须察言观色把他防"，这就是说，经过这一番考虑，敌人决定采取攻势，而阿庆嫂则决定采取守势，伺机反击，并考察敌人的行动目的。接下去的四大段精彩的"流水"对唱，就是上面这种情势的自然发展。应该提到，演员赵燕侠和马长礼，都善于运用唱、念、做来塑造人物，描写角色的内心活动。在他们的紧密合作下，这一段戏，真是演得丝丝入扣、有声有色。赵燕侠的两段唱，朴素大方，恰当地表达了人物应有的清醒和镇静以及她的巧于应付、机警沉着的本领。这使得以"刁"字打头的"参谋长"也感到无懈可击，不得不暂时告退让胡传魁出来正面提出问题。可是，胡传魁到底是个容易对付的角色，阿庆嫂反戈一击，就把他投敌叛国的真相摸清楚了。这一场攻心战，终于以敌人的失败而告终。

敌人的目的虽然没有达到，但并没有放弃原有的企图，因此矛盾必然以更尖锐的形式展开。地头蛇刁德一，凭着他反动的政治嗅觉，凭着他对本乡环境的熟悉，判断出新四军伤病员一定隐藏在芦荡中间，于是他出其不意地使出了更加刁钻毒辣的手段，让老百姓下湖打鱼，制造和平假象引诱新四军伤病员出来。这一着"调虎离山"计确实是狠毒的。向阿庆嫂施加的压力着实不轻。不粉碎这个阴谋，就有可能让敌人一箭双雕。舞台上的这一场戏带着更浓厚的传奇色彩，全场观众都为阿庆嫂捏一把汗。演员这时如果为了突出阿庆嫂的英雄形象，让她依旧若无其事地不动声色，那是会得出完全相反的效果的，因为这样做就会使角色的思想情绪与特定的斗争环境完全游离开。但是，如果为了表现她的内心紧张，手足无措，那末人物形象也就不能成立。在这里，赵燕侠十分恰当地掌握了表演的分寸，她从屋内踏着紧迫的步子走出来，用低沉的腔调唱"西皮散板"："刁德一，贼流氓，毒如蛇蝎狠如狼。……恨不能，生双翅飞进芦荡，急得我浑身冒火无主张。"虽然内心紧张，但外形动作依然沉着；虽然腔调低沉，但她与十八个伤病员生死相关的革命同志感情是强烈的。观众为这种真实动人的表演，分担着剧中人的忧虑。在这种"万木无声待雨来"的紧张气氛下，阿庆嫂突然从敌人威胁老百姓的一句话"不去就开枪啦"得到了"启示"，她决定引诱他们开枪，让他们自己陷入错误。这时，她一面唱"休孟浪，莫慌张，风声鹤唳，引诱他们来打枪！"，一面敏捷地取下壁上的凉帽，扣在茶壶上，然后不慌不忙转身抛入湖里。扑通一声，浪花四溅，凉帽在水面上往前浮动，狗腿子失惊大叫"有人跳水了"，随之，一阵枪声就如愿地响起来了。刁德一的鬼计就此全部落空。

像这样曲折动人，波澜起伏，扣人心弦的唱工和表演，应该说是精心结撰的。

我们再来看一看"审沙"这一场戏。

这时，芦荡里的伤病员已经转移出去，敌人仅仅逮捕了沙老太太，但他们用尽酷刑也得不到口供，这样，又进一步引起了对阿庆嫂的怀疑，准备将阿庆嫂"请来"问问。谁知还没有等他们派人去"请"，却出人意料地接到报告说阿庆嫂求见。这样处理，一方面真实地写出了阿庆嫂对沙老太太的阶级感情，写出了她为革命事业，为群众利益，不顾安危，单身入龙潭探虎穴的勇敢精神和崇高风格。这一笔十分有力。另一方面，这也是传统编剧手法的批判运用。这种"说着曹操，曹操就到"的手法，本来是习见的传统用法，然而用在这里，却丝毫没有不自然的感觉。阿庆嫂从容步入司令部的大厅，依然保待着茶馆老板娘的本色。她向司令道喜，祝贺他要成亲，她热心地向他推荐花轿、吹鼓手和厨师。这一段表演，使得舞台上由阿庆嫂突然来临而显得过分紧张的气氛顿时活跃起来。然而，刁德一的一声大喝，却使大厅立刻变成刑房，活跃的空气一扫而空，剧情迅速地又进入了紧张的高潮。当刁德一命令带沙老太太时，阿庆嫂便向他们告辞。这当然不是她的怯懦，更不是她真的要走，因为她如果走了，她还能看到什么呢？然而，她不能不立即提出告辞，因为以她的身份理应回避这些事情。敌人还是把她"留"住了，敌人是想把她放到矛盾的尖端去考验，以弄清真相；可是，对阿庆嫂来说，被"留"下来却正符合她的愿望，因为只有这样她才能看到她所想看到的一切，才能达到她此来的目的。

万一英演沙老太太是相当成功的。在敌人的咆哮声中被押上来时，人还没有出来，一声高响入云的"西皮倒板""且喜亲人已脱险"，强烈地抒发了她的内心的喜悦，压倒了敌人的气势，全场为之精神一振。接唱三句"散板"："粉身碎骨也心甘，挺身来把仇人见，阿庆嫂为何在堂前？"第一句表示了自己的决心，第二句是要与敌人坚决斗争，第三句是突然见到阿庆嫂以后内心的揣度，为阿庆嫂的处境担心。三句唱得层次分明，感情充沛，特别是下面大段的"二黄三眼"，痛骂敌人，淋漓痛快。刁德一的表演也十分出色，他使用了软硬兼施的手段，一段"西皮摇板"："沙妈妈休要想不开，听我把话说明白……"连劝带骗，施尽了伎俩，虚伪之中透着狡猾，特别是唱到"她在幕后你登台，到如今你受苦受刑难忍耐，她袖手旁观稳坐钓鱼台"时，他面向右边，两眼逼视阿庆嫂，嘴角上挂着一丝微笑，大有今天看你如何逃出我的手掌的味道。

这场戏里的阿庆嫂是很难表演的，她既是"旁观者"，也就没有插嘴的余地；除了端坐以外，不能有什么别的动作。然而，赵燕侠到底还是把这场戏演活了，当刁德一目光直逼过来同时移步靠近时，阿庆嫂依旧端坐不动，两眼直视刁德一，眼光中流露出来的神情似乎是说：你这些话全是对沙老太太说的，与我无干，我不理解。但同时也潜伏着这种意思：看你还能使出什么花样来！果然，刁德一在阿庆嫂脸上找不出什么情绪变化，就进一步施加压力，要阿庆嫂去劝沙老太太。这是十分恶毒的一着。在这样的场合，去与不去是不容迟疑的，迟疑就是暴露。这里，赵燕侠的表演也是恰如其分的。她一面站起身来，嘴里说："好，既是刁参谋长看得起我，我去试试，不过这位老太太的脾气我是知道的，恐怕也是碰钉子。"一面却利用这当口放慢脚步，作好考虑。她终于出人意表地说出了一句绝妙的台词："沙奶奶，参谋长的话听清楚了没有？只要你一说出来，不就什么事情都完了吗？"这正是妙语双关，意在言外，这几句话，有力地刻画了阿庆嫂机智敏捷，出奇制胜的本领。

阿庆嫂的另一个出色表演，出现在敌人把沙老太太押出去杀害的时候。这时全场静默，空气极端紧张，阿庆嫂突然喊了一声"胡司令"，敌人满以为得手了。哪知片刻静场之后，阿庆嫂却不慌不忙地说了一句："我该走啦！"前一句话，使敌人异常兴奋；后一句话，却使这种希望全部落空，阿庆嫂还是阿庆嫂。这两句话之间，全场人物情绪经历了复杂迅速的变化，而这一切都掌握在阿庆嫂手中。因此整场戏，表面是敌人控制了阿庆嫂；实质上却是阿庆嫂控制全场，始终处在主动地位。

这样也就使这个英雄人物的精神境界，自然而然地压倒了敌人，完成了英雄人物的塑造。

事物总是不断地发展的，京剧表现现代生活正在不断地取得成功，《芦荡火种》的演出，为京剧表现现代生活作出了新的贡献，证明了京剧是可以表现现代生活的。与此同时，它本身还存在若干缺点，有待进一步提高，也是很自然的。重要的是，应该坚持京剧表现现代生活的正确方向，继续进一步深入生活，向工农兵学习，向兄弟剧种学习，从生活出发批判地继承传统。

（原载 1964 年 6 月 6 日《文汇报》）

赠赵燕侠

京剧著名表演艺术家赵燕侠舞台生活六十周年庆祝演出，予观《红梅阁》、《白蛇传》两剧，声容不减当年，为赋四绝。

一

莺啭燕鸣六十春。声容绝世只斯人。
鹓鹢已去秋翁老，寂寞歌场仗有君。

二

当年犹记说芦塘。一把茶壶客满堂。
八面玲珑谁敌手，留得典型老板娘。

三

又见红梅一曲新。廿年旧事已成尘。
绕梁三日行云遏，赵派新声妙入神。

四

绿衣人是白头人。满坐谁凭却是真。
依旧声容当日盛，梨园君是藐姑身。

1995 年 9 月 28 日

（原载 1995 年 10 月 17 日《光明日报》）

一曲无产阶级的国际悲歌

——谈京剧《蝶恋花》

　　每次看李维康同志主演的京剧《蝶恋花》，我总是激动得热泪盈眶，情不自禁地从心里涌出"国际悲歌歌一曲，狂飙为我从天落"这两句伟大领袖和导师毛主席的名句。

　　这真是一曲国际悲歌啊！

　　伟大领袖毛主席所领导的中国革命，是世界无产阶级革命的一部分，而杨开慧同志在湖南所进行的英勇斗争，又是中国无产阶级革命的光辉灿烂的一页。伟大领袖和导师毛主席的战友、夫人和学生杨开慧同志，是在这一伟大斗争中英勇不屈、巍然屹立的英雄人物。京剧《蝶恋花》光彩夺目地塑造了这个英雄形象，艺术地再现了中国革命史上这光辉斗争的一页。

　　戏一开头，杨开慧在雄浑悲壮的音乐声中，深沉有力地唱"茫茫九派流中国，沉沉一线穿南北"这首毛主席的著名《菩萨蛮·黄鹤楼》词。接着唱："秋收暴动烈火旺，毛委员率队去井冈。深切的嘱咐记心上，开慧同志啊！坚持战斗在板仓。"这一序幕，以极其简练的笔墨，概括出了1927年大革命失败后，以毛主席为代表的中国无产阶级革命，

326

正在向广阔的农村深入发展的历史背景。

国民党长沙县东乡"铲共义勇队"队长兼乡长范瑾西的"拜访"杨府，揭开了这一场激烈斗争的序幕。杨开慧第一次上场，"辗转踏遍崎岖道"，"翠竹迎风舞长矛，越险阻归来把大计商讨，反'清乡'要卷起革命怒涛"这几句唱，一下就有力地刻画出了这一人物的坚定沉着机智勇敢的思想和性格。在这一场戏里，剧作者和导演特别突出地描写了毛主席的来信，杨开慧在接信后的一大段唱，十分真实地写出了她的喜悦心情，描写了她在得到毛主席关于"星星之火，可以燎原"这一具有伟大战略意义的指示以后的无比兴奋和充满着胜利信心的激动心情。

戏的尖锐冲突是以"铲共队长"范瑾西颁布何键的"十大杀令"，并当场枪杀革命群众这一事件开始的。当时在屠夫何键的"十大杀令"下，从岳北到平江、湘阴、浏阳一带，被害的革命群众，竟达十二万之多。戏里那个拿着一支红棕竹烟管的卖茶老爹的被杀害，并不是艺术夸张，而是生活的真实写照。卖茶老爹被无辜杀害后，讨米娭毑痛哭老倌的几句滚板："耳边如闻炸雷响，老倌把命丧，我眼枯无泪，痛断肝肠！"真是把她（代表着被压迫人民）心头积压的仇恨情绪，有如奔腾的瀑布倾泻了出来，她的这大段唱，是对反动派的血泪控诉。随之形成了一个群众控诉反动派镇压革命的滔天罪行的高潮。正是在这个时候，杨开慧同志出现在群众之中，与群众同呼吸共命运。当反动派来搜捕杨开慧时，群众又机智地掩护了她。这样，就有力地描写了杨开慧与群众的血肉关系。

由于杨开慧同志领导的武装斗争严重地打击了敌人的反动气焰，反动派千方百计阴谋逮捕杨开慧同志。在《风云骤》这一场里，戏里进一步刻画了杨开慧沉着机智，临危不惧的斗争性格。她发现自己已被敌人包围的紧急情况以后，当机立断，立即让孙嫂开窗出去把敌人引开，然后掩护赤卫队长向旭带着药品突出重围，她自己则机敏而又从容镇定地把党的文件迅速投入了炉火。当敌人破门而入时，党的文件早已成为一堆灰烬了。在这千钧一发的紧急关头，杨开慧同志指挥若定，临危不惧，表现了一个共产党人的大无畏精神。

暗转以后的《古道别》，是具有浓厚的抒情色彩的一场戏。剧作者为杨开慧一口气安排了四十二句唱词，充分抒发了这个英雄人物的崇高胸怀和她与乡亲们的无比深厚的情谊。这段唱词的唱腔也是富于变化的，开头六句是比较低沉舒缓的"二黄清板"，之后是"原板"、"快二六"到"快板"，调子从比较低沉舒缓转向激烈高昂，有力地刻画了英雄人物坚定不移的斗争性格和革命的乐观主义精神。导演对这场戏的处理也别具匠心，一方面真实地反映了反动派对杨开慧的重重戒备，另方面也真实地反映了广大群众对杨开慧难舍难别的阶级感情，在舞台深处的山路旁、山坳里、山坡上，东一堆西一堆的三三五五的群众，在拭泪遥送。这样的处理，并非单纯为了情节的需要，而是有生活根据的。据调查，当时反动派在重重的戒备下押走杨开慧同志时走的就是这条"长岳古道"，而当时的群众，不顾白色恐怖的威胁，利用山区的地形，有的在山路旁，有的在高坡上挥泪目送。被押走的除杨开慧同志外，还有毛岸英和陈玉英同志（就是戏里的孙嫂），因为他们两个是妇女，一个是小孩，山路崎岖难行，竟有一位姓缪的老头挺身而出，推了一辆小车送他们到车站。这一段戏，就是这一激动人心的斗争生活的艺术提炼。它在思想上和艺术上都具有较深的感人力量。李维康同志的唱腔，吸收了婉转曲折的程腔的特点而又赋予刚健清新、沉着坚定的新的品质。充分运用声腔来塑造杨开慧这一崇高的英雄形象，是这个戏的特色之一，同时也是演员突出的成功之处。

有压迫就有反抗。颁布"十大杀令"，枪杀革命群众，是反动派的一次血腥镇压，随之而来的就是"松树坡"会议以后的夺枪——开展武装斗争，这是全剧的第一个大波澜。逮捕杨开慧并用酷刑"审讯"，则是一次更残暴的压迫。紧跟着的是一次更强烈的反抗，这是全剧的第二个波澜。《举篾刀》这场戏，具有特殊重要意义，导演的处理尤具匠心。它写出了革命群众对反动派反动气焰的蔑视和坚决斗争。这场戏一开头就给这个普通的革命群众缪老爹安排了单独的一大段戏。这个缪老爹演得十分成功，这是一个具有鲜明个性的人物。自从失去了杨开慧后，他的内心情绪就与前几场戏大不一样了。《松树坡》一场儿子坡生的牺牲，他是很悲痛的，但我们看得出来他还禁受得住这一突如其来的打击，他还能沉住气。到杨开慧被捕后的这一次出场，表现了人物的心里埋藏着深沉的阶级仇恨！当他唱到"且看这铮铮篾刀显锋芒"，随即用尽力气磨刀，这一段唱词和这一磨刀的动作，有力地写出了他心头的悲愤和无比仇恨反动派的心情。剧本和导演的这种处理，很好地塑造了这个普通的革命群众的英雄形象，同时也写出了杨开慧同志在这一支革命队伍中的极其重要的地位和作用。

截杀范剃头一段戏，使剧情更富于戏剧性，显示了革命的人民多么机智勇敢。短短的一段武打，不仅使剧情出现了一个大的波澜，更重要的是反映了革命群众对杨开慧同志的无限关切和对反动派的无比仇恨。范剃头的最后被杀，让多少早已被仇恨压抑得无法喘过气来的观众，心情为之一畅。

《向朝阳》一场，是对杨开慧最后的一笔描写。她虽然天天受刑，遍体鳞伤，但她仍旧利用生命的最后一刻，给岸英讲革命的历史，讲《国际歌》的来历，讲周恩来、蔡和森、向警予、朱德等革命前辈的英勇斗争的光辉史迹，教育岸英学习和继承前辈的革命精神。但是，她的内心是不平静的，她在从容就义前的大段唱词，抒发了她的崇高的革命豪情，它是一首革命的抒情诗。在杨开慧高呼"打倒国民党反动派！"、"打倒蒋介石！"、"中国共产党万岁！"的口号声中，在悲壮的国际歌声中，杨开慧烈士巍然挺立，冉冉上升，与正在月宫里迎接她的嫦娥和吴刚会面了。吴刚热情地捧出了桂花酒，嫦娥为她翩翩起舞，万里长空，顿时变得热气腾腾。

京剧《蝶恋花》在创作方法上认真实践了革命现实主义和革命浪漫主义相结合的创作方法。这个戏里的有关杨开慧烈士的斗争事迹，是有现实生活依据的。作者相当真实地反映了大革命失败后的历史特征，反动派的猖狂和白色恐怖的严重，大批的革命骨干力量都已上了井冈山，革命正处在困难时期，杨开慧正是挺立在这样的狂风暴雨中的一棵坚贞不屈的青松，一棵高大入云的白杨。但是，戏的结尾部分，却运用了革命浪漫主义的方法，让月宫里的嫦娥为忠魂起舞，让吴刚向忠魂献酒，有力地抒发了人们对杨开慧烈士的崇敬的心情，寄托着千千万万的群众对忠魂的悼念。

这个戏从毛主席的《菩萨蛮》词开始，中间穿插了《采桑子·重阳》，最后结束到《蝶恋花》。全剧洋溢着抒情的诗意，从本质上来说，这个戏也可以说它是一出诗剧，一曲无产阶级的国际悲歌。

1977 年 12 月 25 日

电影《关汉卿》的成就与不足

关汉卿是我国戏剧史上一位伟大的杂剧作家，他在一生中，一共创作了六十七个剧本。在他的笔下，有壮志凌云的关羽，有智勇兼备的谭记儿，有风尘侠骨的赵盼儿，有儿女柔情的王瑞兰，也有铁面无私的包待制和十恶不赦的鲁斋郎、杨衙内以及含冤莫白的窦娥等众多的艺术形象。对于这样一位伟大的剧作家，同样运用戏剧的形式，把他艺术地再现在今天的舞台上，用以鼓舞和教育观众，增加观众对这一位伟大作家的认识，这无疑是一件有着重大意义的工作，这一任务，已经由我们当代优秀的剧作家田汉同志出色地完成了。

大家知道，杂剧《窦娥冤》是关汉卿全部剧作中最具有战斗意义的一部作品，因为它通过窦娥受冤被杀这个典型事件，深刻地揭露了那个黑暗社会的罪恶，无情地鞭挞了那批"无心正法"的贪官污吏，为"有口难言"的老百姓喊出了"感天动地"的反抗的声音。剧作家田汉同志特别选取了关汉卿创作《窦娥冤》的情节，来表现关汉卿战斗的一生中的一个片断，是有深刻的意义的。

电影《关汉卿》，是根据话剧《关汉卿》改编的。它突出了原作中关汉卿强烈的正义感和战斗精神。电影一开始，就集中地介绍了朱小兰被冤杀的场面。这个场面是激动人心的，披头散发，被押赴市曹斩首的朱小兰，强烈地喊出了"喊声冤肺摧肠断，叫声屈动地惊天！"的含冤莫白的呼声。这声音震撼着周围愤怒的群众，而如狼似虎的刽子手却在推倒朱小兰的婆婆，抢去朱小兰。在这尖锐的冲突中，影片的主人公关汉卿带着强烈的愤怒情绪在人群中出现了，他是这个黑暗事件的目击者。人民的斗争，人民的灾难，深深教育和激动着这位伟大的作家，于是剧本《窦娥冤》的种子便在他的心头孕育了。接着影片把我们带到了另一个生活场景，这里是绣帘朱户、琵琶玉箫，充满着艺术气氛的大都名演员朱帘秀的客厅。关汉卿带着愤激的情绪来到了这里，一个是当代最伟大的剧作家，一个是并世无两的名艺人，别看这里炉香闲袅，安静得可以听到银针落地的声音，其实在这两个人的心头，已经愤激得将如山洪暴发了。令人激动的是他们互相激励着决定用戏剧来与敌人战斗的一段情节。粤剧名演员马师曾准确而深刻地表现出关汉卿的正义感和战斗性，他肝胆照人，有笔如刀。而粤剧名演员红线女也同样十分出色地表现出朱帘秀的性格，她虽然是风尘飘零，但却有一副豪情侠骨，正义感和斗争性十足，她极力鼓励关汉卿创作《窦娥冤》，加上她的徒弟赛帘秀的积极赞助，于是关汉卿回到自己的书房里秉烛深思，奋笔疾书，开始了《窦娥冤》的创作。他吟哦着曲文，愤激地念着："地啊，不分好歹难为地，天啊，负屈含冤哀告天，唉！只落得两泪涟涟！"正在这时，他的好友王和卿、杨显之来看他了，经杨显之的建议，他把后面这句曲文，又改为"错勘贤愚枉做天"。他一直写到晓色朦胧，才困倦地睡去，而他的震撼人心的名作《窦娥冤》却已经诞生了！

　　把矛盾推到总爆发的地步是这个戏公开对着当时残酷的统治者阿合马、和礼霍孙、郝祯和忽辛等人的上演。这确实是一场激烈的战斗。影片充分利用了自己的特点，把舞台上演出《窦娥冤》的战斗场景，也展览在观众的眼前，这正是戏中有戏。当台上的窦娥愤激地唱着"若果有一腔怨气喷如火，定要感的那六出冰花滚似棉……这都是官吏们无心正法，使百姓有口难言！"的时候，刽子手们毒打着窦娥，把她打得"一杖下，一道血，一层皮"。然而剧作者这种尖锐的揭露，恰恰也是对封建统治阶级的"一道血，一层皮"的一次狠狠的鞭挞！

恶毒的统治者要关汉卿把剧本改过再演，这无疑是要迫使关汉卿、朱帘秀等人投降。这样矛盾就显得更加尖锐，而戏也就更加扣紧观众的心弦了。如何对待这一严酷的考验，这是观众屏息等待的答案，出人意料同时又合人心意的是他们一方面坚持不改，另方面又坚决再演。这是对统治阶级淫威的一次最有力的反抗，同时也是人物斗争性格的升华！终于关汉卿、朱帘秀因此而双双锒铛入狱，而赛帘秀则被剜去了双目。

由于群众的斗争，也由于统治阶级内部的矛盾，关、朱两人终于获得了出狱，然而统治阶级并没有放弃对他们的迫害，关汉卿被判处"驱逐出境"。因此影片又把我们带到了秋风白云，夕阳古道，充满着一片离情别绪的古老荒凉的卢沟桥畔。在这里，电影的改编者稍稍更动了一下话剧的结尾，它让朱帘秀到芦沟桥畔来送行，但却没有让她脱籍与关汉卿一起南下，于是电影《关汉卿》为我们留下了一个悲凉的结尾。

突出关汉卿的斗争精神，使观众强烈地感受到关汉卿热爱人民、嫉恶如仇的正义性格，这是十分必要的。然而，影片在强调关汉卿的正义感和斗争性的时候，却没有充分注意到人物的历史条件和他在不同的情况之下思想和精神的变化，电影《关汉卿》里的关汉卿，自始至终一直处在紧张的斗争状态中，这不仅不完全符合历史人物关汉卿的历史真实性，而且也不符合生活的实际情况。我们知道，关汉卿是一个剧作家，同时又是一个诗人（散曲作家），我们读他的《南吕一枝花·不伏老》等散曲，可以清楚地感到他不仅斗争性强，而且是一个风趣诙谐的人物，如果能够恰当地表现他的斗争性同时又恰当地表现他性格的另一面，潇洒风趣的一面（而且认真注意他所处的历史条件），那么，这个艺术形象一定将得到更好的效果，而马师曾同志的表演艺术，也将得到更充分发挥的机会。

影片的色彩和一些镜头的摄制，充满着诗情画意，这一点确实也有很大的成绩，但我在赞赏之余，也感到有值得商量的地方。例如关、朱两人在监狱的一个庭院中载歌载舞唱"蝶双飞"的一段，从画面上看，确实是美丽的，秋风红叶，夕阳院落，配合着两人优美的舞蹈和唱腔，确实使人得到一种美感。但是它同时又使人产生了疑问：在元代那样黑暗的时代里，在统治阶级囚禁重犯的监狱里，能有这样美好的环境供犯人们吟哦诗句吗？封建时代的监狱生活是这样自由的吗？

关于关汉卿、朱帘秀两人的出狱，影片中没有作正面的交待，只是在后面补叙了几笔，因此从歌舞"蝶双飞"立即到卢沟桥畔送别，情节的过渡显得十分匆促突兀，有失枝脱节之病。以上几处，较之原作，似有不足之感。

然而，这部影片给人的主要印象，是关汉卿强烈的正义感和斗争性，是表演者优秀的表演艺术、优美的音乐和唱腔以及明朗鲜艳、美不胜收的画面！

（原载 1961 年 7 月号《大众电影》）

麒派艺术的精华

——看影片《周信芳舞台艺术》

　　周信芳同志，是当代最杰出的京剧表演艺术家，是著名的麒派艺术的创始人。几十年来，他为人们成功地创造了一系列不朽的艺术形象，大大地丰富和发展了京剧的表演艺术。他的艺术，深入劳动人民群众，为社会各阶层人民所热烈爱好；特别是解放以来，他的艺术，更加精益求精，达到了艺术的化境。

　　影片《周信芳舞台艺术》，集中地介绍了麒派艺术的精华——《徐策跑城》和《下书杀惜》。

　　《徐策跑城》是周信芳同志经过三十多年精心琢磨的一出名剧。这出戏，原是徽班戏，最早是由徽班名艺人王洪寿（艺名三麻子，后来改演京戏）移植过来的。但是近几十年来它成为家喻户晓的一出红戏，却是由于周信芳同志在原有基础上不断创造的结果。

　　在这出戏里，周信芳同志塑造了一个刚正不阿，具有强烈的正义感的老人徐策。这个人，不同于《扫松下书》中的张广才，也不同于《四进士》里的宋士杰。虽然他们都有强烈的正义感，但是前者是劳动人民，他朴实谨厚；后者是吃衙门饭的"刑房书吏"，他精通法律，办事老辣干练，而又有一股正气和傲气；而徐策，则是当朝宰相，他有很高的身份和官职，他的正义感，主要表现在对被害的忠良（薛家）的同情和对奸党的愤恨上；对当时的封建皇帝，虽然也有所不满，但他并没有反对他的意思。周信芳同志在塑造这一人物时，十分深刻地掌握了角色的身份和思想性格特征，他着重地刻画了这个老人对薛家后代的复仇行动（不是"造反"）的支持和同情。

影片开始的时候，是老徐策听家院报道薛家的后代从韩山发来了人马，包围了长安城，他兴奋地跑上城楼去观看动静。在舞台演出时，徐策出府到城下是骑马的，影片中改为步行，并突出地介绍了徐策跑上城楼时的一段精彩的表演。我们看他整一整衣冠，然后一手抓住袍角，踩着锣鼓点子，一步步由慢到快地跑上城去，锣鼓点子越来越紧，脚步也越来越快，这时头上的帽翅随着鲜明的节奏而上下前后地摆动，下边的袍角随风飘洒，我们仿佛看到了这位老人压抑不住的内心的喜悦。由于跑得太急，也由于他年迈，当他跑上城楼的时候，稍稍一松气，便不由得身子一仰一晃，似乎是要跌倒了。家院连忙过来搀扶，他顺势站住，微微一笑，仿佛说：不要紧。这一切细微末节的动作，全部融化在完整的舞蹈动作中，周信芳同志演来，真是惟妙惟肖，入情入理。特别因为这是在银幕上，这些原来在舞台演出时不容易看真切的地方，都能使你饱赏无遗。

在城楼观望的一段，徐策先唱高拨子倒板"忽听家院报一声"，接转垛板："老徐策，站城楼，我的耳又聋，我的眼又花……"这一段是著名的麒派唱腔。声调激越苍劲，节奏鲜明有力。麒派是善于从唱、念中描摹人物的性格和内心活动的，我们听这一段流利顿挫的唱腔，再加上他的精彩的表演，分明可以感到剧中人此时喜悦得近于激动的心情和他临事审慎的态度（他害怕认错了人而误开城门）。

老徐策在下城后见到薛蛟当了前站先行官（这是他在法场上用自己

儿子的性命偷换来，然后又辛苦地将他抚养大而派往韩山去搬兵的）后的喜悦，见到当年大闹花灯因而闯下了灭门之祸的薛刚时的气愤，以及见到了威风凛凛的韩山人马以后的悲喜交集的复杂感情，周信芳同志演得层次分明而又浑厚磅礴，使观众不由自主地为剧中人满腔的热情所强烈地感动。

这个戏里最精彩的部分，自然是久已脍炙人口的跑城一段。当薛刚等接受了老人的劝告，决定由他上殿先奏一本，拿住奸党与薛家报仇，如果皇帝不准本章，然后再反。于是，徐策回到府中，准备上朝，由于他内心极度地兴奋，因此决定步行。这是一段载歌载舞，唱做并重的戏，戏的节奏，由慢到快；人物思想一路上先是追忆往事，继而想到眼前的情势，最后推想到事态的发展和可能得到的胜利结果。他越想越兴奋，脚步也就越走越快。在影片中，我们只见他兴冲冲地穿过曲曲折折的宽阔的道路在往前紧赶。这银幕上的老人，他"白须飘拂，水袖翻飞，袍襟腾舞"，真是跑得又紧张，又兴奋，又优美，于是，观众们也就完全陶醉在这位卓越的艺术家所创造的这种优美的艺术天地里了。

如果说在《徐策跑城》里，艺术家给我们塑造了一位正直的、热情的、可爱的老人的形象；那末在《下书杀惜》里，他又给我们成功地塑造了一位英雄人物的形象。

《下书杀惜》，本来是全部《乌龙院》中的两折，为了适应电影的表演，适当地删去了《晁盖坐帐》和《宋江闹院》两场。戏直接从刘唐下书开始。王正屏的刘唐，恰当地表现了这个人物肝胆相照，热血沸腾的性格。当他披星戴月地奔到郓城县的时候，正值宋江公事完毕，心中叨念着晁盖等人，慢步从僻巷中走过来。刘唐上前与宋江相认一节，周信芳把宋江一时记不起刘唐而又不好意思动问的那副尴尬神情，表演得入木三分，富有浓厚的生活气息。这时戏的节奏是迂缓的，但是等到刘唐冲口说出"小弟就是赤发鬼刘唐"时，宋江陡然一惊，撒开扇子，二人四下一看，宋江一手抓刘唐，直奔酒楼，戏的气氛也就立即转入了紧张状态。在酒楼上，刘唐当面交代了晁盖的书信，宋江一面为梁山的事业欣慰，一面又为眼前的现实担心，所以他在看信时，从欣慰中流露出一种紧张的神情，拿信的手在微微发抖，信也看得很匆促。这一切，都是从人物的动作举止中若不经意地自然流露出来的。惟其如此，才使剧中人物具有深厚的真实感，而这些最难掌握的白描之处，也正是艺术家周信芳最见功力的地方。

宋江从酒楼出来刚刚送别刘唐，却迎面遇见了阎婆，于是电影又把我们带到了一场十分尖锐的戏剧冲突中。

宋江为了摆脱阎婆的纠缠，他勉强地向乌龙院走去，两人转弯抹角，走过郓城县古老的街巷，在微明的月色中，我们看到迎面一所院子的围墙上斜伸出了半树盛开的桃花，它暗示着屋子里的人妖艳如三春的桃花而又颇不安分地有些越规的邪行，这里就是乌龙院。

赵晓岚的阎惜姣是周信芳的一个绝好的配角，当阎婆在楼下故意含糊地招呼阎惜姣，说"你那心爱的三郎来了"时，阎惜姣陡地心头一喜，急急地走到楼梯口。但又觉得刚才打扮得还不够漂亮，生怕她意中的情人看了不够欢喜；她急忙站住，重新整一整头上的花，理一理衣服，然后得意地情不自禁地微微一笑，举着轻快的脚步下楼。这一段把人物原先潜在的神态，表演得真是纤毫毕露；然而，这样精彩的白描，在舞台演出中是没有的，因为在舞台演出时，这都属于幕后的活动，演员是无法把它呈献给观众的。现在借着电影的特殊条件，我们居然能看到阎惜姣闻声以后在楼上的神情毕现的活动了。

坐楼的一段，是全剧走向高潮的关键。这一夜，宋江和阎惜姣的思想，都有两次起伏。一次是两人都念起了旧情，但这旧情又都被眼前的现实粉碎了。第二次是宋江心头火起想与她争论，继而又觉得还是忍耐的好，犯不着与她争论；阎惜姣则是顿起杀心，想刺杀宋江，但又怕影响自己与张文远的"好事"，因而终于没有下手。这两个过程，把人物之间的冲突，大大地推进了一步，为后面的高潮积蓄了气势。好容易挨到天色微明，宋江在气愤中将招文袋往腋下一夹，匆匆扭门而出，因为用力过猛，也因为人物的情绪完全在气愤之中，所以失落了招文袋他并未知觉。

有趣的是阎惜姣起身无意中捡到了这个招文袋，发觉了书信中的秘密。她喜出望外地赶快将它藏起。此时她内心隐藏着的那种狠毒的思想，便立即呈现出来了。在这紧要的关节上，赵晓岚的阎惜姣，表演得十分深刻。她的脸上露出了一股可怕的凶横之气，她想凭这一点，置宋江于死地以满足她与张文远的私欲。然而，她哪里知道，她所捡到的，并不是她的"美满姻缘"的保证书，却是一颗"定时炸弹"。

当宋江再进乌龙院时，那副因为预感到大祸临头而惊慌万状的神情，只有麒派艺术的创始人周信芳同志，才能把它表演得那样充沛而深刻。这时场面上的锣鼓，强烈地渲染着这种特殊紧张的气氛，宋江一路惊慌急遽地在"乱锤"声中上场。他一脚踢开乌龙院半掩着的大门，直冲上楼，匆忙地到处寻找，不见，然后坐在椅子上定一定神，用双手按一按头，回想刚才出门时的情景，一面用手势比划，当他肯定是落在这房内以后，便不由自主地转身看一看躺在床上的阎惜姣，倒退了一步，然后狠狠用拳头打着自己的脑袋，嘴里连连地说：自不小心，自不小心，自不小心。最后，他略一停顿，鼓足了勇气，走向前去向阎惜姣要回这个招文袋。

这一段戏，是一个小高潮，下面的戏，又略略一落。阎惜姣居然将招文袋掷出来了，宋江顿时一喜，情绪立即一松，观众也略略为他喘了一口气；但是高潮刚刚往下落，随之，另一个更高的高潮，又逐渐展开来了。他一摸没有了金子，心中一怔，但心想金子事小，当他战战兢兢地再摸这封信时，信也不见了。终于他被逼转向了争夺这封信的斗争。

起先他向她善言恳求，阎惜姣却逼着他要写休书，他忍气吞声地给她写了休书。接着阎惜姣又逼他打手模足印，他无奈，又给她打了手模足印。最后，阎惜姣又要他先交休书，宋江终于只得将休书先交给她，然而，狠毒的阎惜姣，却依然不肯交还书信，并且声言要到郓城县的大堂去交。这样，矛盾便发展到了顶点。宋江在忍无可忍的情况下，终于把她杀了。

麒派的表演艺术以善于塑造人物性格著称，无论唱、做、念、舞，都能与剧中人的性格紧密地结合起来，并且给人以最好的美的享受。不过这一切，用文字来介绍，总是有限制的，最好还是要从他的表演中去仔细观赏、细心领会。

这部影片的不足之处，是有些实景与京剧的表演艺术还未能达到和谐统一，由于采用了实景、有些地方也给演员的表演带来了限制，例如跑城一段，因为用了实景，人物反而不如城墙突出；下书一段，情节与周围的大街、酒楼等的环境气氛也不很紧密。这一问题，正是目前拍摄同类影片时所共同遇到的困难。这一难题，需要今后通过更多的戏曲影片的摄制和研究而进一步地去解决。

（原载 1962 年第 9 期《大众电影》）

《野猪林》——戏曲片的新成就

《水浒传》里林冲的故事，是一个典型的逼上梁山的故事。这个故事，很早就进入了舞台。京剧《野猪林》，是这个故事比较完整的舞台剧本。最近，已由李少春同志改编成电影戏曲剧本，并由崔嵬、陈怀皑同志导演摄制完成。看过这部片子以后，我深深感到，这是戏曲片的一个新成就。

这一成就是由多方面的因素组成的：故事比较完整、主题较为鲜明的剧本，优秀的表演艺术，熟练的导演手法，优美的电影画面和鲜艳和谐、赏心悦目的色彩等等。这一切，构成了这一部在思想和艺术上都比较完整统一的艺术品。

《野猪林》的情节，本来比较完整，改编者又恰当地掌握了电影的有利条件，使得无法在舞台上表现的一些场面，能够利用电影的特殊手段，加以丰富和充实。

看这部片子，是一次难得的艺术享受。故事开始的时候，弥漫着一片闲散悠闲的气氛：花花太岁高衙内率领着家丁们上庙闲逛，想趁机寻花捉蝶；曾经大闹过五台山的鲁智深，则在相国寺的菜园子里闲得发慌，只好带着三分醉意在树下打盹；八十万禁军教头林冲，则趁着这春光明媚的时刻，带着妻子、丫环、苍头，准备上庙还愿。这一切，好像都是那样悠闲自在，都是那样各不相关。然而一场惊心动魄的斗争，就在这闲散的气氛中慢慢向观众逼近。

几个泼皮，想制服正在瞌睡的鲁智深，结果却反而被鲁智深制服了。袁世海的鲁智深，演得那样浑厚而又鲁莽，仿佛是一个天生的鲁智深。他倒拔了垂杨柳，挥舞着"六十二斤"的水磨禅杖，惊得他的徒弟们连声喝彩。哪里知道这彩声却引来了恰好经过墙外的林冲，于是这两位驰名江湖的英雄在这里第一次相遇，而真正的故事也就在这里开始了。由于林冲在这里耽搁，花花太岁高衙内因此就得以在那边行凶。这样，原来各不相关的三条线，霎时间便交织在一起。林冲抢救自己的妻子是必然的，嫉恶如仇而又闲得没事的鲁智深要赶去帮助林冲，也完全是情理中的事。这样，一场曲折尖锐的斗争便开始了。

鲁智深大闹东岳庙，是这开头闲散的气氛中突然激发起来的第一个浪花。随着这一个浪花过去，在林冲这一面，似乎又平静下来了。然而高衙内这一边却在安排阴谋，设计陷害林冲，紧张地进行制造第二个更大的浪花。忽然，在林冲的面前出现了一个落魄"卖刀"的"英雄"，林冲无意中获得了这把宝刀。在观众明知这是钓鱼的香饵，惟其如此，因此观众格外为林冲担忧。然而，故事中的林冲，却是那样的喜不自胜。在院子里与张教头比试的一场，把林冲获得宝刀以后的喜悦心情，描写得颇为细腻：林冲舞动着寒光四射的宝刀，一下削去了张教头的枪尖，于是一阵赞叹声，使得林冲心花怒放，林冲的妻子立即为林冲斟酒祝贺。这一切，把这个林武师的家庭生活气氛，描写得相当浓厚而又活跃。这时，观众似乎也忘记了刚才的忧虑，而被这种欢乐的气氛所感染了，故事好像又进入了平静闲散的境界。就在这时，用个獐头鼠目的陆谦，又出现在林冲以及观众的面前。骆洪年的陆谦，把这个奴才的"奴性"演得惟妙惟肖，他像影子一样伴随着高衙内，他奔走于高俅父子之间，真可说是臭味相投。他刚刚在高俅面前博得了"好一个狠心的奴才"的夸奖，现在他又像勾魂使者一样，来到林冲跟前，凭着他篾片似的一张嘴，把林冲骗进了"白虎节堂"。于是这位八十万禁军教头林冲，霎时间就成了高太尉阶下的"囚犯"。于是原来买刀、试刀、斟酒、贺喜等等平静欢乐的气氛，一扫而空。观众们不约而同地怀着愤激不平的情绪，注视着白虎堂上统治者一手制造的冤狱。

"白虎堂"的一场，是全剧的一个小高潮，也是整个故事的一个纽结。没有这个纽结，下面的故事便无从发展；没有这个小高潮，人物的性格便得不到发展的现实基础，而观众的情绪也不能激发。在公堂上，林冲的两大段对白，李少春念得特别磅礴愤激，每一个字，都像子弹一样有力地射向敌人，把高俅驳得张口结舌，无言可对。而他的一段"西皮倒板"，把林冲在受了八十棍酷刑以后无处伸冤的强烈愤恨的心情，更是表达得真切感人。这里，导演时时注意引导观众的视线注视着堂上堂下人物的表情和环境气氛，这样，这一场戏就具有强烈的紧张气氛和完整感。

鲁智深菜园闻信一场，从剧情来说，是为野猪林安下的伏笔；从画面来说，是一种必要的调节，使三根线中的另一根线，不至长久搁置，使已在观众悬念中的人物及时出现，不使剧情失去平衡。

现在，在观众面前呈现的，是一幅夕阳古道，秋风长亭的画面。林冲斜披着半身朱红的罪衣，在这满目荒凉衰老的秋色中，显得格外的引人注目。它仿佛郑重地提醒观众，这个八十万禁军教头，现在已经是一个被万里流放的"罪人"了。在这里，杜近芳的大段唱腔，使这场戏增添了许多哀怨缠绵的感情，真切地描写了这个被压迫妇女的内心痛苦，特别是下面林冲与张氏的对唱，更使这场戏有了浓厚的抒情色彩。林冲写休书，是这场戏的一个关键性情节，从剧情来说，它预先提醒观众注意张氏的命运，从人物的塑造来说，它突出地描写了林冲与张氏的深厚的夫妻之情。正在两人生离死别，难舍难分之际，公差活生生地拆开了他们，押着林冲走向埋藏着杀机的茫茫长途。

《水浒传》里的"野猪林"，是"烟笼雾锁"的"一座猛恶林子"，影片形象地体现了这两句话。林冲披枷带锁，银铛慢步走进画面。按照原著，林冲在这里是听任两个公差摆布的。这次，改编者根据人物性格发展的可能性，作了修改，他让林冲在忍无可忍之下，给两个公差尝了一点厉害，但他又没有让林冲就此发作起来，他只是惩治他们一下。我觉得这样的改动是好的，因为原本"棒打洪教头"的一回，不可能同时容纳在这个戏里，这样先让林冲在这里露出一些思想上的反抗性，露出一点八十万禁军教头的手段，为下文山神庙作伏笔，就显得十分必要。同时由于改编者并没有对他的思想作过多的发展，因此，鲁智深的出场，丝毫也没有降低它的必要性。正当林冲受骗被缚，处在生死一发的紧要关头，我们这位在观众心头早已悬念着的鲁智深便突然出现了，于是戏剧的情节顿时绝处逢生，而观众的情绪也顿形活跃，两个公差在鲁智深的禅杖底下，显得特别柔顺，与刚才恰恰形成鲜明的对照。

草料场和山神庙的戏，是全剧的高潮，是林冲被迫害的顶点，当陆谦正在庙前观火，准备等待火灭后捡取林冲的骨头回去请功的时候，庙里的林冲突然出现了。导演在处理这个镜头上，特别表现了艺术的匠心。他一方面让陆谦执刀准备走进庙里歇息，一方面却让林冲徒手开门凛然而出，这时在陆谦眼里，林冲简直是从天而降，他几乎要怀疑是庙里的神明了，然而这又分明是活生生的人；在观众的眼里，则林冲的精神力量，笼罩着整个画面，在还没有交手之前，敌人早已在精神上被压倒了。这是突出人物精神状态一个最有力的镜头，接下去的大段开打，都是在这个基础上展开的。自然，林冲对付这一批人，是绰绰有余的。正当林冲在最后对付陆谦时，那位从来不受牵挂，来去自如的鲁智深又一次地出现了，他带来了林冲妻子的不幸消息，在极度的仇恨和悲痛中，林冲一刀杀死了陆谦。

然而，林冲的仇恨并未真正得报，因为真正的仇人，并不是陆谦而是高俅。有人认为这是一个缺陷，然而，却不知道如果在这里弥补了这个缺陷的话，那末，林冲是否再有必要上梁山自然值得怀疑了，更何况这样做将完全离开了观众们早已熟悉的原作。现在，画面上出现一片茫茫的雪景，他们怀着满腔的仇恨，奔向梁山，而林冲的性格，已完成了从安于现状到忍受压迫，再到走向反抗的全部发展过程。

戏曲片的难题之一，是传统的戏曲表演技术与电影场景的统一的问题，也即是情与景的和谐一致的问题，失去了这种和谐和统一，自然失去了艺术表现生活的真实感。《野猪林》的突出之处，是在这方面取得了新的成就，因而使得几位优秀演员的卓越表演，能够在这部片子里成为一个和谐统一的整体，给人以比较和谐、完整、统一的艺术感受。

自然，这部片子仍然还有值得进一步探讨的地方，例如让鲁智深举起柳树、公堂两旁行刑刽子手的特写镜头等等，都还可以进一步斟酌。

（原载 1963 年第 11 期《大众电影》）

惊心动魄的斗争

——看话剧《间隙与奸细》随记

我是在事先没有一点思想准备的情况下去看这个戏的。进场的时候，舞台上已经是卢凤仙与向群在说凤仙花就是季季草的时候了。一开始不仅连基本的情节都不知道，就连人物的关系还弄不清楚，但是随着剧情的发展，演员的动人的表演，很快就把我紧紧地吸引住了，以至于中间休息的时候，我却觉得是多余的，要挨过这漫长的十五分钟，反而成了我的情绪上的负担。

看了这个戏，有一些不成熟的片断的想法。

一、细针密线

这是一个头绪纷繁，矛盾错综复杂而又剧情变化曲折的戏，这样的戏，最容易犯的毛病就是散和乱。散，就是情节的松散不紧凑，以至于失枝脱节。乱，就是让观众一时找不到剧情发展的线索，找不到贯串于全剧的一根或几根线，但是这个戏却完全不是如此。它结构紧密，情节

346

上严丝合缝。几乎挑不出什么破绽。作为贯串全剧始终的主要冲突，是假特派员敌特奸细潘大可，有严重宗派情绪、在旧军队里混过而且官迷心窍、私心很重因而与日本特务沉瀣一气的响水河支队参谋吴长茂，与响水河支队政委甘泉，响水河支队支队长丁浩章以及响水河支队参谋卢凤翔，第五分队长卢凤仙等坚决抗日的革命派之间的矛盾冲突。而其间采购胶鞋的情节则自始至终像一根穿了线的针一样把前后的情节紧紧地贯串了起来，致使全剧不散不乱。而在开头杨慧芳告诉杜知雯说省委派她到城市去接替工作的这一提示，又为第五场哈尔滨地下交通站以裁缝师傅的身份出现的杨慧芳的活动，事先作好了铺垫。第五场叛变投敌分子吕子安，送来的早经敌人检查过的省委要响水河支队集中兵力打一个大胜仗的指示，又为全剧最后胜利结束作好了安排，中间又穿插着原任环山镇伪警署署长杜知需投机革命后又叛变革命，和伪军警备营车营长真正的倒戈起义、投向革命等等曲折复杂的情节。难得的是这些情节，互相衔接，一环扣一环，无懈可击，一丝不乱。这就使得这个戏在演出的过程中常常波澜横生，惊心怵目，意想不到，一洗过去同类反特戏剧的老套。

二、惊心动魄的冲突

全剧最为扣人心弦，惊心动魄的是第四场，真正坚决抗日的丁浩章夫妇蒙了不白之冤，在受残酷的折磨。有的同志问我这一场怎么样，我说好得很，可我心理上又受不了，甚至反感。说好得很，是因为戏反映的生活具有高度的真实性和普遍性，它所描写的冲突，在奸细分子挑动、陷害下，一支革命队伍分裂了，不仅分裂而且两军对阵，如怒潮汹涌，不可阻挡。敌人几乎要完全得逞，我们的革命队伍几乎要自杀自灭。箭在弦上，一触即发，而且其势已不可挽回。然而，剧作者的巨笔，在这样严重冲突的关头，让他最心爱的正面人物，真正的抗日革命英雄丁浩章，在生命垂危之际，挺身而出，大义凛然，力挽狂澜。他的慷慨激昂的讲话，使得一支支已经互相对准的枪口，默默地一齐向上。要在冲突中塑造人物的形象和揭示人物的思想性格。丁浩章的英雄形象，就是在这样气势磅礴的冲突中，得到了饱满而深刻的描写，这是使所有观众为之惊心动魄的场面。

说心理上受不了，是因为犯了严重的"左"倾幼稚病因而甚至令人十分痛恨的政治部主任向群，在特奸、兵痞宗派主义分子的操纵愚弄下，竟在残酷地迫害真正的抗日革命英雄，他们迫害的手段，他们那一套迫供、整人的行话，听起来多么熟悉，不就是"文化大革命"中"四人帮"控制下迫害革命干部的那一套吗？身经其事的人听了，心理上怎么能不起本能的反感？最后把一个以赤诚的信念投身革命的知识分子杜知雯迫害致死了。戏写的当然不是"文化大革命"，然而历史有时惊人地相似。剧作者对历史上的"左"倾机会主义的鞭挞揭露，同时也就是鞭挞揭露了"四人帮"的滔天罪行。所以从实质上来看，我说心理上受不了，恰好是说明这场戏具有高度的生活真实和艺术真实，它具有震撼人心的力量！所以，我这句话丝毫也不是贬词。

三、斗　智

具有高度的革命警觉性的甘政委，已经看出了这个"特派员"的可疑性，他利用采办胶鞋的名义，决心查明他的底细，因而剧作者巧妙地安排了第五场的"斗智"。甘泉到了哈尔滨的地下交通站"荣记洋眼店"，在这里突然遇到了那个冒牌特派员日本特务潘大可。是回避风浪还是迎接风浪，这对人物是一个考验。要回避已不可能，因为叛徒吕子安早已和老甘接触，如今只有迎上去的一着，但迎上去不是把自己送给敌人，而是要从敌人的嘴里掏出真情来，要剥掉他的伪装，要彻底揭露他的真面目。一句话迎上去是为了进攻。但是这个进攻，只能攻心，只能作心理战，而不能斗力，因为现在是在虎穴龙潭里。这又是一个塑造人物的好机会。富于革命经验的甘政委，把握了冒牌特派员没有见过省委于部长的这一特定情况，向对方心理上发起了突然的猛攻，声称于部长要来地下交通站，要潘大可与他一起见于部长。甘泉的这一着，一下就击中了敌人的要害。击得他头晕目眩，顿时露出了狐狸尾巴。当门铃响处，潘大可满以为于部长来了，他惊慌地霍地站起来，掏出手枪顶上子弹，持枪的手又藏进了长衫里，这一切都从穿衣镜反映到了甘政委的眼里，于是，此时无声胜有声，心中无限事，尽在不言中，甘泉对这个敌人，已经完成了考查。哪知在潘大可的极度惊慌中，进来的却不是于部长，而是杨慧芳，并且说明于部长不来了。于是潘大可的紧张心理陡然一落。这一场戏真是戏里有戏，戏里套戏。先是甘泉扮演了于部长，出场压住了叛徒吕子安，麻痹了他，并且转移了交通站。这是他亲自登场扮演的戏。紧接着是设下了"空城计"，虚张声势于部长来了，这是因为潘大可认识甘政委，他已不可能扮演，同时也不必要再让于部长出场了。这时如果假的于部长出面，反而会全局破坏。因为"于部长"出来了，如果不揭露潘大可，则潘大可反过来会省晤过来其中有诈。所以这第二次只能唱"空城计"，这一出"空城计"，不仅查清了潘大可的特务身份，而且将计就计，利用吕子安送来的上级指示，借用潘大可这个特务的特殊身份，安排下了最后全歼敌人的结局。这后一着棋子，实质上又巧妙地让特务潘大可，不知不觉地扮演了一回"蒋干盗书"里的蒋干，把假情报送回去，让他把敌人调动过来，入我囊中。这一切安排，可以看到剧作者的匠心独运，这样，这出戏也就格外耐看了。

四、人　物

　　戏，归根结蒂是要塑造人物的。而塑造人物的任务，不仅是剧作者的责任，同时也是导演和演员的任务。

　　这个戏里正反两方面的主要人物，我认为塑造得都是成功的，有血有肉具有性格特征的，甘政委的沉着机智，指挥若定，丁浩章的光明磊落，对革命事业的赤胆忠心，在最危急的关头挺身而出，力挽狂澜。特务潘大可的反面角色正面做，一本正经，虚伪阴险而又自然，老练而又狡猾，避免一般反面角色的脸谱化，这一切都相当成功。这里还应该一提的是卢凤仙，我认为演得相当有性格，有生活。而吴长茂的宗派情绪和兵油子习气，也跃然在观众眼里。还有卢凤翔和丁浩章、甘泉、卢凤仙在许多重要场合，都恰如其分地起到了密切配合的作用，因而这个形象也给予观众以深刻的印象。杜知雯作为一个刚参加革命的知识分子，演员的表演也是真实动人的，剧本对这个人物的塑造上，我感到在丁浩章重伤的情况下，她在受到逼、供、信的审查后，采取自杀的行动，虽然戏剧效果似乎不错，但她的行动的心理逻辑、思想感情发展的逻辑，似乎不够充分。因为她最放心不下的丁浩章正在垂危之际，让她居然作出这样的选择，似乎还不是必然。

　　这个戏对打进革命阵营，以极左的面目出现的内奸的揭露，对受极左思潮影响的以向群为代表的这种思想和人物的批判，对宗派主义的危害性的批判，在今天都具有鲜明的现实意义。

1979 年 11 月 26 日深夜 2 时于北京

大庆精神的赞歌

——话剧《石油凯歌》观后

1964 年的春天，我国英勇的石油工人，在党的领导下，以自力更生、奋发图强的革命精神，在大庆油田上进行大会战取得胜利的消息，像春雷一样传遍了全中国，传遍了全世界。从此，中国人民用"洋油"的时代一去不复返了；从此，帝国主义和现代修正主义妄想利用石油来扼杀中国人民的罪恶阴谋彻底破产了。

大庆，原是个荒凉的旷野。现在，大庆油田已变成人人向往的宝地，大庆精神已成为我国人民的巨大的精神财富。中国青年艺术剧院集体创作并演出的话剧《石油凯歌》，对于我们这些没有去过大庆的人来说，是一个很大的满足。它使我们从舞台上看到了这一场具有创世气概的大会战的一斑。剧作者们通过对以快速钻井闻名的钢铁八号钻井队英雄们的描写，突出地歌颂了大庆人的精神面貌，大庆人的战斗作风。

话剧一开始，为我们展示了一片茫茫的雪原。这是一个多么荒凉的地方啊！虽然已经是阳春二月，在祖国的南方早就花开似锦、燕语如诉了，在这里却依旧是积雪没胫，朔风似刀，人们即使跨出一步，也要付出不少力气。然而，就在这无边无际的雪原底下，却蕴藏着一个巨大无

351

比的石油的海洋。摆在英雄们面前的是重重的困难，不仅是雪压冰封，气候严寒，而且是没有房子住，生活艰苦，设备旧，地层不熟悉，汽车、吊车不够用，钻机运不上去……如何对待困难，这是对大庆人的第一个考验，也是一个严峻的考验。剧作者抓住这一点，为我们有力地展示了大庆人的精神风貌——那种开天辟地的毅力，那股天不怕、地不怕的革命干劲。用毛泽东思想武装起来的大庆人，想的不是自己的困难，在他们的心目里，"国家缺石油是第一个大困难"。他们深深认识到："在这里打的不光是一场夺油的仗，还是一场发愤图强，自力更生的政治仗、志气仗。这一仗只能上，不能下，只能前进，不能后退，条件再困难，也要打上去！"他们为着解决国家缺石油的大困难，就在这茫茫的雪原上展开了一场惊心动魄的战斗。他们把大地当床，把星月当被。没有吊车，没有汽车、拖拉机，钻机运不上去，他们就用手搬，用肩扛，用人拉，终于把七十多吨重的钻机运到了目的地。在这样艰巨的困难面前，并不是所有的人的思想都一下就过硬的，剧作者并没有忽视这一点。学徒工田家茂由于缺少革命的锻炼，一开始有点被困难压得喘不过气来。他怕严寒，也不习惯于这样艰苦的劳动，不时地发些牢骚，说些怪话。然而，正如人们所说的，困难就像个大学校，它能给人们以最好的锻炼。剧中的另一个大学生于国英，就是在这样的困难大学里磨炼成长的一个新型的知识分子。她向小田说："咱们从学校出来的，都得经过这一关。"她说：手上"缴获的'大炮'越多，战斗力就越强，'大炮'磨成了老茧就什么也不怕了。"她说："光有一双手还不行啊！咱们要好好向老师傅们学习，要锻炼我们的双肩，练出一副铁肩膀才能挑起千斤革命重担，炼出一副铁脚板，在革命的道路上才能永远向前。"看，这就是在这个困难大学里锻炼出来的新中国大学生的豪言壮语，自然也就是田家茂的未来。

对于大庆人来说，克服这些自然条件的困难，仅仅只是闯过了第一关；接踵而来的是如何利用这台旧钻机对付这个复杂的地层，并使它作出出色的成绩来。这里展开了新的思想斗争。副队长刘永太，出于对帝国主义和现代修正主义的强烈愤恨，恨不得一镐就挖出一个油井来，他心急莽撞，急于开钻，所以对钻机的安装和维修，没有作严细的检查。他觉得"对老钻机不能苛求，一星半点的，能开钻就凑合吧"。队长郭洪则不然，对工作要求严格，连一个螺丝钉也不放过，他发现了学徒工田家茂安错了一个螺丝钉，就马上动员大家彻底检查钻机。他说："一颗螺丝见作风，没有严格的要求，就出不来高标准。""思想松螺丝就会松，思想紧螺丝就会紧。"这前后两种思想是鲜明的对照。前者是主观主义，盲目的热情；后者则是把革命的热情和科学求实的精神结合起来。刘永太在郭洪的帮助下，提高了思想。全队统一了认识以后，投入了紧张的战斗。经过三天三夜的苦干，终于把一台旧钻机维修好了。这是表现大庆人精神面貌的一个很突出的方面。

但是，一个矛盾解决了，另一个矛盾又产生了。在经过了两个月的苦战以后，他们连创了快速进尺的新纪录，打出的油井口口质量合格，于是有些人不知不觉地骄傲自满起来了。副队长刘永太觉得"这已经是站井架子上放风筝，够高的了"。在这种自满情绪的支配下，当他听到兄弟队的速度已超过他们的时候，就沉不住气了，他放松了质量，光顾追求速度。在进入二百五十米以下的疑难地层的时候，他不顾技术员于国英和老工人徐松山等的反对，违反了技术措施的规定，加快了钻机的速度。老工人徐松山眼看制止无效，为了挽救油井，当机立断，断然将柴油机关掉。然而已经迟了，测量的结果，井的斜度已经达到五度三，超过了规定指标将近一倍，油井只能作废了。这个严重的事故狠狠教育了大家，更教育了刘永太。他们沉痛地认识到不顾客观规律盲目蛮干、不尊重科学的主观主义的作风的害处，归根结蒂，他们认识到"千错万错，还是错在没有抓紧学习毛主席著作，没有照主席著作办事"。于是他们进行了整训，结合工作，清理思想，学习主席著作，学习辩证法。经过这一场整训，人们的认识提高了，思想更加统一了。最后，他们终于冒着暴风雨的袭击，打出了第一个战役的最后一口高质量的笔直的井。剧作者在戏剧冲突里突出地塑造了队长郭洪的形象。郭洪与刘永太，在某种意义上来说，是一种对照，前者既充满着革命的热情，同时又有冷静的头脑，对工作严格得一丝不苟，这是大庆工人阶级典型的精神面貌；后者则是热情有余，冷静不足，在具体工作上则又是踏实严细的作风不够，不过他同样在这座困难的大学里经受教育锻炼，他后来的提高也是很明显的。于国英和田家茂，似乎也是互相映衬的人物。作者对于于国英着墨虽然不算很多，但给人的印象却是比较深刻的，从她的身上，我们可以看到新中国的新的一代人的成长。剧中写田家茂的不断进步也是相当成功的，通过这个形象，生动地表现了困难是个学校，人们只有在困难中锻炼，才能迅速地前进。

老工人徐松山给人的印象也是较深的，他关心青年学徒工，工作认真负责，特别是第四场当他说服不了刘永太时，断然关了柴油机，有力地刻画了他对工作高度负责的精神。

《石油凯歌》正是由于成功地塑造了这些有血有肉的艺术形象，才把大庆人这支无产阶级化、战斗化、革命化的钢铁队伍的精神面貌比较丰富地再现了出来。使我们深深感受到：大庆人那种奋发图强、自力更生、艰苦奋斗的精神，敢于斗争、敢于胜利的大无畏精神，大胆创造和严格的科学求实精神，也就是活学活用毛泽东思想、严格按照毛主席指示办事的精神。因此，我们说，《石油凯歌》就是大庆精神的赞歌，毛泽东思想的赞歌。

《石油凯歌》创作和演出的成功，是同青年艺术剧院的同志长时期地深入生活分不开的。为了学习大庆人的革命精神，为了锻炼和改造自己的思想感情，他们深入大庆工地有一年多的时间，与大庆的英雄们同吃、同住、同劳动，深为大庆精神所鼓舞，打心眼里爱上了这些石油英雄，所以演起来那么传神，感情那么充沛，整个舞台上充满了革命的激情。尤其四五两场，是相当动人的。

当然，这个戏无论剧本和演出，都还有加工的余地。第一场戏的介绍性情节似乎多了一些，第二场戏也拖得较长，可以做必要的精炼。同时，这两场戏，给说怪话的田家茂的戏也嫌稍多了一些，以致在场面上和性格上他都表现得过分突出，反而冲淡了其他人物的性格光彩。在人物形象的塑造上，队长郭洪和指导员的个性化还需要加强，特别是指导员，只是分担了郭洪的一部分台词和动作，没有给他充分展示性格的机会，因而，他的性格不够鲜明。

目前青年艺术剧院的同志们正在广泛征求各方面的意见，力求使这个反映大庆、歌颂大庆的戏在思想水平和艺术水平上，能得到进一步的提高。

1965 年 11 月 5 日

狗儿爷悲剧的历史内涵

我匆匆看了一遍话剧《狗儿爷涅槃》的录相，又草草读了一遍剧本，这纯粹是为了"任务"，事先对此剧并没有任何了解，但是当我看过了录相和读完剧本以后，却久久不能平静，一幕幕我身经的历史镜头，又不断地在我眼前出现了。

可以说狗儿爷的经历，是几十年来我国农村某些主要变迁的缩影，狗儿爷的命运，包括他的继妻的又一次改嫁和他的疯病，都不仅仅是单纯的个人的遭遇。

农民的出路问题，一直像噩梦一样缠绕着我，因为我毕竟是农村出身的。

剧作者以巨大的笔力，集中写了狗儿爷这个有特定含义的典型形象，从而很好地艺术地概括了近几十年来农村历史的某些主要方面。

剧作者的头脑是清醒的，他通过狗儿爷的某些方面，批评和检讨了几十年来我们农村政策的错误和失败，其根子是在对中国的社会，包括中国的农村认识不清，如何走社会主义的道路，在理论上没有正确的解决，因此一阵风一阵雨的变化急剧而来，其总的基调是对实现社会主义的性急和空想，狗儿爷悲剧的主要的一面应该说是从这里产生的。如果

356

说，狗儿爷生长在今天十一届三中全会以后的农村，还可不可能有剧中所写的那许多诸如"一片红"、"割尾巴"之类的悲剧，当然不可能有了，现在的农村，完全是一派生气勃勃的繁荣景象了。所以狗儿爷这个艺术形象是我国农村的特定时期的产物，他的土壤不在今天而在昨天，不在现在而在过去。而且，狗儿爷之所以得名，还有一段悲惨的历史，这就是因为他的父亲为了想得到二亩土地生吃了一条小狗，竟然送了自己的性命，于是陈贺祥就变成了狗儿爷，就是剧中追叙的这一故事情节，又多么富有历史的内涵啊！

剧作者所追求的是清醒的现实主义，所以他对狗儿爷并非仅仅是同情。剧作者用冷峻的笔触，写了他梦想能如地主（这个地主是"舍不得吃，光知道攒钱置地，一辈子没吃过一条直溜黄瓜，完了得不到一炉香"的地主）祁永年一样地拥有土地，写了他在战火中抢收了地主的粮食，为此而使自己的妻子在战火中死去。这些描写，既客观又冷峻，他让观众自己去褒贬。作者还特别写了他用三石芝麻买了苏连玉——一个剃头师傅的三亩地，连他自己都觉得便宜得出奇。作者还写了他想把祁永年的印章要过来，磨去了刻上自己的名字。这些描写，显然是一种批判和讥评性的笔墨。

作者进一步写到狗儿爷死死地守住分给他的地主的门楼不肯拆除，他根本不相信会有完全新的另一种生产方式和生活方式的到来，于是他也终于只能与那个阻碍着前进的门楼一起"涅槃"了。作者这些方面的描写，不仅是对他的嘲讽，而且写出了历史终究是要前进的，一切旧的观念、信念，只能与旧的事物一起"涅槃"。

然而，狗儿爷这个形象，并不仅仅是上面几个方面的内涵，他的生活，也要比我的这种简要的叙述复杂得多。例如他的疯病，既非完全的疯和完全的病态，又不是正常的清醒；说他不疯，是不符合事实的，说他是完全失去理性的完完全全的疯子也是不符合事实的。我认为这一概括，真是笔力千钧。不知道广大读者的反映如何？就我来说，我认为这种"疯"态，这种特殊的心态，在十年浩劫中，真正何止少数人，在过去的种种"运动"中，又何止少数人。因此，我认为狗儿爷的这种"疯"，也带有过去时代的特征，是具有深厚的历史内涵的。至于他的后妻的再次改嫁，人们难道能对她有任何的责备吗？人们在看过了她的全部遭遇后，难道能不为之一洒同情之泪吗？

作者写狗儿爷对土地的热爱，对菊花青的热爱，真是入木三分。既写出了这个老农的勤劳和诚朴，又真正深刻地写出了他的农民的气质，只要对农村生活有一定的基础的人，我认为一定能被他的这些深刻而敏锐的笔触拨动心弦的。

"爆竹一声除旧，桃符万户更新"。我看了这个戏后，忽然脑子里想起了这副老式的春联。我深深感到在十三大开幕前夕上演这个戏，在赵紫阳同志提出了"社会主义初级阶段"这个具有划时代的伟大理论意义和实践意义的理论的前夕上演这个戏，我感到好像是让千千万万的观众一起读了一篇《送穷文》，好像是在千家万户的门上贴上了上面这副春联。

1987 年 11 月 15 日夜 2 时于瓜饭楼

怀念李少春同志

少春同志离开我们，一转眼已经三十多年了。我最早看少春同志的戏，是 1947 年 9 月杜寿义演时少春在《龙凤呈祥》中扮演的赵云，当时袁世海是前孙权后张飞，那是 9 月 3 日，到 9 月 7 日，大轴就是孟小冬的《搜孤救孤》中的程婴。我当时才二十多岁，根本不懂戏，但却是个十足的戏迷。那时，少春也才二十九岁，但已经是名角了。我当时虽然看了这个盛况空前的演出，但却一个演员也不认识。

1954 年，我到了北京，这对于我这个戏迷来说，是千载难逢的好机会。但第一年我住在西郊人民大学，加之我的课程多，负担重，距离城里的剧场又远，所以基本上没有看戏。但幸运的是第二年我就迁到城里海运仓的人大宿舍住了，这对于我看戏是极大的方便。不料一年后我又迁到了张自忠路，这对我来说看戏是更方便了。所以从 1955 年起，北京的一些重要演出，包括剧协组织的全国各地地方戏的来京演出，我差不多可以说一场也不落。特别是少春的戏，我更不会放过。但是，我与少春同志有交往，是在上世纪 50 年代末和 60 年代初了。记得 1961 年下半年，我在人民剧场看了一场袁世海、李世霖的《青梅煮酒论英雄》，戏演得极成功，但在"闻雷失箸"的关键情节上却发生了差误。我既为这个戏演出的成功而激动，又为它的失误而惋惜。所以回到家里，连夜就写了一篇八千字的长文寄给《人民日报》，《人民日报》于 11 月 9 日以整版发表了这篇长文，文章引起了戏剧界的重视，很快剧协、中国京剧院和世海同志都来请我讲一次关于戏曲中的曹操的问题，我以此题在剧协礼堂（灯市西口，今商务印书馆内）连续讲了两个下午，而这次讲演，世海、少春同志都去了，也可能这是我直接与少春同志交往的第一次，至于那段时间不断看少春的演出，自然是从 1955 年就开始了。

那时，我还有一位好朋友高文澜，他在煤炭部工作，他是一个非常懂戏的戏剧爱好者和评论者，由于我们共同对少春的戏特别爱好，他写了文章经常拿来要我提意见，互相切磋，也常常一起到少春家里。那时少春住在外交部街，离我住的张自忠路很近，所以我也常常单独去看他。少春喜欢画画，我去也常常一起切磋画画。

1963 年，李少春、袁世海合演的电影戏曲片拍成了。那时片子还没有播出，世海和少春约我为这部片子写篇文章，我是在北影的放映室里看的。我感到这部片子从改编到演出到拍摄，都非常成功。戏曲的舞台演出和电影表演是有很大的距离的，但在这个片子里却处理得非常恰当。特别是少春的演唱，例如"白虎堂"的一场，"别妻"的一场，"草料场"的一场，都发挥得淋漓尽致，可说确是电影戏曲片的新成就。

在我写这篇文章的时候，也曾与少春、世海座谈过，这既加深了我对这出戏的理解深度也更促进了我与少春、世海的交往。

还记得就在这一段时期内，戏剧界掀起了对岳飞剧的讨论，那时，少春正演着京剧《满江红》里的岳飞。有一种看法，认为岳飞的爱国主义与他的封建忠君思想是分不开的，意思是说，岳飞忠于宋高宗的忠君思想也就是他的爱国思想，要写岳飞的爱国思想，就必需写他忠于宋高宗的思想，因为他们认为宋高宗就是"国"的代表。这样的理论对演员是会产生误导作用的，我为此写了《论古代岳飞剧中的爱国主义思想及其对投降派的批判》、《岳飞剧的时代精神》、《读传奇〈精忠旗〉》等五篇文章来分析这个问题。但我看少春创造的岳飞形象，却没有受上述这种观点的影响，他创造的是一个气壮山河的英雄形象，并且突出地表现了他的抗金护民、还我河山的强烈的爱国主义精神，突出了他反对投降派的一贯的思想。应该说岳飞的主导思想是抗金，是收复失地、迎二圣还金阙。他的最后撤兵，一是迫于形势，因当时抗金友军尽已撤走，二是迫于圣旨，迫于十二道金牌，这一点正是作为一个历史人物岳飞的不可逾越的历史界线。因此，少春的岳飞形象，既突出了他的强烈的爱国爱民的思想，也写出了他对封建皇权无法抗拒的历史真实。但是，抗金保民、收复失地、迎还二圣的行动是与岳飞内心的思想完全一致的；而放弃抗金、收兵还朝的行动是与他的思想矛盾的，他的行动是被迫的，他思想上是不愿意的。这一点，少春的表演正是恰如其分。所以少春创造的岳飞这个英雄形象，是一个具有鲜明的历史感而又具有强烈的爱国主义思想的形象，少春并没有把岳飞被迫听命于赵构的投降主义路线与他的爱国主义思想混淆起来，而且事实上岳飞也并没有忠于过赵构的投降路线，相反，正是因为他忠于抗金，忠于收复失地、迎还二圣才惨遭投降派的杀害。所以我认为京剧舞台上少春的岳飞形象，是以往所有岳飞戏中最完美、最具历史真实的形象。

特别令人难忘的是 1964 年京剧现代戏会演以前，少春与世海合作演出《红灯记》，导演是阿甲。恰好这三位都是我的好朋友，阿甲还是我的同乡。所以此剧排演时，我曾受到阿甲、少春和世海三人的多次邀约，请我去看他们的排练。阿甲希望我从整个剧情、人物和导演上提问题，世海则担心他穿着和服，脚着木屐，这样在台上的台步就成为难题，不仅与京剧的台步相去甚远，连与中国人的走法都不一样。少春扮演的李玉和，同样是一个全新的角色，他是铁路上的扳道工，这从扮相、服饰到步法上，都与传统的技法没有一点现成的关系，所以这些问题都需要反复琢磨。我记得我连续去过两次，一次是看鸠山的扮相和步法，实际上我去看时，世海已经练了好几天了，而且是请了一位日本朋友来教他走的，所以我去看时已根本无可挑剔了。你想日本朋友都认为他走相了，走得很有风度，我怎么还能看出什么来呢？另一次是大家琢磨少春的一段戏，即少春扮演李玉和化装一个磨剪刀工人上场，肩扛条凳，口里吆喝一声："磨剪子来锵菜刀！"这一声吆喝，既要具有北京的民情风味，又要与整个戏的前后唱法念法相协调，而且还要给人以新鲜感。那天，少春扮演磨剪刀工人的这一声吆喝，真是满堂彩。虽然都是邀请去的戏剧界的老朋友，人数并不多，但其热烈的程度却不亚于剧场的情况。所以在座谈的时候，大家特别称赞少春的扮相身段和一声吆喝。大家都觉得少春扮啥像啥，这一声吆喝的韵味，丝毫不亚于老北京们在胡同里听到的磨剪工人真正的吆喝声，甚至有过之而无不及，因为他究竟是顶尖的大演员而不是一般的磨剪工人啊！我觉得李玉和从头到尾整个的戏，都是无可挑剔的，鸠山也是一样。加上高玉倩和刘长瑜的珠联璧合，这出戏可说是珠圆玉润。当时，我是中宣部委派的现代戏的评论员，同时受派的还有李希凡，所以我们看了这个戏，都觉得是京剧表演现代生活的最为成功的一个剧目。我所看到的这出戏的正式演出，一直是少春同志的李玉和，而事实上这个典型形象的塑造，也是少春同志塑造完成的。少春同志创造的这个崭新形象，可以说是继《白毛女》的杨白劳形象之后的又一重大贡献。但后来没有多久，李玉和的角色就由别人来演了，我那时也没有太多的在意，以为是 AB 制轮流上演。但到后来，却听到了种种流言，连这出戏的整个创作权，都好像是属于江青的了。有一次我碰到了阿甲同志，无意中说到这件事，我觉得很奇怪，因为这出戏的前前后后，我是十分清楚的，就像《沙家浜》一样，最早是叫《芦荡火种》，阿庆嫂这个典型的创造，包括这整出戏的成功演出，都离不开赵燕侠的，我是第一个写这出戏评论文章的人，文章发表在 1964 年 6 月 6 日的《文汇报》上，那时与《红灯记》一样，这出戏实在与江青没有任何关系，但后来也忽然变成了江青的"贡献"了。当我问到这些情况时，阿甲只是笑笑，很明显，阿甲是无法说的，实际上，这时离"文化大革命"这场大风暴已经很近很近了，只是我们都还是后知后觉，一点也没有看出什么"苗头"来而已。

"文化大革命"爆发后，我是最早受到冲击的，也是最早与外界被隔绝的。但记得有一次，高文澜来看我，告诉我说少春病了，也说不出是什么病，说精神有点不正常，说是受了很大的刺激。我也无从细问，更不可能去看他。后来又侧面听到说少春病更重，似乎神志都不清楚了，之后，连高文澜也不能来了，因为我的行动更不得自由了，因此我也从此失去了少春的消息。等到我重新得到自由时，少春的病已很沉重，而且已不能认人了，最后连高文澜也去世了，从此我就再也未能见到少春！

前几天，无意中打开电视机，恰好又是放《野猪林》，我听着林冲别妻时的那一段唱词，不禁潸然泪下。今天到哪里去觅到有这样好的天赋、这样深厚的功力、这样全面的表演艺术家呢？人才的成长太难了，而摧残它是很容易的。

总算世移事异，现在我们终于盼到了一个千载难逢的好时代了，但愿不仅仅是少春这样的大艺术家的人才，更希望各方面的人才都能够应运而生，真正"不拘一格降人才"。希望人们更能懂得人才之难，人才之可贵，希望全社会都能来珍惜人才、爱护人才。让我们的国家在人才济济的情况下发展得更快更加强盛。如果能够做到这一点，也就是对少春的最好的纪念了！

2008 年 7 月 12 日夜 12 时于瓜饭楼

四十年梨园忆旧*

　　我的《春草集》能在台湾出版，这是我非常高兴的事。我很早就向往着台湾，抗日战争胜利那年，我的几位同学都到台湾去了，他们希望我去，寄回来不少照片，但我没有能去。

　　我喜欢旅游，喜欢对研究的问题作实地的考察和验证，在大陆除西藏和青海两省因为身体条件没有能去外，其他各省我都去了。不少地方我还去了不止一次，例如新疆就去了两次，敦煌也去了两次，今年还准备作第三次的旅游考察。全国我能去而未去的就剩台湾了。现今我虽然还没有能到台湾，但是让书先去，也是一件好事。

　　我从小就喜欢戏曲，这在本书的原叙里已经说过了。但我还有许多看戏的经历，现在回忆起来，也是挺有味的，写下来给台湾的读者看看，当作谈心，也未尝不可。

　　记得抗日战争时，我家乡的小镇——无锡县前洲镇上，开来了苏昆剧团（就是后来的浙江昆剧团）。天天演昆曲，一天两场。我当时虽不能说每戏必看，但大部分戏我是都看过的。当时的主要演员都是身怀绝

　　* 此文系作者为台湾版《春草集》作的序。

艺后来享了大名的，如周传瑛、王传淞、张娴等。现在传瑛、传淞都相继去世了，张娴幸尚健在，前年我到杭州看望传瑛和张娴，回忆四十多年前的旧事，还一起拍了照，非常高兴。

我为传瑛和张娴各作一幅画，并题诗一首为赠，赠传瑛的诗是：

> 论交犹是少年时。垂老相逢鬓已丝。
> 五十年来风兼雨，寒花幸在最高枝。

赠张娴的一首是：

> 故交零落半秋云。犹记张娴一曲新。
> 婉转绸缪长生殿，梨花院落最销魂。

哪知我的诗还未寄去，传瑛却忽然去世了，令人无限伤情！记得当年我看得最多的就是他俩的《长生殿》："惊变"、"埋玉"、"闻铃"、"哭像"诸出，60年代初在北京前门外的广和楼，他们还演出了这几出戏，张娴的唱腔依然那么甜糯，依然具有醉魂蚀魄的魅力，而传瑛的唐明皇，真正是风流天子，儒雅，书卷气，令人难忘。这也是我最后一次看他们合演的戏。非常凑巧的是我最初看他们的戏是这几出，而几十年后最后看他们的戏又是这几出。而今而后，再也看不到这样的风流天子了，实在令人叹惋。

那时王传淞的《活捉》，传淞、传瑛的《访鼠·测字》，张娴、传瑛、朱国梁的《哭监·写状》等也是常看的戏，后来他们到北京来演出《十五贯》，终于一出戏救活了一个剧种，在北京造成了轰动的效果。可是他们刚到时，还生怕北京人看不惯昆曲，为此发愁。剧团的老领导朱国梁还为此找过我，想不到后来竟有这样大的影响。①

抗战胜利后，看戏生活中最令人难忘的就是在上海看杜月笙祝寿时的名伶大会演，一出《龙凤呈祥》，把全国的名伶都配齐了。那时的阵容，记得是梅兰芳的孙尚香，马连良的乔玄，谭富英的刘备，周信芳的鲁肃，李多奎的国太，郝寿臣的孙权，叶盛兰的周瑜，袁世海的张飞，萧长华的乔福，李少春的赵云……总之，是一次全国名伶大聚会，我原来还保留着那份戏单，事隔将近半个世纪，几经波折，这些珍贵资料，都已散失殆尽，所以上述记忆，也难保毫无差错和遗漏。

1954 年我到北京以后，看戏的机会就很多了。当时的名角，除程砚秋已息影，没有看到，侯喜瑞只看过一次外，其他活跃在舞台上的名角，我基本上都经常能看到。

令人难忘的是两次舞台生活纪念性演出，一次是周信芳，一次是盖叫天。他们纪念演出的戏我全看了，而且有的是看两遍到三遍，加上过去看过的，印象就更深了。周信芳的《乌龙院》、《四进士》、《跑城》和后来新编的《义责王魁》等戏，可以说是他的"极品"。我觉得剧本的完美性和演出的完美性合成了一个整体，应该说这是麒派的典范之作，我为这次演出写了分析《乌龙院》的长篇文章。那次还举行了袁世海、徐敏初两人拜周先生为师的拜师仪式，我参加了这次活动。后来还开了讨论周先生的表演艺术的座谈会，周先生还亲自来参加了我们的讨论。

盖老的那次演出，我也全看了，《三岔口》就连看了三场，但有一出《郑州庙》是小规模演出，恰好我不在，没有看到。盖老的《打店》、《三岔口》、《狮子楼》、《打虎》、《拜山》、《白水滩》等，都是数

---

① 当时昆曲已濒临衰落，由于这出昆曲的演出成功，昆曲又重新复兴起来。当时《人民日报》曾为此而发社论，题目是《一出戏救活了一个剧种》。

十年脍炙人口的，这次纪念演出，还演了《英雄义》，这是要穿厚底靴穿褶子的。盖老那时已七十高龄了，但到"水擒"时，还照样翻筋斗，身段潇洒边式，美极了，观者无不为之惊叹。就是这一出戏，也可以看出盖老武戏文唱的特色，开打时紧张而不乱，威猛而又优美，后来我为盖老也写了文章。

以上两位老人，两位杰出的艺术大师，他们为人民创造了一系列的不朽的艺术形象，这些形象，可以陈列成一个长长的画廊，然而他们却在十年浩劫中遇难了，每当我想起这两位老人的死，我都抑制不住心头的郁怒。

在北京最有利的条件就是经常能看到这些名家的演出。梅兰芳的《霸王别姬》、《贵妃醉酒》是我多次欣赏过的他的代表作，当时饰霸王的是刘连荣，也看过一次傅德威的霸王。舞剑自然是梅先生的绝艺，而虞姬从巡帐到拔剑自刎，贯穿着一个内心活动：即深知大势已去而为了要安慰项王，却不露声色，然而当她应对进退之际，却不由自主地流露出内心的绝望和悲痛。这种微妙而委婉细腻的神情，梅先生却能传达得恰到好处，真正可以说是惟妙惟肖。梅先生晚年的《百岁挂帅》是借鉴豫剧马金凤的佘太君的，梅先生的表演，让你感到佘太君真是三军司令，是最高统帅的气派。

我看赵燕侠的戏也是很多的，她的唱腔，声情俱美，她的道白能把每个字准确清晰地送到观众耳朵里，使你感到悦耳动听，使你明白剧情，因之，感情也就随着剧情起伏。她后来演《沙家浜》是花了不少力气的，这个戏最初的名字叫《芦荡火种》，公演后，一下就轰动了。当时的北京城里，几乎有"家家'收拾起'"，"户户'不提防'"① 的气

---

① "收拾起"是传奇《千钟禄》里的唱词，原句是"收拾起大地山河一担装，四大皆空相"。"不提防"是《长生殿》里的唱词，原句是"不提防余年值乱离，逼拶得歧路遭穷败"。以上两支曲子是当年最流行的曲子。

氛，人们到处可以听到阿庆嫂与刁德一对唱的一段唱腔。但后来她得罪了江青，几乎遭到大祸。

云南的关鹔鹴，也是常来北京演出的，我们常见面，她的刀马功夫、出手功夫好极了。她可以说是唱做念打样样都好，当时流行着"南关北赵"的说法，这是符合实情的。她的《铁弓缘》脍炙人口，她一直要我看她《白门楼》里反串的吕布和《周瑜归天》里反串的周瑜。《白门楼》我是看到了，她的吕布演得好极了，唱的小生腔也极好，可惜没有看到她的《周瑜归天》。我看上海发表的她的剧照，身段极"帅"，我想象可能比《白门楼》还要好。

在北京当然一定会看到张君秋的戏，近年来他还常作画，给我画过一幅雁来红，极好。我看过他的《望江亭》里的谭记儿，也看过他的《四郎探母》里的铁镜公主。他的唱腔，是梅先生以后的一大家，于雍容大雅中又透出清新洒脱，目前学他的人不少。

在老一辈的旦角中，我看过荀慧生先生的红娘，他活脱脱地塑造出了一个理想中的红娘形象。他的念白清脆甜糯而又有点上海人说的"嗲"。真是恰到好处，不能增减半分。可是近年来有的学荀的学过了头，显得做作卖弄，反而觉得不真实，缺乏感人的力量。

尚小云先生我看过他的《汉明妃》，这是他的杰作，繁复而又漂亮的身段、做派，显得一副大家气派。也令人感到究竟是汉家威仪，虽然戏的调子是凄凉甚至是凄惨的，但气派和架势仍在，这就区别开了汉明妃并不是落魄潦倒，被贬远谪，而是奉旨和番。在公来说是皇命，是国事，势所难拒；在私来说，是永别家园，情有难舍。从这两方面来说，尚先生的汉明妃，真是大家风范，令人难忘。

程砚秋先生的戏我没有能看到，但我十分喜欢程派的唱腔。程派的传人赵荣琛先生我是看得较多的，值得一提的是 1980 年我在美国斯坦福大学讲学，赵先生恰好访问美国，并应邀到斯坦福大学来讲演，当时的海报就是我写的。听讲的人十分踊跃,尤其是赵先生一边讲还一边作一些简单的表演,就使得这次讲演格外有声有色。最有意思的是他回国的时候,朋友们为他饯别,我也参加了这次盛宴,末了他竟上错了飞机,飞到了台湾,受到了热情的接待又被安排飞回大陆,赵先生回来后亲自为我讲了这段美好的插曲。

旦角中言慧珠的戏我看得也不少,最初是看的《贵妃醉酒》,做派与梅先生一模一样,而她毕竟年轻,有些身段如卧鱼、唧杯等,她都能一丝不苟地做下来。她后来与俞振飞先生合演的《奇双会》我也看过,简直如同看梅、俞合作一样。我还有幸看过她一次《让徐州》反串陶谦。言派的《让徐州》是名作,可以说,言菊朋先生故去后,至今还没有十分理想的传人。已故的毕英奇大家认为可以继武言派,但可惜去世得太早,初展才华就凋谢了,令人叹息。现在的言兴朋,是言老先生之孙,能传家学,但我还未能看到他的舞台演出,只是在屏幕上看到,或许能继祖业。言派的书卷气,言派咬字切音的讲究,确是人所难及的,所以听言先生的唱,如同读唐诗一样的有味道。而言慧珠的反串陶谦,其中两段唱腔颇能得言老先生的韵味,比专门学言的有过之而无不及。所以当天听这出戏的人都感到十分满足,觉得此人毕竟才华横溢。令人无限痛惜的是她也在十年浩劫中蒙难牺牲了!听说她死时还是穿着全副的贵妃醉酒的服装死的,她真正是一位全身心地忠于艺术、献身于艺术的表演艺术大家,我们永远也不会忘记她的。

在已故的表演艺术家中,李少春也是我交往较多的一位。那时他住外交部街,离我住处较近,星期天我常去看望他。他闲时也学作画,所以我们也常谈论书画。他与袁世海合排的《野猪林》,我也写了文章。后来排演《红灯记》,我几次去看他们的彩排,李玉和这个形象就是他苦心创造出来的。他是文武全才,新旧兼精的一位大家。他的《闹天宫》赢得了国际声誉,令人难忘的是有一次他与裘盛戎合演《连环套》，裘盛戎的窦尔墩，少春的黄天霸，真是珠联璧合。《拜山》一场，双方的做派、台词真是势均力敌，分毫不让。那一场戏演完后，戏迷们赞不绝口地足足谈论了几个月，至今想起当年的盛况，还令人神往。

　　与这场戏隔天进行的，还有袁世海和厉慧良的《连环套》，世海的窦尔墩，慧良的黄天霸，这又是一对不可多得的人才。世海的气派不减裘盛戎，裘先生的《坐寨》、《盗马》的唱腔，自然是一绝，其身段之美，边式而又勇武，沉稳而又矫疾，令人观之不足，简直舍不得他下场。但世海自有自己的风范，一出《坐寨》，就把观众吸引住了，接着的《盗马》，真是唱做俱佳，一趟圆场，使你感到剧中人是在深更半夜闯入了龙潭虎穴，而他依然是履险如夷，胆大包天，而又心细如发。特别是《拜山》一场，厉慧良声容两绝。慧良体格魁伟，扮相俊美而又雄武，一上场就是满堂彩，待到与窦尔墩对话，真正是精彩到了极点。慧良的嗓音宽厚滋润，咬字功夫又好，一个个字喷吐而出，有如进珠溅玉，而世海也是威风八面，稳坐交椅，始而误把他当飞镖黄三太因而引起一阵惊疑，待到知道来者是个年轻人时，就把拜帖往里一掷，显出十分轻视。等到见面以后，一听来者自报"浙江绍兴府黄"时，又顿时引起他的仇恨与警觉，从此开始，两个人的对话一环扣住一环，一浪高过一浪，真正令观众连眼睛都不敢眨，生怕少看少听了哪怕是一点点。这段往事，说起来，距今已是三十多年了，可我此际写这篇文章时，往事历历，简直又像是重温了一遍他们的演出，可见这出戏入人之深了。1986 年我在上海，碰巧世海在天蟾舞台演出《龙凤呈祥》，世海饰芦花荡的张飞。演出结束后我到后台去，见了面非常高兴，我问他四十年前上海名伶大会演时，记得他也是这出戏里的张飞，世海说确是如此。现在四十年后，还是在天蟾舞台，还是这出戏，还是这个张飞，然而当年同台的主要角色除世海外，其余一概都已作古了，因而我题了一首诗：

四十年梨园忆旧

逝水流年四十春。芦荡又见旧时人。

张飞不与人共老，喝退周郎十万兵。

　　最近我又看了一次《连环套》，窦尔墩由三位演员轮饰，世海演最后一段《拜山》里的窦尔墩，看前面《坐寨》、《盗马》的两个窦尔墩，觉得也还可以，待到世海的窦尔墩上场，顿时觉得精光四射，雄风逼人，其一举一动，一言一笑的分量，有如千斤坠石，使你感到看了既过瘾，而又有无限的回味。饰黄天霸的一位后起之秀，也不示弱，基本上可以对阵。然而在这出戏里，应该是黄天霸的气势压倒窦尔墩的，但两位演员的修养、功夫、气质毕竟相距较远，虽然在台词上是黄天霸压倒了窦尔墩，但在他们所显示出来的艺术气氛上，却使你感到窦尔墩的气势笼罩一切，甚至使我感到世海这次的窦尔墩，比他三十年前的窦尔墩还要好。这丝毫也不是我的主观夸大，事实上那时的世海才四十刚出头，而现今已是过了古稀之年了，自然他的修养又大大前进了好几个里程了。

　　在京戏的文武老生一行中，50年代后期，我最喜欢看厉慧良的戏，当时凡是他在北京演的戏，我都看。他也是每到北京演出，必定事先通知我。1966年以前，他的嗓音还很好，是一条天生的好嗓子，所以武戏文戏一起唱。我看过他的一出《清官册》，嗓音好极了。他的现代戏《火烧望海楼》里的开打，是别开生面的，他以一条大约六尺长的大辫子开打，简直就像长在脑袋上的一条软鞭，开打时身段既美，打得又新颖，而且一点也不勉强。他的《闹天宫》也与众不同，在美猴王据案大嚼，边嚼边掷，把一个好端端的蟠桃盛宴闹得杯盘狼藉、一塌糊涂时，才算出了一口气，心满意足，于是忽然一声长啸，真是虎啸猿啼，把已

371

经闹得不亦乐乎的气氛更加渲染得淋漓尽致。他的《拿高登》别创了醉打的情节，起初老派一点的观众有意见，觉得老的演法是高登没有醉酒，现在这样演是离了"谱"。有一次，慧良问我有什么意见，我说高登抢了女人之后就是吃酒成亲，吃酒吃醉完全合情合理，没有什么不可以的，尤其是因为喝醉了酒，增添了角色的不少酒醉的身段和神态，在表演上显得更加妩媚，身段更加丰富，这有什么不好呢？慧良也深以为是。后来慧良的《拿高登》就一直有醉打的场面了。慧良的《钟馗嫁妹》也是他的拿手杰作，我曾看过多次，总是百看不厌。他的《长坂坡》（带汉津口）我曾多次看过，1966 年以后，他停演了二十年，1986年我在上海又看了他的这出戏，我是与关良先生一起去看的，在天蟾舞台门口，重重叠叠地站满了等退票的观众，戏在演出过程中，彩声一直不断。戏结束后，我与关良先生一起上台看望慧良，同他合影，关良先生还当场赠他一幅他的《长坂坡》赵云，慧良当然高兴极了。当时有的观众送上的软匾写"武生泰斗"，有的竟写"空前绝后"，慧良赶紧把这个软匾卷起来，连连说不能这样写。我 1984 年看他演这出戏时，曾赠了他三首诗。

一

二十年来不见君。依然蜀汉上将军。
秋风匹马长坂上，气压曹营百万兵。

二

豪气多君犹似云。沙场百战见精神。
当阳桥下秋风急，跃马横枪第一人。

三

> 熟读春秋意气高。汉津渡口待尔曹。
>
> 莫愁前路风波险，自有青龙偃月刀。

从 1986 年到现在，又已数年不见了，听说他在天津又演过几场，并曾带信来要我去看戏，我因事没有能去。

在昆曲武生中，北昆侯永奎的戏，我也是看得很多的，尤其是他的《刀会》、《夜奔》看得最多。《刀会》还是唱的北曲，声调激越高昂，使人感到身经百战的这个老将，依旧是烈烈丈夫，气概非凡，明知前途凶险，但却从容赴会，毫不介怀，一种浩然之气逼人而来。他的《夜奔》，虽然写林冲的落难，但却不是落魄，虽然写林冲的"奔"，但却不是一般的逃跑，而是投奔梁山。他的嗓音激越苍凉，身段边式，扮相俊美，这都是人所共赏的。

本来《夜奔》这出戏是四段，四个上下场，近来也有人把四段连在一起，让林冲一气演下来的。有人以为这样很好，剧情紧凑而又紧张，但我却以为不然。我看这一气到底的演法，演员确是了不起，能够一气演到底而且有许多繁复的身段，这实在是重活。但从塑造形象来说，我却以为这样演未必妥当。"夜奔"的这个"奔"字，如前所说，并不是一般的"逃跑"而是"投奔"，过于加强剧中人的节奏，就难免使人产生狼狈"逃走"的感觉。再者节奏太快了，观众来不及品味咀嚼和琢磨，就容易一略而过，倒不如让林冲从容投奔，让观众仔细品味为好。

北昆侯玉山老先生的《钟馗嫁妹》，也是我最喜欢看的。他的《嫁妹》与厉慧良不同，风格质朴厚重，保留了昆曲的传统做法。

北昆的韩世昌、白云生先生，50 年代我初到北京时，是常演的。演得最多的剧目自然是《游园惊梦》。此外，我还看过韩先生的《胖姑学舌》,那时韩先生已经是年龄较大了,而且身体很胖,居然还能扮村姑,真是了不起。白云生先生我接触较多,除了《游园惊梦》外,还看过他的《拾画叫画》、《梳妆跪池》、《错梦》、《琴挑》等,他的唱和做,都是令人难忘的。白先生还自己写了分析角色的几本书,这在演员中也是难得的。有一次,他演《西楼记》的《错梦》,约我去看,他说平时很少演这出戏,希望我一定去看。白先生在这出戏里,非常成功地创造了与《惊梦》、《寻梦》、《痴梦》等完全不同的另一种梦境,非常深刻地刻画了剧中人于叔夜梦魂颠倒,迷离惝恍的神情,与前面"三梦"可以互相辉映。白云生先生已经故去了,但愿这样的戏不至于失传。

　　昆曲的泰斗,自然要推俞振飞先生了,我有幸,看过他与梅兰芳先生合演的《游园惊梦》、《奇双会》等戏,那真是珠联璧合,是戏曲中的典范了。此外,我还多次看他的《太白醉写》,他和言慧珠合演的《奇双会》,以及他独自演的《拾画叫画》、《小宴》等戏。尤其难得的是我还看过一次他的《黄鹤楼》,这是他多少年来没有演过的雉尾小生戏。我看过俞先生这么多的杰作,已经尽够我暇时回味的了。80 年代初,有一次我去访问他,闲谈中说到近年来他演《奇双会·写状》一折,没有了弹纱帽的动作,这原本是俞先生的"绝活",删去了非常可惜。俞老说并没有删去,只是近年来戏装店里做的纱帽是黑丝绒做的,弹起来只有"噗"、"噗"、"噗"的声音,一点也没有味道,有时还能弹出灰尘来,起不到原先的效果。老早的纱帽是硬胎,是真纱帽,弹起来"叭、喇、喇"的声音,非常清脆,可以渲染当时赵宠有意逗弄自己的新婚夫人而佯怒的神情,收到喜剧的效果。当时还说到"文革"以后,有一些戏剧服装的料子换了新的品种了,因此有一些原有的功夫如水袖功等就使不上来,袖子不听使唤了。俞老的一席话,使我懂得艺术评论,不能光看它表现出来的一面,还须要进一步了解造成这种表现的种种主客观因素,才能使你的分析和评论鞭辟入里,切中肯綮。

昆曲的旦角中，南京的张继青，是一个出类拔萃的人物，她不仅驰誉国内，而且已经是国际闻名的人物。她的代表作"三梦"：《惊梦》、《寻梦》、《痴梦》我曾多次欣赏过。怎么来说我看她的表演以后的感受呢？我觉得她的表演艺术的出色和漂亮，就好比汤显祖《牡丹亭》的文字一样的出色和漂亮。如果借用"文如其人"这句话，那末就是张继青创造的杜丽娘这个形象的美，她所产生的艺术魅力，就好像汤显祖的《游园惊梦》的文字一样精致、美丽而动人。张继青的《痴梦》也是百看不厌的。尤其是听到报禄来报朱买臣高中状元后放会稽太守，而他已被她（崔氏）离弃后赶走。这时崔氏受此意外打击，精神开始逐渐失常。张继青的表演是细腻深刻而且层次分明的。当崔氏眼看着报禄离去后，即转身叫"朱买臣！"这一声"叫头"，嗓音就开始变调了，我理解此时角色也就逐渐进入了"痴"的精神状态；她转过身来背靠案子的几个搓身的身段，贴切而深刻地揭示了角色内心的悔恨和痛苦，于是又向"痴"的状态前进了一步；待到她在幻觉中穿上霞帔，戴上凤冠时，霞帔是斜披的，凤冠是歪戴的，于是角色真正进入了"痴"的境界了。这一切，在张继青演来，真是丝丝入扣，事事逼真，几乎令人忘记是在看戏。

在戏曲中，丑角是一个特殊的行当，它有时扮演好人，有时又扮演坏人。近代的丑角一行中，萧长华老先生是公认的泰斗。由于他的戏艺高，更由于他的戏德、人品高尚，所以梨园界都尊称他为"萧圣人"。50年代以后，我看过他的几次演出，他常与梅兰芳配演《女起解》中的崇公道，他的一口京白，念得既漂亮而又有浓厚的生活味和乡土味。他演的崇公道，是一个人情味十足的老人，令人喜爱。他在《群英会》中演的蒋干，也是一个脍炙人口的典型形象，以至于到今天任何人演蒋干时，如果不是萧老先生创造的形象，人们就会觉得不像。他也在《审头刺汤》中演汤勤，这就是一个反面角色。此外，我还看过他的《连升店》和《请医》，充分发挥了丑角幽默、讽刺、滑稽诙谐的特色。

在丑行中，马富禄也是有影响的丑角，我看过他演《法门寺》里的贾桂，《失印救火》里的金祥瑞，《女起解》里的崇公道等角色。他的嗓音特殊的脆亮，吐字发音特别清脆，听上去如击铙钹，给人以极为深刻的印象。

在文丑中，我还看过刘斌昆。他在《活捉》中饰张文远，我曾三次看他这出戏，一次是在上海，时间是 1947 年。另两次是在北京，60 年代初。特别是最后一次，是与筱翠花（于连泉先生）合演的，地点是在吉祥戏院。那时戏剧界正在讨论"鬼戏"，当时于先生早已息影了，为了让大家讨论这出戏，所以特请刘、于两位老人登台合作。于先生饰阎惜姣的"鬼魂"，踩跷。当这个"鬼魂"上场时，场内灯光突然熄灭，一团光束打在他身上，随着就是急速的跑圆场，阎惜姣全身衣带飘飘欲飞，而且愈跑愈快，真像一阵旋风。这种跷功，现在已经没有人能达到这样高的水平了！

刘斌昆饰的张文远，则随着这阵旋风围绕着舞台正中的一张桌子，走矮步倒退着旋转，也是愈转愈快，而且还两次变脸。刘老的这种矮步功夫，也是一绝，尤其是倒退着走，更为难能，观众习惯称这段表演叫"磨台角"，因为它是不断地围着台子急转的。最后是由阎惜姣抓着张文远的领子将张文远轻轻提起，张文远在阎惜姣手里随风摆荡，衣领被提盖顶，双袖下垂，好像轻飘飘地没有一点重量，真使人感到有点阴风惨惨，鬼气森森。末了是阎惜姣用一条白绫套在张文远的脖子上，娇滴滴地说声"来嘘！"就把张文远"捉"去了。这出戏原来是禁演的，所以在一般情况下很难看到，尤其是于、刘两位的合作，更是千载难逢。

四十多年的梨园旧事，实在太多了，一时写不完。京剧方面我还看过谭富英的《问樵闹府》、《打棍出箱》，看过他与裘盛戎合演的《将相和》，马连良的戏我看得更多。1947 年在上海开始看他的《胭脂宝褶》、

《十老安刘》、《苏武牧羊》等戏，50 年代我到北京后，还多次看他的《失空斩》、《群英会》、《借东风》。"文革"前夕，还与吴晗一起看他们新排的《海瑞上疏》，后来也终于以此遭祸。那时，我与老舍先生一起在北京文联，马连良先生也常来开会，所以经常见面。吴晗先生当时是北京市副市长，又是明史研究专家，他主编一套"语文小丛书"，请我担任他的常务编委，所以也经常要见面。"文革"前，他写出了《海瑞上疏》的剧本并付排练，后来请我们去看彩排，这些活动，当时我都参加了。还有周信芳先生排演《海瑞罢官》，到北京来演出，并召开座谈会，这些活动，我当时也都参加了。孟超先生写了昆曲剧本《李慧娘》，由北昆李淑君他们排演，我不仅多次看了这出戏的演出，还应孟超的约，写了《从〈绿衣人传〉到〈李慧娘〉》的长篇文章，在《北京文艺》发表。后来以上三出戏，也都成为三大戏案，周信芳、马连良、孟超连同吴晗自己，也都为此遭祸，我同时也遭到了批判，这一切，真正是说来话长，也令人伤情，只好暂时不谈。

另外，我到北京以后的三十六年，看过大量的地方戏，如蒲州梆子、川剧、秦腔、河北梆子、豫剧、汉剧、徽剧、绍剧、越调、粤剧、黄梅戏、梨园戏、高甲戏、晋剧、吉剧、目连戏、莆仙戏、楚剧、湖北花鼓、湘昆、川昆、湘剧、桂剧等等，以上这许多剧种，我可以回忆出它们来京演出时我看过的一些主要剧目和主要演员，如蒲州梆子阎逢春的《出棠邑》，杨虎山的《闹朝扑犬》、《通天犀》，张庆奎的《三家店》，王秀兰的《窦娥冤》、《杀狗劝夫》等；川昆李文杰的《醉皂》，潮剧洪妙的老旦戏《太君辞朝》、蔡金生的扇子丑《胡琏闹钗》；汉剧陈伯华的《二度梅》、《柜中缘》、《梅龙镇》，湘剧徐绍清、彭俐侬的《扫松下书》、《描容上路》，越调申凤梅的《卧龙吊孝》、《收姜维》，豫剧马金凤的《百岁挂帅》，常德汉剧邱吉彩的《祭头巾》，徽剧刘奎官、章其祥的《水淹七军》、《淤泥河》，黄梅戏严凤英的《天仙配》，吉剧的《包公赔情》、《燕青卖线》等等，以上我看过的这许多地方戏（还有许多，不能尽举），可以毫不夸张地说，都是光彩照人的艺术精品，其艺术上精彩之处，与上举的许多京剧来比，可以说毫无逊色，这许多演员也都是出类拔萃的第一流的表演艺术家。可惜的是纸短情长，这篇文章已经不允许再无限制地写下去了。我希望将来有机会再写续篇。

人们常说中国是一个诗国，但我认为还应该认识到，中国还是一个戏国。我们的戏剧历史的悠久和丰富，是一般人难以想象的。前几年，我在安徽阜阳参观博物馆，在他们的仓库里意外地发现了一件大型的东汉陶戏楼：三面勾栏，正面有大幕，两边是鬼门道（上下场的帘门），两扇门还是活动的，可以推开和关闭。舞台台口有一人在表演拿大顶，大幕前四个演奏者在奏乐。这是一件珍贵的戏曲文物，它反映出在东汉时期，我国已经有完整的与近世基本上一样的舞台表演了，这一历史事实是何等令人神往啊！那末，我们可以理解，我国至今还保存有如此丰富的戏曲剧种和戏曲剧目，就不是偶然的了。应该看到，如此丰富的戏曲遗产是我们的一大笔取之不尽，用之不竭的财富，我们是戏曲遗产的百万富翁，亿万富翁！前几年，有人竟然大叫戏曲要灭亡了，而且是希望它灭亡，而不是害怕它灭亡，这种对待戏曲遗产的态度，至少也是浅薄和无知的表现。我敢断言，中国的传统文化（包括戏曲）只会发扬光大，只会更新和发展而不可能灭亡。可以说，它是与我们伟大民族共存的。应该认识到日本帝国主义之所以没有能把中国灭亡，首先是我们有伟大的民族文化在，有伟大的民族精神在。我们的全民抗战也是在这一民族文化和民族精神的背景下进行的，没有了伟大的民族文化和民族精神，也就失去了民族的凝聚力量，也就不可能用人民的意志和精神力量来筑起民族的钢铁长城！

当我在写这篇回忆文字的时候，我既为我们丰富的戏曲艺术而感到自豪，感到高兴；也为我们经历的种种曲折道路而感到痛苦和伤情。我特别缅怀那些我曾经交往过的、师事过的前辈艺术大师，他们为民族文化和民族艺术作出了卓越的贡献，他们的艺术是永远永远青春常在的，是永远属于我们民族和人民的！

祝愿我们的民族文化和民族精神把我们伟大的中华民族团结得更紧密，让我们共同来继承这份遗产和发展这份遗产！

1990 年 4 月 17 日

精湛的武生表演艺术

——谈厉慧良的演出

天津市京剧团的厉慧良同志，又一次来北京演出了。我欣赏厉慧良的艺术，还只是近几年来的事情，然而自从看过他的演出以后，对于他所演的那些角色，常常有历久更新之感。时常引起我回忆的，首先是他在《长坂坡》里所饰的赵云。那扮相之英俊挺秀，风度之纯厚恳挚，于言语神情动作举止之间，蕴蓄着一团坚韧不拔，勇往直前，忠心不二的浑厚纯朴的气质，真是大家风范，真是"活子龙"。令人怀念不置的是那枕戈待旦的一场，舞台的气氛沉浸在肃杀凄清的夜色中，刘备，甘、糜二夫人，简雍等环坐，赵云傍马倚枪，枕戈待旦。当刘备感伤地说"你看秋末冬初，寒风透体，好不凄凉人也"时，赵云躬身说："主公且免愁肠，保重要紧！"这句话简直自肺腑间直冲而出，把赵子龙满腔忠勇之气、恳挚之情，表现得十分充沛淋漓，使人觉得子龙真是可敬、可爱！

糜夫人跳井一场，赵云抓帔，然后倒折虎扑地，这是一个极复杂的动作，要演出赵云当时抢救不及，仓皇急遽，吃惊、伤痛、后悔等一系列变化着的动作神情，而又不能进退失据，不能丝毫的"乱"。厉慧良演到此处时，使观众犹如目击这古战场一角的惊心动魄的一幕，从而想见这一场战斗的紧张情势。我觉得最最难能可贵的是厉慧良在全剧中，始终饱满地贯串着赵云的完整统一的性格，从而给人以一种艺术的真实感。

厉慧良的艺术特色之一，是常常能给人以一种完整和谐的美感以及角色性格的鲜明感，而当他在创造这种艺术特色的时候，又常常不是用墨守成规的办法而是有自己的独创性的，这种创造性，在上述《长坂坡》里有，而在另一个时常引起我追忆的《艳阳楼》里，更为鲜明。

在这个戏里，他塑造了一个性格鲜明、勇猛、剽悍、凶横残暴的大恶霸高登的形象。特别是在开打中，他通过高登的醉态，揭示了高登的性格特征，他自恃勇力，根本蔑视自己的对手，而在许多武打动作中，融合着种种醉态，不仅给我们以角色性格的真实感，而且同时给予我们以艺术的美感。在这出戏的传统的演法中，是没有醉打的，因而有的同志曾怀疑这种演法是否适当。我觉得这种疑虑虽然是出之于对厉慧良的表演艺术的关切，但事实上是可以无须怀疑的。

我所念念不忘的另外一个戏，是他的《钟馗嫁妹》，我是十分喜爱这个戏的。爱他所饰演的钟进士，真有几分进士风度而不是一味粗犷，说起来，钟馗本来是一个文人，你看他的小鬼还为他挑着琴剑书箱哩！如果说没有一点文采风流的味儿，没有几分骨子里的"秀"气，岂不是使这琴剑书箱没有了着落？

我爱他饰演的钟进士，不仅有性格上的那种悲剧色彩，而且还有一股纯朴天真之趣，你看他手里的那根牙笏，调弄得多天真啊！一会儿在地上滴溜溜乱转，一会儿又拿在手里摇摆如风中垂柳；特别是在他念到"准拟文章作状头"时，右足提起，左足站地，大转身归位，然后将右足搁在左膝上作端坐状，这时他左手执笏，右手随着嘴里念"文章"两字用手指画圈作写字状，此时，我们从正面看去，俨然是这位进士哥的据案读书状，扑面而来的，是那一股文人的"书卷气"；然而我们如果稍稍注意一下他的侧面，却瞥见那只压在左膝上的穿上了粉底乌靴的脚，配合着手指的画圈和嘴里的念诗，也在乖乖地转动，这一下，我真被他逗得忍俊不禁了！我觉得厉慧良善于从许多细微末节处，将钟进士的一团天真无邪之趣，极自在地流露出来。

1962 年 6 月 5 日

无限沧桑哭慧良[*]

——我与"武生泰斗"厉慧良的四十年交往

　　回忆起慧良与我的交往，已经整整四十年了。我是1955年看他的戏，并与他结交的。那次他在北京演出了一段时间，我是每场必看，并且在《人民日报》发表了一篇高度赞扬慧良的文章。有一天，慧良来看我，那时我住张自忠路3号人民大学宿舍五层楼上。慧良来畅谈甚久，他向我提出了一个问题，就是关于《拿高登》里的"醉打"的场面。他说有的老专家、老观众认为传统的《拿高登》原无"醉打"，没有必要增加这些场面。他问我，我是什么看法。我认为这出戏里增加了"醉打"的许多身段和场面，是这出戏的创新和发展，既丰富了表演，也丰富了人物性格，而且完全符合情节。高登是个恶霸，也是个酒色之徒，既有了色，岂可没有酒。有酒有色，而且至于大醉，这才是高登，以前没有让他喝醉，这正是不足之处。岂可因为过去没有而不准现在新创？何况演出的效果特别好，观众的情绪热烈。慧良听了我的分析后，觉得非常有理，就决定这样定下来了，而我们的交往，也从此开始了。以后

————————————

　　[*] 这是作者为魏子晨撰写的《慧良传》写的序。

每逢慧良来京演出，必通知我，我也一出不落，总是全看。

我记得 1962 年慧良来京演出，在慧良之前，武汉高盛麟来京，剧目中有《洗浮山》、《长坂坡》、《连环套》。这几出戏我都看了。高盛麟是有名的杨派武生，常在南方，此次来京，形成了北京戏剧界的一个高潮。我对盛麟，也是十分钦佩的。记得 1947 年我在上海时，就非常喜欢他的戏。所以盛麟这次在京演出，对后来慧良的演出，既是增加了气氛，更是增加了"压力"。

慧良这次演出的剧目，有《长坂坡》、《挑滑车》、《拿高登》、《闹天宫》、《嫁妹》、《火烧望海楼》等。后一出是现代戏。尽管《长坂坡》已由盛麟示范在前，几乎是崔颢题诗，难以为继。但慧良自有自己的戏路和绝招，"枕戈待旦"一场，赵云"主公且免愁肠，保重要紧"一句道白，于苍凉遒劲中饱和着一腔忠贞的感情，真是声情并茂。当时即有人评价：深得杨小楼神韵。后来在"糜夫人投井"一场中，赵云于措手不及之际，抓帔、倒插虎等一连串连结性的高难度身段动作，慧良演来，依然节奏紧凑而动作利索干净、清楚洒脱，如行云流水，真是神来之笔。看过盛麟这出戏的老戏迷，无不称赞，有的则直认是杨派神韵！慧良的《拿高登》，出场就与众不同：背向观众，反手握大纸扇贴背拍扇，一足独立，一足弯举，踩着锣鼓点子一足移步，自帘门口直到台口，然后大转身亮相，慧良这一亮相，每次都全场彩声轰然。后面"醉打"的身段，更是淋漓尽致，层次分明。开始是目光斜视，用眼神来表示对敌人的轻视和鄙视。继而交手之后，突觉来者不善，大敌当前，一惊而吐，随即酒醒。其呕吐理须等细节，简练而传神，平添不少生活真实，接着再开打，便是一番生死搏斗，从眼神到动作，都贯串着一股拼死挣扎的狠劲。所以看慧良这出戏，并不是单纯看他的身段动作和开打的种种架势，更重要的是让你看到角色的心理，随着情节的变化而发展。到 80 年代慧良再演这出戏时，其背向观众独步出场一段，已改为正面出场，我很为此惋惜，曾问过他。慧良笑笑说，已经三十多年过来了，体力毕竟不如当年了！然而，我看他"逛庙"一场，在帘门口大喝"闪开了！"一声，如闻惊雷，然后趟马，几个大圆场，其慑人的气势，简直如同猛虎下山，依旧不减当年之勇。

慧良的《嫁妹》，同样是他的杰作，甚至可说是戏中的"神品"。这是一出悲剧中的喜剧，于凄惨苦楚之中深含着人情味，这出戏，处处透露着矛盾的对立而又统一：一群"鬼"而充满着人情味；在一副丑陋甚至可怕的面貌下却深藏着一颗善良的心；是一副粗犷凶狠的架势而却动作妩媚天真，惹人喜爱；在表面的鬼气森森下却给人送来了琴剑书箫、平安吉庆……所以这出戏旧时常在岁首迎春时演出，以示吉庆。慧良这出戏，重在舞蹈身段和场面的安排，每一个场面都是一种塑型的美，装饰的美，而每一个身段，都是姿态横生，妩媚动人。要说中国戏剧中的塑型美，这出戏恐怕是很突出的。犹记得1955年慧良演这出戏时，有一个场面，众鬼簇拥并高举钟馗，这时台上暗场，一束灯光打在钟馗身上，钟馗高举牙笏，穿一身大红袍，灯光下帽翅摆动，两眼炯炯有神，远看宛如悬挂在大厅中的一幅朱笔写意大钟馗，神采飞动，栩栩如生。慧良的这些精彩场面还有不少，不能一一缕述，而这一些都是慧良的新创造，与原有的传统程式，有显著的不同。

1962年慧良在京演出后，戏剧界的评价是很高的，尤其感到每一出戏，都有他自己的神韵，给人以有余不尽之意，而这一点正是武生戏最最难能可贵之处，也正是这一点，标志着厉慧良在长期的博采众长、不宗一派的实践中，已经自然而然地逐渐形成了自己的艺术流派——厉派。

1964年全国京剧现代戏会演，慧良来京演出了现代戏《六号门》。之后，过了不知多少时间，我就得不到他的消息了。1966年，那场空前的风暴席卷天下的时候，我听到不少有关他的可怕的消息，以后不久，我自己也受到了意想不到的风暴的席卷，之后就再也无法听到他的消息了。有一天，忽然慧良的儿子——厉钢铁来找我，我这才知道慧良因事入狱，但并没有死；还知道钢铁考取了戏校，又因为他是厉慧良的儿子被取消了入学的资格。我真为他可惜，他的身材和嗓音是多么好啊！他到我家来，我就爱听他说话。然而就连他，后来也没有了消息！

1978 年，慧良终于出狱了。是由冯牧首先告诉我的，而且在将要出狱之前冯牧就告诉我了。因为我们只要见面，就常常会想到慧良。1984年，慧良重新在北京登台，剧目中有《长坂坡·汉津口》。我们大家为他担心，二十年不演，这次重登舞台，能否拿得下来。但演出的结果，却比较满意，除了嗓音已大不如前外，其他功夫没有搁下，依旧拿得起来。当时我看过他的《长坂坡·汉津口》后，非常高兴，曾题了三首诗：

一

二十年来不见君。依然蜀汉上将军。
秋风匹马长坂上，气压曹营百万兵。

二

豪气多君犹似云。沙场百战见精神。
当阳桥下秋风急，跃马横枪第一人。

三

熟读春秋意气高。汉津渡口待尔曹。
莫愁前路风波险，自有青龙偃月刀。

这三首诗写出后，我用毛笔写成条幅送给了慧良，但寄给几家报刊都不敢发表，一直过了很久，大约有一年多，才在上海一家报上发表。

1985 年，我因事到上海，恰值慧良在上海演出，那天恰好又是演《长坂坡·汉津口》。关良先生的学生曲章富来告诉我，关老也去看戏，问我是否一起去，我当然非常高兴，特别是关老特为慧良画了一幅他的《长坂坡》的赵云，同时也为我画了一幅《拿高登》里的高登。那天我们到剧场晚了一点，只见剧院门口挤满了等退票的人，戏演得十分精彩，彩声满堂而且不断，比起 1984 年出狱后初次在京演出，可以说是一次极大的跨越，我看他的《长坂坡·汉津口》，实在应以此次演出为典范。到谢幕时，竟谢了三十多次，有的观众送上去的软匾是"武生泰斗"。慧良连声道谢。有几位观众一起送上去的软匾却是"空前绝后"，慧良看了，连忙请他们拿下来，说决不敢当，而且也绝无此理。在慧良的坚决要求下，终于把这幅软匾收了起来，没有挂出。这时我与关良先生和曲章富同志一起上台，向慧良赠画并一起拍照，慧良见关良先生和我到了台上，特别高兴，但那天实在太拥挤了，关老身体又不大好，所以没等慧良事完，我们就告辞出来了。

之后，慧良与我一直保持着密切的联系，他每到北京，不是用电话告诉我，就是直接来看我，但经常是先来电话，跟着人也来了。1994 年他去安徽拍电视剧《程长庚》，临行之前给我来了电话。到这年的 4 月 14 日，他寄给我一张他饰米喜子的剧照。这年的 10 月 1 日，他又寄给我他在上海为梅、周两位大师纪念演出的《战宛城》的剧照，照片背后写着是这年 9 月 18 日演出的。特别是 1995 年春节前，他来京参加春节联欢节目，打电话告诉我住西直门宾馆，我随即去看望他。见面后非常高兴，他说等任务完成后再去看我。到了旧历的年初二，他真的与他的夫人一起来了，因为以前他曾与他夫人一起来过，所以很容易就到我住处了。那次我们一起拍了好多张照片，因为正是春节，来客很多，所以坐了不到一小时，就辞别了。行前还谈到他的身体情况，他说还好，我看他精神很足，兴致很高，所以根本没有想到会有什么意外，他与我是同年，反倒是他嘱咐我保重身体。谁知这次分别，竟然成了永别！

我是 3 月 1 日读《新民晚报》才得到这一消息的，我看了报纸，实在不敢相信。我给他拍的照片还刚刚洗出来，还没有来得及给他寄去，照片上他多么有精神，我哪里能相信呢？我立即拿起电话，给他家里挂了一个电话。电话是他儿子接的，告诉我他父亲是 2 月 27 日去世的，现在正在给我寄讣告。我听了这话，再也不能不相信了，我怀着巨大的悲痛，打电话告诉冯牧，谁知冯牧也在医院里，小玲告诉我，冯牧已经知道了。我在悲痛之余，拿着刚刚取回的照片，久久不能平静。我在照片背后题了一首诗：

> 匆匆过客喜盈门。摄得梅花已断魂。
> 无限浮生沧海意，为君一展一泪零。

3 月 2 日我去辽阳开会，我在沈阳给慧良家里发了一个唁电，送了一首挽诗：

> 霹雳惊雷报，伤心泪雨纷。
> 从今长坂上，不见汉将军。

我多么想赶去天津送别慧良，但我在辽阳正主持会议，无法分身。事后我听说，全国和国外去的唁电就有成千份，送的花圈也上千，特别是沿路送殡的队伍愈走愈长，不断有人自动加入，竟达数里！这实在是"空前"的。在上海演出时，慧良不准观众用"空前"的词来形容他，但是现存这"空前"两字已是事实，而丝毫也不是形容了。我认为这么多的唁电，这么多的花圈，这么长的送殡的群众队伍，这就是对慧良的最崇高的评价，慧良塑造的艺术形象永远活在人们的心中。

前些年，我曾写过一篇短文评价慧良的艺术。我说第一是新。慧良的艺术，充满着创新精神，一出传统剧目，到了他的身上，就会推陈出新，放射出前所未有的新的光辉；第二是美。慧良创造的角色，他让观众欣赏的，不仅仅是他的功夫、架子、身段，而更是他所塑造的完善的艺术形象。任何人看了他的戏，无论是赵云、无论是高登、无论是钟馗，留在脑子里的首先是完善的艺术形象，而不是他的一招一式；第三是神。慧良所演的这些角色，这些艺术形象，没有一个不是神完气足的，而且没有一个不是给你留下无穷的韵味的，这一点，其实就是艺术的最高境界。我曾经用王羲之的书法为比喻，来形容慧良的艺术，诗云：

> 字到钟王有几人。纵横挥洒见神均①。
>
> 为君一语千秋评，君是右军劫后文。

王羲之世称"书圣"，他的书法，不仅有神，而且有韵。他的书法，尤其是以《丧乱帖》、《二谢帖》、《孔侍中帖》等为极致，因为它纵横挥洒，不拘绳墨，而皆臻极致。这个极致是什么，就是神极而韵！

我曾经说过，厉慧良是我们时代的杨小楼。什么叫"我们时代的杨小楼"？这就是说，不是原来杨小楼的翻版。如果说以当年杨小楼的一招一式去绳墨厉慧良，那就失之千里。每一个时代的艺术，总是有自己的时代精神和美学内涵的，惟其如此，艺术才能日新又新，不断发展。即使杨小楼在今天，也决不会墨守成规！理解了这一点，那么再来欣

---

① "均"即古"韵"字，平声。此处必须押平声韵，而"韵"字是仄声，故用"均"字而不用"韵"字。

赏、思索慧良的艺术，把他称做是"我们时代的杨小楼"，就是顺理成章的事了。

现在广大观众和戏迷们又为慧良起了一个别号，叫"当代武王"。仔细品味，这句话的意思，也与"我们时代的杨小楼"是完全一致的，实际上是一个意思。但平心而论，"当代武王"四个字，更富有现代精神，"当代"，当然就是"我们的时代"；"武王"当然是"武生之王"，也就是武生的泰斗，武生的极致，这不等于是说武生中的杨小楼吗？

王羲之的书法，到了晚年是神极而韵。厉慧良的艺术，到了晚年，同样是潇洒自在，神极而韵。所谓"不着一字，尽得风流"。

总结厉慧良一生的艺术，到了晚年，确实可以说是"尽得风流"、"神极而韵"了！

1996 年 2 月 22 日夜 1 时

戏曲表现现代生活的几个问题

戏曲应该表现现代生活，应该表现我们时代的新英雄人物，应该为社会主义革命和社会主义建设服务，这是很久以来，党对戏曲工作者提出的要求；这个要求反映了我们时代广大工农兵群众对戏曲的要求，同时也是戏曲工作者对我们这个伟大时代应当承担的光荣任务；而具有悠久历史的戏曲，也只有从反映现代生活的这个革命斗争中才能发展自己的新生命，创造自己的新风格。

多年来，戏曲工作者们根据上述要求，已经作了种种努力，作出了初步的成绩，出现了一批优秀的和较好的反映现代生活的新戏曲剧目，这是一个良好的开端。

自然，在这个过程中，困难仍然是很多的；而一部分人的怀疑也不可能一下就消失。例如：戏曲能不能表现现代生活？戏曲表现了现代生活以后还像不像戏曲？能不能保持各种戏曲的艺术特色？表现现代生活是不是戏曲发展的正确方向？等等，诸如此类的问题，在今天我们仍然能够听到许多人的议论。这一事实说明戏曲表现现代生活已经成为戏曲工作者及广大观众所共同关心的一件大事，当然其中有人主张戏曲应该表现现代生活，有人主张戏曲不宜表现现代生活；但有了这种争论，正确的意见可以得到发展，可以更加完满，为更多的人接受，而不正确的意见，也可以得到纠正；随之也就可以产生种种办法，去克服种种困难。

一、戏曲的历史是发展变化的历史

在讨论中，有的同志对戏曲表现现代生活所带来的戏曲本身在艺术上的种种革新变化，抱着一种怀疑的态度，甚至认为这是戏曲的没落而不是发展。我们认为这种看法是不正确的，也是没有根据的。大家知道，我国的戏曲，已经有了很长的历史。回顾一下戏曲发展的历史，也许对于瞻望戏曲的前程，可以有些借鉴的作用。我们不必去追溯我国戏曲的最古的历史，仅仅从北宋时代算起，到现在，戏曲已经有了近千年的历史了。这近千年的历史，对于我们有些什么启示呢？仅就与目前戏曲表现现代生活的一些议论有关的方面来看，我们至少可以得到两方面的启示：

第一，不同的时代有不同的戏曲。我们知道，在北宋初年，我国戏曲史上产生了"宋杂剧"。这种"宋杂剧"，不同于后来的"元杂剧"。它是由唐代的"参军戏"发展变化而来的。宋杂剧的内容以诙谐调笑为主，形式上则主要是念诵和对白，有时也杂以歌舞。到了北宋末年，在我国的南方又产生了另一种新的民间戏曲——"温州杂剧"，即"南戏"。"南戏"盛行于南宋，与当时北方的宋杂剧并行，入元以后，又与元杂剧并行。"南戏"一方面与宋杂剧有很深的渊源，同时又吸收了唐宋以来各种歌舞和讲唱艺术的成分，它的角色增至生、旦、净、末、丑、贴、外七种，它的篇幅长短不拘，同场的各行角色都可以唱，它的形式比较自由，适宜于搬演比较复杂完整的故事。所以它比起宋杂剧和元杂剧来，完全是一个崭新的东西。"南戏"在元代虽然仍旧流行于南方，但这时占据剧坛主要地位的却是新兴的元杂剧。元杂剧是继承了宋杂剧的传统而又吸收了宋、金时代流行于民间的讲唱艺术"诸宫调"的形式以及宋词、大曲等等而形成的。元杂剧的角色，比前有了更多的发展，单是末行，就分正末、副末、冲末、大末、二末、三末、小末、外末、末泥等名目，元杂剧的演出形式，脚色的面部化装和服装道具，较前也有很多的发展。总之，中国的戏曲，从"南戏"开始，有了比较完整的成熟的形式，到了元杂剧，则发展到一个前所未有的高度。到了明代，一方面杂剧仍在流行（当然也有了变化），另方面，盛行于南宋时期的"南戏"，又发展成为明传奇而盛行于明代和清初。传奇较之于"南戏"，自然又有了很多发展，首先"南戏"是不讲宫调的，而传奇却讲究宫调，有"南九宫"的限制；其次，"南戏"是不分"出"的，传奇则分许多"出"；它比起元杂剧来，也有许多不同，元杂剧每剧一般只有四折，传奇则可以多至四五十出或少至数出或十多出；元杂剧只有一个脚色主唱，传奇则各种脚色都可以同台唱，而且在唱法上也有了分唱、合唱、接唱等等的变化；再次，元杂剧唱的是不带入声字的北曲，传奇唱的则是有入声字的南曲；此外，传奇的脚色分配和服装道具、面部化妆等等方面，也有了更多的发展。所以传奇不仅对元杂剧来说是一个崭新的东西，就是对它的前身"南戏"来说，也是一个新的东西。清代前期，传奇仍占有相当大的势力，出现了《桃花扇》、《长生殿》等较为优秀的作品，但从此以后，传奇却日趋衰落。清代中叶地方戏勃兴，弋阳腔、秦腔、徽戏先后进入北京，一时新声竞奏，热闹非常，最后在徽剧的基础上，又吸收了汉剧的西皮调以及其他各种戏剧如昆腔、梆子等的曲调，形成了一种具有独特风格而又博采众长的新戏曲——京剧。京剧自从在清代晚期最后形成以来，出现了大批的优秀演员，通过他们不断的创造革新，京剧本身也在继续不断地变化发展。

从上面这样简单的概述中，我们可以看到戏曲本身的历史，是一个发展变化的历史，戏曲适应着时代的需要，在各个不同的时代，会有各种不同的戏曲。而中国的戏曲，也正是在这种不断的发展变化中逐步丰富、逐步提高的，因此我们不应该用静止的眼光来看待戏曲。我们今天的时代，是一个与以前一切时代都不相同的崭新的时代，戏曲在这个时代里，必然要发生更加深刻的变化，必然要产生符合我们时代要求的新戏曲；这是正常的规律，我们应该认识这个规律，掌握这个规律，用马克思列宁主义、毛泽东思想来促进戏曲的这种变化，认真做好戏曲的改造工作，使它很好地为我们的社会主义革命事业服务，为工农兵服务。

第二，同一种戏曲，在不同的历史时期，也会发生变化，形成不同的特色。例如上面提到的"南戏"，到了明代，经过了改造，发展为明传奇，它一方面是"南戏"的继续，另方面，它又不同于原来的"南戏"，它具有比"南戏"更新的面貌。我们又知道，元代的杂剧，一般每本都是四折或者加一楔子，每本只能有一个脚色主唱，其他脚色只有对白，通常都是由正末或正旦主唱，所唱的则全是北曲。这可以说是元杂剧规定的体制。但是这种体制，也逐渐地发生了变化。如一部《西厢记》竟至写到五本，每本四折（第二本有五折），等于普通元杂剧每本的五倍（实际上是用五本杂剧写一个故事）；而到明代，则又有仅用一折写一个杂剧的，相当于现在所说的"独幕剧"，比起原来元杂剧的每本四折来，仅有它的四分之一。元杂剧所唱的曲调，到后来也受了"南戏"的影响逐渐用了"南北合套"，《录鬼簿》记载元末杭州人沈和甫，就创始了"南北合腔"。这种变化到明代就更加突出，例如由元入明的贾仲明，他撰《吕洞宾桃柳升仙梦》一剧，每折的唱词都是"南北合套"，而且正旦正末可以在同一折唱，正旦唱南曲，正末唱北曲。后来的朱有燉则更发展了这种变化，他的《曲江池》一剧，一共有五折二楔子，在第一折里让旦、净换唱，在第二折里让末、外换唱。他的《牡丹园》剧，竟用十个旦角同唱。明代后期，杂剧的写作，有的甚至全用"南曲"。由此可见，杂剧这种戏曲，由元到明，也发生了很大的变化。再如大家所熟知的明代中叶诞生的昆腔，自从发展成为一种戏曲声腔以后，很快地就传遍南北各地，与当地的语音和民间曲调结合起来，因而形成了富有各地地方色彩的昆曲，如河北的北昆，湖南的湘昆，四川的川昆等等。拿这些地方的昆曲与原来的昆曲比，当然又有了许多变化，具有各地地方的特色，与原来的昆曲不完全一样了。特别是原来流行于陕西的秦腔，即陕西梆子，原分西路梆子和东路梆子两种，西路梆子传入四川，与四川语音和民间曲调结合，成为四川梆子；东路梆子传入山西、河南、河北，演化为山西梆子、河南梆子、河北梆子等剧种，它们经过了各地艺人们的创造，又各自具有自己的特色，与原来的秦腔不完全一样了。上面只是举一些大家熟知的例子，说明戏曲史上这种"一分为二"的变化发展是很普遍的规律。此外还有另一种情况，即多种戏曲、多种声腔互相吸收，互相影响，逐渐形成一种新的声腔和新的剧种。例如前面提到的昆曲，它就是由原来流行于江苏昆山、苏州一带的民间曲调，由杰出的戏曲音乐家魏良辅吸收了海盐腔、弋阳腔，江南的民间小曲以及金元北曲等各种曲调而形成的（在这个创造发展过程中，当然还有其他一些人的功劳）。再如前面也曾提到的京剧，也是吸收了徽剧、秦腔、汉剧、昆腔以及其他一些地方戏的唱腔和表演艺术而形成的，所以无论是昆曲或京剧，它们的形成都是集其他多种戏曲的大成，都是一种推陈出新。它们对于被它们吸收的许多腔调或剧种来说，都是一种巨大的革新，它们一经形成为独立的声腔或剧种以后，对于原有的许多声腔或剧种来说也就是一种否定；也就是说，人们不再把它们看作就是原有的什么声腔或剧种而公认它是一种崭新的剧种了。

总而言之，我国戏曲的丰富历史告诉我们，戏曲的历史，是一个变化发展的历史；不仅是各个时代有各种不同的戏曲，就是同一种戏曲，同一种声腔，在各个不同的时代和各个不同的地域，也都会有不同的变化，而不可能一成不变。我国目前拥有的丰富多彩的戏曲剧种，正是由于这种不断的变化发展而来的，如果没有历史上的这许多复杂的变化，那末就不可能有今天这样丰富多彩的戏曲剧种。

历史是阶级斗争的历史，是发展变化的历史，而不是静止的历史；戏曲的历史也是这样。因此我们应该用辩证的观点来看待戏曲的历史而不应该用形而上学的观点来看待戏曲的历史。在当前社会主义革命和社会主义建设的时代，戏曲要为社会主义革命、社会主义建设服务，为工农兵服务，因此，它必须得到改造，得到革新，因而它就必然会有变化，并且是深刻而巨大的变化。在党的正确方针的指导下，经过广大戏曲工作者的努力实践和群众的热情帮助，我们坚信这种变化会给戏曲带来伟大的新生命，而没有任何理由为戏曲的前途担忧。只有一种情况才是令人担忧的，即不愿意看到戏曲的这种变化，不赞成让戏曲去演现代戏，把戏曲仅仅局限于演传统戏的藩篱之内，如果照这种意见去做，戏曲的前途就确实令人可虑了。

二、戏曲表现现代生活的传统

在戏曲表现现代生活的讨论中，有的同志把戏曲表现现代生活看作完全是一件不可理解的事情，仿佛戏曲只能表现离开自己的时代遥远的历史生活，仿佛戏曲从来没有表现过现代生活，或者过去戏曲表现现代生活从来是不成功的，因此他们一直在戏曲能不能表现现代生活的问题上大做文章。殊不知戏曲表现现代生活是有传统可寻的。有两方面的传统：

一，在戏曲的发展史上，各个不同时期的戏曲，差不多或多或少都曾表现过各该时代的"现代生活"。我们不妨仍从北宋时代的杂剧说起，我们知道宋杂剧的内容以滑稽讽刺为主，其取材有的是历史，有的则是当时的现实。例如宋代曾敏行的《独醒杂志》，曾记载当时的优人扮演杂剧，讽刺政府发行大钱的故事；另外如周密《齐东野语》所载讽刺童贯在对敌斗争中的逃跑主义的"三十六髻"（谐音"计"，即"三十六计，走为上计"之意）的故事；《夷坚志》丁集所载讽刺秦桧子、侄考试舞弊录取的故事；岳珂《桯史》所载讽刺秦桧卖国投降的"二圣钚"的故事，这些都是以当时的现实为题材的杂剧。宋杂剧以后的"南戏"，是产生和流行于民间的戏曲，与人民群众的生活更加接近，它直接反映当时现实生活的可能性也一定更大，我们现在虽然还没有更多的资料来充分说明这方面的情况，但据宋代周密《癸辛杂识》载：南宋时温州乐清县僧祖杰，串通官府，奸污妇女，杀人栽赃，无恶不作，官府却不闻不问，因而引起了群众的公愤，将他的罪恶编为"戏文"（即南戏），广泛演出加以揭露，终于使官府将他逮捕，"毙之于狱"。这个记载说明"南戏"反映当时的现实生活，是曾轰动一时的，在阶级斗争中，曾发挥了有力的作用。宋以后的元杂剧，根据现有的材料来看，虽然历史题材较多，但是也并不是没有反映当时现实生活的作品，例如大戏剧家关汉卿的名作《窦娥冤》，表面上看来，虽然好像是取材于汉代的故事，但实际上所反映的却是元代的现实生活，他的《救风尘》、《拜月亭》、《望江亭》等则更是当时社会现实的写照。至于明清的传奇，如王世贞的《鸣凤记》，描写权奸严嵩父子陷害忠臣杨继盛的故事；李玉的《清忠谱》写苏州市民反对阉党魏忠贤的斗争；《万民安》写苏州纺织工人的抗税斗争，这些都是以当时的现实生活为题材的，可以说都是当时的"现代戏"。至于形成于清代末年的京剧，它演"现代戏"的情况就更为大家所熟知了，例如名艺人田际云（田是梆子艺人兼演京剧）曾编演过反对吸毒的《大战罂粟花》，汪笑侬、王蕙芳、梅兰芳等曾演出过《现身说法》、《情天血泪》、《血泪碑》、《孽海波澜》、《一缕麻》等时装戏。当然从清代末年到民国初年，京剧演出的"现代戏"还有很多，没有必要一一列举。至于各个时期的地方戏演出的现代戏那就更多了。

上述事实说明，戏曲演"现代戏"，是有历史可寻的。当然我们上面所举的各个时代的"现代戏"，仅仅是从题材的角度来说的，并不意味着那些都是应该肯定的好戏，它与我们今天要提倡的革命的现代戏更是根本不同的；但是另一方面，它与当时的那些传统戏，也是大不相同的。对于那些传统戏来说，无论在题材和形式方面，它们都是较新的东西，然而它们都在或长或短的时间里存在过，难道我们能够否认这个事实吗？

二，1942 年毛主席《在延安文艺座谈会上的讲话》的发表，为中国的革命文艺指出了一个正确的方向，在这个正确方向的指引下，我国的戏曲也走上了革命的道路。一方面，开始了传统剧目的推陈出新，为当时的革命斗争服务，由延安平剧院演出的《逼上梁山》、《三打祝家庄》便是这方面的开端。另方面，又演出了反映当时的土改斗争的秦腔现代戏《血泪仇》等。这就是说，推陈出新在当时就表现为两个方面：一方面是传统剧目在思想内容方面的革新，将旧的历史题材用新的历史观点重新加以改编，以达到古为今用、为当时的革命斗争服务的目的；另方面，是利用戏曲的旧形式反映当时现实斗争的新内容，从而在一定程度上突破了戏曲的旧形式，使戏曲的旧形式在题材、思想内容的改变中逐步得到改造。自从《在延安文艺座谈会上的讲话》发表以来，二十多年中，这两方面都做出了显著的成绩。尤其是前者，其成就更为突出。后一方面的成就，因为戏曲表现现代生活所涉及的问题更多，对传统戏曲的改革面更广，困难也就更大，因此其成就比起前者来虽居于第二位，但我们仍然不能低估。大致说来，有两方面的成就：一方面创造了一批优秀的反映现代生活的新戏曲剧目，例如：评剧的《刘巧儿》、

《小女婿》、《金沙江畔》，吕剧的《李二嫂改嫁》、《小二黑结婚》，沪剧的《罗汉钱》、《星星之火》、《鸡毛飞上天》，豫剧的《李双双》、《朝阳沟》，扬剧的《夺印》，京剧的《白毛女》、《四川白毛女》、《八一风暴》、《红色风暴》，昆曲的《红霞》等等。这些戏，基本上都已经在舞台上站住了，受到了观众热烈的欢迎。这一批剧目的出现，用事实说明了戏曲表现现代生活并不是不可能的，特别是京剧这样程式比较严格的剧种，居然也能与现代生活结合得比较自然和谐，仍旧能使观众爱看，这说明那种认为京剧不能表现现代生活的看法是没有根据的。尤其是最近举行的 1964 年京剧现代戏观摩演出，涌现出了大批优秀剧目，更加有力地说明了京剧表现现代生活不但是可能的，而且还有它独到的长处。这一批剧目的出现，应该看作是旧戏曲发展变化为新戏曲的里程碑，其意义远远超过元末明初出现的"荆"（《荆钗记》）、"刘"（《白兔记》）、"拜"（《拜月亭》）、"杀"（《杀狗记》）和《琵琶记》，也远远超过带着昆腔新声登场的《浣纱记》。上述这些戏，无论是"荆"、"刘"、"拜"、"杀"也好，或者是《浣纱记》也好，它们的革新变化，主要是形式上的革新变化，在思想内容方面，并没有根本的变化。同时，这一批新的现代戏的出现，其意义也远远超过历史上各个时代的"现代戏"，因为那些"现代戏"，虽然题材是新的题材，但思想内容仍旧不可能跳出封建时代的历史限制，其中有一些还是明显地为统治阶级服务的坏戏，而在形式上，则更没有引起戏曲的重大变化。现在这一批反映我们时代的现实生活的新戏曲的登场，却是从封建时代的旧戏曲变化发展为社会主义时代的新戏曲的一个标志，是戏曲的一个伟大革命，它的意义和即将在我国人民生活中产生的巨大的积极作用，是不应该低估的。另一方面的成就，是通过上述这许多现代戏曲的创作和演出，我们积累了相当丰富的经验，有剧本创作的经验，有戏曲音乐推陈出新的经验，有戏曲演员表现现代生活、表现新英雄人物的经验，有导演的经验，有培养演员的经验，等等。上述这许多反映现代生活的优秀戏曲剧目，是建立在这许多经验的基础上的，没有这多方面的经验积累，不可能成功地演出这些优秀的剧目，我们应该充分重视这些经验。

上面所说的戏曲表现现代生活的两方面的传统，自然前者（指历史上戏曲反映各该时代的现代生活的传统）对我们主要是认识的作用，使我们知道在戏曲的发展过程中，曾经表现过各个不同时代的现实生活，从而使我们的思想从戏曲只能表现过了时的历史生活的狭隘观念中解放出来。而更重要的是，我们应该充分重视后一方面的传统（指延安文艺座谈会以来的传统），因为，一方面，即使戏曲在封建时代的历史上没有表现过当时的现代生活，我们今天根据革命的需要，根据文学艺术是一定时期的经济基础的上层建筑、是阶级斗争的工具的性质，我们也仍然应该努力改造旧戏曲，使它为社会主义的伟大事业服务；另方面，后一种传统，是戏曲反映我们时代的现实生活（有的是新民主主义革命时期的生活）的直接经验，这方面的经验是推动我们新戏曲继续前进的一种动力，也是进一步克服保守观点的一种物质力量。有了党的正确的政策，有了上面这些宝贵的经验，有大批热心于表现现代生活的戏曲工作者，有许多积极支持新戏曲的观众，戏曲表现现代生活的种种困难是完全可以克服的，旧戏曲改造成为社会主义的新戏曲是完全可能的，我们坚信，一切保守的思想必然将被社会主义新戏曲的思想力量和艺术力量所征服。

三、戏曲必须表现我们伟大的时代

上面提到戏曲的推陈出新有两方面的内容，一方面是传统剧目的思想内容的革新，新的历史剧的创作，民间传说、神话的改编等等；另一方面是戏曲表现现代生活，在表现现代生活的实践中使旧戏曲逐渐改造成为具有新内容新风格的社会主义时代的新戏曲。这两个方面，在前一阶段，前一方面的工作做得比较多一些，成绩十分显著，这是十分必要的。但是，我们不应该让我们的戏曲改革工作停留在已经获得的成绩上面，我们的目标是要彻底改造旧戏曲，使旧戏曲成为崭新的社会主义时代的新戏曲；使它成为用社会主义思想教育人民、团结人民、批判一切不利于社会主义事业的旧思想的有力武器；使它成为用新的思想感情、崭新优美的艺术形式娱乐人民的最好的艺术形式之一。这样，我们就必须大力提倡戏曲表现我们今天社会主义时代的现实生活；换句话说，戏曲的推陈出新，必须以戏曲表现现代生活、表现具有社会主义思想的新英雄人物为其主要方面，为其发展的根本方向。其所以如此，我的理解，有下述两方面的根本原因：

一，文学艺术，是一定的经济基础的上层建筑，它是一定的经济基础的反映，同时又是为一定的经济基础服务的。中国的传统戏曲，产生于封建社会，反映的是封建社会里的人们的生活和斗争，虽然其中一部分作品蕴藏着思想和艺术的精华，在一定程度上反映了人民美好的理想和愿望，我们决不能不加分析地全盘否定。但另一方面，它毕竟是封建时代的产物，其中反映统治阶级思想的作品占有很大的比重，所以在许多传统剧目里，充满着封建迷信的思想，封建的道德观念；即使那些具有反抗意识的剧目，也是建立在承认或拥护私有制的思想基础上的（尽管这种思想不一定都在剧中直接地表现出来），它们不可能具有社会主义的思想。现在，旧社会的私有制的经济基础，已经为我们的革命斗争彻底粉碎了，社会的政治和经济制度已经进行了彻底的改造，我们已经创建了伟大的社会主义社会和公有制的经济基础，我们将来还要建设更加美好的共产主义社会，因此我们必须为巩固和发展我们的社会主义的政治和经济而斗争。为此，对旧戏曲的改造，就是刻不容缓的事情。当然，对传统剧目的整理改编，也是一种改造，是对遗产的批判继承，从社会主义和共产主义的文化建设的长远利益来看，这同样是不可缺少的工作，我们今后仍然要很谨慎地做好这方面的工作。但是仅仅有这方面的工作，还远不能满足我们社会主义革命事业的需要，更谈不上彻底地把旧戏曲改造成为社会主义的新戏曲。所以我们必须进一步地改造旧戏曲，使它能够直接反映我们伟大的社会主义现实生活，反映我们时代的具有社会主义觉悟的新人物，使它更直接地、更有力地为伟大的社会主义事业服务；在反映新现实、新人物的过程中，使它自己也改造成为社会主义时代的新戏曲，这就是说把它改造成为社会主义的经济基础的上层建筑，使它完全适应于我们社会主义的经济基础。

二，马克思主义一向认为历史是一个辩证发展的过程，新的政治、经济、文化是从旧的政治、经济、文化中发展而来的，毛泽东同志说："中国现时的新政治新经济是从古代的旧政治旧经济发展而来的，中国现时的新文化也是从古代的旧文化发展而来，因此，我们必须尊重自己的历史，决不能割断历史。但是这种尊重，是给历史以一定的科学的地位，是尊重历史的辩证法的发展，而不是颂古非今，不是赞扬任何封建的毒素。对于人民群众和青年学生，主要地不是要引导他们向后看，而是要引导他们向前看。"毛泽东同志又说："中国的长期封建社会中，创造了灿烂的古代文化。清理古代文化的发展过程，剔除其封建性的糟粕，吸收其民主性的精华，是发展民族新文化提高民族自信心的必要条件；但是决不能无批判地兼收并蓄。必须将古代封建阶级的一切腐朽的东西和古代优秀的人民文化即多少带有民主性和革命性的东西区别开来。"（《毛泽东选集》第2卷，第700－701页）这里，毛泽东同志一方面教导我们要重视遗产的批判继承，因为马克思主义者是历史主义者，是真正能够科学地认识历史发展的辩证规律的，是反对割断历史的；另方面，毛泽东同志又教导我们，批判地继承遗产的目的，是为了创造新的民族文化；对我们今天来说，就是创造社会主义的新文化，而不是消极地为继承遗产而继承遗产。毛泽东同志的这个指示，精辟地阐明了新旧文化的辩证关系，同时也规定了我们对待遗产的根本方针。很显然，在这个方针里，贯彻着鲜明的革命精神和活泼的创造精神。根据这个方针，我们对待古典戏曲遗产，一方面要批判地继承，要重视传统剧目的批判整理工作；另方面，更要从现实的革命斗争的需要出发，认真地创新，创造社会主义的新戏曲。其具体途径，就是要用戏曲的形式来表现现代生活。不可否认，旧的传统戏曲的形式与现代生活之间是存在着很大的矛盾的，因为传统戏曲的形式是过去时代人们生活的高度艺术概括，传统戏曲的一套表演程式，是以过去时代人们的生活为基础的，用它来反映现代生活，确实不是一件容易的事情；然而，这只是问题的一个方面，问题的另一方面是传统戏曲的形式，它的表演程式，如果从一个较短的时期来看，它确实是比较稳定的，似乎是不变的；但如果从一个比较长的历史时期来考察，则它又是在不断变化发展的。前面已经说过，从宋元南戏到明清传奇，从元杂剧到明杂剧，它的形式是有变化的，它的表演程式也是有变化的，这就是说它不断地在适应着新的时代的新的生活和新的观众。虽说宋、元、明、清都是封建时代，社会的性质是没有变，但是我们难道能够认为这些不同时代的人们的生活、思想、风俗习惯是丝毫没有变化的么？这些不同时代的社会政治和阶级斗争难道就没有增加新的内容么？显然我们不能这样来看问题。既然过去的戏曲，一直在随着时代的演变而不断地发展变化，那末为什么戏曲发展到今天就只能停止不前，不能再有所发展变化了呢？显然我们也不能这样来看问题。旧的戏曲形式与新的现实生活之间的矛盾，正是促使戏曲继续向前发展的一个动力，是戏曲发展的内部因素，因为新的内容要求用新的形式来表现它，没有新的形式，就不可能很好地表现新的内容。在这个发展过程中，当然会有一段时间戏曲的新内容和旧形式不能取得完全的和谐统一；这是一个过程，而且是一个不可避免的过程，任何有远见的人，任何稍稍懂得一点艺术发展规律的人，都不会否认这个过程的；相反，他们会以积极的态度来帮助戏曲艺术家们尽可能地缩短这个过程，减少这个过程中的困难，而不是去延长过程，增添困难。当着这个过程逐步消失，新戏曲的内容和形式取得完美的统一的时候，那末也就是旧戏曲经过了质变，社会主义新戏曲完美地形成的时候。看了京剧《八一风暴》，看了豫剧《李双双》，看了昆曲《红霞》，看了评剧《会计姑娘》等等以后，一贯热爱新事物的观众们，难道没有感到这个过程越来越缩短了么？尤其是这次京剧现代戏观摩演出，给了我们以无比的信心和莫大的鼓舞，正是从这些表现现代生活的新戏曲里，我们看到了在我国已经有了千年历史的古老戏曲的新的生命力，看到了即将成熟的社会主义新戏曲的壮健美丽的形象。如果按照戏曲不能表现现代生活的"理论"，那末，我们的戏曲发展史，只能写到昨天为止，而那些爱好戏曲而又热爱我们社会主义现实生活的广大观众们，也就只好怀着惋惜的心情，到戏曲剧场里的笙箫鼓乐或金戈铁马声中去聆听遥远历史的回声，而无法从戏曲中看到我们社会主义时代的壮丽形象和听到它的美妙声音了。这难道是对推陈出新的正确全面的理解么？这难道是对戏曲遗产的真正爱护么？显然，这是一种对推陈出新的片面理解，也不是对戏曲遗产的真正爱护，我们不应该采取这种态度来对待戏曲遗产。

四、戏曲革新的几个问题

在戏曲表现现代生活的问题上，除了上面两个根本问题必须取得统一的认识外（也就是说戏曲究竟应不应该成为我们时代的经济基础的上层建筑，要不要为社会主义事业服务，为工农兵服务；戏曲要不要随着新的时代而使自己更好地发展繁荣），还有一些问题，也必须取得一致的认识，这里姑且先谈谈我个人的看法。这些问题是：

一，如何理解"出社会主义之新"的问题。我认为"出社会主义之新"的根本问题，是剧作者必须站在无产阶级的立场上，用马克思列宁主义、毛泽东思想、用戏曲的形式来创作革命的现代剧。如果剧作者不具备这种观点和立场，那末就根本不可能"出社会主义之新"。在这个基础上，"出社会主义之新"，首先要求剧作者们大力创作反映我们社会主义革命和建设时代的现实生活的新戏曲，歌颂我们时代的新的英雄人物，这是最主要的方面。因为这类剧目，不仅作者的立场观点是马克思主义的，而且作品的内容，作品里正面人物的思想，也是社会主义的思想，对广大观众有着直接的教育作用，是当前的现实斗争所迫切需要的。与此同时，还应该积极创作反映党所领导的革命斗争历史的现代剧。这种反映革命斗争历史的现代剧所反映的生活虽然不是社会主义建设时期的现实生活，但这个斗争是由党所领导的，是用马克思列宁主义、毛泽东思想领导的，斗争的最终目的是为了在中国建设社会主义和共产主义，这种反映革命斗争历史的现代剧，对今天广大人民的教育作用也是巨大而深刻的，它能够鼓舞广大人民的革命斗志，继承和发扬前辈的革命精神，这也就是革命传统的教育，我们决不能对它忽视。

此外，我们还应该用历史唯物主义的观点，也就是用阶级斗争的观点创作新的历史剧和改编传统剧。新的历史剧，虽然它的思想内容不是直接宣传社会主义，但剧作者用无产阶级的阶级斗争的观点来反映社会历史的发展，对观众仍然有积极的教育作用。一方面可以给予观众以正确的阶级观点和历史观点，给予观众以爱国主义等思想教育；另方面也可以使观众欣赏传统戏曲的优美艺术。而这种新的历史剧，与一切过去的以帝王将相为历史主人的传统剧，在立场观点上是根本不同的，在对历史发展的认识上也是根本不同的。所以它也是为我们所需要的。至于用马克思列宁主义、毛泽东思想重新改编的传统剧，它的题材虽然是传统的题材，但已经用新的观点加以重新改编了，这就是说剧作者对剧本所反映的生活内容，已经用马克思列宁主义观点作了分析评价，它不再是宣传封建迷信的思想或资产阶级思想了，剧本的思想内容对观众有不同程度的积极意义。这就是说，这类戏与未经改编的原剧，有着质的不同，一个是用马克思列宁主义、毛泽东思想重新改编的，一个是旧时代的剧作者用封建的或资产阶级思想创作的，两者的性质根本不同，作品的思想内容也根本不同，所以前者也是我们所需要的。

当然，我们现在所强调的"出社会主义之新"，是指第一类的作品，即反映现代生活，内容直接宣传社会主义思想的作品。也就是说，我们强调首先要求作品的思想内容"出社会主义之新"，我们在创作和演出的安排上，也应该让这一方面的剧目占主要的地位。至于用马克思列宁主义、毛泽东思想新编的历史剧和改编的传统剧，虽然也是我们所需要的，但却不能把它与前者等同起来，不分主次地一律加以强调。当然，我们强调让作品的思想内容"出社会主义之新"，并不意味着要抛弃过去流传下来的优秀的传统剧目，更不是要把戏剧史上的优秀剧作家和他们的作品一笔抹煞，这是不言而喻的。

二，戏曲表现了现代生活以后，还像不像戏曲的问题。有人认为戏曲表现了现代生活以后，就不像戏曲了。究竟我们应该怎样来看这个"像不像"的问题呢？我认为对这个问题，应该有一个辩证的观点。一方面要求其像，这就是说，例如京剧演现代戏，应该继续保持京剧的特色。这里所指的特色，主要是指区别于别种戏曲的艺术特色，如京剧的唱腔，京剧的表演，京剧的锣鼓、曲调等等，而不是指谭鑫培、杨小楼的特色，也不是指甩水袖、耍翎子、起霸、亮相等等的特色。虽然谭、杨的艺术仍可以为我们吸取借鉴，但演现代戏却肯定不能以他们的艺术作为"像不像"的标准，也不能以有无水袖、翎子、起霸、亮相为

"像不像"的标准;另方面,又不能要求它完全像旧的京剧。这就是说,京剧演现代戏(别种戏曲也一样),首先要从现实生活出发,这是京剧艺术(也是别种戏曲艺术)革新创造的起点。要使原有的程式经过融化创造而在新的生活基础上提炼出适合于表演新的生活内容的新的程式、新的表演手段来。这样它与原有的程式、做法就必然会有许多距离,与原有的一套老程式、老做法就必然会有许多"不像"之处,有许多突破,有许多创新。我认为这突破之处,创新之处,也就是戏曲表演艺术的新发展之处。当然,这些创新之处,还要有所删除,有所改善,有所提高,但不是把它改善提高到与旧程式一模一样,与谭鑫培、杨小楼一模一样,而是要求它改善提高到一个新的艺术境界。至于究竟是一种什么样的新的艺术境界,这不是我们可以预先为它画好蓝图,作出规定的。谁也没有为当年京剧的创始人们预先设计好一套完备的京剧艺术标准。这是要由我们时代的有思想、有才能、有魄力的艺术家去发挥他们的艺术才华,去深入工农兵的生活,去吸取一切戏曲艺术甚至别种艺术的精华加以融会贯通而创造出来的。回顾一下历史,我国戏剧史上出现过多少卓越的大师啊!难道我们的时代,不应该是英才辈出的时代么?归根到底,我们不应该用旧的艺术标准,旧的欣赏趣味去衡量新生事物,从而束缚新生事物,阻碍它的成长。那末,这个新的艺术境界是否是一个完全无法捉摸的不可知的境界呢?当然不是,归根到底,还是要使戏曲艺术完全适合于表现我们时代的现实生活,使内容与形式达到完美的和谐与统一,同时又保持各种戏曲艺术自己的风格特色。

三,快慢精粗的问题。戏曲必须表现现代生活,这是戏曲发展的方向。方向问题明确以后,自然就涉及改造的快慢精粗的问题。从我们的主观愿望来说,当然快与精是好的,慢与粗是不好的。但是这里面还应该具体分析。要把古老的复杂的戏曲艺术改造成新的社会主义戏曲,确实不是一件简单的事,因此完全从主观愿望出发而不考虑实际问题,不

407

认真地从事实际的研究是不对的。在戏曲史上，由旧的戏曲吸收融化其他各种戏曲的艺术而产生一种崭新的新戏曲的例子是不少的。京剧就是一例。然而这种改造过程，往往是需要较长的时间的。京剧的成长，从道光到宣统末年，一共经历了八十年左右，其中至少有三四十年（从道光到咸丰），是一个形成的过程。明代魏良辅创制昆腔，不计昆山腔在民间原来流行的时间，单是魏良辅等人创制的过程，据说也经过了十多年的时间。自然我不是说我们今天要以他们为榜样，再花上三四十年或一二十年的时间；在党的正确政策的领导下，这个过程是必然会大大地缩短的，然而必要的过程仍然是不可缺少的；惟其如此，我们今天就应该加紧工作，不能再犹豫迟疑，否则时间将拖得更长。这个过程，对于戏曲的批评者和观众来说，了解一下也是必要的。这样，就可以群策群力，多出些主意，多想些办法，加速它的改造，同时也不至因为有某些缺点而丧失信心，因为过程还没有完嘛！（这次京剧现代戏观摩演出，使我们看到这个过程已经大大地缩短了）

至于精粗的问题，当然戏越精越好，越粗越不好。但对这个问题也要分析，要知道粗与精也是一个发展过程，没有生来就精的艺术，任何艺术都是由粗到精地发展的（当然也有再由精到粗的发展的，这就是没落的资产阶级艺术），我们现在演的现代戏，如果与十几二十年前演的现代戏比一比，那末应该说是精得多了，不久的将来肯定地还要更精。重要的是当我们看到它的粗的时候，我们一定要相信它未来的精而不应该因为它暂时的粗而断定它永远不可能提高到精的境界。

总而言之，戏曲表现现代生活，不是一桩一蹴即成的事情，它必须要有一个过程，我们要以满腔热情的态度对待它。各个剧种之间，也不可能完全平衡地发展。重要的是我们要坚持这个正确方向，脚踏实地地认真工作。

四，戏曲艺术的高峰问题。有人认为戏曲表现现代生活以后，戏曲的表演艺术就无高峰可攀了，再也不会有程长庚、谭鑫培、杨小楼、梅兰芳这样的艺术大师了，戏曲演员今后的艺术天地似乎是狭窄了。我认为这种认识是完全不对的。第一，戏曲表现现代生活并不意味着戏曲的优秀传统剧目可以完全废除，戏曲演员完全可以既演传统戏又演现代戏。第二，用历史唯物主义的观点新编历史剧，仍然是今后一项艰巨的工作，戏曲演员的一套传统的表演艺术在传统剧目和新编的历史剧里完全有用武之地，观众也用不着担心这方面的优秀的表演艺术会丢失。第三，更重要的是，从表演艺术来说，戏曲表现现代生活，不是把演员的艺术天地缩小了，弄狭窄了，恰恰相反，是为演员开创了一个全新的艺术天地，这是前人从未攀登过的艺术新境。在这个天地里，所有的戏曲演员，都可以驰骋自己的艺术才华，发挥自己的创造性，真是海阔凭鱼跃，天高任鸟飞，这是一个多么广阔的艺术新天地啊！要说艺术天地的狭窄，我倒觉得如果把戏曲演员局限于演几出传统戏，相对地说，倒是真有点狭窄的。因为这种表演艺术已经离开了它的生活土壤，演员再也不可能从实际生活中去体察他所创造的角色了，他只可能从前人创造的程式中去模拟种种动作，从规定的性格中去揣摩人物的心理，虽然我们现实生活中的各色人物对他的创造仍会有所帮助，但终究是间接的而不是直接的了，这样他们的表演艺术也就不可避免地受到了种种束缚限制。戏曲表现现代生活则不然，演员可以不断地从现实生活中得到启示，艺术与生活可以有十分紧密的结合。这样也就随时提供给他艺术创造的灵感。总而言之，戏曲表现现代生活，为戏曲演员提供了努力创新的艺术新天地。在这个天地里，他们完全可以展翅翱翔，达到更高的境界，我们不应该也不可能去重复过去时代的艺术高峰，但是我们却应该而且完全可能创造出我们时代的新的艺术高峰来！问题是在于用毛泽东思想武装起来，真正深入工农兵的生活，更好地练好各种戏曲表演的基本工，提高文化艺术修养。

总之，戏曲表现现代生活，是戏曲的一次伟大的社会主义革命，是我们时代的戏曲家们的光荣任务，我们应该为出色地完成这个光荣任务而艰苦奋斗，清人赵翼说："江山代有才人出，各领风骚数百年！"我们不应该辜负我们的伟大时代，不应该辜负我们的伟大人民，不应该辜负我们伟大的党给予我们的殷切期望！

1964 年 5 月 10 日

后　记

这篇文章写于今年 4 月间，到 5 月初才断断续续地写完。因为是写于 1964 年京剧现代戏观摩演出大会以前，所以文章中没有涉及参加此次演出的剧目。经过这次观摩演出，对于戏曲表现现代生活的问题大家又会有进一步的认识，关于这一方面，这篇文章也不可能谈到了。笔者希望经过这次学习后另写文章。

1964 年 6 月 20 日

对于传统戏曲争论问题的旁白

最近一段时期，戏曲界关于传统戏曲尤其是京剧的前途的讨论，显得颇为热烈。有的同志提出要"冲破戏曲化的束缚"，有的同志提出要"横向继承"，有的同志则主张要突破"传统戏曲美学原则"，还有的同志断然提出"对于戏曲传统的继承要慎重从事"，要"从传统里跳出来"。

对于当前传统戏曲的现状，在讨论中也有各种各样的看法，有的说当前传统戏曲尤其是京剧的演出，简直是"门可罗雀"，也有的说已经濒临死亡，而且他们认为一个时代有一个时代的艺术，传统戏曲是封建时代的产物，现在时代不同了，戏曲不能反映现代生活，不符合现代观众的审美趣味，因此它就只有一个灭亡的前途了。

传统戏曲是我国的一份珍贵的文化遗产，我们处在百废俱兴、轰轰烈烈的改革的时代，大家来关心讨论这份宝贵文化遗产的命运前途，如何使它在新的历史条件下发挥更积极的作用，我觉得这样的讨论是有积极意义的。

一

讨论问题，必须调查研究，弄清现状，从可靠的实际现状出发，作为我们讨论问题的基点。如果对实际情况的估计有偏差，甚至有较大的出入，那末作出判断也就很难准确。在我们建国的历史过程中，吃这种不明情况的亏甚至是苦的惨痛经验是不少的。那末，传统戏曲包括京剧，目前是不是到了"门可罗雀"、"面临灭亡"的绝境了呢？我对此并没有做过专门的调查，但近几年来，我常到各地作些文学研究方面的调查考察工作，也经常喜欢看看各地的地方戏和京剧。我在开封看过豫剧的演出，在兰州看过秦腔的演出，还看过京剧关鹔鹴的演出、在四川看过川剧的传统戏和现代戏，在杭州看过婺剧，在上海先后看过赵燕侠、厉慧良的演出。在安徽宿县看过坠子戏，在长春看过吉剧。当然比起戏曲研究的专家们来，我看得毕竟是很少很少，更谈不上调查研究。但是感到非常奇怪的是，我近几年来在各地看了这么多戏，竟一次也没有碰上"门可罗雀"的悲惨场面。我要声明，我看的这些戏，一次也不是专门组织的演出，例如我在开封看豫剧《大祭椿》时，就是临时跑到剧场去的，剧场的不卫生，混乱和观众的拥挤，情绪的热烈，一齐都收进了我的眼里，演员叫什么名字我也记不起来了，反正不是常香玉、马金凤这些著名演员，那次我想看申凤梅，也没有能看上，一直引为憾事。我在杭州看婺剧，也完全是凑巧，演员都是年轻演员，剧场情绪之热烈，也是颇为可观的。我还必须提一下 1982 年我在上海，适逢赵燕侠在人民大舞台演出，多年不看她的戏了，很想看一场，跑到剧场买票处，几天前全部票已卖完，其盛况可以想见。尤其是最近我在上海看厉慧良的演出，戏码刚出来，没有多久，全部票售完，到我进场的时候，人民大舞台周围等退票的人群，围得几乎走不进去。一出《长坂坡·汉津口》，赢得观众如醉如狂，谢幕竟达三十余次，观众送上去的匾额，其一曰"武生泰斗"，这还犹可说；其二曰"空前绝后"，厉慧良一看，连忙叫不要举起来，不敢当，不是事实。这一切，我都在场，八十六岁的关良先生也在场。这里，请允许我引用《新民晚报》5月11日之江同志的文章：

厉慧良连续加演四场

《艳阳楼》中"趟马"、"醉打"身手不凡

厉慧良来沪演出已四场，深受观众欢迎。他连日接到诉说戏票难求的观众来信。感动之余，决计放弃原已安排好的休息日，连续加演四场如下：十一日《挑滑车》；十二日《闹天官》、《钟馗嫁妹》；十三日《长坂坡·汉津口》；十四日《挑滑车》。

八、九日晚，厉慧良连续献演了他的得意杰作《艳阳楼》。《艳阳楼》是杨小楼继承乃师俞毛包的名作，以演这场戏而成名者颇不乏人。如杨瑞亭、刘奎官、高盛麟等，可是厉慧良能摆脱前人窠臼，有自己的创造。像他的其他剧目一样，他的艺术构思较为先进，刻画人物与安排节奏也都能符合近年观众的欣赏习惯。昨晚的演出，显得紧凑而精彩……

这篇文章里还有许多精彩的报导，由于篇幅的关系，我不好意思再引了。

看看这样的实况报导，再对照一下理论家们作出的"戏曲灭亡"论和门可罗雀论，不觉得有点滑稽么？或曰，那些都是老戏迷，不能反映

一般情况。我是头天《长坂坡·汉津口》演出的见证人，应该有发言权。第一，那些人是否都是"戏迷"，我当时未请他们填调查表，不得而知，但可以明确地说，其中"老"的人固然有，年轻的人却也着实不少，同我一起去的五个人，两位是三十多岁的，两位是刚过四十的，我自己是刚过六十的。这样的观众，难道能说是"老"吗？至于整个剧场里的情况，青年和中年人所占的比例确是不小的，一个简单的道理，六七十岁或七八十岁的老人，还有可能拥挤在剧场门口等退票而至于头一出《坐宫》唱完还不肯散吗？至于说这些人都是戏迷，我到觉得可能说对了，而且说得很好。试想一种艺术，被那末多男女老少的观众迷上了，还迷得如痴如狂，这不正好说明了这种艺术的强大的吸引力和蓬勃的生命力吗？怎么反倒会成为死亡的象征呢？不是常听人说，我们有许多女排的球迷，乒乓的球迷吗？这不正是说明我们的女排，乒乓都赢得了广大的观众，我们的运动事业正在蓬勃发展吗？为什么戏——传统戏曲有了"戏迷"，情况反而倒过来了呢？观众少了，是"门可罗雀"，观众多了，是"老戏迷"，不足为凭，如此这般，正不知如何是好，实在难乎其为传统戏曲矣！

还有一点情况，也是从报纸上抄来的，我索性不避嫌疑，做个文抄公罢。

本月（5月）23日《新民晚报》第二版：《教美国人演〈乌龙院〉》："一出由高鼻子蓝眼睛演出的英语京剧《乌龙院》，曾经在有三百三十个剧目参加的全美大专院校戏剧比赛中，荣获首奖，它的演出实况，通过荧屏和银幕向美国各地播映，并且至今还作为教育片在那里的大专院校播映……《刘唐下书》里"走边"的繁复身段，美国演员几乎全照中国的原样演……"谢谢翁再思同志的报导，使我们得知周信芳同志的杰作《乌龙院》居然由美国人搬上了舞台，而且是全部按照京剧的程式唱腔搬上去的，这真是新鲜事儿。无独有偶，本月同一天的《光明日报》第四版刊登了孙杰同志的文章：《中国的凤凰，飞吧！——记英语京剧〈凤还巢〉的诞生》。文章说："美国人是有开拓精神的。一批爱好戏剧的美国大学生把我国绚丽的京剧艺术之花移植到了美国舞台上。他们不是把京剧变成话剧演出，而是把京剧的唱腔、念白、眼神、动作，以至服装、乐器全部搬过去，只是演员换成了美国人，唱词换成了英语……"

这两个报纸同一天报导的两条消息，难道不值得那些传统戏曲灭亡论者和传统戏曲落后论者去认真思索一番吗？不是说现代生活的节奏快了，传统戏曲已经跟不上这种时代节奏，所以只有淘汰的下场了吗？然而，美国生活方式却不嫌其节奏慢，全部照搬。面对着这样的现实，理论家们将何以修补自己的"理论"呢？

当然，我丝毫也不是说传统戏曲就无需改革或改进，也不是说任何地方，任何剧团的演出上座率都很好。我是说，我们对待祖国的文化遗产，要采取严肃认真负责的态度，要弄清它目前问题之所在，不要因为枝叶上的问题就连根拔掉。

我认为传统戏曲特别是京剧，其根本问题之一，是演员青黄不接，老一辈的不少已经过世了，由于十年动乱，年轻演员也被荒废了。但他们现在正在迎头赶上，而且已有一批开始能接上了。厉慧良、赵燕侠、关鹔鹴等老一辈的演员一登台，就是客满，就是要求连续加演，这说明观众的欣赏水平高，因之，那些演出质量不能达到较高的标准的，它的卖座也自然上不去。这种情况，就是在解放前的旧社会里，电影极不普遍的情况下，也同样如此。演员阵容特别差的剧团，那时也照样卖不满座，这有什么奇怪呢？因此用什么方法可以培养出一批优秀的演员来，如何帮助和改善传统戏曲和京剧演员的各方面的条件，在艺术上如何帮助他们精益求精，这正是在改革中应该重视的问题。问题之二是要继续清除在改革中的"左"的思想的影响，清除那种以改革为名对传统戏曲采取全盘否定的态度。那种对待传统文化的虚无主义的思想，我们必须坚决反对，这样才能保证戏曲的改革能沿着它自身的规律稳步前进。我们应该认真吸取钢琴伴唱《红灯记》之类的教训，对于诸如此类的"改革"理论，我们应该有识别的能力。三是传统戏曲艺术不是孤立的艺术，它是与我们的传统文化、历史、艺术有密不可分的关系的。十年动乱期间，我们一切传统文化都遭到了空前的浩劫，学校正常的教学停止了，书店里除了马、恩、列、斯、毛的书以外，其他关于历史、文化、艺术的书统统没有了，传统的小说再也见不到了，我们小时候小学五年级就读得非常之熟的《三国》、《水浒》、《西游记》、《西厢记》、《唐诗三百首》等等的书，"文革"时期的中学生连这些书名都没有听说过。在这场空前的文化浩劫之后，新的一代自然缺乏这方面的知识兴趣和修养。要知道，这并不是他们的长处，而是他们所受的文化创伤。他们需要的是补进这些必要的知识而不是进一步巩固扩大这种空白。传统的文化修养提高了，传统的历史、文化知识丰富了，对这份珍贵的传统戏曲遗产的认识自然也就不一样了。还必须看到我们许多传统戏曲，都是文学名著，例如《西厢记》、《牡丹亭》、《长生殿》等等，都是最好的戏曲文学。缺少了这方面的教育和修养，青年人怎么能懂得这份传统戏曲的珍贵价值呢？所以，目前新的一代青年有不少对祖国的历史以及对古典文学和传统戏曲缺乏了解，这是一种在特殊情况之下造成的社会现象。随着我们要把伟大祖国建设成一个具有高度科学文化的社会主义国家，这种由历史造成的文化知识修养的缺陷，也必将得到解决。事实上不少青年目前正在自觉地补上这一段空白。由此可见，传统戏曲，目前既不是很少观众，将来它的观众也不可能衰落。四是在清除了种种"左"的错误理论的干扰后，传统戏曲自然应该依照自身的规律，适应时代的需要，作必要的改革，这种改革，也就是使艺术与观众取得更大程度上的一致，使艺术更加精益求精。事实上这种改革，在戏曲本身的发展过程中是一直在进行的。特别是建国以后的十几年来，可以说一直没有停止过，中间只是受了极左思想和势力的错误指导和控制，走了很长时间的一段弯路，现在弯路走过了，有了认识了，不能再走了。改革则应该依靠表演艺术家们本身和广大的戏曲工作者，在尊重传统戏曲本身的特点的前提下，继续认真地进行下去。

二

有的同志说，要突破传统戏曲的美学原则，戏曲艺术必须面对新的审美世界。这后一句话有半句是说得对的，只可惜也还是等于没有说。因为谁都清楚，戏曲本来就是面向广大观众的，所以就根本用不着说它"必须面对"云云。但我进一步要问的是，我们现在的戏曲观众，是否就是理论家所说的"新的审美世界"？要求厉慧良加演四场，要求他谢幕三十次的观众，是否就是理论家所说的"新的审美世界"？如果是，那末厉慧良不是已经成功地面对了"新的审美世界"了吗？若然，那天如醉如痴的观众，他们就荣幸地获得了"新的审美世界"的称号，鄙人也荣幸地沾上了一点光。但是，我在荣幸之余，却觉得惭愧而又心虚，因为我实在没有学到什么"新的审美世界"的审美秘诀。如果说这些如醉如痴的戏迷观众，只能算"老戏迷"，不能算"新的审美世界"，那末，理论家如何来解释这种客观存在的社会现象？应该把这些"戏迷"们算作什么？万一"新的审美世界"来了，那末这些如醉如狂的观众是否就应算作是"旧的审美世界"而予以淘汰？总而言之，我感到那后半句话，实在使人感到有点惶惑。

至于要突破传统戏曲的美学原则的问题，就更是一个重大的理论问题了。这里涉及两个问题，一是什么是传统戏曲的美学原则，二是打算如何突破?

　　什么是传统戏曲的美学原则呢? 我确实不甚了解。幸好有一段现成的文字可供借鉴:"中国传统戏曲的美学特点,就是把现实生活用写意的表现方法提炼成一整套统一的程式:请看看动作——规范程式化;化妆——脸谱化;唱腔——板路化;角色——行当化……这些程式就是具体的戏曲美学特点。"历史悠久,丰富多彩的中国传统戏曲的美学原则,却原来是如此贫乏简单,只有四句话,四个"化"字就都说尽了。果真如此吗? 我却又有点不信。

　　过去常听人说杨小楼是"活霸王"、"活赵云",说盖叫天是"活武松",说周信芳是"活宋江"。可见人们都喜欢用这个"活"字来称赞演员的精彩表演。这个"活"字看来是对演员评价的最高的字眼。我们从来没有听说过一个戏曲演员因为学会了这四个"化"字就被称赞为美的,那末怎么可以以这个"四化"来作为传统戏曲的美学原则呢? 我认为程式化、脸谱化等等,只不过是京剧艺术或戏曲艺术的一种特殊的表演手段,而它的最高的美学原则,应该是塑造典型形象,把角色表演得也即是塑造得栩栩如生,令人不能忘怀。就我个人的经验来说,一提到周信芳,当然就会想起他的宋江、宋士杰、张广才这些角色来;一提到盖叫天,也必然想起他的武松、黄天霸、史文恭这些角色来。使我们感到永远不能忘记的是他们所创造的这些艺术形象,永远活动在我们的脑子里的,也只能是这些活生生的艺术形象,而不是什么程式化的动作,行当化的角色。

　　就说程式化的动作罢,也绝对不是僵死的东西。同样一个程式化的动作,在不同演员和不同角色表演的时候,就截然不同。同样一个曹操的脸谱,《捉放曹》的脸谱和《阳平关》的脸谱就截然不同,因为年龄不同了,地位不同了,身份不同了,所以脸谱也就必须有变化。这个道理是完全从生活出发的,一个人从青年到中年到老年,他的脸容决不可能不发生变化。京剧的这些程式化的动作，决不是什么传统戏曲美学的原则，它只能是一种特殊的表演手段。打比喻来说，像做旧体诗，戏曲的程式好比旧体诗的五七言绝句、律诗的格律，做旧诗必须讲平平仄仄平平仄，仄仄平平仄仄平，但讲了"平平仄仄平平仄"的，决不能就称作是好诗，就算是美了。相反，那些杰出的诗人却能够驾驭格律到了得心应手的地步，他们丝毫也不觉得格律束缚着他。对于那些优秀的演员来说，他们一方面是熟练地掌握了这些程式化的动作，另方面当他们在创造角色的时候，却又随时随地都在根据角色的需要突破这些程式、化用这些程式。只有那些对戏曲毫不了解的人，才会以为戏曲演员只要按照程式化的规范动作动作起来就行了，就是演戏了。对传统戏曲作为如此理解，这只能说是对传统戏曲的美学原则一无所知。犹之乎认为写旧体格律诗只要符合平仄的规律就算是诗了，甚至于就是算好诗了的这种见解一样，这只能说他对于诗毫无所知。

要尊重观众，重视观众的要求，社会在发展，观众在不断地更替，自然会出现一些新的要求，对美的看法也自然会有变化，这些意见都是合情合理的。但是要知道，社会的发展，历史的发展始终是连续的，不会一刀切断的。"文革"中那些权力者们和"理论家"们，妄图将历史切断，不承认过去，只承认他们的现在，但是历史没有被切断，过去没有被否定，而他们自身却被历史切断了否定了。社会的审美观点和道德观念，美丑的标准是会变化的，但这种变化，决不是突变，决不是把过去切断否定，换上一套全"新"的标准。譬如说子女应该孝顺父母，这个既是道德标准也是美学标准的观念，在"新的审美世界"里，是否会来个颠倒呢？我认为不可能。例如对待爱情，互相应该真诚忠贞，这样一个既是道德标准也是美学标准的观念，在"新的审美世界"里，是否会来个"突破"，来一个彻底否定呢？我认为也不可能。那末，这就说明，被有些理论家们描绘得有点吓人的"新的审美世界"里的美的标准，看来也不会是天上掉下来的，不近人情的，与过去毫无联系的怪物。

由此要说到"突破传统戏曲的美学原则"了。这个美学原则如果就是上面所举的四个"化"字，那末，戏曲演员们从来没有把自己的艺术表演标准降低到只要搬演程式化的动作就算成功这样的地步。相反当他们熟习了这些基本的表演手段后，就是要化用这些手段，丰富和发展这些手段，也就是"突破"这些手段。过去演《长坂坡》在糜夫人跳井的"抓帔"一场，是武生的一个难关，一般都是一手抓住糜夫人的帔，糜夫人落井，赵云站在虚拟的井栏上作一个高难度的动作"倒扎虎"，以表现当时乱军之中形势紧张急遽，糜夫人突然跳井这一事变完全出于赵云意料之外，抢救不及的特定情景。我过去看过厉慧良、高盛麟都有这个动作。但是近几年我看厉慧良的演出就又不同了，现在是一手抓帔，随即把帔掷向高处（表示一看抓空了，只是抓到了帔，赶忙扔掉帔再去抢救），然后以鹞子翻身的身段表示赵云焦急万分的心情，然后再以一连串急促的"跪步"奔向井边，以表示赵云痛苦内疚的复杂心情。这样的处理，是合情合理的，而且浓重地渲染了在这样的特定环境（或者叫做"典型环境"）里的这个英雄人物的形象。现在的表现方式比过去"倒扎虎"的表现方式不正是一个突破吗？再如《艳阳楼》里高登的"趟马"和"醉打"，厉慧良演出时，与传统的演法都不一样了。"趟马"的身段繁复而好看，但是其目的不是单纯为了好看，而是为了表现这个大恶霸出来时的派头大，气势足，他的马横冲直撞，踩死几个官民人等都毫不在乎的势头。厉慧良的这一场"趟马"，已经使台下的观众为之倾倒万分，彩声不断了，可惜我并不清楚这些彩声是否来自"新的审美世界"。到了下面"醉打"的一场，更是精彩纷呈，美不胜收，剧场的观众无不为之颠倒如狂的。可是这个"醉打"不是老传统，是他的新创造。在"文革"前几年初改"醉打"时，有许多朋友还不赞成，为此他还问过我看后的意见，我觉得十分满意。我当时并不清楚自己是属于"新的审美世界"还是"旧的审美世界"，只是觉得比过去丰富多彩，而且符合剧情、符合人物多了，一句话，比过去更有力地塑造了高登这个大恶霸的形象。那末这里的"趟马"和"醉打"不又是对老传统的突破吗？还有厉慧良的《嫁妹》，也是大大地突破了传统的演法，成为他的杰作之一，限于篇幅，不能细说了。我这里只是举了厉慧良的一例，其实哪一个成名的演员都是如此，过去的梅、程、荀、尚，周、马，现在的赵燕侠，关鹔鹴等等，哪一个不是如此呢？他们的艺术表演的历史，就是一部个人的艺术创造的发展史、突破史，他们不突破前人的成就，他们能赢得"新的审美世界"吗？所以，如果说"突破"是指这样的"突破"，那末毫无问题是对的，而且不待烦言，艺术家们毕生孜孜以求的就是艺术的新创造和新突破，只是有的朋友可能不大了解而已。

我还看到一些文章里的"突破"的主张，他们提出要把现代的科学技术例如电子音乐、现代西洋舞蹈以及电影话剧等等的手法一齐用上。如果这样做的话，这确实是个大"突破"，但其结果，我们的传统戏曲，那就真正的"破"了，真正的"灭亡"了。所以"灭亡论"的忧虑并不是完全不必要的，只不过所虑者不在彼而在此，就包含在上述这种"突破论"本身的"理论"里而已。

还有一种见解，认为编写戏曲剧本，无需按照戏曲结构特点写戏曲，认为现在科学技术日益发达，布景和现代声光效果的运用，对传统戏曲是根本性的大破坏，而且这种"破坏"，"从别的意义上说，也可以把这种'破坏'看做是一大进步"。总而言之，现代化的科学技术产生了，就宣告了戏曲的灭亡。戏曲的传统的表现手段和美学原则必须"突破"（实质是抛弃），戏曲剧本的编写不能按照戏曲的结构特点来编写，仿佛现代科学技术的产生和发展是敲响了传统戏曲的丧钟。编写戏曲剧本而不要按照戏曲本身的特点来写，那末按照什么来写呢？按照电影剧本？按照话剧剧本？既然是这样，还叫创作戏曲干什么呢？既然是编戏曲剧本，当然应该按照戏曲本身的特点。在尊重、珍视戏曲本身的特点的前提下，对于新的创造和尝试，当然是应该欢迎的，但其创造的结果，必须是使戏曲依旧是戏曲，其发展也必须是不违反戏曲自身规律的发展。

现代科学技术，是否与传统戏曲不能并存呢？我认为并非如此。现代科技如果有助于戏曲的表现，用得恰如其分，非但不破坏传统戏曲的艺术和风格，而且有助于发展它的艺术和风格，不使人感到是强加上去的，是多余的，那我们当然欢迎运用。如果用不上它，为什么一定要强加给他呢？一出《青梅煮酒论英雄》用鼓声表示雷响就足够了，用现代的技术，当然可以做到霹雳大作，电闪雷鸣，但那样一来，戏还能演下去么？在这种用不着的地方，我觉得就没有必要硬用。我们的国家必须实现"四化"，这是我们万众一心奋斗的目标，但实现"四化"并不需要破坏或抛弃传统戏曲和和传统文化，相反要使它们在"四化"中焕发青春，贡献力量。我们的目标是既要现代化的"四化"，也要传统戏曲和传统文化，千万不要兴"既生瑜，何生亮"之叹。我们要的是"一时瑜亮"！

三

传统戏曲的思想内容，在我们今天究竟还有没有什么积极意义，我们究竟应该如何对待它，这是当前讨论中涉及的具有原则性和全局性的根本问题。有人说："在新的审美世界面前，社会的精神、道德以及价值观念等意识形态均发生了巨大变化，而传统戏曲的内容仍停滞在旧时代；许多值得赞颂的传统美德，在今天也都已成为过时的陈腐观念了。既已如此，传统戏曲不受当代观众的欢迎，就是具有必然性的了。"这段话，说得非常明确，把"当代观众""不欢迎"传统戏曲的原因归结为两点：一是传统戏曲的内容仍停滞在旧时代，二是许多值得赞颂的传统美德今天已成为陈腐的观念了。

这正是我们应该讨论的两个根本性的问题。

但是在讨论这个问题之前，却先要问一下所谓"当代观众"不欢迎传统戏曲这样的结论是从何而来的。当代观众，当然应该包括全国十亿多的人口在内，谁也没有权利把任何人排除在当代观众之外。因此居然断言"当代观众"不欢迎传统戏曲，我认为这样的断言就是不符合实际的，有一点虚张声势借以唬人的嫌疑。例如在上海热烈地看厉慧良的观众，总不能不算当代观众，总不能把他们算到"古代观众"或"未来观众"里去罢。那末，所说的"当代观众"不欢迎传统戏曲云云，岂非不尽不实，大言吓人。

当代观众里有没有人不欢迎戏曲？应该承认确实大有人在。但是，我觉得这并不值得惊惶失措或者大惊小怪，这正像有的人不欢喜跳舞，有的人不欢喜看话剧，有的人不欢喜看球赛等等等等一样，这有什么值得大惊小怪的呢？难道我们能要求十亿人口都去看戏曲么？过去全国看八个所谓"样板戏"的痛苦日子难道忘记了吗？现在别人不喜欢看戏曲，就没有必要勉强别人喜欢看（因为喜欢的人还大有人在）。但更没有权力因此而断言传统戏曲就要死亡，也更没有权力断言"当代观众"不欢迎戏曲。代表整个"当代观众"的发言权是不可靠的，我们不应该被这种虚假的宣传所惑乱。

有些京剧剧团和地方戏曲剧团的卖座率低，这一情况，我们也要重视，有关部门应该帮助他们克服困难，找出原因，采取措施，改变现状。但是，我们没有任何根据因此而断言整个传统戏曲就只有灭亡的道路，或者就只有走所谓"冲破戏曲化的束缚"的道路。各个剧团的具体情况都不一样，加之十年动乱广大群众缺少传统历史文化知识的教养，因而有不少青年缺乏欣赏传统戏曲的能力，特别是缺少欣赏昆曲和京剧的能力，而把兴趣转移到喜欢其他艺术或娱乐性的活动方面去了，于是京剧、昆曲和某些地方戏曲的观众在有些地方就比较少一些。这种情况确实是存在的。一方面是老一辈的著名京、昆演员在文化较高的大都市上演时，很受广大观众的欢迎；另方面，是有些阵容比较一般的剧团到县、乡去演出时，观众就比较少。这两种情况目前确是并存着，只强调其中的一面就不完全符合事实。但是既然仍有相当可观的一支观众队伍，喜欢看具有高水平的京剧、昆曲的演出，那末我们就没有权利来断言"当代观众"不欢迎传统戏曲。

在开始讨论我们上面揭示出来的两个问题之前，我们必须首先把所谓的"当代观众"不欢迎传统戏曲的这个虚假的前提予以揭穿，予以彻底否定。否则下面的讨论将无法进行。

现在我们可以讨论先前提出的两个问题了。

先说传统戏曲的内容停滞在旧时代的问题。既然叫传统戏曲，那末，它的生活内容当然不可能是现代的和当代的生活。这难道还用得着解释吗？前面说过，我国的传统戏曲，有不少是古典文学名著。按照上面这种理论逻辑，那末凡是"内容停滞在旧时代"的作品，也即是反映历史生活内容的作品，包括戏曲、文学、艺术等等，就都将是"不受当代观众的欢迎"的了。而且这种"不欢迎"据说还是具有"必然性"的。

这种观点，在十多年前我们曾经相识，但在现在又当作一种新观点提出来，这就未免有些令人惊奇。

大家清楚，古代文化遗产，是我们全民族的珍贵财富，是我们民族的精华所在，如何正确对待文化遗产，这是马克思主义早已解决的问题，谁也没有权力可以宣布古代文化遗产因为它的"内容停滞在旧时代"而不要它。全盘否定古代文化遗产的这种观点，历史早已证明它是完全错误的，马克思主义的思想斗争史也证明这种观点是早已被马克思列宁主义所驳倒了的。当前我们在遭遇了"文革"的十年浩劫之余，对古代的文化遗产抢救还来不及，怎么居然还会有人公然提出不要文化遗产的"理论"来呢？这难道不值得引起我们的注意吗？

其次，我们要讨论的是是否"许多值得赞颂的传统美德今天已成为陈腐的观念了"，很明显这里说的是作品的思想内容，当然也涉及社会道德。

把"传统的美德"统统看作是"陈腐的观念"，因而把古代作品的思想内容一笔抹煞，全盘否定，这是完全不对的。历史上传统的美德反映在戏曲作品和文学作品里的是很多的，例如爱国主义，从诗经的时代、屈原的时代起，就存在于我们的历史上和作品中。爱国主义，当然是人们公认的传统美德，那末按照上述理论，自然也是"陈腐的观念"了，那末请问是否是与它相反的什么主义倒是不陈腐的新生的观念呢？再如热爱人民的观点，热爱劳动的观点，见义勇为、舍己为人的精神，富贵不淫，贫贱不移、威武不屈的精神，等等等等，是否都已经成为"陈腐的观念"了呢？那末请问究竟想提倡什么样的不陈腐的新的观念呢？

应该明确指出，我们伟大祖国光辉灿烂的文化遗产，是我们民族精华之所在，是与文天祥《正气歌》里所说的"天地有正气，杂然赋流形。下则为河岳，上则为日星，于人曰浩然，沛乎塞苍冥"一样的东西。最早我们说三千年文化历史，后来我们说五千年文化历史，现在我们应该说我们伟大的民族，已经有了八千年的文化历史了。我们的伟大的民族，我们的伟大的祖先，对世界人类作出的贡献是无与伦比的，是值得我们在全世界人类面前昂首阔步的，这也是我们伟大的中华民族永远不可被战胜的根本原因。因此我们伟大祖国的历史文化，应该被作为一份丰富多彩的爱国主义的珍贵教材来学习，包括在传统的戏曲、文学，艺术、历史中反映的历史生活内容和传统美德。元遗山说："落落固知难合在，堂堂原有不亡存。"这些珍贵的文化遗产，也就是我们民族的"堂堂原有不亡存"。须知我们民族的伟大，就是因为我们有悠久的历史和丰富多彩的文化，有自强不息的人民。前年，美国波斯顿博物馆在北京美术馆举行展览会，展出他们珍藏的艺术珍品，那位馆长在致开幕词时说：你们有这么长的历史和这么丰富的文化遗产，而我们只有二百年的历史，比起你们来，我们是"小孙子"。这最后一句说得多么形象，他们对我们的历史文化是何等的尊重！这是我参加那次开幕式时亲自听到的话，所以一直忘不了。但是我们却居然有人制造一种"理论"，宣告这些文化遗产和它所包含的传统美德也即是它的精神力量都已经陈腐，都已经不为今天的人们所欢迎了，对于这种"理论"，除了义愤之外，我们还能有什么呢？

我敢断言，我们的民族文化是不会灭亡的，我们光辉灿烂的文化遗产，是一座永远取之不尽用之不竭的精神大山，有了它，我们民族就会不断创造出奇迹来，有了它，任何敌人征服不了我们，有了它，我们必定能走向世界的科学文化的高峰，有了它，我们就有了创造最新最美的现代文化的基础！

这就是因为戏曲问题的争论而引出来的我的旁白。看来好像是离题远了，然而："溯洄从之，道阻且长。溯游从之，宛在水中央！"

1985 年 6 月

后　记

　　我给这本集子题名为《春草集》，有两层意思：一是我的这些文章，在我国文艺界的百花园里，还算不上花，只能算是草。江淹说"春草碧色，春水绿波"，苏东坡说"天涯何处无芳草"，在美好的春天，作为花的一种陪衬，看来草也还是有一定的作用的，有了它也许能更增添几分春的意味。二是这些文章，在"文化大革命"中，都曾被作为大毒草批判过，这当然都是"四人帮"搞的，现在被"四人帮"判为毒草的作品，基本上都已经平反了，因此我的这些一度充当"大毒草"的文章，也可以不再叫做毒草了，但是只要去掉"毒"字或"大毒"两字也就可以，保留一个"草"字，我觉得在我心里反而安然一些。目前正是"百花齐放，百家争鸣"，春意愈来愈浓的时候，我的这些早已枯了多年的"草"，也"春风吹又生"了。这就是我为这个集子取名的用意。

　　"四人帮"曾经捏造过一个所谓"文艺黑线专政"论的谬论，他们就是用这个谬论，还有其他几种反动谬论作为棍子，横扫中国的革命文坛，把一切优秀作品和大批优秀作家打倒的，所谓"欲加之罪，何患无辞"。实质上，他们制造这个反动谬论的阴谋目的，就是妄图打倒周总理，因为解放以来的文艺工作，一直是周总理亲自抓的。他们玩弄阴谋诡计，真是绞尽了脑汁，可是这是枉费心机的。实践证明，"文化大革命"前的十七年文艺方面的成绩是主要的，尽管它有"左"的错误，有时也有右的错误，但它的总的成就是不可能抹杀的。十七年中创作的各种作品，受到广大群众的欢迎。而"四人帮"搞的那些东西，却是地地道道的反革命的阴谋文艺。

可是在文艺界大批"文艺黑线专政"论的时候，居然还有人讲专政虽然没有，黑线还是有的。这正是咄咄怪论。现在强加在许多老干部头上的种种罪名都被推倒了。那末，这条"黑线"究竟存在在什么地方呢？难道是无形的吗？至今还在那里胡说什么黑线是有的这种人，不知道他们是从哪里去发现这条黑线的？

当然，从另一方面来说，我倒觉得也可以说黑线是有的，甚至也可以说有相当长的一段时间里，确是文艺黑线专政，但这条黑线不是别人，就是林彪、"四人帮"以及他们吹捧得最起劲的在中央"文革"起重大作用的那一个大人物。大批的作家被打倒，被迫害而死，大批的作品被判为毒草，十多年来，新中国的文坛成为一片"荒漠"，或者是"阴谋文艺的毒草丛生"，这就是这条文艺黑线专政的无法掩盖的铁证。

实践是检验真理的唯一标准。文艺界当前的形势，就是要坚持这一原则，彻底解放思想，认真思考问题，大胆提出问题，大胆发表自己的意见。马列主义的精髓，马列主义的活的灵魂，是坚持从实际出发，具体问题具体分析。马列主义的基本原理我们当然要学习，要坚持。但是我们要学习的是马列主义的立场、观点、方法，是那种彻底的唯物主义和彻底的辩证法，而不能把马列主义的片言只语，当作万古不变的教条。

前些时候，我在某地看了一出《僧尼会》，这出戏又叫《双下山》，情节很简单，就是写一个年轻和尚和一个年轻的尼姑，他们原来的身世都很苦，是从小被迫去当和尚和尼姑的，但是他们不愿再过那种非人的生活了，他们各自克服了自己思想里长期受到的清规戒律，大胆地解放了思想，偷偷地跑下山来，在路上相遇，结为夫妻。这样一出戏，从它的思想内容来说有什么不好呢？何况这出戏在表演上还有许多精彩的东西。但是据说，这样的戏也不能公演。这一事实说明，还是那些条条框框在某些人，特别是在某些领导人的头脑里作怪。那个和尚和尼姑，好容易解放了思想，冲破了重重的阻力，下山来了，可是有些人仍不准他们下山，仍旧要他们当和尚和尼姑。看来有些人的思想解放的程度，远远不如这两个尼姑和和尚。这一事实难道不能发人深思吗？

我坚信我国的四个现代化是一定加速实现的，中国的伟大的革命尽管经历了许多曲折，但它是一定要胜利的，一切错误的东西都要被实践所纠正、所淘汰。当我的上述这些文章被"四人帮"的"文艺黑线专政"论打成毒草的时候，我曾写过一首诗：

千古文章定有知。乌台今日已无诗。

何妨海角天涯去，看尽惊涛起落时！

从这个意义来说，"文化大革命"给我上了很好的一课，我从中看到了也学到了很多东西，也很值得我回味。

从这个意义来说，我把这些文章结集起来，作为我前一个学习阶段的小结。

1979年2月13日夜2时半于昆明翠湖宾馆

再 记

　　《春草集》原是我的一本戏曲论文和评论集，1979 年由上海文艺出版社出版。后来台湾又有重印本。现在我把"文革"以后所写的有关戏曲和戏曲表演艺术家的文章，都收在这本集子里，仍用原书名。

　　以上这些文章，都未再作修改。

　　有关讨论封建道德的几篇文章，已移入《逝川集》。

冯 其 庸

2009 年 12 月 27 日